朱子經學及其在東亞的流傳與發展

林慶彰
田　浩　主　　編

蔣秋華　執行編輯

林序

　　朱子之學在中國取得學術領導權之後，迅速地流傳到東亞地區，尤其是日本和韓國。討論朱子學在各國流布的詳情的著作已很多，但卻很少把這個論題搬到國際學術舞臺來討論。朱子學是國際性的學術論題，正需要各國的專家來集思廣益，否則未免是朱子學研究的一種缺憾。

　　二〇〇九年有一天，我跟好友田浩教授談到此事，田教授也深表同意，我們都覺得有開國際研討會的必要，且最好在美國開。要在美國開會，最合適的主辦者非田浩教授及其所任教的亞利桑那州立大學莫屬。經多次懇請，田教授終於答應。二〇一二年五月六至八日，由美國亞利桑那州立大學、臺灣中央研究院中國文哲研究所和中國華東師範大學古籍研究所聯合主辦的「朱子經學及其在東亞的流傳與發展」國際學術研討會就在亞利桑那州立大學召開，經三天的熱烈討論，共發表二十二篇論文。這些論文大抵可分為「朱子經說的探討」和「朱子著作的流傳」兩大類。

（一）朱子經說的探討

　　朱子通貫群經，有專著《周易本義》、《易學啟蒙》、《詩集傳》、《詩序辨說》、《儀禮經傳通解》、朱子《家禮》、《四書章句集注》，另有《朱子語類》、《朱子文集》，都有朱子說經的資料。這次研討會所發表的論文，有十三篇探討朱子的經說，篇目如下：

1. 〈朱子讀書法與經典詮釋——一個心理架構的進路〉（林啟屏）
2. 〈朱子經學觀管窺——讀《近思錄‧致知篇》劄記三則〉（嚴佐之）
3. 〈朱熹的易學觀〉（汪學群）
4. 〈朱子〈舜典象刑說〉析議〉（蔣秋華）
5. 〈朱子《詩集傳》對詩旨的散文化表達〉（劉永翔）
6. 〈詩文、義理與證驗——論朱熹對《詩序》的考辨〉（車行健）
7. 〈物類三部曲——《山海經》、朱熹《詩集傳》、蔡守《博物圖畫》〉（邱琳婷）
8. 〈黃榦、陳淳與四子〉（蘇費翔）
9. 〈朱子《大學章句》研究〉（武才娃）
10. 〈宋代《四書》文獻著者的地域分布初探〉（顧宏義）
11. 〈宋代官私修禮儀文本的庶民化——以庶人喪儀為中心的討論〉（姚永輝）
12. 〈神若弗聞，亦何神哉——關於朱熹鬼神觀念的一個內在矛盾〉（戴揚本）
13. 〈《朱子著述宋刻集成》與朱子著作的宋代刻本〉（朱傑人）

（二）朱子經說的流傳

從元代開始，朱子學說傳遍全國，明、清兩代也都是朱子學的天下，東亞的日本、韓國，不但接納了朱子學，更發展出許多朱子學派。這次研討會所發表的論文，有九篇探討朱子經說在東亞的流傳，篇目如下：

1.〈楊慎對朱子經說的批評〉（林慶彰）

2.〈旁通辨證，消解朱熹——從典範轉移論惠棟《周易本義辨證》〉（張素卿）

3.〈朱子《家禮》對臺灣婚禮習俗之影響〉（鄭卜五）

4.〈當下關於朱子《家禮》現代化的復古回應——以婚禮為視角的觀察〉（田浩、田梅）

5.〈朱熹《詩集傳》在日本江戶時代的流傳〉（張文朝）

6.〈龜井昭陽《古序翼》駁朱子《詩序辨說》稽疑〉（馮曉庭）

7.〈格物到覺知——日本崎門朱子學者三宅尚齋之格物致知論探析〉（藤井倫明）

8.〈問何學？舉何要——由皆川淇園《問學舉要》論其為學法與古學、朱子學折衷〉（金培懿）

9.〈朱子《尚書》學與李朝丁氏《尚書》學異同考論〉（錢宗武）

這次研討會，與會學者來自臺灣者有十位，中國大陸的有九位，美國二位，日本、歐洲各一位，韓國學者沒有人參加，未免遺憾。所發表的論文二十二篇，金培懿、車行健、馮曉庭三篇外，總計十九篇，皆已全數收入，可說已相當完整的呈現這次研討會的原貌。所收論文皆經修改，故題名與內容和原文略有異同。此外，吳思遠的〈共襄盛會談朱子，學人齊聚鳳凰城——朱子經學及其在東亞的流傳與發展國際學術研討會綜述〉一文，是對大會的記錄報告，亦一起收入。

由於開會的地點在遙遠的美國，與開會有關的行政事務又非常繁瑣，會前的準備工作幾乎都由田教授及其夫人宓聯卿女士承擔了。在開會期間，他們伉儷還關照我們二十多人的生活起居，讓大家都有賓

至如歸之感。但田教授總是謙遜地說:「做得不好,請多多指教。」
田教授是專研儒家之學的,果然有古代儒者之風。這次研討會的論文
集,因為修改稿的收齊拖了一段時間,到現在才要出版,讓大家久等
了,請諒解。

　　最後,要感謝中央研究院副院長王汎森院士給予經費補助,田浩
教授及其夫人忞聯卿為籌備這次會議所投注的心力,華東師範大學出
版社社長朱傑人教授籌組大陸地區的稿件,本所的蔣秋華教授編輯論
文集時,細心統一體例。惟論文集出於眾手,難免有疏失,敬祈多多
指教。

林慶彰

二〇一八年九月誌於臺北士林礦溪街知魚軒

田序

　　本人很高興《朱子經學及其在東亞的流傳與發展》（Zhu Xi's Classical Studies and its Transmission and Development in East Asia）這部論文集即將問世。非常感謝林慶彰先生主編與蔣秋華先生執行編輯，如果沒有他們，這本書無法得以完成並出版。在兩位老師的引領之下，本人僅需稍稍從旁協助。至於開會討論朱子經學及其在東亞的流傳與發展，連這極具意義的提議亦為林慶彰先生所提出。林先生向我建議本次經學會議應該在美國舉行，希望我積極籌備，於我所任教的亞利桑那州立大學開設論壇。頗為遺憾的是，本人從未有過任何組織學術會議的經驗，所以安排國際會議對我無疑是更大的挑戰。在此過程中，林先生不但一直耐心地支持我的努力，還為此申請中央研究院的支持。於是，當時的中研院副院長王汎森院士同意安排幾位文哲所和臺灣其他單位的經學專家前往我校參加會議。同時，上海華東師範大學古籍研究所所長嚴佐之先生和華東師範大學出版社社長朱傑人先生亦給予此次國際經學會議大力支持，安排專家學者來參與會議。由於時值美國二〇〇八至二〇〇九年經濟危機餘波未平之際，因此亞利桑那州立大學本校提供的支持與以上同人的相比，遜色不少。如果當時沒有這些同人的鼎力支持，此次國際會議將不可能成功舉辦，本人借此機會向他們表示由衷的感謝。

　　許多單位與個人協助了本人的會議招待工作，其中包括亞利桑那中世紀和文藝復興研究中心（Arizona Center for Medieval and Renaissance Studies），尤其要感謝其中心主任 Bob Bjork 教授。另外，還有當時來自於武漢大學歷史系的訪問學者陳曦教授、本校圖書館員劉倩

和本校博士生張曉宇。一些本校國際語言文化學院（School of Intern-
ational Letters and Cultures）的博士生也幫助招待了前來參與會議的
學者。

此次會議進行了為期三天的討論，從二〇一二年五月六日至八
日；一共有二十三位專家學者作了學術報告，題目範圍廣泛，內容豐
富多元。同時還吸引了本校的一些教授和研究生前來傾聽講座，與來
賓交換學術意見。此部論文集問世之後，歡迎讀者們亦能積極參與我
們的討論。

田浩
二〇一八年壬戌年八月三十日匆匆於上海

目次

林序 …………………………………………… 林慶彰　1

田序 …………………………………………… 田　浩　5

《朱子著述宋刻集成》與朱子著作的宋代刻本 ……… 朱傑人　1

楊慎對朱子經說的批評 ………………………… 林慶彰　33

朱子讀書法與經典詮釋
　　——一個信念分析的進路 ………………… 林啟屏　51

朱子經學觀管窺
　　——讀《近思錄·致知篇》劄記三則 ………… 嚴佐之　81

朱熹的易學觀 …………………………………… 汪學群　91

旁通辨證，解消朱熹
　　——從典範轉移看《周易本義辨證》 ………… 張素卿　107

南宋朱子《書》學的爭辯與融合 ………………… 錢宗武　131

朱子〈舜典象刑說〉析議 ……………………… 蔣秋華　155

黃榦、陳淳與《四書》 ………………………… 蘇費翔　173

宋代《四書》文獻著者的地域分佈初探 ………… 顧宏義　189

朱熹《大學章句》中的治國之道 ………………… 武才娃　201

「惟天聰明，吾恐神不安其室」
　　——關於朱熹鬼神觀念中「天」的一種解讀 …… 戴揚本　215

檢討與再造
　　——宋代士人對禮治與制禮的討論 ⋯⋯⋯⋯⋯ 姚永輝　227

禮之殊途：《朱子家禮》現代化與恢復古禮的踐行
　　——以當代儒家婚禮為視角的分析 ⋯⋯⋯⋯ 田浩　田梅　239

朱子《家禮》對臺灣婚禮習俗之影響 ⋯⋯⋯⋯⋯⋯ 鄭卜五　267

日本崎門朱子學者三宅尚齋「格物致知」論探析 ⋯⋯ 藤井倫明　293

朱子《詩集傳》的散文繹旨 ⋯⋯⋯⋯⋯⋯⋯⋯⋯⋯ 劉永翔　321

朱熹《詩集傳》在日本江戶時代（1603-1868）的
　　流傳 ⋯⋯⋯⋯⋯⋯⋯⋯⋯⋯⋯⋯⋯⋯⋯⋯⋯ 張文朝　331

物類三部曲
　　——《山海經》、朱熹《詩集傳》、蔡守〈博物圖
　　畫〉 ⋯⋯⋯⋯⋯⋯⋯⋯⋯⋯⋯⋯⋯⋯⋯⋯⋯ 邱琳婷　373

共襄盛會談朱子，學人齊聚鳳凰城
　　——「朱子經學及其在東亞的流傳與發展」國際
　　學術研討會綜述 ⋯⋯⋯⋯⋯⋯⋯⋯⋯⋯⋯⋯ 吳思遠　413

會議議程 ⋯⋯⋯⋯⋯⋯⋯⋯⋯⋯⋯⋯⋯⋯⋯⋯⋯⋯⋯⋯421

《朱子著述宋刻集成》與
朱子著作的宋代刻本*

朱傑人

華東師範大學古籍研究所教授

《朱子著述宋刻集成》總序云：

　　西元二〇一〇年，時逢朱子誕辰八百八十週年。為紀念這位文化偉人，華東師範大學出版社乃有編修《朱子著述宋刻集成》之舉。

　　朱子之著述，其內容之廣博，堪稱前無古人；其數量之繁夥，可謂後無來者。朱子生前其著述即已大量刊刻傳世。慶元易簀後，更以空前之規模和速度被複製、被重新組合、甚至被仿冒而刻印問世。有宋一代，朱子的主要著作基本都已有版刻行世。然，世事滄桑，年代遷移，至明、清之際，朱子著述之宋代刻本即已罕見而為珍本。一九四九年以後，更歷文革，朱子宋刻終成孤本絕版。

　　治版本目錄之學者，向以宋版為重。究其緣由，非唯年代久遠，以稀見為貴，更以宋刻乃吾國版刻史上成規模大批量生產印刷品之時代，故其與所刊文獻時代最為接近，更能保存原始文獻本真。而宋刻宋著，更以其所刻乃當代人之著作，其文獻價值備受珍視。朱子著作在其生前即已被大量刊行，其價值自不待言，即便某些書賈盜版仿冒之刊，因其所處時代之特殊性，也不能不受到研究者之關注與重視。

---

*　此篇完成於2012年10月11日。

至其身後所刊（宋刻），因離朱子生活之時代最近，其保存本真與朱子著述原貌可能最真切，而同樣受到珍視。故宋刊朱子著作其文獻與史料價值，給予再高的估價，恐怕都不為過。

但宋刻畢竟已成鳳毛麟角，而且全都深藏秘室，一般讀者很難得窺其真。華東師範大學出版社不惜投鉅資，遍訪海內外藏書機構，將現存於世的朱子著作宋刻本網羅殆盡，以數碼技術仿真出版，必將嘉惠學林，以利學術與文化之發展。

本次集成，以便於讀者應用為原則，故所收版本必求完整，殘本一概不收，個別宋刻元修本則酌情收入，凡十一種，細目如下：

一、《周易本義》

二、《詩集傳》

三、《孟子或問纂要》

四、《儀禮經傳通解》

五、《四書集注》

六、《家禮》

七、《資治通鑑綱目》

八、《八朝名臣言行錄》

九、《楚辭集注》

十、《昌黎先生集考異》

十一、《晦庵先生文集》

一　周易本義

此本據中國國家圖書館藏宋咸淳元年吳革刻本影印。十二卷，原書框高二十四點五釐米，廣十六點六釐米。每頁十二行，行十五字，

注雙行同，烏絲欄，左右雙闌。版心對魚尾，白口，上記字數，下記刻工姓名，有：鄧生、吳、蔡、慶、文、光、阮、仁、青、藍、天文、吳文等。藏書印三方，均為陽文：「朱學勤修伯用」、「唐棲朱氏結一廬記」、「徐乃昌讀」。以上諸項與傅增湘《藏園群書經眼錄》所記同。

據王鐵〈周易本義校點說明〉，《周易本義》現存宋刻凡二種四部，一為《天祿琳琅書目後編》所著錄者，為殘本，藏中國國家圖書館；一為宋咸淳元年吳革刻本，此本有二部，一曾經朱學勤收藏，一曾為季振宜、徐乾學等收藏，均藏國圖。「宋刻集成」所收即為朱學勤收藏本。又上海圖書館亦藏有吳革刻本一部，有陳寶琛、曹東章跋。

考宋代書目文獻，《周易本義》多所著錄。

陳振孫《直齋書錄解題》卷一：

> 《易傳》十一卷、《本義》十二卷、《易學啟蒙》一卷。煥章閣待制、侍講新安朱熹晦庵撰。初為《易傳》，用王弼本。復以呂氏《古易經》為《本義》，其大旨略同而加詳焉。首列九圖，末著揲法。大略兼義理、占象而言。《啟蒙》之目曰〈本圖書〉、〈原卦畫〉、〈明蓍筮〉、〈考變占〉，凡四篇。

《玉海》卷三十六：

> 淳熙《易學啟蒙》、《本義》朱文公熹。淳熙四年《易本義》成，十二卷，又為諸圖冠首，為〈五贊〉（〈原象〉、〈述旨〉、〈明筮〉、〈稽類〉、〈警學〉）及〈筮儀〉附於末。《音義》二卷。十三年三月，《易學啟蒙》成，四篇，以〈本圖書〉、〈原卦畫〉、〈明筮策〉、〈考變占〉為次。

《宋史》卷二〇二〈藝文志〉：

> 朱熹《易傳》十一卷。又《本義》十二卷。《易學啟蒙》三
> 卷。《古易音訓》二卷。

據以上著錄，朱子又有《易傳》十一卷。王鐵以為此即朱子在〈答劉
君房書〉中所說「《本義》未能成書，而為人竊出，再行模印，有誤
觀覽」者。按《直齋書錄解題》著錄《易傳》十一卷、《本義》十二
卷。《宋史·藝文志》著錄《易傳》十一卷、《本義》十二卷。《易
傳》與《本義》顯為二書。且《直齋書錄解題》云：「初為《易傳》，
用王弼本。復以呂氏《古易經》為《本義》。」更可證《易傳》在前
而《本義》在後。則推斷《易傳》為被盜刻本，大致可以取信。然
《玉海》著錄明言《易本義》，且編排、篇目、卷數與今所見宋刊
《易本義》完全相同。則《玉海》所錄當為《易本義》。然曰此本成
書於「淳熙四年」，似有可疑。按《本義》成書在慶元年間，王鐵據
以斷定《玉海》著錄本即為「被竊出」本。若王鐵推定不錯，則《易
傳》與《本義》卷次、卷目、卷數完全相同。這種情況恐怕同樣值得
懷疑。

度正〈書易學啟蒙後〉云：

> 晦庵先生為《易傳》，方脫稿時，天下已盛傳之。正嘗以為
> 請，先生曰：「學者宜觀《啟蒙》。」時先生已授後山蔡季通，
> 則謂正曰：「子往取而觀之，《易》之學庶幾可求矣。」先生蓋
> 不自以《易傳》為善也。

其〈書晦庵易學啟蒙後〉又云：

正嘗請問：「《易》有聖人之道四，占特其一法耳。《易》之道宜無不該，先生傳《易》，專以占之一法推之，何也？」曰：「《易》之道固無不該，然聖人作《易》，本為卜筮以前民用，今從其所自起而求之，庶幾可以見聖人之意耳。」正時雖不敢復問，然其心中猶有未釋然者。一日，先生使人呼之，親以《古今家儀》一書、了翁〈臺州謝表〉一道、書稿一紙、筆一束授焉。正推閱其書稿，其一答王峴秀才書……其一乃答劉宰君房論《易》書，謂：「此書本為卜筮而作，今其法已不傳，諸儒言象數者例皆穿鑿，言義理者又太汗漫，此《本義》、《啟蒙》所以作也。然《本義》未成書，為人竊出，有誤觀覽。《啟蒙》且欲學者就《大傳》所言卦畫著數推尋。自今觀之，如論《河圖》、《洛書》亦未免有剩語。要之，此書難讀，不若《詩》、《書》、《論》、《孟》之明白易曉。」先生之於《易》，其說蓋如此。所謂《本義》者，今世所傳《易傳》是也。

度正為朱子弟子，其所記言當親聞於朱子。從他的兩段記載可以推知：一、所謂《易傳》確為朱子早年所作。二、朱子對《易傳》並不滿意，為糾其失，故有《啟蒙》之作。三、《本義》即為《易傳》。

檢《朱文公文集》卷六十三〈答孫敬甫〉：「《易傳》初以未成書，故不敢出。今覺衰耄，不能復有所進，頗欲傳之於人。」據陳來考證，此書作於慶元三年（1196），當即《本義》成書之時。由此，我們可以推斷，朱子之《本義》，初名《易傳》，乃未成稿，但已被竊出而版刻，朱子十分不滿，乃作《啟蒙》以究其失，同時加緊修改《易傳》。晚年成書後，定名為《本義》。度正「所謂《本義》者，今世所傳《易傳》是也」，並不是說《易傳》即《本義》，而是說，《本義》就是朱子早年未完成的《易傳》之最後定本。

朱子又有《易學啟蒙》。

《易學啟蒙》一書，宋代官私書目均有著錄。度正〈書易學啟蒙後〉記載，嘉定五年冬，眉山楊仲禹曾予刊刻。據度正弟子陽枋稱，有趙汝廩者亦曾於四川涪州刊《易學啟蒙》，陽枋為作跋。又，董真卿《周易會通·易程子傳序》引朱子之孫鑑〈呂氏音訓跋〉云：「先公著述經傳，悉加音訓，而於《易》獨否者，以有東萊先生此書也。鑑既刊《啟蒙》、《本義》，念音訓不可缺，因取寶婺、臨漳、鄂諸本，親正訛誤六十餘字而並刻之。」可知，朱鑑亦曾有刊本。

《易學啟蒙》宋刻本，今已不傳。

二 詩集傳

此本據中國國家圖書館藏宋刻本膠捲影印，原書框高十八點六釐米，廣十三點三釐米。每頁十四行，行十五字，注雙行同，烏絲欄，左右雙闌。版心單魚尾，白口，上記字數，下記刻工姓名，有：黃埜、蔡友、鄭恭、吳炎、蔡明、王燁、游熙等。

按：中國國家圖書館藏宋刻《詩集傳》膠捲影印係王重民先生五十年代初從美國國會圖書館複製回國。說見朱傑人〈《詩集傳》點校說明〉。

關於《詩集傳》的宋代刻本，朱傑人〈《詩集傳》點校說明〉已有詳盡考證，今迻錄如下：

> 朱子著《詩集傳》有一個從尊〈序〉到反〈序〉的過程。他自己說：「熹向作《詩解》文字，初用〈小序〉，至解不行處，亦曲為之說。後來覺得不安，第二次解者，雖解〈小序〉，間為辨破，然終是不見詩人本義。後來方知只盡去〈小序〉，便自

可通。於是盡滌蕩舊說，詩意方活。」（《朱子語類》卷八十）並認定自己早年所著《詩集解》乃「少時淺陋之說」（〈呂氏家塾讀詩記後序〉）。經過一個較長時期脫胎換骨的改造，大約在淳熙十三年（1186）左右，一部在中國《詩》學研究史上具有劃時代意義的著作《詩集傳》終於誕生了。

現存《詩集傳》主要有二十卷與八卷兩個不同的版本系統。

二十卷本的宋、元舊刻，留存甚少。現時較通行之二十卷本，為《四部叢刊》影印日本靜嘉文庫藏本。此為殘宋本，自卷十二〈小雅·蓼莪〉三章《朱傳》「則無所恃」四字起，至卷十七〈大雅·板〉亡佚，後補抄配齊。原本舊藏陸心源皕宋樓，後流落日本靜嘉文庫。

八卷本是明、清通行的《詩集傳》版本，但宋、元兩代卻不見著錄。故四庫館臣認為八卷本「蓋坊刻所并」。目前可考的最早八卷本為明嘉靖年間「巡按福建監察御史吉澄校刊」本。

據朱子之孫鑑稱，宋時《詩集傳》還有「豫章本」、「長沙本」、「後山本」。朱子歿後，又有朱鑑「親加是正」的富川郡學本（〈詩傳遺說跋〉）。另據陳振孫《書錄解題》稱：「今江西所刻晚年本，得於南康胡伯量，校之建安本，更定者幾十一云。」則又有「江西本」及「建安本」。

那麼，現存之二十卷宋刻與以上諸宋代刻本究竟是什麼關係呢？有學者認為，現存宋刻二十卷本，即朱鑑所謂「後山本」。考後山，乃建陽崇泰里一地名，為朱子弟子蔡元定所居之處。朱子移居建陽後，元定即由麻沙遷居後山，兩地相距約十餘公里。蔡元定在後山主持刻書之務，曾為朱子刻印《中庸章句》、《易學啟蒙》、《小學》及《詩集傳》等著作，時在淳熙己酉年（1189）左右。故《直齋書錄解

題》所云建安本，與朱鑑所云後山本，實乃同一刊本。陳振孫所說的
建安，實即建陽，乃沿用古建安郡名。《解題》只錄建安本而不及後
山，朱鑑只言後山而不及建安，這是由於兩人著錄之立足點不同所
致。朱鑑乃建安人，於「建安本」刻印的具體地點十分清楚，故直稱
「後山本」。

現存宋刻二十卷本避諱至「敦」字，乃避宋寧宗趙擴之諱，又據
刻工姓名及字體、版式等考證，此本當為南宋寧宗之後，理宗之前之
浙江刻本，而非「後山本」（即「建安本」）。

那麼，上引《直齋書錄解題》所云「江西本」又是一個怎樣的版
本呢？

要弄清何為「江西本」，首先必須弄清朱鑑〈詩傳遺說跋〉中的
「富川」為何處。朱鑑此跋作於端平乙未年（1235），文末自署：「承
議郎權知興國郡兼管內勸農營田事節制屯戍軍馬。」興國郡，南宋時
屬江南西路，其治所在永興。永興即富川。《隋書・地理志下》江夏
郡統縣四，永興即其一：「陳曰陽新。平陳，改曰富川，開皇十一年
廢永興縣入，十八年改名焉。」據此，則朱鑑之跋，列舉《詩集傳》
刻本，曰「豫章、長沙、後山皆有本」，唯獨不及「江西」。這是因為
「江西」本即其自己所刊之本。此外，陳氏《直齋書錄解題》曰「今
江西所刻本」，既言「今」，說明其書刻於當時。陳氏主要的活動年
代，在嘉定中至景定初。這一段時間（而且在江西）《詩集傳》的刻
本，只有朱鑑的富川本。所以我們可以相信，《直齋書錄解題》所謂
的「江西」本，即朱鑑校改本。

朱鑑〈詩傳遺說跋〉云：「先文公《詩集傳》，豫章、長沙、後山
皆有本，而後山讎校最為精。第初脫稿時音訓間有未備，刻板已竟，
不容增益。欲著補脫，終弗克就，未免仍用舊版，葺為全書，補綴趲
那，久將漫漶。竭來富川，郡事餘暇，輒取家本，親加是正，刻實學

官，以傳永久。」此跋告訴我們，朱子生前的《詩集傳》刻本，以後山本校讎最精，但仍然存在著「音訓間有未備」的缺點。原擬作補脫附錄於後，但「終弗克就」。針對這種情況，朱鑑在富川時用家本校正，並版刻於學官。這應該是一本經過修訂的刻本，「音訓間有未備」的問題當已有所解決。朱鑑之跋作於理宗時，故其改定本當刻於現存二十卷本之後。從元、明等三個版本與二十卷本的對校可以看到，除了二十卷本的幾處明顯刻誤作了改正外，主要的修改確在「音訓之間」。所以我們推測，現存宋刻本當據蔡元定後山本刊刻，而元、明等三個版本則傳自朱鑑改定本。

《朱子全書》本《詩集傳》係用日本靜嘉文庫本為底本，以王重民所複製膠捲補足靜嘉文庫本所缺。而《朱子著述宋刻集成》則用王氏膠捲復原。

三　孟子或問纂要

此本據上海圖書館藏宋刻本影印。

按：上海圖書館現藏有宋刻本《大學或問》、《中庸或問》、《論語或問纂要》、《孟子或問纂要》四種，共十二冊，前三種為殘本，唯《孟子或問纂要》為全本。

《孟子或問纂要》三冊。原書框高二十二點四釐米，廣十六釐米。七行十六字，小字雙行，細黑口，雙黑魚尾，左右雙邊。鈐有陰文「蕙玉」、「張珩私印」，陽文「百柳塘主人」、「南陽居士」諸印。

詳考《孟子或問纂要》文字，發現此書係由《孟子集注》、《孟子或問》混合而成，刪節嚴重。筆者對全書做了仔細比勘，大要如下：

	《孟子或問纂要》原文	說明
書名	孟子或問纂要　朱氏	
節名	梁惠王章句上	襲自《孟子集注》。
段一	○孟子見梁惠王	①《孟子》第一卷第一章，省略原文。 ②各章以○區別，下同。
	或問孟子不見諸侯此其見梁惠王何也曰不見諸侯者不先往見也見**梁惠王**荅其禮也蓋先王之禮未仕者不得見於諸侯戰國之時士鮮自重而孟子**猶**守先王之禮故其所居之國而不仕焉則必其君先就見也然後往見之若異國之君不得越境而來則必以禮貌先焉然後往荅其禮耳故史記以為梁惠王卑禮厚幣以招賢者而孟子至梁得其事之實矣	①《孟子或問》對上段文字的相關問答。 ②「或問」二字以陰刻白文區別，下同。 ③「梁惠王」後，寶誥堂本《孟子或問》多「者」字。 ④「猶」，寶誥堂本《孟子或問》作「獨」。
	未有仁而遺其親者也未有義而後其君者也	①《孟子》第一卷第一章一段原文。 ②章節中引文以別行、頂格區別，下同。
	集注曰此言仁義未嘗不利以明上文亦有仁義而已之意也	《孟子集注》對「未有仁而遺其親者也未有義而後其君者也」的注釋，未全錄。
	或問**仁義**未嘗不利則是所謂仁義者乃所以為求利之資乎曰不然也仁義天理之自然也居仁由義循天理而不得不然者也然仁義得於此則君臣父子之間以至於天下之事自無一物不得其所者而初非有求	①《孟子或問》對上段文字的相關問答。 ②「仁義」前，寶誥堂本《孟子或問》多「子謂」二字。

	《孟子或問纂要》原文	說明
	利之心也易所謂利者義之和正謂此爾曰然則孟子何不以是為言也曰仁義固無不利矣然以是為言則人之為仁義也不免有求利之心焉一有求利之心則利不可得而其害至矣	
	○又曰遺猶棄也後不急也言仁者必愛其親義者必急其君	①《孟子集注》對「未有仁而遺其親者也未有義而後其君者也」的注釋，未全錄。 ②各節亦以○區別，下同。
	或問**或主**於愛或主於宜而所施亦有君親之不同何也曰仁者人也其發則主於愛而愛莫切於愛親故人仁則必不遺其親矣義者宜也其發則事皆得其宜而所宜者莫大於尊君故人義則必不後其君矣	①《孟子或問》對上段文字的相關問答。 ②「或主」前，寶誥堂本《孟子或問》多「然則其」三字。 ③「主」前，寶誥堂本《孟子或問》多「專」字。
	○太史公曰余讀孟子書至梁惠王問何以利吾國未嘗不廢書而歎也	《孟子集注》對第一章的總評，未全錄。
	或問太史公之歎其果知孟子之學耶曰未必知也以其言之偶得其要是以謹而著之耳	《孟子或問》對上段文字的相關問答，未全錄。
段二	○梁惠王曰寡人之於國也盡心焉耳矣（止）數罟不入洿池魚鱉不可勝食也（止）雞豚狗彘之畜無失其時七十者可以食肉矣（數音促罟音古洿音烏**勝音升**畜敕六反）	①《孟子》第一卷第三章，未全錄。 ②小字「止」相當於省略號。 ③標錄「數罟不入洿池魚鱉不可勝食也」、「雞豚狗彘之畜無失其時七十者可以食肉矣」二段，因為下文有相關《孟子集注》音注和《孟子或問》。

《孟子或問纂要》原文	說明
	④「勝音升」，當塗郡齋本《孟子集注》在最前。 ⑤「敕」，當塗郡齋本《孟子集注》作「許」。
或問既曰魚鱉不可勝食矣又曰老者然後可以食肉何也曰魚鱉自生之物養其小而食其大老幼之所同也至於芻豢之畜人力所為則非七十之老不得以食之矣先王制度之節始於略而終於詳大率如此曰必五十而後衣帛七十而後食肉何也曰此先王品節之意所以教民尊長敬老而節用勤生也若其意則豈不欲少者之皆**帛衣**而**肉食**哉顧其財有不贍則老者或反不得其所當得耳	①《孟子或問》對上段文字的相關問答，未全錄。 ②「帛衣」，寶誥堂本《孟子或問》作「衣帛」。 ③「肉食」，寶誥堂本《孟子或問》作「食肉」。

　　再取上圖藏《論語或問纂要》比勘，發現文字係《論語集注》、《論語或問》混合而成，刪節嚴重。大要如下：

	《論語或問纂要》原文	說明
節名	衛靈公第十五	襲自《論語集注》。
段一	○衛靈公問陳於孔子孔子對曰俎豆之事則嘗聞之矣軍旅之事未之學也明日遂行（陳去聲）	①《論語》第十五卷第一章。 ②各章以○區別，下同。 ③「陳去聲」為《論語集注》對「衛靈公問陳於孔子孔子對曰俎豆之事則嘗聞之矣軍旅之事未之學也明日遂行」的注釋，未全錄。

	《論語或問纂要》原文	說明
	或問**衛靈公**問陳而夫子遽行何也曰**為**國以禮戰陳之事非人君所宜問也況靈公無道夫子固知之矣特以其禮際之善庶幾可與言者是以往來於衛為日最久而所以啟告之者亦已詳矣乃於夫子之言一無所入至是而猶問陳焉則其志可知矣故對以未學而去之然不徒曰未學而已猶以俎豆之事告之則夫子之去蓋亦未有必然之意也使靈公於此有以發悟於心而改事焉則夫子之行孰謂其不可留哉故史記又云明日與孔子語見蜚雁仰視之色不在孔子孔子遂行則是夫子之行又以禮際之不善而決不專於問陳一事也夫子既行而靈公卒衛國大亂俎豆之對其旨遠哉	①《論語或問》對上段文字的相關問答。 ②「或問」二字以陰刻白文區別，下同。 ③「衛靈公」，寶誥堂本《論語或問》無「衛」字。
段二	○子曰無為而治者其舜也與夫何為哉恭己正南面而已矣（與平聲夫音扶）	①《論語》第十五卷第五章。 ②「與平聲夫音扶」為《論語集注》對「無為而治者其舜也與夫何為哉恭己正南面而已矣」的注釋，未全錄。
	集注曰恭己者聖人敬德之容既無所為則人之所見如此而已	《論語集注》對「無為而治者其舜也與夫何為哉恭己正南面而已矣」的注釋，未全錄。
	或問恭己為聖人敬德之容曰純敬不已無事操修自外觀之見其恭己而已爾其無為之道何也曰若是者不言而信不怒而威有不知其所以	①《論語或問》對上段文字的相關問答，未全錄。 ②「恭己」後，寶誥堂本《論語或問》多「之」字。

	《論語或問纂要》原文	說明
	然者也曰以書傳考之舜之為治朝觀巡狩封山濬川舉元凱誅四凶非無事也此其曰無為而治者何耶曰即書而考之則舜之所以為治之跡皆在攝政二十八載之間及其踐天子位則書之所載不過命九官十二牧而已其後無他事也雖書之所記簡古稀闊然亦足以見當時之無事也曰若是則其治也乃時事之適然而非恭己之效也奈何曰因其時事之適然也而舜又恭己以臨之是以其治益以久長而不替也若後世之君當無事之時而不知聖人恭己之道則必怠惰放肆宴安鴆毒而其所謂無事者乃所以為禍亂多事之媒也	③「容」後，寶誥堂本《論語或問》多「何也」二字。 ④「無事」後，寶誥堂本《論語或問》多「乎」字。 ⑤「無為」後，寶誥堂本《論語或問》多「而治」二字。 ⑥「所以然者也」至「曰以書傳」間，省略「諸說如何曰范氏以用人為說呂氏以體信達順與人為善為說楊氏以奉天為說固皆善矣而夫子之言未及乎此此自古帝王之為治蓋亦莫不然者夫子何獨於舜而稱之乎故詳味夫子之言則此章之說侯尹氏得之為多而謝氏說又見其所以獨言舜之意雖若與侯氏小異然合二說而觀之則知其時事心跡無一不然而足以見聖人之言蓋非偶然而發矣」一段。 ⑦「久長」，寶誥堂本《論語或問》作「長久」。

　　再檢《大學或問》與《中庸或問》，按：《大學或問上》全，《大學或問下》頁二、三、四殘，頁十九以下缺（頁十八尾為「若類推積累之可以循序而必至也又」一行）。文字無刪節。《中庸或問上》頁五十以上缺（頁五十首為「或問十一章素隱之說曰呂氏從鄭注以」一行），《中庸或問下》全。文字無刪節。《中庸或問下》文間遇「本朝」、「太祖」、「太宗」、「我朝」、「故都」、「朝廷」、「神祖」別行、頂格。且此兩種書行款也與《孟子或問纂要》、《論語或問纂要》不同。

　　據王懋竑（《朱子年譜》卷之二）、束景南（《朱熹年譜長編》卷上）考證，《四書或問》成書於淳熙四年（1177）。但朱子自己對此書並不滿意，李方子《紫陽年譜》云：「初，先生既編次《語孟集義》，又約其精粹妙得本旨者為《集注》，又疏其所以去取之意為《或問》。然恐學者轉而趨薄，故《或問》之書未嘗出以示人。」（《西山讀書記》卷三十）但王氏「年譜」、束氏「長編」均引洪嘉植《朱熹年譜》云：「時書肆有竊刊行者，亟請於縣官追索其板，故惟學者私傳錄之。」可知，此書在朱子生前即已被盜版。根據上文對兩本「纂要」內容的比較，我們似可得出結論，所謂的《孟子或問纂要》、《論語或問纂要》，應該就是書肆之盜印本。也許是為了逃避「打擊盜版」，書商在書名上做了文章，所謂「纂要」，其實是一本子虛烏有之書，乃是一本書商用拼湊的方法炮製而成，用以牟利的書。這一點，從本書的書口刻工書名上也可略見一斑，此書的刻工署名一律用記號代替，而無姓名。可見盜版者掩耳盜鈴之心虛之態。

　　上海圖書館所藏另兩本「或問」，與「纂要」行款、內容並不相同，應該是兩種不同類型和性質的書，不知從何時起，這四本書被混在一起作為「或問」的現存宋刻而著錄並收藏（也許是書中都有「或問」二字而被誤導），筆者殊以為不妥。

四　儀禮經傳通解

　　此本據臺灣漢學研究中心藏宋南康軍嘉定丁丑刊正編癸未刊續編，元、明南監遞修本影印。凡《儀禮經傳通解》二十三卷，《儀禮集傳集注》十四卷，《儀禮經傳通解續卷》二十九卷。原書框高十八點四釐米，廣十四點一釐米。每頁七行，行十五字，注雙行同，烏絲欄，左右雙闌。版心對魚尾，白口，上記字數，下記刻工姓名，有：

王啟、采、劉森、信、監生秦淳、馬出、胡杲、肖浩、監生戴彝、吳、監生陳浚、章、明遠、彬、文、胡宗、王大、仁等。藏書印五方，陽文：「擇是居」、「莚圃收藏」、「石銘收藏」、「國立中央圖書館收藏」，陰文：「張鈞衡印」。

在朱子龐大的學術體系中，禮學占有非常重要的地位。紹熙五年（1194）朱子入侍經筵，寫了著名的〈乞修三禮劄子〉，希望朝廷能給他創造條件，組織班子編修禮書。但他的願望因被逐出朝廷而落空。晚年，他憑一己之力，組織他的學生們開始了《儀禮經傳通解》的編修。楊復〈祭禮自序〉云：「慶元丙辰，先生六十有七矣，而〈家〉、〈鄉〉、〈邦國〉之禮始成，〈王朝禮〉大綱舉而未脫稿。惟〈喪〉、〈祭〉二禮屬勉齋黃先生編次，篇次浩繁，倍於〈家〉、〈鄉〉、〈邦國〉、〈王朝〉諸書，久而未就，文公晚年與勉齋書，責望尤拳拳也。及嘉定己卯，〈喪禮〉始克成編，以次將修〈祭禮〉，即以其書稿本授復曰：『子其讀之。』蓋欲復通知此書本末，有助纂輯也。」（《皕宋樓藏書志》）楊復是朱子的學生，他的這篇序很重要，它傳達給我們的信息主要有：（一）朱子晚年（六十七歲，慶元丙辰，1196年），完成了《儀禮經傳通解》的〈家〉、〈鄉〉、〈邦國〉。（二）朱子將其餘的部分〈喪禮〉和〈祭禮〉交給了黃榦。（三）黃榦完成了〈喪禮〉，又將〈祭禮〉交給了楊復。（四）楊復〈祭禮自序〉作於「紹定戊子正月望日」（1228），據此我們可以推定，〈祭禮〉完成於是年。

嘉定十年丁丑（1217），朱子季子朱在知南康軍，刻《儀禮經傳通解》。此當為《儀禮經傳通解》的第一次版刻。其「識語」曰：「右先君所著〈家禮〉五卷、〈鄉禮〉三卷、〈學禮〉十一卷、〈邦國禮〉四卷、〈王朝禮〉十四卷，今刊於南康道院。其曰『經傳通解』者，凡二十三卷，蓋先君晚歲之所親定，是為絕筆之書，次第具見於目

錄。惟〈書數〉一篇缺而未補，而〈大射禮〉、〈聘禮〉、〈公食大夫禮〉、〈諸侯相朝禮〉八篇則猶未脫稿也。其曰『集傳集注』者，此書之舊名也，凡十四卷，為〈王朝禮〉，而〈卜筮篇〉亦缺，餘則先君所草定，而未暇刪改者也。今皆不敢有所增益，悉從其稿。至於〈喪〉、〈祭〉二禮，則嘗以規摹次第屬之門人黃榦，俾之類次，它日成書，亦當相從於此，庶幾此書始末具備。」（《朱子全書》第二冊《禮儀經傳通解》，頁26）

嘉定十三年庚辰（1220）黃榦編次〈喪禮〉成書，但〈祭禮〉未及完稿而歿。嘉定十六年癸未（1223）「張處知南康，補刊〈喪禮〉、〈祭禮〉共二十九卷。其中〈喪禮〉十五卷黃榦撰，〈喪服圖式〉一卷楊復補撰，〈祭禮〉十三卷黃榦撰稿、楊復分定卷次」（林慶彰校訂，葉純芳、橋本秀美編輯《楊復再修儀禮經傳通解續卷祭禮》之〈喪、祭禮編刊年表〉，頁59，中央研究院中國文哲研究所出版）。張處此次補刊本，即現在通行之《儀禮經傳通解》。

但是，這個本子的缺陷是〈祭禮〉仍為稿本。楊復承擔起最後編定〈祭禮〉的重任。紹定四年辛卯（1231），楊復所撰〈祭禮〉十四卷成書。遺憾的是，此書修成之後，未及時刊刻，故無法流布。據葉純芳、橋本秀美考證，淳熙六年丙午（1246）「楊復弟子鄭逢辰以楊復〈祭禮〉二十冊、〈儀禮圖〉十四冊，各繕寫一部奉進」。並推測：「鄭逢辰似不僅奉進謄抄本，又單獨刊行楊復〈祭禮〉。」（同上書，頁67-68）直至寶祐元年癸丑（1253）王佖於南康重刊《儀禮經傳通解》全書，〈祭禮〉改用楊復所撰。元、明、清以後，楊復〈祭禮〉多有刊行，但不幸海內竟無傳本。二〇〇七年，橋本秀美教授告知林慶彰先生，日本靜嘉堂文庫藏有楊復〈祭禮〉，為海內外孤本。林先生以為此書意義重大，應盡速出版。橋本教授與葉純芳博士遂親赴靜嘉堂抄錄整理，成《楊復再修儀禮經傳通解續卷祭禮》一書，於二〇

一一年由中央研究院出版。橋本先生與秀美博士對《儀禮經傳通解》的編修過程及版本情況，做了詳盡的考證，解決了許多懸而未決的公案（本文在寫作過程中，即很得益於他們的研究成果），值得引起學界的重視。

五　四書章句集注

此本據中國國家圖書館藏宋嘉定十年當塗郡齋刻嘉熙四年淳祐八年至十二年遞修本宋淳祐十二年當塗郡齋刻本影印。二十八卷：《論語集注》十卷、《序說》一卷，《孟子集注》十四卷、《序說》一卷，《大學章句》一卷，《中庸章句》一卷。原書框高二十五點三釐米，廣十四點七釐米。每頁八行，行十五字，注雙行同。經注均為大字。烏絲欄，左右雙闌。雙魚尾，魚尾上記字數，下記刻工姓名，有：楊、楊成、劉文明、陳世、劉陽、黃芇、唐禮、路、王日新、高、黃世、蔡宣、陳正、嚴、陳新、劉柄等。《大學章句》首頁有藏書印三方，均為陽文：「瞿紹基藏書之印」、「罟里瞿鏞」、「鐵琴銅劍樓」。

據徐德明〈四書章句集注校點說明〉，朱子生前本書曾有四次刊刻，分別為：淳熙十二年（1185）由詹儀之刻於廣西靜江，淳熙十三年（1186）由趙汝愚刻於四川成都，紹熙三年（1192）由曾集刻於南康，慶元五年（1199）刻於建陽。可惜，這些刻本都已失傳。

現存宋代刻本，均為朱子身後所刊，除已收入本「集成」的當塗郡齋遞修本外，國家圖書館另藏《論語集注》十卷、《序說》一卷，《孟子集注》十四卷、《序說》一卷。因非全本，故未收入「集成」。此外，臺灣中研院藏一殘宋本，為《大學章句》一卷。此本與國家圖書館所藏為同一版本，均為鄧邦述群碧樓舊藏。

《朱子語類》卷十九：「《論語集注》蓋某十年前本，為朋友間傳

去，鄉人遂不告而刊。及知覺，則已分裂四出，而不可收矣。其間多有未穩，煞誤看讀。」可見此書朱子生前即已被盜版。

六　家禮

此本據中國國家圖書館藏宋刻本影印。五卷，附錄一卷。原書框高二十二點七釐米，廣十六點五釐米。每頁七行，行十六字，注雙行同。烏絲欄，左右雙闌。單魚尾，魚尾下記刻工姓名，有：徐琪、王錫、何彬、馬良、張元彧、賈端仁、沈宗、蔡仁、徐典、徐珍、顧祺等。有藏書印。

楊紹和《楹書隅錄》卷一「經部」：

> 宋本《家禮》五卷，《附錄》一卷，三冊一函。
>
> 每半頁七行，行十六字。卷一至卷三影宋精鈔補。《附錄》後有淳祐五年上饒周復跋云：「文公門人三山楊復所附注於逐條之下者，可謂有功《家禮》。復別出之，以附於書之後，恐其間斷文公本書也。」卷中避宋諸諱，「廓」字缺筆，當是上饒原刻。瓊山所稱南邕舊本，與此俱合，未知為明時重雕，抑即此本舊帙弆之監中者耶？有「竹東草堂書畫印」。

細檢本書，可知此本即楊氏舊藏。

關於《家禮》一書的宋代刻本，吾妻重二先生在其大著《朱熹「家禮」實證研究》一書中有詳盡考證。根據他的研究，《家禮》的宋代刻本大致有以下幾種：

1 嘉定四年（1211）廖德明刊於廣州，號為「五羊本」。此本距朱子辭世僅一年。

2 嘉定九年（1216）趙師恕刊於餘杭，是為餘杭本。黃榦為作序。
　此本對五羊本的錯誤進行了校定。

3 嘉定十年（1217）至十二年（1219）鄭之悌重刻餘杭本於嚴州
　（浙江），陳淳為作序。

4 「根據《性禮大全》卷二十一〈祭禮‧四時祭〉『亞獻』中楊復
　的注釋，潮州（廣東省）還有一種刊本，只是不知其詳。」（吾
　妻重二：《朱熹「家禮」實證研究》第三章〈「家禮」的刊刻與版
　本〉，上海市：華東師範大學出版社，2012年5月，頁80）

同時，開始出現了對《家禮》進行注釋的各種刊本：

5 紹定四年（1231）前後，楊復的附注本出版。

6 淳祐二年（1242）方大琮重刻楊復附注本。

以上諸本均已亡佚。

7 淳祐五年（1245）上饒周復刊本問世。此本即楊紹和所藏本，也
　是現存最早的刊本。

8 《家禮》五卷　《附錄》一卷　書扉「宋本家禮」　清光緒六年
　公善堂校刻　一冊　每半頁七行，每行十六字，注文雙行十五
　字，白口，黑魚尾，左右雙邊，有刻工名。
　按：此本是為清仿刻宋本，但吾妻先生云，此本與上述八號本
　「完全相同，是非常忠實的宋版翻刻本」，「京都大學人文科學研
　究所也藏有一部公善堂本，為一冊本，看上去像是原裝本」。

　吾妻先生在他的大著中又列舉了四種纂圖集注本：

1 《纂圖集注文公家禮》　十卷　楊復附注　劉垓孫增注（存卷
　三、四）三冊（東京大學東洋文化研究所藏）

2 《纂圖集注文公家禮》　十卷　楊復附注　劉垓孫增注（存卷
　六、七）二冊（北京圖書館善本室藏，編號10408）

3 《纂圖集注文公家禮》　十卷　楊復附注　劉垓孫增注（存卷三、

四）四冊卷九末起有補抄（北京圖書館善本室藏，編號6699）

4 《纂圖集注文公家禮》 十卷 楊復附注 劉垓孫增注（存卷五）一冊（上海圖書館善本室藏，編號758557《上海圖書館善本書目》（1957年）記作「文公家禮十卷」）

據吾妻先生考證，上述四本實為汲古閣所藏同一本書，他引用長澤規矩也的考證後判定：「也就是說，汲古閣舊藏的該書，在經歷曲折之後，最終被分別收藏於東京、北京和上海三地。」

關於此書，阿部吉雄與長澤規矩也都以為是宋刻，而《北京圖書館善本書目》（北京市：中華書局，1959年）、傅增湘《藏園群書經眼錄》（北京市：中華書局，1983年9月）以及《上海圖書館善本書目》則認定為元版。吾妻先生以為此本應為宋刊本。他說：「從內容來看，斷定其為宋版，應當是正確的。這是因為在其卷六〈刻志石〉的一節中有『有宋某官某公之墓』、『有宋某官姓名某封某氏之墓』的字樣。如果它是元代的刊刻，就不可能刻上『有宋』二字。」但是，吾妻先生忽視了一個問題，「有宋」之類的用語，可以是宋代人自稱，但是在大多數情況下，恰恰是後代人對宋朝的稱謂。所以，據「有宋」一詞就斷定這是宋本，似缺乏說服力。

又，吾妻先生引用《郡齋讀書志‧附志》曰：

《家禮》五卷

右朱文公所定，而趙崇思刻之萍鄉者。潘時舉、李道傳、黃榦、廖德明、陳光祖序跋附焉。

吾妻先生認為：「這裡所著錄的應該是餘杭本。如果是嚴州本，當然要提到鄭之悌的跋文。」但問題是，不論「餘杭本」，還是「嚴州本」，都未提及李道傳的序或跋。吾妻先生也注意到了這個問題：「然

而，其中李道傳的序跋至今不詳。李道傳在彰顯朱子學方面可謂是有功之人，他是黃榦的好友，因此，當餘杭本刊刻之際，他也許為其撰寫了序跋。如此說來，這裡所著錄的應該是餘杭本。如果是嚴州本，當然要提到鄭之悌的跋文。」吾妻先生的推論不無道理，李道傳生於乾道六年（1170），逝於嘉定十年（1217），餘杭本刊於嘉定九年（1216），他完全有可能為其作序跋。但是為什麼既然做了序跋卻不刊用呢？這於情於理都是講不通的。又據吾妻先生考證，刊刻萍鄉本的趙崇思於嘉定七年（1214）承祖蔭入仕，那麼，李道傳也有可能為他所刊刻的本子作序。當然，這也是推測，不足為據。所以我以為，如果把吾妻先生的文字「這裡所著錄的應該是餘杭本」改為「這裡（指萍鄉本）所依據的應該是餘杭本」，恐怕會比較妥帖一點。也就是說，萍鄉本應該是餘杭本的翻刻，只不過是加上了李道傳的序跋。吾妻先生的《「朱子家禮」實證研究》是一部迄今為止對《朱子家禮》系統研究的「巔峰之作」（吳震語，見《中華讀書報》9版，2012年8月22日），此語絕非過譽，僅以本文所擷取的關於《朱子家禮》宋代版本的考訂，就已經足以證明它的宏博、嚴密與深刻。本文對吾妻先生的大作提出了一些補充，僅供吾妻兄參考。

七　資治通鑑綱目

此本據中國國家圖書館藏宋刻本影印。五十九卷，序例一卷。原書框高二十一點二釐米，廣十四點六釐米。每半頁八行，行十七字，注雙行同。烏絲欄，左右雙闌。雙魚尾，魚尾上記字數，魚尾下記刻工姓名，有：才、王中、李渙、潘亮、潘太、李文、李洽、李千、洽、曾立、奐、成等。有藏書印：「碧山學士藏書」、「廣乘山人」、「松郡朱氏」，以上為陽文。「中藏府印」、「天倫堂印」、「王譚」、「別

部司馬」、「方俗破虜司馬」、「口近之印」為陰文。

乾道八年（1172）朱子作〈資治通鑑綱目序〉，標誌著《資治通鑑綱目》一書的初稿成型。但是朱子對此書的修訂，終其一生，書稿始終未出示與人。朱子辭世後，他的學生李方子於嘉定三年（1210）從朱子之子在那裡見到稿本，「而服膺焉」（李方子〈宋溫陵刻本資治通鑑綱目後序〉，《朱子全書·資治通鑑綱目》附錄二）。嘉定九年（1216）真德秀知泉州（即溫陵），李方子為觀察推官，於是將此書交給真德秀刊行，十二年（1219），《資治通鑑綱目》正式出版。這是《資治通鑑綱目》的初刻本，史稱「溫陵本」。

據《直齋書錄解題》、《郡齋讀書志》著錄，有宋一代又有「廬陵本」及「夔本」。

以上諸本，今均不傳。

現存宋版，一為中國國家圖書館所藏，據王重民先生考證，此本當據溫陵書版重刷；一為臺灣中央圖書館所藏，著錄云「嘉定十二年真德秀溫陵郡刻本」。但此書補版甚多，當非溫陵初刻。

八　八朝名臣言行錄

此本據中國國家圖書館藏宋淳熙刻本影印。十卷。卷首有朱子序文一頁。原書框高二十點九釐米，廣十五點五釐米。每半頁十行，行十七字，注雙行行二十字，烏絲欄，左右雙闌。雙魚尾，白口，下記刻工姓名，有：詹文、周俊、吳拱、周通等。藏書印兩方，一為「北京圖書館藏」陽文，另一模糊不清。

《八朝名臣言行錄》原分前後二集，前集為《五朝名臣言行錄》，後集為《三朝名臣言行錄》。呂祖謙在前集刻版以後不久即看到刻本，而未及後集，可證前後集是分別刊刻的。呂祖謙說，他所看到

的《五朝名臣言行錄》「板樣頗與《精義》（按：即《語孟精義》）相
似」（《呂祖謙全集》第一冊《東萊呂太史別集卷第八》杭州市：浙江
古籍出版社，2008年1月）。說明兩種書應該是同時（或前後不久）付
梓。《語孟精義》刊刻於乾道八年（1172），則「前集」也當於是年刊
刻。

　　據李偉國先生考證：「所幸朱熹原書今有商務印書館《四部叢
刊》本行世，其所據底本為海鹽張氏涉園藏宋刊本。北京圖書館藏有
宋本，《中國古籍善本書目》著錄為宋淳熙刻本。又傅增湘《藏園群
書經眼錄》記有袁寒雲藏宋本。疑涉園張氏藏本已在一九三六年毀於
日本侵略軍之手，而北圖藏本即原袁藏本。據著錄，兩本行款相同，
經查對，《四部叢刊》本所缺四頁，北圖藏本亦缺，則張藏本（即
《四部叢刊》所據本）與袁藏本（即今北圖藏本）為同一版本。」
（《朱子全書》第十二冊《八朝名稱言行錄》（校點說明）上海市：上
海古籍出版社、合肥市：安徽教育出版社，2010年9月修訂本）

九　楚辭集注

　　此本據中國國家圖書館藏宋端平刻本影印。《楚辭集注》八卷、
《楚辭辯證》二卷、《楚辭後語》六卷。原書框高二十二點六釐米，
廣十六點七釐米。每半頁九行，行十八字，注雙行同。烏絲欄，左右
雙闌。雙魚尾，魚尾上記字數，下記刻工姓名，有：永、劉、仝、李
仝、李可、其、信、丙、友、袁、劉方、可、劉政、危、劉玨等。有
藏書印：「源」、「東郡宋存書室珍藏」、「東萊劉占洪字少山藏書之
印」、「楊以增字益之又字至堂晚號冬椑行一」、「北京圖書館藏」，以
上為陽文。「宋存書室」、「楊紹和印」為陰文。

　　朱子作《楚辭集注》在其晚年，先完成「集注」與「辯證」，並

於慶元五年（1199）刊行。此後朱子繼續「後語」的修撰，但只注釋了前十七篇，後三十五篇未及完成而離世。嘉定丁丑（1217）朱子季子朱在將「後語」刊刻出版。端平二年（1235）其孫朱鑑將「集注」、「辯證」、「後語」合併刊行，使此書終成完璧。

《楚辭集注》在宋代即已被多次刊行。蔣立甫先生考證曰：「本書在南宋已多次刊行，據所知有以下幾種：嘉定四年（1211年）同安郡齋所刊《楚辭集注》、《辯證》，今僅存《辯證》二卷，藏臺灣中央圖書館；嘉定六年（1213）章貢郡齋刊本，今藏國家圖書館，已佚兩卷，取別本補足；嘉定十年（1217）朱在所校《集注》、《辯證》與《後語》合刻本，今不可見；端平三年（1235）朱鑑刊本，今藏國家圖書館，乃現存最早、最完整的《楚辭》刻本；咸淳三年（1267年）向文龍刊本，今已不傳。」（《朱子全書》十九冊《楚辭集注校點說明》）

十　昌黎先生集考異

此本據山西祁縣圖書館藏宋紹定二年刻本影印。十卷。原書框高二十二點九釐米，廣十六點三釐米。每半頁十行，行二十字，注雙行同。烏絲欄，左右雙闌。單魚尾，魚尾上記字數，下記刻工姓名，有：潘暉、僉通、將正、儀、王壽、旺、王亨、從文、金、夏旺、葉必先刊、金刁、壽等。有藏書印：「研古堂」、「乾學研古堂振宜家藏」、「汲古閣圖書部」、「季振宜印」、「滄葦」、「虞山毛詩汲古閣收藏」、「海虞毛表奏叔圖書記」、「乾學」、「振宜家藏」、「山西縣圖書館」，以上為陽文。「徐健庵」、「東吳毛表」、「山西省祁縣圖書館」為陰文。

書尾有張洽手書跋文兩頁，曰：「紹定己丑十有一月辛卯日南至

門人清江張洽謹識。」可證此本刻於紹定二年（1229）。

按：朱子之作《韓文考異》主要是出於對當時流行的方崧卿《韓集舉證》、《外集舉證》的不滿：「南安《韓文》出莆田方氏，今世號為佳本，予讀之信然。然猶恨其不盡載諸本同異，而多折中於三本也。」所謂「三本」者，即方氏用以校勘的杭本、蜀本及館閣本，而朱子認為恰恰是這三個本子，「多為校讎者妄改」而不足為據（朱子〈韓文考異序〉，見《朱子全書》十九冊《昌黎先生集考異》，頁365）。

《郡齋讀書志》卷下別集類一著錄，有嘉定戊辰（1208）三山鄭自誠刻本。

〈文淵閣本四庫全書別本韓文考異提要〉：「《別本韓文考異》四十卷，《外集》十卷、《附錄》一卷，宋王伯大編……伯大以朱子《考異》散入各句之下，刊於南劍州。」按：王伯大字幼學，號留耕，福州人，嘉定七年進士，淳祐八年（1248）以資政殿學士知建寧府，寶祐元年（1253）卒（《宋史》卷179本傳），則王氏所刊當在一二四八年至一二五三年之間。

現存宋刻「考異」尚有南京圖書館所藏題名《晦庵朱侍講先生韓文考異》十卷，著錄以為此本即宋慶元六年（1200）建安魏仲舉所刊。但曾抗美先生考訂後發現，此本與魏仲舉《新刊五百家注音辨昌黎先生文集》版式、行款、內容等多有不合。其實前人也早已發現這一問題，但他們以為行款不同「蓋本朱子原定行款也」（王棻：〈新刊五百家注音辨昌黎先生文集跋〉）。但是章學誠說：魏仲舉所刊「韓文五百家注」，「無《外集》、《遺文》，蓋魏仲舉裒輯諸家，朱子《考異》未出，故《外集》、《遺文》有未有定本也」（〈韓文五百家注書後〉）。也就是說，魏氏在編修「五百家」時，朱子的《考異》尚未成書，或尚未刊行。所以魏氏的所謂「五百家」並不包含朱子的《考異》。按：魏氏此書刊行於慶元六年（1200），而朱子《考異》成書於

慶元三年（1197），雖然不久即被刻板，但從成書到版刻之間當有一、二年的時間差，同理，刊行於一二○○年，也應該有一、二年的時間差，所以，魏氏完全有可能還來不及見到朱子的新書而無法收入。

　　總之，我同意曾抗美的見解，此本《晦庵朱侍講先生韓文考異》，是一本十分可疑或尚未完全梳理清楚的「宋本」。

　　《昌黎先生集考異》成書於慶元三年（1197），不久即刻板。《朱子全書・晦庵先生朱文公文集》卷四十五〈答廖子晦〉：「《韓文考異》，袁子質、鄭文振欲寫本就彼刻板，恐其間頗有偽氣，引惹生事，然當一面錄付之，但開版事，須依此本別刊一本《韓文》方得，又恐枉複勞費工力耳。」同上書《續集》卷四〈答劉晦伯〉：「所喻南安《韓文》，久已得之，舛訛殊甚……昨為《考異》一書，專為此本發也。近日潮州取去，隱其名以鏤板。」細考上引〈答廖子晦〉、〈答劉晦伯〉兩書，可得到幾個非常重要的信息：（一）書成以後，他的學生袁子質、鄭文振即要求將書刻板，但朱子並未同意。（二）朱子不同意的原因是，當時的政治環境不利學術：朱子等一批理學家被誣為「偽學」，他們的著作遭到禁毀。（三）但不久，朱子又改變初衷，同意鄭文振拿到潮州去出版。按：鄭文振名南升，潮州潮陽人，是朱子晚年考亭滄州精舍的門生。也許朱子認為廣東天高皇帝遠，可以避過當局的迫害。關於袁子質，我們一無所知。方彥壽先生懷疑「袁子質」為「袁子節」之誤，而袁子節也是朱子晚年考亭滄州精舍的門生。但是「袁子節，名號里籍失考」（方彥壽：《朱熹書院門人考》，上海市：華東師範大學出版社，2000年7月版，頁178）。陳榮捷也以為此人「別無史料」（陳榮捷：《朱子門人》，上海市：華東師範大學出版社，2007年7月版，頁125-126）。（四）但是，朱子依然十分謹慎，他要求「隱其名以鏤板」。這是一條非常重要的消息，它說明，朱子生前曾不止一次地以化名出版自己的著作，就我們所知，他曾用

「鄒訢」之名作〈書周易參同契考異後〉。而這次刊行《韓文考異》，他又用了什麼樣的署名呢？我們不得而知，也許，潮州刻本根本就沒有署名。（五）根據朱子的安排，潮州本《考異》當與「韓文」同時刊行，或將二者合而為一。

潮州本《韓文考異》是朱子生前出版的唯一刊本，可惜此本佚失已久。

十一　晦庵先生文集

此本中國國家圖書館藏宋刻浙本影印（按：《朱子著述宋刻集成》將「浙本」誤成「閩本」。謹此鄭重更正，並向讀者致歉）。一百卷。原書框高二十四釐米，廣十七點九釐米。每半頁十行，行十九字，注雙行同。烏絲欄，左右雙闌。單魚尾，魚尾下記刻工姓名，有：阮和、丁福、吳圭、余得、鄒付、劉承、魏才、葉申、詹大全、蔡春、吳申、熊良正、葉雲、共文、劉定、吳南、陳明、蔡寅、陳可、丁明、劉永、傅芳、翁定、陳木初、葉田、葉定等。有藏書印：「海虞朝棟莊仲寶藏」、「季雅」、「李莊仲圖書記」、「雲山一帶閣李氏藏書」、「北京圖書館藏」，以上為陽文。「鐵琴銅劍樓」為陰文。

朱子的文集在其生前即已有盜版本出現。已知最著名的一個版本是今臺灣故宮博物院所藏《晦庵先生文集》、《前集》十一卷、《後集》十八卷。據劉永翔先生、昌彼得先生考證，此本之版刻時間當在淳熙十六年（1189）（劉永翔：〈晦庵先生朱文公文集校點說明〉，《朱子全書》第二十冊，上海市：上海古籍出版社、合肥市：安徽教育出版社，2010年9月修訂版。昌彼得：《景印宋本晦庵先生文集·跋》，臺灣故宮博物院印行）。束景南先生則認為當在紹熙五年（1194）之前（《朱熹年譜長編》卷下，頁1336。上海市：華東師範大學出版

社，2001年9月）。

此書的最早記錄者是胡泳。朱子《文集》卷六十三有一封朱子答胡泳問喪禮的書信，其中記錄了胡泳的來信謂：「續觀麻沙所印先生《文集》中有〈復陸教授書〉，大概云：『吉凶之禮，其變有漸。先王制禮，蓋本人情，卒哭而祔者，漸以神事之。復主於寢者，猶未忍盡以事死之禮事之也。』竊意《文集》所說固是深察乎仁人孝子之情。」檢上述淳熙本《晦庵先生文集》卷第六，有〈答陸子壽問吉凶之禮〉云：「先王制禮，本緣人情，吉凶之際，其變有漸。故始死全用事生之禮，既卒祔廟，然後神之。然猶未忍盡變，故主復於寢，而以事生之禮事之。」（此文可見《朱子全書》，《晦庵先生朱文公文集》，卷63）不言而喻，胡泳所引即淳熙所刊。據此我們可以斷定，胡泳所謂「麻沙所印先生《文集》」即是淳熙刊本無疑。

但是，遍檢今存朱子文集的各種版本（包括浙本、閩本），「續觀麻沙所印先生《文集》中有〈復陸教授書〉大概云」二十字，一律被改為「續觀先生〈復陸教授書〉云」十字。最關鍵的「麻沙所印先生《文集》」被刪除。很顯然，這是朱在受命編輯文公文集時，做的一個重要修改，證明朱子生前並不認可所謂的麻沙刻本。

按：今本各版所刪文字，全賴嘉靖本六十三卷附錄《考異補遺》而得保存。檢嘉靖本卷六十三本文，文字一如閩、浙諸本。這從一個側面看出了嘉靖本刊刻者嚴謹的學術態度——他們一定是看到了與閩、浙本不同的刊本，其答胡泳問喪禮書信的文字有較大出入。但是他們並沒有擅改，而是以「考異補遺」的方式予以記錄，以備參考。《朱子全書》在處理這一問題時，亦採用了出校勘記的方式，將《考異補遺》中的有關文字予以記錄並說明出處。前些年出版的另一部「朱熹集」，以嘉靖版為底本，卻將《考異補遺》中的文字全部補回正文，且不出校記，不免有點草率。

　　據劉永翔先生考證，朱子生前還出現過一種朱子的文集，即王崏刻本。此本也未經朱子授權，朱子知悉後，屢加勸阻，但還是刻就三冊。此本後不知所終。

　　朱子去世後，季子朱在受遺命編修文集，成八十八卷；黃士毅編纂《文公文集》一百五十卷；《宋史·藝文志》則著錄有《朱熹前集》四十卷、《後集》九十一卷、《續集》十卷、《別集》二十四卷。陳振孫《直齋書錄解題》卷十八則著錄《晦庵集》一百卷、《紫陽年譜》三卷。年譜為李方子撰，文集則未錄編者。

　　嘉熙三年（1239）王埜、黃壯猷於建安刻《晦庵先生文集》一百卷，王遂刊《續集》十卷，見趙希弁《讀書附志》卷下著錄。

　　以上諸本，今均不傳。

　　現存宋刻，除上述淳熙本外，有閩、浙兩種，閩本藏上海圖書館，浙本藏國家圖書館。淳祐十年（1250）徐幾為王埜補《續集》一卷，景定四年（1263）余師魯為補《別集》十卷。咸淳元年（1265）於建安書院重刻，此為閩本。

　　關於浙本，瞿鏞《鐵琴銅劍樓藏書目》卷二十一集部三別集類三云：「《晦庵先生文集》一百卷，宋刊本。宋朱子撰。首目錄二卷，無序跋。每半頁十行，行十九字，遇『廓』、『擴』等皆為字不成，是寧宗後所刻也。考成化本黃氏仲昭跋云，《晦庵朱先生文集》，閩、浙舊皆有刻本。成化戊子偶得閩本，因取浙本校之，其間詳略微有不同。如劾唐仲友數章，閩本不載。其所劾事狀，今詳此本備載無遺，當是浙本矣。又考嘉靖本卷六十七〈仁說〉，小注云浙本誤收南軒先生作，而以先生作為〈仁說序〉。此本正是如是。其為浙本益明矣。黃氏又云，浙本洪武初取置南廱，不知輯於何人。」瞿氏所藏本，今歸中國國家圖書館，即本「集成」所收刊者也。

贅語

　　《朱子著述宋刻集成》收書凡十一種，海內外宋刻遺珍蓋一網已盡，所憾者，「文集」淳熙本卻掛一而漏萬。日後再版，定當補刊。

　　「集成」之集著眼於使用，故以「全」為宗旨，殘本一概不收。朱子著述之宋刻，多有殘本遺世，片紙隻頁，彌足珍貴，理當予以調查，整而理之。此項工程更難於「集成」之作，未知何時有志者出，竟成此事。

　　本文宗旨在於勾稽朱子著作在宋代版刻的基本面貌，並揭示其中有關出版活動中的一些特殊現象，如盜版、如化名、如禁毀等。事實證明，朱子不但是一個偉大的學問家，也是一個偉大的出版家，更是一個自覺捍衛著作權與版權的先行者，他比西方人的著作權與版權意識早了幾百年。

楊慎對朱子經說的批評

林慶彰

中央研究院中國文哲研究所研究員

一 前言

三十多年前，我撰寫博士論文時，發現楊慎（1488-1559）研究
經學雖不成系統，卻頗有新方法，他的新方法是什麼，就是用考證來
解決學術上的疑難，取得正確的結論。在楊慎所處的明代中葉，仍是
宋學籠罩整個學術界的局面。楊慎說：

> 宋人曰是，今人亦曰是，宋人曰非，今人亦曰非。[1]

又說：

> 今之學者，吾惑之，摭拾宋人之緒言，不究古昔之妙論，盡掃
> 百家而歸之宋人，又盡掃宋人而歸之朱子。[2]

楊慎對這種毫無主見的明代學者非常的不滿，他認為宋人的說法並非
不好，而應作有選擇性的接受，才是一個讀書人應該有的態度，他要

---

1 楊慎：《丹鉛餘錄》（臺北市：臺灣商務印書館，1983年，《影印文淵閣四庫全書》
第855冊），卷13。
2 楊慎：《升庵集》（臺北市：臺灣商務印書館，1983年，《影印文淵閣四庫全書》第
1270冊），卷71。

掃除學界這種偏執的作風，必須要先說出宋人經說的缺點，他在《丹
鉛總錄》中曰：

> 未知其粗，則其精者豈能知也。邇者未盡，則其遠者豈能盡
> 也。六經自火于秦，傳注于漢，議論于宋，日起而日變，學者
> 亦當知其先後。近世學者往往舍傳注、疏釋，便讀宋人之議
> 論，蓋不知議論之學自傳注、疏釋出，特更作正大高明之論
> 爾。傳注、疏釋之于經，十得其七六，宋儒用力之勤，剷偽以
> 真，補其三四而備之也。[3]

楊慎認為漢學得之於經者有十之六七，宋學得之於經者僅僅十分之三
四，可見漢學高於宋學，這是因為漢學是有根柢之學。宋學從漢學而
來，根柢不穩，所以評價較低。

宋學的代表是朱熹（1130-1200），對朱熹的批評，就表示對宋學
的不滿。楊慎批評朱熹，帶有打擊權威的用意，但楊慎並非漫無節制
的去批評朱熹，他所提出來有關朱熹的種種錯誤，都是經過再三考證
而得出的新結果，所以能令學界信服，他的批評也引發了明中葉以後
批評朱熹的熱潮，尤其是朱熹的《詩集傳》一書，他不採用〈詩序〉
的說法，又作《詩序辨說》，說明他所以不採用〈詩序〉的原因。一
時風起雲湧，〈詩序〉在明中葉以前，幾乎被廢除，但是明中葉以
後，學者反省〈詩序〉的說法也有合理的地方，〈詩序〉在學者心中
的地位也慢慢恢復過來。這都要歸功於楊慎對朱熹中肯的批評。

楊慎的經學成就在明代學者中可說是數一數二的，他精通十三
經，尤其是《周易》、《詩經》及《四書》，這就和朱熹的專長有相一

3　又收入楊慎：《升庵外集》（臺北市：臺灣學生書局，1971年），卷60，頁1，〈劉靜修
　　論學〉條。

致的地方，朱熹研究《周易》有《周易本義》、《易學啟蒙》，楊慎的
經說中，有《周易》的部分；朱熹研究《詩經》，有《詩集傳》、《詩
序辨說》，楊慎的經說中，也有《毛詩》的部分；朱熹研究《四書》，
除《四書章句集注》外，還有不少相關著作，楊慎的經說中，也有相
對應的《論語》、《孟子》，楊慎的經說今見於《升庵外集》卷二十四
至卷三十七，茲將各卷內容抄錄如下：

　　卷二十四、二十五──《周易》

　　卷二十六──《尚書》

　　卷二十七至二十九──《毛詩》

　　卷三十至三十一──《春秋左傳》（附《公》、《穀》）

　　卷三十二至三十三──《禮記》

　　卷三十四──《周禮》

　　卷三十五──《儀禮》、《戴記》

　　卷三十六──《論語》

　　卷三十七──《孟子》、《爾雅》

這些說經的成果，涉及經學各個層面的問題，僅有一小部分在批評朱
子。解經的方法，首先蒐集相關資料，再用考證的方法來釐清字詞的
意義。從他對各經問題的論辨中，可以知道楊慎比較看重古注，即
漢、魏晉、南北朝人的注，對於宋人的注，即所謂新注，則採批判的
態度。這已有較量古注和新注高下的意味，可以說是後來漢宋之爭的
先導。

　　研究楊慎考據學的論文不多，林慶彰著有〈楊慎之經學〉、〈楊慎
的考證學〉、〈楊慎的詩經學〉、〈楊慎在明代學術史上的地位〉等數
篇，近年有劉毓慶的〈楊慎與詩經考據學〉、張曉婷的《楊慎的詩經

學研究》[4]，這些都可以參考，尤其是張曉婷的論文，對楊慎考證《詩經》的方法有相當深入的分析，可參考的甚多。

楊慎經說中批評朱子的地方雖然不多，但他是明代中葉以來較早對朱子提出批評的學者，具有引導學風，啟迪後學的作用。他批評的內容如何，對想知道明清學術思想演變的學者，也應有所了解。

二 對朱子《易》說的批評

朱子作《周易本義》和《易學啟蒙》二書，對《易》圖相當重視，《周易本義》前列有九個圖，即〈河圖圖〉、〈洛書圖〉、〈伏羲八卦次序圖〉、〈伏羲八卦方位圖〉、〈伏羲六十四卦次序圖〉、〈伏羲六十四卦方位圖〉、〈文王八卦次序圖〉、〈文王八卦方位圖〉、〈卦變圖〉。〈河圖圖〉、〈洛書圖〉和〈伏羲四圖〉，即所謂〈先天圖〉。朱子《周易本義》書前的圖說說：

> 古伏羲四圖，其說皆出于邵氏，蓋邵氏得之李之才挺之，挺之得之穆修伯長，伯長得之華山希夷先生陳摶圖南者，所謂先天之學也。[5]

4　〈楊慎之經學〉原刊於《國立中央圖書館館刊》第18卷第2期（1985年12月）。〈楊慎的考證學〉收入林慶彰：《明代考據學研究》（臺北市：臺灣學生書局，1983年），第2章。〈楊慎的詩經學〉原刊於《孔孟月刊》第20卷第7期（1982年3月）。〈楊慎在明代學術史上的地位〉收入《晚明思潮與社會變動》（臺北市：弘化文化事業公司，1987年），頁1-26。劉毓慶〈楊慎與詩經考據學〉原刊於《山西大學學報》（哲學社會科學版）第23卷第1期（2000年2月），頁5-9。張曉婷：《楊慎的詩經學研究》（瀋陽市：遼寧大學中國古代文學碩士論文，2015年5月）。

5　朱熹著，廖名春點校：《周易本義》（北京市：中華書局，2009年11月），頁17。

朱子只說《易》圖得之於陳摶，並未說明作者。〈文王二圖〉，朱子圖說說：「邵子曰：此文王八卦，乃入用之位，後天之學也。」也沒有說明作者是誰。

（一）希夷《易》圖

由於朱子學的影響力很大，後人大都相信前八圖為伏羲、文王所傳，對此事楊慎曾在〈希夷易圖〉一條中提出批評：

> 陳希夷曰《易》學意、言、象、數四者，不可闕一。其理具見于聖人之經，不煩文字解說。止有一圖，謂〈先天方圓圖〉也，以寓陰陽消長之說，與卦之生變，圖亦非創意以作。孔子〈繫辭〉述之明矣。又作〈易龍圖〉，〈序〉曰：「〈龍圖〉者，天散而示之，伏羲合而用之，仲尼默而形之。」希夷以授穆修伯長，伯長以授李挺之。挺之即邵康節師也。挺之謂邵雍曰：「科舉外有義理之學，義理外有物理之學，物理外有性命之學。雍悉傳之，作〈後天圖〉。」見邵伯溫之〈序〉。朱子因其出于希夷而諱言之，殆掩耳盜鐘也。後作《周易啟蒙》，指孔子〈繫辭傳〉「天地定位」曰：「此先天之學。」「帝出乎震」一節曰：「此後天之學。」「數往者順」一節曰：「直解圖意。」庚圖悞人，似說《易》元有此圖矣。蓋康節因孔子《易傳》難明，因希夷之圖，又作〈後天圖〉以示人，如周子因孔子「易有太極」一句而作〈太極圖〉，今便謂先有〈太極圖〉而後有《易傳》，可乎？如《詩集傳》有〈七月流火圖〉，便謂先有此圖而後有〈七月〉詩，可乎？[6]

---

6 楊慎：《升庵外集》，卷24，〈經說〉，頁7-8。

楊慎在〈易圖考證〉條又說：

> 胡一桂云：宋一代之《易》學，希夷〈先天〉一圖開象數之
> 門，至邵子《經世》書而碩大光明。周子〈太極〉一圖，洪理
> 義之門，至程子《易傳》，而浩博弘肆。愚觀此言，《易》圖先
> 天始于希夷，而後續于康節。朱子所以不明言者，非為康節，
> 直以希夷，恐後人議其流于神仙也，藏頭落尾，亦何益哉？[7]

楊慎這兩段話的要點有二，其一，說明〈先天圖〉作於陳摶（872-
989），〈後天圖〉作於邵雍（1011-1077），邵雍所以作圖，是因孔子
（西元前551-前479年）《易傳》難明，作圖以闡發之。朱子所以不明
言作者，是因為那些圖源於道士陳摶，不敢直接說出來。其二，朱子
《易學啟蒙》似乎以為先有〈易圖〉，然後才有《易·繫辭》中的解
說文字。楊慎舉周敦頤（1017-1073）〈太極圖〉因「易有太極」一語
而作，《詩集傳》中的〈七月流火圖〉因〈七月〉一詩而作，以糾正
朱子說法的錯誤。

（二）枯楊生稊

《周易·大過·九二》爻辭：「枯楊生稊，老夫得其女妻，无不
利。」朱子《本義》說：「稊，根也，榮于下者也。」楊慎對這種說
法不以為然，反駁說：

> 稊，按字書本不訓根，據《易》爻初為木本，或可象根，至二
> 爻則非根矣。又柳之發榮自末梢始，唐詩所謂「解凍風來末上

7　楊慎：《升庵外集》，卷24，〈經說〉，頁8-9。

青」也。不自下而榮，其說戾矣。[8]

楊氏的說法非常正確，李鼎祚《周易集解》引虞翻（164-233）說：
「稊，稚也。楊葉未舒稱稊。」可知稊指葉子初生，不訓根。枯楊生
稊，是說枯楊生葉，是反枯為榮的樣子。

（三）鴻漸于般

《周易·漸·六二》爻辭：「鴻漸于般。」般，今本作磐。王弼
（226-249）說：「山石之安者。」朱子《本義》說：「磐，大石
也。」楊慎反駁說：

> 裴龍駒注云：「般，水涯堆也。」《史》、《漢》〈武紀〉所引作
> 般，今《易》解作大石，鴻固不棲石也。因磐字從石而誤說
> 耳。[9]

清王引之（1766-1834）《經義述聞》也以為應作水涯堆解，王氏根據
前後文的關係說：「初爻漸于干，干，水涯也。二爻漸于般，般，水
涯堆，則高于水涯矣。三爻漸于陸，則又高于水涯堆矣。」[10]王氏之
說可證成楊慎的說法。

三 對朱子《詩》說的批評

漢代傳來的《毛詩》鄭《箋》是屬於古文經的系統，它是漢人之

---

8 楊慎：《升庵外集》，卷24，〈經說〉，頁22。
9 楊慎：《升庵外集》，卷25，〈經說〉，頁6，〈鴻漸于般〉條。
10 《重編本皇清經解》（臺北縣：漢京文化事業公司，1979年），冊18，頁44-45。

注的代表，朱子的《詩集傳》，它是宋人之注的代表。《詩集傳》有新舊之別，不論是新本或舊本，各詩篇的訓詁大抵沿用毛《傳》、鄭《箋》，也有些他自己的看法，這些看法，可以說是宋學的創見，但是楊慎是崇尚古注的，對朱子之注頗多懷疑。下面舉幾個例子來說明：

（一）〈詩小序〉

楊慎《丹鉛總錄》卷十八有〈詩小序〉一條，以為朱子所以廢〈詩序〉，「蓋矯呂東萊之弊，一時氣信之偏，非公心也」。楊慎並舉〈詩小序〉為證：

> 〈菁莪〉，樂育人才也。
> 〈子衿〉，學校廢也。[11]

朱子《詩序辨說》云：「蓋其辭意儇薄，施之學校，尤不相似也。」[12] 他並不贊同〈詩序〉的說法，後來他作〈白鹿洞賦〉又說：

> 廣〈菁衿〉之疑問。
> 樂〈菁莪〉之長育。[13]

有人質疑兩種說法是否相矛盾，朱子卻說：「舊說亦不可廢也。」楊慎認為朱子的說法前後不一，甚不可取。

---

11 朱熹：《詩序辨說》（上海市：上海古籍出版社，2002年，《朱子全書》，第1冊），頁372。

12 朱子：《詩序辨說》，《朱子全書》，第1冊，頁372。

13 朱熹：〈白鹿洞賦〉，《全宋文》（上海市：上海辭書出版社，2006年），第5428卷。

（二）寺人之令

《詩經・秦風・車鄰》：「有車鄰鄰，有馬白顛，未見君子，寺人之令。」〈小序〉：「讚美秦伯之始有車馬。」朱子《詩集傳》也說：「是時秦君始有車馬及此寺人之官。」可見朱子也同意〈小序〉的說法。楊慎認為這是受車馬之說臆度而來。首章：「有車鄰鄰，有馬白顛。未見君子，寺人之令。」楊慎說：

> 此詩之意在後兩句。夫一國之君，高居深宮，不接群臣，壅蔽已甚矣。又不使他人，而將使寺人傳令焉，其蔽益甚矣。[14]

楊慎以為秦本是夷狄之國，根據《史記》年表，秦穆公學於寧人。寧人，守門之人，即寺人。三代之君，必學於德，以為師保。君王本應學於年高德劭，素孚眾望之人，而秦穆公卻學於寧人，這是寺人之禍，最後導致秦國的滅亡。聖人所以將此詩作為〈秦風〉之首篇，就是為了垂戒後世，而《史記》中記載穆公學於寧人之事，也是得聖人之意而為之，朱子《詩集傳》的說法，實為兒童之見。[15]

（三）鄂不韡韡

《詩經・小雅・常棣》：「常棣之華，鄂不韡韡。」楊慎引鄭玄（127-200）《箋》云：「承華者鄂，不當作柎，鄂是也。不古與柎同，又作跗。」又引《毛詩注疏》云：

> 華下有萼，萼下有跗，華萼相承履，故得韡韡然而光明也。由

---

14 楊慎：《升庵外集》，卷27，〈經說〉，頁17，〈寺人之令〉條。

15 楊慎：《升庵外集》，卷27，〈經說〉，頁17。

花以覆萼，萼以承華，華萼相覆而光明，猶兄弟相順而榮顯。[16]

楊慎以為自漢以下古說相傳如此，而於兄弟之義尤為明切。但是，宋人解之乃云：

則鄂然而外見者，豈不韡韡乎？[17]

這裡所謂「宋人」，即指朱子。楊慎以為朱子之說「非惟背詩義，亦且背字義矣」。又舉束皙（261-300）詩曰：「白華朱萼，被于幽薄，白華絳跗，在陵之阪，白雪玄足，在陵之曲。」其曰萼、足，皆可證《毛詩注疏》的說法。《毛詩注疏》是古注的代表，可見楊慎是推崇古注的。

（四）烈文辟公，錫茲祉福

〈周頌・烈文〉：「烈文辟公，錫茲祉福。」楊慎引古注：成王即政，諸侯助祭也。所謂古注，即指〈詩序〉。至於錫福，楊慎錄了三種說法：

毛萇以為文王錫之，鄭玄以為天錫之，朱《傳》以為諸侯錫成王以祉福，而惠我已無疆，使我子孫保之也。此三說不同，要之，毛、鄭于事情近之，不失天子戒諸侯之體。

他認為三說有不同，但以毛、鄭之說較合理。他批評朱子之說非常激

---

16 朱杰人點校：《毛詩注疏》（上海市：上海古籍出版社，2013年12月），卷9，頁809。
17 朱熹撰，朱杰人點校：《詩集傳》（上海市：上海古籍出版社，2002年，《朱子全書》第1冊），卷9，頁547。

烈，他說：

> 若朱《傳》之說，首足倒置矣。〈洪範〉天子歛福以錫民，未聞
> 諸侯反錫天子以福也。——此無他義理，本明白無二說。朱晦
> 翁必欲別立一說，以勝前人，故不自知其說之害理至此也。[18]

他舉〈洪範〉天子歛福以錫民，未聞諸侯反錫天子以福來證明朱子之
誤說。朱子所以要別立一說，是要超越前人，而朱子並不知他的說法
已破壞了政治倫理。

四　對朱子《四書》說的批評

朱子為《論語》、《孟子》作集注，為《大學》、《中庸》作章句，
合稱《四書章句集注》。本來儒家經典僅有《五經》的系統，《四書章
句集注》出現以後，又有所謂《四書》系統。《四書》系統屬於學習
過程的初級教材，俗稱下學，《五經》系統討論的都是國家社會的事
情，俗稱上達。《四書》系統是人人所必讀的書，因此朱子的《四書
章句集注》也流傳最廣。補正或刊誤的書也出現了，宋金履祥
（1232-1303）有《論語集注考證》、《孟子集注考證》，到了元代，有
陳天祥《四書辨疑》，他們對朱子的態度是溫和的，未見有門戶之
爭。明中葉以來，楊慎對朱子的批評，則有打倒權威的意味。

（一）忿懥

楊慎引朱子的話：

---

18 楊慎：《升庵外集》，卷29，〈經說〉，頁3。

> 朱子嘗曰：某氣質有病，多在忿懥。又云：某之質失之暴悍。
> 又云：不得已有言則衝口而出，必至于傷事而後已，此亦太陽
> 之餘證也。[19]

這是朱子自我檢討後所作的表白。楊慎說：「朱子平日與人論辨，多
奮發直前，而乏和平委曲，此不失為剛毅。」稱讚他的自我表白為
「剛毅」。但是，朱子仍有不少欠缺口德的話，楊慎舉例如下：

> 至於聞呂子約之死，歎曰：「子約竟齎了許多鶻突道理去
> 矣。」聞陸象山死，哭之良久，曰：「可惜死了告子。」夫品
> 評切劘，在朋友平日則可，至聞其死亡，不加惋惜，而以譏
> 訕，何耶？[20]

呂子約和陸象山（1139-1193）都是朱子的好朋友，朱子曾有信給呂
子約，朋友死了，朱子竟然以譏訕的口吻來對待他們，未免太不厚
道。孔子也曾對弟子說過不太客氣的話，但是仲由（前542-前480）
過世時，孔子則說：「天祝予。」楊慎是景仰孔子的，沒學到孔子的
好處，卻學會了孔子的不經意之言。

（二）子見南子

《論語・雍也》：「子見南子，子路不說。夫子矢之曰：『予所否
者，天厭之！天厭之！』」楊慎認為朱子把「矢」解釋為「誓」，把
「否」解釋為「不合理、不由道」，是把聖賢看得太膚淺。楊慎又引

---

19 楊慎：《升庵外集》，卷33，〈經說〉，頁2-3。
20 楊慎：《升庵外集》，卷33，〈經說〉，頁2-3。

孔鮒、欒肇的說法，今錄之如下：

> 孔鮒云：古者大享，夫人與焉。于時猶有行之者，意魏君夫人
> 享夫子，則夫子亦弗獲已矣。欒肇曰：見南子者，時不獲也。
> 猶文王之居羑里也。天厭之者，言我之否屈，乃天命所厭也。[21]

楊慎綜合這兩種說法，對此一事件作較深入的分析，他說：

> 合二說觀之，則矢者直告之，非誓也。否音否塞之否，古者仕
> 于其國，則見其小君。子路意以孔子既不仕魏矣，而又見其小
> 君，是求仕。不說者，不說夫子之仕，非不說夫子之見也。子
> 直告之曰：予道之不行，其否屈乃天棄絕也。天之所棄，豈南
> 子所能興，而吾道賴之行哉，見之者，不過答其禮耳。[22]

楊慎以為他的解釋最為合理，可以讓聖賢之心大白。

（三）不圖為樂至於斯

《論語・述而》：「子在齊聞〈韶〉，三月不知肉味。曰：不圖為
樂之至於斯也！」楊慎引今之說曰：「不意舜之作樂至於如此。」所
謂「今之說」即朱子的說法，他反駁說：

> 若如其說，則孔子之視舜劣而小之，甚矣。且孔子嘗曰：樂則
> 〈韶〉舞。又曰：〈韶〉盡美矣。非不知〈韶〉也，非不知舜

---

21 楊慎：《升庵外集》，卷36，〈經說〉，頁6-7。
22 楊慎：《升庵外集》，卷36，〈經說〉，頁6-7。

也。舜之大聖,且樂盡美,固其所也,而曰不意,非小之乎?[23]

楊慎為了讓人更明白,更引了兩個士子為例:一有文名,一素無積學。有文而登高科,聞者以為固其所也。素無積學而登高科,人必曰:不意至於如此也。楊慎把這淺顯的道理運用到舜的身上,他說:

> 使舜而非聖,則曰:不意作樂至此聖,可也,其說病甚矣。按古注相傳,為不意齊之作樂至此耳。蓋舜為君,夔典樂,則其盛宜也。君非舜,工非夔,而忽見於齊廷,詫齊也,非詫舜也,此一說也。或曰:齊之田氏,乃舜裔。舜以揖遜有天下,而田恆乃弒其君,故孔子聞〈韶〉而歎曰:不意盛德之後而乃篡弒乎?有所感也,此又一說也。[24]

楊慎把兩種說法並舉,可見他認為這兩種說法都可以成立,但朱子的說法則沒有成立的理由,甚至有汙衊聖人的嫌疑。

(四)不觚

《論語·雍也》:「子曰:觚不觚,觚哉觚哉。」朱子《集注》云:「觚,棱也,或曰酒器。或曰木簡,皆器之有稜者也。」楊慎認為孔子所感嘆之觚是酒器,並非木簡,他舉證說:

(1)以觚為簡,起於秦、漢以後,孔子未嘗見之也。
(2)以勢言之,酒觚可削而圓,木簡不可削而圓也。木簡而規

---

23 楊慎:《升庵外集》,卷36,〈經說〉,頁7-8。
24 楊慎:《升庵外集》,卷36,〈經說〉,頁7-8。

　　　　　圓之，豈不成桿麵杖耶！[25]

西漢史游《急就篇》：「急就奇觚與眾異。」是指簡來說的，可見西漢時，已將竹木簡稱為觚。楊氏之說，大抵得其實。至於以觚為酒器，今人則無異議。

（五）匏瓜

　　《論語・陽貨》：「吾豈匏瓜也哉？焉能繫而不食。」朱子《論語集注》：「匏瓜繫於一處而不能飲食。」楊慎反駁說：

> 言匏苦而人不食之，非謂匏不能飲食也。植物之實，何物能飲食哉？《左傳》曰：匏不才，於人共濟而已。正與孔子之言及《詩・匏有苦葉》相合。[26]

楊慎以為「匏苦而人不食之」，並非朱子所說的「不能飲食」，楊慎並舉《左傳》和《詩經・匏有苦葉》為證。

（六）變置社稷

　　《孟子・盡心》：「旱乾水溢則變置社稷。」朱子說：「祭祀不失禮，而土穀之神不能為民禦災捍患，則毀其壇壝而更置之。」可見朱子以「變置社稷」為「毀其壇壝」。楊慎反駁說：

> （1）《左傳》：「共工氏有子曰句龍，為后土，后土為社。有烈

25　楊慎：《升庵外集》，卷36，〈經說〉，頁5。
26　楊慎：《升庵外集》，卷36，〈經說〉，頁24。

　　　　山氏曰柱，為稷。自夏以上祀之。周棄亦為稷，自商以來
　　　　祀之。」

（2）《禮記・祭法》：「厲山氏之有天下也，其子曰農，能植百
　　　　穀；夏之衰也，周棄繼之，故祀以為稷。共工氏之霸九州
　　　　也，其子曰后土，能平九州，故祀以為社。」是言變置之
　　　　事也。

（3）《尚書》：「湯既勝夏，欲遷其社不可。」孔安國云：「湯革
　　　　命創制，故變社稷而後世無句龍者，故不可而止。」[27]

此可知變社稷是更置社神、稷神，並非如朱子所說的「毀其壇墠」。

五　結論

　　綜合上文所舉的研究條目，我們可以得到如下的結論：

　　其一、楊慎批評朱熹有關經傳作者的有兩條，對經典字詞的解釋
有十二條，這些條目的統計可以讓我們知道楊慎治學的方向以及他所
使用的研究方法如何，都可得到進一步的了解。

　　其二、從楊慎的這些條目，我們可以知道，楊慎用考據的方法來
研究經學，這和宋人的解經方法有很大的不同，楊慎就是以漢人所用
的方法來重新解經，清人所用的解經方法，也就是把明人所用的方
法，細緻化、系統化，追究這種研究法的源頭，不得不歸功於楊慎的
開拓之功。

　　其三、從這些考證的條目，我們可以得知楊慎是非常重視古注
的，所謂古注是指漢、魏晉、南北朝、唐人的注，又稱漢注，楊慎對

---

27 楊慎：《升庵外集》，卷37，〈經說〉，頁16。

漢人之注和宋人之注，是有高低分別的，他表彰漢人之學，認為漢人去古未遠，清代考據學所以稱為漢學，就是用漢人的治經方法來研究經學，所以他們的學問又稱新漢學。

其四、朱子是宋學的代表者，即是權威的所在，楊慎對他的批評，帶有打擊權威的意味，從明代中葉起，反朱子學的學風非常盛行，清初毛奇齡（1629-1713）、姚際恆（1647-1715？）都是反朱子學的大將，此一學風一直延續到清中葉，先導者就是明代的楊慎，所以楊慎在明清學術思想的轉變中，占有很重要的地位。

朱子讀書法與經典詮釋

——一個信念分析的進路[*]

林啟屏

政治大學中文系特聘教授兼文學院院長

一 前言

　　宋代思想的發展是中國思想史的一個高峰，雖然日後學者對於這段歷史的評價，因著各自的學術立場與歷史經驗的不同，會有差異性的觀點。[1]但不可諱言地，宋代的思想的確表現了極為精彩的內涵，以至於不管贊成或反對的雙方，都不得不以其為論述、批判之焦點。甚至，某種程度來說，自宋之後的學者，如果希望在中國思想史，尤其是儒學史的脈流之中，取得發言之位置，那麼宋代的思想就必然成為他們不能略過的一頁。其中，最值得注意的思想家，恐怕非朱子莫屬。余英時便從朱子的政治實踐之挫折經驗，指出朱子代表了宋代知

* 本文曾宣讀於2012年5月由亞歷桑那州立大學、中央研究院中國文哲研究所、上海華東師範大學所主辦之「朱子經學及其在東亞的流傳與發展」國際學術研討會，感謝張素卿教授、金培懿教授在會議中的提問，並承林維杰教授提供建議，謹此致謝。本文已刊登於《中正漢學研究》第23期（2014年6月），也感謝兩位匿名審查人提供的意見。

1 例如清代學者對於宋明理學的強烈批評，即是一例。而且也因為如此的批判立場，反而使清代的學術發展走上另一條不一樣的道路，進而產生新的學術版圖之增長。至於，民國以來的新儒家，則從繼承的角度，主張宋代以來強調「天道性命」之學的作法，才是儒學的真精神。上述的態度之不同，除了有其學術觀點的歧異外，其實也有主張者的不同歷史經驗所使然。所以，宋明儒學在後代的評價，形成了兩極化的方向。

識分子由「外王」轉「內聖」的關鍵人物。[2]這是一個相當有意思的
「由外而內」之觀察。事實上，朱子不僅是宋代思想轉變的重要人
物，其所展開的學術格局，也是中國儒學史上的巨擘。因此，不管是
從外在的生命經驗，或是從整體儒學的方向來看，朱子作為一「典範
式」人物，殆無疑義。職是之故，朱子如何面對千餘年來的思想遺
產？便成為儒學史研究的一大課題。而這個問題，實牽涉到朱子對於
儒家之信念、經典、系譜等態度。其中，有關經典之詮釋問題，可以
連結其他兩部分。是以，本文將論述焦點置於經典詮釋，並於論述中
兼及其他。不過，本文將不直接處理朱子讀書法之細節技術問題，因
為目前學界已有許多精彩的討論。本文主要是將討論重心放在朱子解
釋經典的「信念」層面及其相關問題上，避免細碎的枝節分析。以下
本文分成幾個方向處理此一問題：首先，將從正反意見的陳述，說明
近來朱子經典詮釋的兩種觀察進路。其次，則由朱子論「道統」的說
法，分析其可能之儒學圖像（包括其核心概念與理論間架）與讀書法
之間的關係，藉以說明其詮釋的立場等問題。最後，則檢討朱子的經
典詮釋之得與失。

二　兩種態度

　　就今日的相關研究來看，有關朱子對於經典的理解與詮釋的討論
相當多，但是這些立論的背後，大致是可以分成兩種態度。由於構成
這兩種不同態度的背後，其實是有其思考問題的支點。因此，本節的
焦點將不再重複論述目前學界已經有高度共識的觀點與議題，而是希
望透過這兩種態度的意義釐清，可以有助於本文清理朱子的讀書法與

2　余英時：《朱熹的歷史世界：宋代士大夫政治文化的研究》（臺北市：允晨文化實業
　　公司，2003年）。

經典詮釋之間的意義。[3]其實，朱子面對「經典」的態度是以一種相當崇敬的方式而為之，所以在其許多著作中，皆透露了「讀書」以契合聖人之旨的熱切期盼。而今日學者對於朱子的這種立場，也多能理解。是以，不管學者對於朱子讀書法與經典詮釋的關係，是採取理解而進一步說明，或是理解卻有所批評的態度，大抵都能正視朱子「讀書」的積極態度。如錢穆在〈朱子論讀書法〉一文便指出：「朱子教人讀書法，平實周詳，初視若大愚大拙，實啟大巧大智之鍵。」[4]但為何此一看似笨拙的方式，卻是入聖道的重要法門呢？錢先生從「心」的角度進一步說明：

> 此書乃朱子教人讀書最大理據所在。我心與聖賢心本無二致，聖賢之心見於方策，我之讀書，正為由書以求聖賢之心，亦不啻自求我心也。[5]

錢先生此語認為朱子以聖賢同於一般人之處在「心」，但聖賢之心的表現，已經載明於典籍，所以讀書便是「明己心」的工夫。這樣的觀點將朱子對於聖人之意、經典、人心，作了某種「同一性」的連結。這是一個值得注意的立場。因為，從儒家成德之學的角度來說，「我心」同於「聖賢之心」是必然的理論判斷，若無法如此，則「人」從本質上便有了不平等的階級，這當非儒者所能接受。但問題是，「我

3　基本上，此處所謂的「兩種態度」，是指對於朱子解經方式的「態度」，而非將這兩種態度指涉為「兩種正反理論型態」。所以，這兩種態度或採取「理解」，或採取「批判」，也只表示立說者對於朱子解經方式的態度。至於，是否在不同的態度之下，論說者的背後知識預設，便是一種截然相對的「理論型態」，則未必然。

4　錢穆：《錢賓四先生全集》（臺北市：聯經出版事業公司，1998年），〈朱子新學案（三）·朱子讀書法上〉，頁691。

5　同前註，頁693。

心」既然同於聖賢,則只需作內省的工夫,即可上接聖賢之心,又何需讀書呢?讀書真能喚醒我與聖人之間的聯繫嗎?而且,「我心」也可能會放失出去,我們又當如何求其「放」失之心呢?這些問題構成了儒者最大的工夫論之課題,也是朱子必須處理的問題。其實,此處所論,包括了好幾個層次的內涵,應當適度釐清,如從認知角度所看的「心」,從完成境界所論的「心」,以及感通意義下的「心」。由於這些問題觸及朱子的心理因素,下文會再說明。但是,錢先生此處則明白指出「讀書」,尤其是讀聖賢所著之書,即是朱子求心的工夫路。因此,錢先生恐怕也需假設朱子會同意聖賢所著之書與聖賢之心亦必須有其一致性,否則「讀書」何由求聖賢之心?

由上述可知,錢先生點出朱子讀書法其實是一種成德之學的工夫進路,而支撐其作此判斷的起點,即是「經典」(聖賢之書)與「心」(真理)之間的「同一性」關係。此一說法,看來似乎是朱子所以認真提倡讀書的依據。林維杰近來在其《朱熹與經典詮釋》一書之中,相當細膩地從「聖人意向」與「文本意義」的角度,引用康德「物自身」(Ding an sich)的界限概念(Grenzbegriff),說明「文本」文字在不同時空脈絡下的詮釋活動,仍然具有「文本的同一性」,不可任意改變,故而有其文本的穩定性。另外,由於此時文本的意義詮釋亦因此不可任意詮解,是以,帶出了「意義的同一性」(Sinnidentität)當即是「意義之在其自身」(意義的物自身)。[6]於是,林維杰進一步說:

> 在一切的詮釋行為與事件中,不論是因為文本的結構衝突或內容艱難而造成詮釋上的困惑,詮釋者總是預設文本意義之在其自身,即詮釋之有效乃基於存在著文本的意義同一指涉;而只

---

6 林維杰:《朱熹與經典詮釋》(臺北市:臺灣大學出版中心,2008年),〈第二章文理與義理〉,頁58-60。

有此文本意義才展現了聖人（作者）的意向，甚至可以說，聖
人之意乃是「文本中」的聖人意向。原先在聖人意旨與問學求
道者之間進行中介的經典文本，現在有了「存有論位階」上的
翻轉：唯有文本才表現了、甚至代表了聖人意向與聖人之道。
對朱子而言，「作者的意向性」以及「意義的同一性」乃是詮
釋時無法踰越的規範與原則。[7]

林維杰的說法從存有學的角度，說明了朱子將經典與聖人之意之間的
關係，視為是一種「同一性」的樣態。基於此，我們便不難發現朱子
所謂「讀經典」的重視，不僅是一種「知識」的學習問題，而是一種
「見道」、「體道」、「行道」的工夫表現。如此一來，詮釋的工夫便是
道德的實踐工夫，「知識」與「道德」的關係，也將透過詮釋的模
式，展開了另一種新的契合型態。這種傾向，與錢穆前述的觀點，實
可以有呼應之處。甚至，再更進一步地說，朱子的如此立場，因為涉
及「倫理學」與「詮釋學」兩個面向，但朱子卻在結合以論的架構
下，形成一種相當有趣的視野「轉向」現象，那即是朱子論述讀書時
的焦點意識原本集中在「道德」議題上，但為了論證「經典」與「聖
人之心」的同一性，於是行動者思考問題的焦點卻反而轉成解決
「讀」經典的方法問題。[8]此時，讀經的重要性便伴隨著成德、希

7　同前註，頁60。

8　林維杰在此處所見的轉向變化，主要是從「倫理學」到「詮釋學」的轉向，並由此
　處理了朱子、象山的「自主」與「依他」兩詮釋模式。詳參：林維杰：《朱熹與經
　典詮釋》，〈第九章自主與依他〉，頁361-377。可是如果我們對比於加達默爾的詮釋
　學，當凸顯了另一個相當有趣的比較哲學詮釋學之課題。因為，加達默爾詮釋學的
　發展，可以說是將詮釋問題從方法技術的層面，轉向本體的方向。所以，學者便注
　意到《真理與方法》一書所強調的重點，其實不在於「方法」觀念的操控，加達默
　爾關心的其實在於「真理」的開顯，而這個要求無法透過嚴謹的方法技術之強調達

聖、希賢的目的，逐漸成為士人論述的重點。林維杰即由此出發，他
以「理的自主」（此理為「格物窮理」與「讀書窮理」之理）點出朱
子此一閱讀進路的客觀知識要求之意義，進而闡明其中蘊含「意義的
自主」（Sinnautorität），復以「語意的自主」（semantic autonomy）的
角度，認為朱子相信聖人之意雖去古甚遠，然而在「經典文本」的文
字之中，卻封印著此一聖人之意向，只要我們能詳讀註釋或以經典解
經，則意義的掌握自無太多問題。於是，經典文本與聖人意向之間的
問題，便不得不預設一個文本意義、語意自主的立場。此時，求聖人
之意的成德之學（倫理學）之問題，卻轉為一文本的「詮釋」問題，
而且「如何詮解？」的技術問題亦因此而提升為最重要的位置。是
以，原屬於「作者中心」的聖人意向，乃轉為經典之「作品中心」。
同時，朱子倫理學上的「他律」性格，巧妙地轉為詮釋學上的「自
主」傾向。[9]

林維杰上述的分析相當有意思，這個理解方式清楚地劃分出朱子
讀書法中涵蘊著「倫理／詮釋」、「自主／依他」、「作者中心／作品中
心」等層次之不同。此種細緻的分析，為朱子的經典詮釋作了最為同
情的理解與說明。因此，對於希望補充與強化對朱子採取較為正面肯
定態度之立場者，如錢穆之說，的確提供了一個具有現代意義的解釋
路徑。可是，對於朱子經典詮釋採取理解但卻有批評看法的立場而
言，此一說法恐仍有不足之處。因為，同樣也是針對著朱子面對「經

成。所以，《真理與方法》雖看似一對立關係，然而，加達默爾顯然是重視「真理」
的這一方。以此來看朱子的讀書法與經典詮釋，剛好與加達默爾走上相反的方向。
這個有趣的現象，我們不宜將之視為只是一件偶然的巧合而已，其中實有著深刻的
問題，值得深入探討。相關討論，請參張鼎國：〈「較好地」還是「不同地」理解：從
詮釋學爭論看經典註疏中的詮釋定位與取向問題〉，收入：黃俊傑編：《中國經典詮
釋傳統（一）通論篇》（臺北市：喜瑪拉雅研究發展基金會，2001年），頁32-33。
9 林維杰：《朱熹與經典詮釋》，〈第九章自主與依他〉，頁361-377。

典文本」的詮釋問題出發，學者卻提出了頗為銳利的批評意見，值得
我們面對各類經典詮釋問題時進一步深思。其中，梅廣在〈語言科學
與經典詮釋〉一文，對於近來詮釋意識高漲的學界，提出了深刻的
反省。

　　基本上，梅廣建立在「解讀」（interpretation）與「解說」
（explanation）的區別理解，其中「解說」強調對自然現象的解釋，
主要是針對客觀知識而言；而「解讀」則涉及認知主體的參與，為人
文現象理解時的重要依據。他說：

> 解讀（interpretation）和解說（explanation）不同。自然科學
> 對現象的解釋，Dilthey稱為解說；解說可以成就客觀知識。
> Dilthey把解說歸於自然科學，認為人文現象的理解，只有解讀
> 一途；解讀必有認知主體的積極參與。這個分別源於康德。康
> 德認為對人的認識是建立在人和人的關係上，沒有「物自身
> （Ding-an-sich；thing-in-itself）」的問題，所以跟對物的認識
> 不一樣。[10]

此外，梅廣並認為過去狄爾泰（Dilthey）視為人文主義對抗科學主義
的時代，今日已經沒有那樣激烈，人文學者應當思考人文現象的客觀
理解之有效性的問題。[11]於是，我們對於「解讀」與「解說」的關
係，如能重新思考，或能為人文學的發展，帶來一個新的機會。是

---

10 梅廣：〈語言科學與經典詮釋〉，收入葉國良編：《文獻及語言知識與經典詮釋的關係》
　　（臺北：臺灣大學出版中心，2004年），頁77。事實上，有關「解讀」與「解說」之
　　別，我們或許更應注意到狄爾泰在思考這個問題時，其論述的問題感是在於「生命
　　經驗」之解讀及「自然科學的因果法則」之說明的分別上。能注意到這個區分，我
　　們才能意識到「人」與「物」在釋讀的過程中之差異性。此處感謝審查者提供建議。
11 同前註，頁77-80。

以，更進一步地，他認為「解讀」與「解說」二者應當可以相互配
合，因為前者所涉的詮釋理解之成功，當建立在後者意義復原的完
成。而且在意義復原階段便是解說要恢復文本的「說話情境」之工
作，由於原有之說話情境已因時間而湮沒不彰，是以，解讀者只能依
憑「想像」重建，故而每一次的復原，意義的理解都帶入了「新」的
因素於其間。[12]如果我們不能清楚地意識到這個「說話情境」已因古
今的時間性因素而有了不同，斷然僅以解讀者的時代意識型態為解讀
主軸，那麼意義復原的工作便容易發生錯謬。顯然，梅廣在這裡的論
述對於讀者進行文本解讀的創造力，採取了積極的態度。不過，更值
得注意的是，他認為文本的「意義復原」是經典詮釋的起點，宋儒如
朱子者，大抵於此處出了問題，才使得他們的解經有了爭議。他說：

> 朱子讀書之精勤，治學之謹嚴，毫無疑問是有宋一代學者的表
> 率。從他的〈讀書法〉看來，他對文篇本身的認真態度是無可
> 挑剔的；我們絕不能批評朱子的經學不重視文字訓詁或字句意
> 義層次的問題。事實上，他的經解吸收了漢以後歷代經師訓解
> 的精華，對於當時的工具學問如文字、音韻、校勘學等，只要
> 有助於經典詞句的解釋，他都不排斥。……然而我在〈釋「修
> 辭立其誠」〉一文中卻指出，朱子解經其實存在著些很嚴重的
> 關鍵性錯誤。這些錯誤不是特殊字義的訓詁問題，而是一般的
> 閱讀問題。照理說，以朱子讀書之細心與周詳，應該不會發生
> 閱讀上的錯誤才是。我在上文用意識型態包袱來說明朱子的一
> 些學術上判斷的失誤。我所謂意識型態，具體的說，是指以知
> 識服務道德的實用觀點。這裡我認為意識型態還不能解釋朱子

---

12 同前註，頁80-83。

解經所犯的關鍵性錯誤。我認為朱子解經的盲點跟他的義理系
統有直接關係，因此也是宋代理學家共同的盲點。[13]

我曾針對宋明儒者的解經進行分析，我認為包括朱子在內的宋明儒
者，對於儒家學說的理解，其實包含一種「信仰」的性質。由於此一
身分認同的問題，牽涉到宋明儒者面對「道」的理解，進而影響到其
對經典內涵之掌握，因此下一節將進一步說明。[14]而正是此種信仰之
傾向，使得他們對於聖人之意的理解形成一種信仰上的意識型態，從
而導致面對「經典」文本時，已然形成「先見」，此所以梅廣要認為
朱子之解經錯誤，當與其接受的義理系統有關。由是可知，在梅廣的
理解中，朱子或許在解釋經典文本時，已經盡可能注意到語言性的問
題。然而，基於信念下的理想儒學圖像之影響，朱子轉從「大」儒家
義理系統的角度，進行經典詮釋，同時也某種程度地忽略了經典中有
些難解的部分。[15]

綜合上述兩種態度來看，雖然所論之重點看似有所不同。但是，
不管所採取的角度是同情的理解，或是同情而批判，其實都注意到一
個事實，那就是朱子讀書法與經典詮釋的關係，必須同時兼顧到聖

---

13 同前註，頁70-71。

14 拙著：《儒家思想中的具體性思維》（臺北市：臺灣學生書局，2004年），〈第二章：
「正統」與「異端」〉，頁122-136。事實上，歷代儒者對於「道」的宗教性情懷，除
了有其儒學內部終極關懷的趨向所影響外，歷史的特殊因緣也扮演了一個重要的角
色，並非只有宋明儒者才有宗教性的信仰傾向。我過去曾就此一問題撰寫文章分
析，認為「秦火焚書」所帶來的創傷，可分為三個斷層：一為經典文字斷層，二為
聖人之道信仰斷層，三為系譜斷層。詳細論述，請參拙著：《從古典到正典：中國
古代儒學意識之形成》（臺北市：臺灣大學出版中心，2007年），〈第九章儒學的第
一次挫折：以「秦火焚書」為討論中心〉，頁342-360。

15 不過，朱子因信仰所形成的先見，雖然影響了其解經的方向，但他仍然守住文獻之
基本紀律，比較少進行文字以外的過度詮釋。相對於朱子的其他的宋明理學家，則
因於各自不同的信念，從而造成解經上的過度理解，恐怕不在少數。

人、聖人之意（或是道）、經典文本以及解經者之間的複雜性。因此，底下本文將經由朱子讀書法所顯露的宗教信念傾向之說明，闡發朱子讀書法的可能意義。當然，朱子的經典詮釋說法，牽涉到許多層面的「詮釋」課題，相當值得討論。但是，本文的焦點在於朱子對於「經典」的信仰之特質，對於經典詮釋所造成的影響，所以將不牽引其他相關之問題於文中。

三　信念、信心下的讀書法

余英時在描述宋代儒者由「外王」的政治實踐轉向「內聖」的道德修持時，特別注意到這些儒者其實有著特殊的心理機制，尤其他們持著「同治天下」的信念，與皇帝進行「國是」方向之共商時，敢於抗顏折君，一以理想期許，實表現了宋代政治文化的獨特現象。[16]這個現象當然有其時代的特殊性，不過，隱藏於其背後的信念其實是歷代儒者「承擔」天下的宗教性情懷，這就有了某種普遍性的意義。事實上，從中國的政治思想傳統來說，知識分子向來以「天下」的理想實踐，或「人民」的幸福作為自己論述的目標。雖然，現實政治上的發展是以「君王主體性」的落實為主，但歷代以來的儒者所堅持的理想目標，卻沒有因為龐大政治現實的君王權威之影響，而有所屈服。相反地，這些儒者卻以「成己成物」的淑世精神，堅持「天下主體性」或「人民主體性」的立場，努力以一己之所學改變世界，而非滿足於解釋世界而已。[17]因此，我們可以說，在徐復觀「二重主體性矛盾」的觀察下，儒者作為知識分子所呈現出的精神風貌，便不能僅以

---

16 余英時：《朱熹的歷史世界：宋代士大夫政治文化的研究（上篇）》，〈第五章國是考〉，頁340。

17 徐復觀：〈中國的治道〉，收入氏著：《中國思想史論集續編》（臺北市：時報文化出版公司，1985年），頁470-471。

一般學者視之而已，而應注意到其中所可能有的宗教性情懷的承擔。
澄清這一點，對於討論朱子讀書法相當重要。因為，朱子雖然是中古
世界思想家中，較具有客觀知識傾向的儒者，然而，其學術生命的基
底依然是由實踐性格所組成，進而構成其一生行事的基本原則。能掌
握這個實踐性格的宗教性情懷，我們才能勘破其追求客觀知識的背
後，其實仍然是隱含著某種熱切的主觀情感，而非等同於近代追求客
觀真實性的學術性格。[18]以下將從朱子論「道」與「道統」背後的心
境出發，並進一步由其相關論述中，說明其讀書法的內涵。

　　朱子之解經的確如論者所言，態度上是相當認真、細心、周詳，
因此，日後其《四書》的註解成為科考取士之依據，實不足為奇。而
且也因為這樣的態度，使得他對於其所解的經典意義有著高度的信
心。朱子曾於《語類》中，記載一段對話，言語中可以清楚看到朱子
解經時的信心：

> 黎季成問：「伊川於『以直』處點句，先生卻於『剛』字下點
> 句。」曰：「若於『直』字斷句，則『養』字全無骨肋。只是
> 『自反而縮』，是『以直養而無害』也。」又問：「配義與
> 道。」曰：「道義在人，須是將浩然之氣襯貼起，則道義自然
> 張主，所謂『配合而助之』者，乃是貼起來也。」先生作而言
> 曰：「此於若與孟子不合者，天厭之！天厭之！」[19]

---

18 當然，從歷代儒者的言行來看，他們在面對經典時的態度，多數是以著近乎「宗教
　性」的虔誠處之。本文於此特別再提出「宗教性」的情懷，是為了區隔儒者與現代
　客觀知識理解下的立場之不同，不是認定只有宋代儒者才具有此類信仰式的態度，
　這是應當敘明的。

19 黎靖德編：《朱子語類》（臺北市：華世出版社，1987年），第4冊，卷第52，頁1250。
　相關論述，請參拙著：《儒家思想中的具體性思維》，〈第二章：「正統」與「異
　端」〉，頁122-136。

朱子敢於仿效孔子矢言「天厭之！天厭之！」的直剖，來作為其解經
正當性的喊話，實在是基於其無比的信心使然。否則，朱子實無需
以賭咒的方式為之。其實，從另外一個角度來說，朱子的這種信心不
會只是由於文字訓詁層面的掌握所能促成。朱子這種信心的養成，當
與其對於「聖人之道」的理解有關。在〈中庸章句序〉的敘述中，朱
子說：

> 《中庸》何為而作也？子思子憂道學之失其傳而作也。蓋自上
> 古聖神繼天立極，而道統之傳有自來矣。其見於經，則「允執
> 厥中」者，堯之所以授舜也；「人心惟危，道心惟微，惟精惟
> 一，允執厥中」者，舜之所以授禹也。堯之一言，至矣，盡
> 矣！而舜復益之以三言者，則所以明夫堯之一言，必如是而後
> 可庶幾也。[20]

朱子此處點出「道統」一詞，將上古君王在「政統」傳承上的關係，
轉換成「道」的繼承。於是，傳說中的理想君王乃同時身兼政治上的
人王與道德上的聖人，也就是「德／位」、「聖／王」的結合體。當然，
這樣的理解並非始自朱子，而為古來之傳統。不過，朱子視其間的傳
承為「道統」的相繼，並認為《中庸》一書便是記載聖王「道學」之
書，則或與「異端」之學的挑戰有關。因為，在〈中庸章句序〉之中，
朱子歷數堯、舜、禹等聖王「聖聖相承」之後，又有「無位」的孔子
繼之而起。可是，自此之後「去聖遠而異端起」，所以才有子思作
《中庸》的因緣。基本上，《中庸》一書的作者是否為子思？今日尚無
法確知，但朱子明確指出作書的原因可能是「異端」的興起所使然。

---

20 朱熹撰：《四書章句集注》（北京：中華書局，2003年），〈中庸章句序〉，頁14。

這點很重要！雖然，我們同樣無法確定《中庸》一書的書寫背景，是否必然與「異端」有關，然而在這裡我們當可以確定「闢異端」的用心，即是朱子的心理壓力。是以，在這篇序文裡，我們又看到：

> 自是而又再傳以得孟氏，為能推明是書，以承先聖之統，及其沒而遂失其傳焉。則吾道之所寄不越乎言語文字之閒，而異端之說日新月盛，以至於老佛之徒出，則彌近理而大亂真矣。[21]

由此可知，異端對於朱子而言，構成了相當的壓力。是故朱子之所以特別重視「道統系譜」的傳承，當即是為來處理「異端」的問題。其實，從孟子始，儒者與異端之間的糾葛，便未停止。是以，我們只要從歷代儒者的敘述中，不難發現此種古聖相承的闢異端之言論，盈箱累篋。但值得我們重視的是，歷代儒者如朱子等，其闢異端時的心境，恐怕不是只有學說爭勝的動機而已。遠從孟子闢異端、荀子非十二子，我們實可從其中窺見某種宗教性情懷的「護教」心態。[22]事實上，也就是這種宗教性情懷的驅使，儒者們相信聖人所遺留之真理，必然可以在邪說盛行的年代發揮排拒的功能。所以，朱子在對於《中庸》等經典進行註解時，絕不是如今日學者式的為知識而知識而已，而是真誠地認為「經典」中的文字脈絡，即是聖人之意的血脈之所在，解經者的任務就是在世衰道微的世代，重返經典之文本，召喚古今一心的聖人真理。因此，在這種護教的心境下，聖人已逝而日遠，

---

21 同前註，頁15。有關「異端」之討論，請參拙著：《儒家思想中的具體性思維》，〈第二章：「正統」與「異端」〉，頁122-136。

22 黃俊傑針對中國詮釋學特質的討論中，曾指出在與異端爭勝的過程中，經典詮釋常常是一種「護教」的手段。此種具有護教性質的詮釋取向，從先秦到近代均不乏其人。詳細論述，請參黃俊傑：《孟學思想史論（卷二）》（臺北市：中央研究院中國文哲研究所籌備處，1997年），〈第七章黃宗羲對孟子心學的發揮〉，頁325-326。

其所遺留者，惟其言語文字而已。是故，將「經典文本」視為是接近
聖人的唯一途徑，即是信仰者當為之優先事情。如此一來，「經典文
本」與「聖人之道」的同一性關係自然成為其唯一選項。不過，我們
也必須進一步說明一個事實，此即朱子所認定的這種「同一性」關
係，並不是天真的以為「經典」之「文本」，等同於「聖人之道」，所
以任何對應性的語意層面的理解，或是對於經典進行膜拜，便能躋身
「真理」之途。而是指「經典文本」超越地保存了「真理」，所以
「經典」的價值當在解經者釋放其意義下，「真理」才與「經典」有
了此種「同一性」關係的論述。[23]是故，朱子雖然說：「大抵某之解
經，只是順聖賢語意，看其血脈通貫處為之解釋，不敢自以己意說道
理也。」[24]但是，在釋讀的實際過程中，朱子之解經卻有時也會加入
了許多個人的哲學詮釋，不全然只是進行語意闡釋。[25]只是，值得注
意的是，朱子在態度上相信「經典」背後的真理，確實是在這些記錄
聖賢語意的文脈之間，解經者不應妄以己意釋之。

　　當然，果如論者所謂朱子將「經典文本」與「聖人之道」建立同
一性關係，可從「意義與真理」、「真理與聖人」兩組關係切入，因
此，此時經典文本的意義詮釋，就會牽涉到真理的客觀展現之問題，
而客觀真理的能自主開顯，聖人之道也才真正落實。[26]其實，這種
「經典文本」與「聖人之道」的同一性關係，已然近乎宗教性的信
仰，不太可能允許解經者任意的解讀，於是其間的意義同一性，乃得

---

23 此處相關論述，感謝匿名審查者提供之意見。

24 黎靖德編：《朱子語類》，頁1249。

25 楊儒賓：〈水月與記籍：理學家如何詮釋經典〉，收入李明輝編：《中國經典詮釋傳
　　統（二）：儒學篇》（臺北市：喜馬拉雅研究發展基金會，2001年），頁159-164。

26 林維杰：《朱熹與經典詮釋》，〈第二章文理與義理〉，頁52-61。我曾對於「經典文
　　本」與「聖人之道」的關係，為文討論，請參拙著：《儒家思想中的具體性思維》，
　　〈第二章：「正統」與「異端」〉，頁131-136。

建立。但是此間之困難實多，例如哪一個解經者可以宣稱其解讀內容
必然優於其他解經者？或是兩個不同的解讀結果，誰可以宣稱其才是
掌握了最後的真理？恐怕都是有爭論的空間。而在歷代儒者的相關討
論中，我們所能獲得的回答，恐怕也都難以說服深受實證主義影響下
的客觀知識追求者。當然，如果如林維杰所言，從存有學的角度以
觀，朱子同一化經典與聖道的關係是可運用「物自身」的框架來處
理，如此一來，其於詮釋時的強制性與規範性，才有建立的空間，上
述的疑難才有鬆動之可能。可是，為何朱子之說可以從存有論的位階
來說明？若不能適切地回答此一問題，則朱子的言論便顯得主觀，而
無普遍之意義。

關於這個問題，我認為此時應當回歸朱子作為一個真理信仰者的
讀者身分，上述的處理方可獲得理解。因為，對於信仰者而言，言語
解釋的是非爭論，若不是為了彰明聖道的話，則一切皆屬戲論，無益
於道真。但如是以傳「道統」之精神而為之，則文意是非與道之實
踐，便成為同一回事，不可輕易滑過。朱子在〈答陳同甫〉第六書
時，曾有如下之慨嘆：

> 千五百年之間，正坐如此，所以只是架漏牽補，過了時日。其
> 間雖或不無小康，而堯、舜、三王、周公、孔子所傳之道，未
> 嘗一日得行於天地之間也。[27]

誠如上引〈中庸章句序〉朱子推崇《中庸》是聖學之書，而其之所以
不彰，實在於異端之言的興盛。此處朱子回答陳同甫之信，亦感慨

---

27 朱熹撰，朱傑人、嚴佐之、劉永翔主編：《晦庵先生朱文公文集》，卷36，〈答陳同
  甫〉，《朱子全書》（上海市：上海古籍出版社、合肥市：安徽教育出版社，2002年），
  第21冊，頁1583。

「堯、舜、三王、周公、孔子所傳之道」在千五百年間的落空。此種感慨相當程度表現出朱子將自己生命的意義，建立在聖人之道得傳的心願上。是以，同書又云：「若論道之常存，初又非人所能預。只是此箇自是亙古亙今常在不滅之物，雖千五百年被人作壞，終殄滅他不得耳。」[28]當然，即此而言，朱子對於「道」是有相當足夠的信心。認為只要「道」不滅，人常在，則「道」終有實現的一天，重點只在於有無恰當的人出現而已。更進一步說，淑世天下、改變世界的目標是朱子與古來聖賢同氣一命之所在，朱子之解經事業即是自許為恰當之人的作為。是以，如何正確的釋放經典的聖人之意？並以之達成改變世界的可能性，即成為朱子最重要的人間事業。而朱子這些信心的建立，便是基於某種宗教性情懷的「信仰」之特質。

著名的神學家田立克（Paul Tillich）曾針對「信仰」的內涵進行分析，他說：

> 信仰就是一種終極關懷（ultimate concern）的態度，因此信仰的動力也就是終極關懷的動力。人和所有生物一樣，會關注許多事物，特別是那些與生存休戚相關的事物。例如食與住的問題。但是人類和其他生物的不同的是，人除了關心食與住的問題之外，也關心精神方面的問題，例如認知、美學、社會、政治等問題。有些問題具有高度的迫切性，甚至迫在眉睫，它們和生存問題一樣，都可能成為個人或社會群體生存的關鍵問題。一旦某個問題成為一個人生命中最重要的問題時，他就必須完全臣服於這個最高指導原則之下，而且，即使所有其他問題都因此而退居次要或被棄置不顧，這個核心問題還是可以為

---

28 同前註。

他帶來高度的滿足感。[29]

田立克的說法清楚地點出信仰背後的終極關懷,帶有某種「支配」的性質,也就是說,一旦人們對任何事或物產生了信仰之後,心中油然而生的感受,便會是一種全然投入並且信服其所有原則的心理。於是,信仰的建立,即是自我奉獻的開始,此時因信仰而來的諸多要求,信仰者都會無條件地接受。當然,田立克所說的信仰,並非只能指涉「宗教」而已,事實上只要是「與生存休戚相關的事物」,都可以成為信仰的對象。以此來看朱子,當可發現在「希聖」、「希賢」的期許背後,其實是以一種繼承聖賢之道的信仰心態所促成。是以,在此一最高原則(繼承聖賢之道)的標準下,解經活動不能背離此一目標。朱子〈答吳伯豐〉曾說:

> 近日看得讀書別無他法,只是除卻自家私意,而逐字逐句只依聖賢所說白直曉會,不敢妄亂添一句閒雜言語,則久久自然有得。凡所悟解,一一皆是聖賢真實意思。如其不然,縱使說得寶花亂墜,亦只是自家杜撰見識也。[30]

於此可知,朱子認為解經活動若摻入個人私意之所解,恐離聖道日遠,所以,聖賢意思便是解經的最高原則。此一立場,即前述「經典文本」與「聖人之道」當具有同一性關係的想法。不過,這裡有一個問題,必須先解決。此即同樣是宋明儒者身分,也同樣對聖賢之道的

---

29 保羅・田立克著,魯燕萍譯:《信仰的動力》(臺北市:桂冠圖書公司,1994年),〈第一章信仰是什麼〉,頁3。

30 朱熹撰,朱傑人、嚴佐之、劉永翔主編:《晦庵先生朱文公文集》,卷52,〈答吳伯豐〉,《朱子全書》,第22冊,頁2457。

體會與信仰，皆持相當堅定態度的儒者，如陸象山與王陽明等人卻對
於讀書致道的看法，有所保留。為何同是信仰者，態度卻是大不相同
呢？更進一步說，陸象山與王陽明對於「經典」等同於「聖人之道」
的主張，其實是存在著疑慮的。當然，他們未必全然否定「經典文
本」與「聖人之道」可以維持著某些關係，但若是將「聖人之道」的
領悟，認為僅由經籍的釋讀，便可達至，則當非他們所能認可。例
如，王陽明在其〈稽山書院尊經閣記〉相當清楚地指出：

> 經，常道也。其在於天謂之命，其賦於人謂之性，其主於身謂
> 之心。心也，性也，命也，一也。……以言其陰陽消息之行
> 焉，則謂之《易》；以言其紀剛政事之施焉，則謂之《書》；以
> 言其歌詠性情之發焉，則謂之《詩》；以言其條理節文之著
> 焉，則謂之《禮》；以言其欣喜和平之生焉，則謂之《樂》；以
> 言其誠偽邪正之辯焉，則謂之《春秋》。是陰陽消息之行也，
> 以至於誠偽邪正之辯也，一也。皆所謂心也，性也，命
> 也。……故《六經》者，吾心之記籍也，而《六經》之實則具
> 於吾心；猶之產業庫藏之實積，種種色色，具存於其家。其記
> 籍者，特名狀數目而已。而世之學者，不知求《六經》之實於
> 吾心，而徒考索於影響之間，牽制於文義之末，硜硜然，以為
> 是《六經》矣。……嗚呼！《六經》之學，其不明於世，非一
> 朝一夕之故矣。……習訓詁，傳記誦，沒溺於淺聞小見以塗天
> 下之耳目，是謂侮經。[31]

陽明對於聖人之道的堅持與相信，並不亞於朱子，然而，他並沒有將

---

31 吳光、錢明、董平、姚延福編校：〈稽山書院尊經閣記〉，《王陽明全集》（上海市：
　　上海古籍出版社，1992年），卷7，〈文錄四〉，頁254-255。

《六經》與聖人之道進行「同一性」的全盤連結。雖然，他也沒有否認經典確實記錄了某些「常道」，但是如果不返歸於「心」上求，則一切的努力將只是「侮」經而已。事實上，與朱子同時的象山，對於經典的態度明顯與朱子不同。象山為人所樂道的話頭為「六經皆我註腳」，其實正表明了對經典等同於聖人之道說法的嘲諷。當然，象山也不是主張完全不讀書。不過，從陸、王這些說法，我們實可看出同是聖人之道的信仰者，對於經典詮釋的立場，並不相同。有些學者如朱子，相信在經典文本的世界中，保存著最為完整的聖人真意，也有些學者如陸、王，對於經典與聖人之意的同一性，持著疑慮的保留態度。當然，象山陽明對於「心」（良知）與「聖人之道」的同一關係之認定，恐怕也是造成他們巨大的差異的原因。所以，總上所論，朱子與陸、王面對聖人之道在人間世的遭遇，都有一種近乎宗教情懷的「承諾」（commitment）。也就是說，他們之所以會對「經典」與「聖人之道」之間的同一性關係，有不同的想法，並非為了持說立論上的爭勝而已。甚至，更進一步地說，導致他們對於不同主張者的批評，有著如許之激烈，背後恐怕正是此種終極關懷的心境所使然。當然，面對異端時的護教心理，雖然使得他們的強烈反應，看似一致。但面對經典的態度卻又如此不同，則又顯現出他們理想中的儒學圖像，當有差異的事實。

　　考索造成差異的原因，或許與他們對於「心」的理解不同有關。因為正如黃俊傑對於伊川與朱子解經立場的觀察，他認為這是一種「經典與解經者係互為主體性之關係。在這種關係中，經典中之義理或『道』與解經者的生命溶滲而為一體」，所以是「浸透身心的（pervasive）、整體性的（holistic）」的過程。[32]因此。「心」的理解如

---

32 黃俊傑認為此種互為主體性的解經法，相當重視解經者的生命與「道」之間的緊密性。而「經典」正可成為「道」與「解經者」相互滲透的依據。但是，值得注意的

有不同，也將導致結果的不同。誠如上引陽明之說，《六經》無非是我心的義理之記錄，若能於我心上求，則經典只是中介者的角色而已，隨時可以拋去。是以，讀書與致道之間，不必然存在著同一性的關係。陽明此說將「心」的位階，拉得相當高。可是，朱子卻不這麼認為，〈答石子重〉一文即說：

> 熹竊謂人之所以為學者，以吾之心未若聖人之心故也。心未能若聖人之心，是以燭理未明，無所準則，隨其所好，高者過，卑者不及，而不自知其為過且不及也。若吾之心即與天地聖人之心無異矣，則尚何學之為哉？故學者必因先達之言以求聖人之意，因聖人之意以達天地之理。求之自淺以及深，至之自近以及遠，循循有序，而不可以欲速迫切之心求也。夫如是，是以浸漸經歷，審熟詳明，而無躐等空言之弊，馴至其極，然後吾心之得正，天地聖人之心不外是焉。非固欲為於淺近而忘深遠，舍吾心以求聖人之心，棄吾說以徇先儒之說也。[33]

朱子於此表明，人之為學讀書，正是因為人心不若聖人之心，所以才有學習之必要。這話讀來，容易讓人有荀子〈解蔽〉的味道。[34]其實，二者論述確實有些相仿之處，因為二者都相當程度凸顯了「一般

是，此一解經者的生命之精神世界的理解，更成為「經典」與「道」的關係模式之重要關鍵。所以，處理「心」的內涵，也就是必須的工作。相關討論，請見：黃俊傑：〈儒家論述中的歷史敘述與普遍理則〉，收入氏編：《中國經典詮釋傳統（一）：通論篇》（臺北市：財團法人喜瑪拉雅研究發展基金會，2001年），頁421、423。

33 朱熹撰，朱傑人、嚴佐之、劉永翔主編：《晦庵先生朱文公文集》，卷42，〈答石子重〉，《朱子全書》，第22冊，頁1920。

34 二者在此的相仿，其實頗令人不安。不過，如果會回到他們各自的系統之中，其差異也是相當明顯。因為，荀子的「心」是在面對性惡的脈絡下，處理心與道關係的論述。朱子則是在「心統性情」的架構下，所作的發言。脈絡不同，所論自異。

人」與「聖人」的不同。只不過，朱子在此所謂的「心」之不同，或許只從解經認知的路徑抒論，並未觸及更深刻的存有學問題。但在其他的相關文獻，朱子對於「心」是有其深刻的看法。朱子在〈答張欽夫〉中認為「心」乃該備所有的道德之理。朱子說：

> 若聖門所謂心，則天序、天秩、天命、天討、惻隱、羞惡、是非、辭讓莫不該備，而無心外之法。故孟子曰：「盡其心者，知其性也，知其性則知天矣。存其心，養其性，所以事天也。」是則天人性命豈有二理哉？而今之為此道者，反謂此心之外別有大本，為仁之外別有盡性至命之方，竊恐非惟孤負聖賢立言垂後之意，平生承師問道之心，竊恐此說流行，反為異學所攻，重為吾道之累。故因來示得效其愚，幸為審其是否而復以求教於彪丈，幸甚幸甚。[35]

因此，勞思光便說朱子此文單獨來看，實無別於象山與陽明的立場。[36]然而，一旦我們將朱子的「心」置回其「心、性、情」三分的架構來理解時，則朱子之所以會特別強調讀書解經的觀點，即相當容易掌握了。因為，朱子此處所論的心，雖然也是要處理工夫成德的問題，可是由於其「心」不會是價值根源所在、所出的本原，是以，「心」在成德工夫上的意義，便容易滑向「認知」的功能意義。因此，從「倫理道德」的實踐轉成「如何正確認識理？」的討論，實為朱子說法不得不的發展走向。此時，道德的問題乃一轉為詮釋讀書的問題。所

---

35 朱熹撰，朱傑人、嚴佐之、劉永翔主編：《晦庵先生朱文公文集》，卷30，〈答張欽夫〉，《朱子全書》，第21冊，頁1329。

36 勞思光：《新編中國哲學史（三上）》（臺北市：三民書局，2007年），〈第四章中期理論之建立及演變〉，頁286。

以，朱子雖論「性者心之理，情者心之動」，但朱子根本的理解是：
「心」只是一種「氣」的表現，雖然能有所謂「虛靈知覺」，但畢竟
只能是一種「覺」的能力而已，無法作為價值的根源。所以，朱子必
須區分出「人心」與「道心」。在《朱子語類》「章句序」即說：

> 人心是此身有知覺，有嗜欲者，如所謂「我欲仁」，「從心所
> 欲」，「性之欲也，感於物而動」，此豈能無！但為物誘而至於
> 陷溺，則為害爾。故聖人以為此人心，有知覺嗜欲，然無所主
> 宰，則流而忘反，不可據以為安，故曰危。道心則是義理之
> 心，可以為人心之主宰，而人心據以為準者也。37

朱子隨後又舉飲食為例，說明人體需要飲食以滿足的判斷，便是人心
活動的表現，可是「可食」與「不可食」的判斷，則歸之於「道
心」。38由此可知，朱子雖點出「道心」之說，但對於「心」的理解，
其實有時是有所疑慮的。勞思光於此有細緻的觀察，其云：

> 若落在成德工夫問題上，朱氏以「心」為得氣中最靈或最正
> 者，因此，即以「能見共同之理」作為「心」之殊別之理；由
> 此一面將「心」視為屬於「氣」者，另一方面又將「心」與
> 「理」安頓於一種本然相通之關係中；此原是朱氏立說之善巧
> 處。但「心」既有昏明（清濁）之異，則須有一工夫過程以使

---

37 黎靖德編：《朱子語類》，第4冊，卷第62，頁1488。

38 有關朱子「人心」與「道心」的討論，請參陳來：《朱子哲學研究》（上海市：華東
師範大學出版社，2000年），〈第九章心之諸說〉，頁225-232。田浩（Hoyt Cleveland
Tillman）：《旁觀朱子學：略論宋代與現代的經濟、教育、文化、哲學》（上海市：
華東師範大學出版社，2011年），〈第十章朱熹論天和天心：其哲學系統與修養德業
的意義〉，頁210-219。

「心」能實現其「本性」（即所謂「全體大用」），於是有「致知窮理」之說。此處理論之困難在於工夫開始於「大用」未顯之時，故即在心能見共同之理之先，然則此時以何動力推動此工夫？蓋心倘是「昏」，則此昏心何以能求自身之「明」？蓋朱氏之「心」既屬於「氣」，即不能有超驗之主宰力；其始動時必全受「氣」決定也。伊川論變化氣質，認為下愚亦可移；是仍強調「自由意志」或某一程度之「主宰性」；朱氏以「心」為「氣」，而此「氣」又可以昏，可以濁，於是工夫之動力遂成問題。[39]

勞說將朱子的問題作了清理，關鍵的重點即在於以「氣」為「心」，這是相當重要的部分。[40]是故我們可以進一步說，朱子如此之主張，自然會對於只靠「心」的自我提升，便想達成致道目標的作法，有所懷疑。因為，心本有昏明清濁之不同，認識會有因私意造成「誤解」的可能，「心」於致道之過程，實為不穩定，所以求聖人之心不能以「己」心察心。如此一來，其最後的唯一途徑，則只能依靠經典，才能裁決是非。職是之故，陸象山與王陽明所代表的心學路徑，雖然同樣有著高度的信仰之性質，可是卻由於程、朱與陸、王對於「心」的理解不同，他們對於經典的態度，自然會產生了差異。

　　經由上述的分析後，我們可以得知，朱子雖然曾有「心」能該備萬理之說，但是由於其以氣釋之的關係，「心」的能力會有昏明之不

---

39 勞思光：《新編中國哲學史（三上）》，〈第四章中期理論之建立及演變〉，頁309。

40 關於朱子之說中的「心」與「氣」之關係，學界向來有不同之主張，例如陳來便認為從「覺」以論「氣」，是著眼於「功能」的角度，不是將「心」等同於「氣」，兩者不宜混同。請參陳來：《朱子哲學研究》，〈第九章心之諸說〉，頁219-220。其實，朱子在許多文本中之所論，確有發生「心」、「氣」爭議之可能。學界其實有注意到此一模糊地帶，但目前尚無一定之結論。

同，本心不可能當下呈現，所以其可靠性大有可慮之處。有趣的是，朱子所論的「心」雖有離道之可能，但我們若在其「格物窮理」、「理一分殊」的脈絡下，仍然可以發現朱子將存有論、倫理學、知識論連結起來的取向。例如，朱子在《中庸章句》解「故君子尊德性而道問學，致廣大而盡精微，極高明而道中庸。溫故而知新，敦厚以崇禮」一段時，有云：

> 尊者，恭敬奉持之意。德性者，吾所受於天之正理。道，由也。溫，猶燖溫之溫，謂故學之矣，復時習之也。敦，加厚也。尊德性，所以存心而極乎道體之大也。道問學，所以致知而盡乎道體之細也。二者修德凝道之大端也。不以一毫私意自蔽，不以一毫私欲自累，涵泳乎其所已知。敦篤乎其所已能，此皆存心之屬也。析理則不使有毫釐之差，處事則不使有過不及之謬，理義則日知其所未知，節文則日謹其所未謹，此皆致知之屬也。蓋非存心無以致知，而存心者又不可以不致知。故此五句，大小相資，首尾相應，聖賢所示入德之方，莫詳於此，學者宜盡心焉。[41]

這段文字中，朱子在解釋「尊德性而道問學」時，本涉「道德」與「知識」的不同層面，但是他清楚地將倫理學意義的「德」，知識論意義的「知」，以及存有學的「理／道」，以一「心」結繫起來。於是，我們看到朱子的形上之理或道，既是在於解經者的主體性之彰顯，同時也存在乎經典文脈的隙縫中。而且，當他在論述「致知」時，更是重視「析理則不使有毫釐之差」的精確，這也使得朱子論述

---

41 朱熹：《中庸章句》，《四書章句集注》，頁35-36。

「道德」的問題時，凸顯了「知識」的趣味。是故，在朱子這樣的特殊理解模式下，「經典」的價值與意義，便取得了相當巨大的位置。於是，在朱子的理論系統中，任何想要追求實踐聖人之道的行動者，其主要的步驟，便是依賴經典中的道理，否則別無他途。雖然，就朱子曾說過的話而言，讀書也只是「第二義」。[42]可是，不讀書則聖道亦無法自明。所以，讀書即成為朱子成德之學最重要的功課。此外，又由於「心」的不可靠，因此，以此「心」讀書，便須要注意到許多詮釋的技術問題，避免不見道以及誤道的產生。尤其是「私意」、「私欲」會干擾此「心」之見道，從而帶來解讀經典的謬誤。所以，我們在《朱子語類》的〈讀書法〉之中，乃看到許多針對讀書方法的具體討論，如：

> 聖人言語皆枝枝相對，葉葉相當，不知怎生排得恁地齊整。今人只是心粗，不子細窮究。若子細窮究來，皆字字有著落。[43]

又云：

> 今人讀書，看未到這裡，心已在後面；才看到這裡，便欲捨去。如此，只是不求自家曉解。[44]

這裡我們看到朱子對於讀書時，所可能產生的問題，實有多方敘述。並且將「心」與「讀書」作了相當清楚的連結，如：

---

42 黎靖德編：《朱子語類》，第1冊，卷第10，〈讀書法上〉，頁161。
43 同前註，頁172。
44 同前註，頁173。

讀書須將心貼在書冊上，逐字逐句，各有著落，方始好商量。大凡學者須是收拾此心，今專靜純一，日用動靜間都無馳走散亂，方始看得文字精華。如此，方是有本領。[45]

又如：

學者觀書多走作者，亦恐是根本工夫未齊整，只是以紛擾雜亂心去看，不曾以湛然凝定心去看。不若先涵養本原，且將已熟底義理玩味，待其浹洽，然後去看書，便自知。只是如此。老蘇自述其學為文處有云：「取古人之文而讀之，始覺其出言用意與己大異。及其久也，讀之益精，胸中豁然以明，若人之言固當然者。」此是他於學文上工夫有見處，可取以喻今日讀書。[46]

上引之種種文字，經常表現出對於「心」的警醒，尤其是在讀書的這件事上。其實，朱子論讀書的相關經驗，令人不禁想起朱子論「格物」時，補充程子的一段名言：

閒嘗竊取程子之意以補之曰：「所謂致知在格物者，言欲致吾之知，在即物而窮其理也。蓋人心之靈莫不有知，而天下之物莫不有理，惟於理有未窮，故其知有不盡也。是以《大學》始教，必使學者即凡天下之物，莫不因其已知之理而益窮之，以求至乎其極。至於用力之久，而一旦豁然貫通焉，則眾物之表

---

45 同前註，頁177。

46 黎靖德編：《朱子語類》，第1冊，卷第11，〈讀書法下〉，頁178。

> 裡精粗無不到，而吾心之全體大用無不明矣。此謂物格，此謂
> 知之至也。」[47]

心若有不足，此心當是重在認知與詮釋的層面。有趣的是，朱子的
「心」顯然如上述所言，包含有存有論、倫理學、知識論等層次，所
以讀書便是「格物窮理」的一種方式。但是，天下之物，何止千萬？
天下之理，何止萬理？如果，要日日格物，並企求有朝能遍知萬物萬
理，其實恐怕朱子也知其不可能。因此，他引伊川的這段話，重點在
於「豁然貫通」一語。因為，從朱子具有「主智主義」的可能傾向來
說[48]，強調努力學習、認知各類物與事，及其背後之理，應當是相當
容易理解的事。但如果朱子真是如此考量，那麼莊子「有涯無涯」之
譏，恐怕難免。因此，重點便須注意「豁然貫通」一語。

　　基本上，「豁然」是一種於事理不惑的狀態，表現為心境上的寬
舒樣貌，而要達成這樣境界的條件，即為「貫通」。朱子論貫通的工
夫，則由「用力之久」一語以敘明其因果關係。所以，在對於所知之
物，所習之理，於量上甚「多」用力、於時間上用力甚久之後，此
「心」會經由量變產生質變的過程，於是，萬理歸「一」。此時，心
境上的大突破便是「豁然貫通」。朱子的這個理解模式，有兩個可再
分析的面向。其一，朱子所言之理，可分為兩個層次，理若就個別事
物而言，則是一事一物的結構之理；但理若從貫通存在之可能以論，
則此時之理卻又有轉入「實現之理」的現象。[49]也就是說，朱子之理

---

47 朱熹撰：《大學章句》，《四書章句集注》，頁6-7。

48 林維杰：《朱熹與經典詮釋》，〈第六章知行與經權〉，頁211-218。另外，同書，頁
　232注46的討論，亦可注意。

49 牟宗三對於程、朱所論之「所以然之理」的討論，便帶入了「形構之理」與「存在
　之理」（實現之理）的劃分。請參牟宗三：《心體與性體（一）》（臺北市：正中書
　局，1989年），〈第一部綜論〉，頁87-100。另外，他在其他書中亦有論及，此時牟宗

其實包含有存有學上的兩個差異層次，前者是構成個別事物之理，是
為殊多；後者則為回歸最高存有，是為一。只不過，朱子論述的「理
一」之理，不會只是一種形上意味的樣態而已，必須加入價值意義，
其所謂之「理」，方能周匝。其二，朱子既然從「理一分殊」的角
度，認為經過積累工夫的過程，由殊到多，便如水道暢通，一路到
底。則此時所掌握的「理」，是否已化為認知者的主體之中？形成認
知者的主體性原則，並進一步成為其實踐之原則，則不無疑問。當
然，如此的使用，尚需將其放在「理氣」、「性命」、「心性」、「知
行」、「體用」、「道器」等不同語脈中，其義方能開展。然而，從這些
引文來看，朱子的讀書法及因之而來的經典詮釋，以及其所碰觸到
「存有／倫理」、「結構／實現」、「殊／一」等問題，的確可以以
「心」作為索解的一道路徑，進而為中國的經典詮釋課題，帶來深化
的成果。

綜上所論，朱子由於其強烈的信仰性格，使得他面對經典文本的
解讀時，常常以熱烈的信念，相信經典世界中的聖人之道，會在解讀
者「心」上工夫與語言文字之間，形成一種特殊的召喚關係。這種召
喚關係，可以使得主客之間的距離拉近，從而讓經典詮釋的意義空間
獲得聖人之道的加持，進而完成儒者與聖人同登聖境之憑藉。於是，
千古之際，只在方寸，方寸之間，經典與吾心在「格物窮理」的努力
下，產生同一化的意義關聯。此時，古與今、一與多、天與人、事與
理，皆可獲得安頓。

三稱這些物事之性為「結構之性」。請參氏著：《中國哲學的特質》（臺北市：臺灣
學生書局，1984年），〈第八講對於「性」之規定（一）易傳、中庸一路〉，頁62-
66。

四　結語

　　朱子之學影響日後學術之發展甚鉅，其中有關讀書法與經典詮釋的相關意見，更是觸及到許多重要的本體論、方法論之議題。因此，檢討朱子的說法，將有助於經典詮釋課題的深化。誠如上文的分析，朱子的讀書法並非只有詮釋技術的方法問題，他其實受到歷代聖賢之心的召喚，所以，在強烈護教感受的宗教性情懷之下，提出了許多技術性的詮釋方法的主張與反省。總歸來說，這些說法，在看似具有相當程度的客觀性要求下，其實仍然存在著幾個有待解決的問題。首先，朱子相信聖人之道的背後，正如梅廣所說，存在著一個意識型態於其間，進而影響了其解讀經典的語言性層面的正確問題。我認為，這樣的方式或可說是朱子對於經典文本的「前理解」（pre-understanding），也就是其讀書之前，其實已經有一個哲學上的「設準」（Postulates），作為其理解的支點。因此，在符合設準為優先前提下，文字的訓解工作自然會在此一詮釋的張力下，作了某種意義軸線的更動。如此的作法，自然於意義還原上有所缺憾。[50]因此，此處出現了一個必須深思的課題，即是「理論設準」與「語言文字」之間的意義鴻溝如何克服？事實上，在語言學的工作裡，語法問題的解決是否能處理語意的問題？恐怕都有討論的空間，更何況是此處所面臨的語意問題與理論之間的落差。是以，朱子的例子能否為我們帶來一些新的啟示，即是一件值得注意的事。

　　此外，朱子視經典文本與聖人之道間的同一性關係，雖然是經過「意義的自主」以及「語意的自主」的方式，造成「轉向」詮釋之可能。可是，如此所預設下的詮釋活動，真能完成解經者同時是信仰

50　梅廣：〈語言科學與經典詮釋〉，葉國良編：《文獻及語言知識與經典詮釋的關係》，頁82。

者,對於真理的為同一性要求嗎?因為,當朱子的詮釋自主成為讀書的核心時,意義對於其他解讀者的開放,便須採取同意的立場。此時,強調作品中心的走向,也需移往讀者身上,於是,經典文本的解讀會不會又將發生隨人解意的可能呢?當然,我們的確也應意識到,一旦還原意義的解釋權在於讀者身上時,經典意義的開放性將會在歷史時間的流傳中,形成一種存有增長的關係,此時讀者的歷史性不斷地被放大,意義的流轉亦將成為常態。雖然,也有論者指出在「敬」的閱讀信仰共同體之下,「作者已死」、「合法成見」等流行的說法,不是朱子經典詮釋的問題。因為,只要「敬」的閱讀氛圍在,那麼聖人的召喚當可持續存在。[51]但是,實情是否如此樂觀?作者已死的作者,是否同於聖人的位階?恐怕都還有討論的必要。

最後,從朱子的讀書法中所揭示的聖人之道,或是聖人之心,其實也都預設了一個理想中的儒學圖像。這些預設的圖像,期待下應當具有一致性,所以朱子如此用心於「經典」的釋讀,並不是一件偶然的舉動,而是在聖人之道相續的期許中,希望透過經典釋讀能上接「道統」之系譜。當然,此一系譜的正當性,如何無誤?以及更深刻的「道統」內涵之想像?卻可能人各言殊,進而造成更多的紛擾。例如,既使朱子所論的「理一分殊」的模式,能為儒者們所接受,但對於「理」的主張不同,則儒學的理想圖像,自亦不同。當然,如此看來,經典詮釋的展開,便是「道」將為天下裂的局面,難免引人傷感。不過,也許所有的差異其實都是在「殊」的層次,回歸於「一」,儒門的多方樣貌,不正豐富了聖人之道的內涵。以是,我們是否可以樂觀地看待一個「複調儒學」的共諧呢?

---

51 陳立勝:〈朱子讀書法:詮釋與詮釋之外〉,收入李明輝編:《儒家經典詮釋方法》(臺北市:臺灣大學出版中心,2008年),頁232-234。

朱子經學觀管窺

——讀《近思錄·致知篇》劄記三則[*]

嚴佐之

華東師範大學古籍研究所教授

　　探究朱子經學思想，他的經學撰著自然是首要的學術文獻，例如
《周易本義》、《易學啟蒙》、《詩集傳》，又如《四書章句集注》、《四
書或問》，再如《朱子語類》中的經學答問，等等。然朱子與呂祖謙
合編《近思錄》一書，雖非研經之作，卻向稱是學習《四書》、《六
經》的階梯，似亦不失為考察朱子經學思想的一扇窗口。近讀《近思
錄·致知篇》，有得於心，茲錄劄記數則。

讀經之義：「格物致知」

　　程、朱理學原本亦以通經學古為事。如明道夫子「自十五六時，
聞汝南周茂叔論道，遂厭科舉之業，慨然有求道之志，未知其要，泛
濫於諸家，出入於老、釋者幾十年，返求諸六經而後得之」。張橫渠
讀《中庸》，「雖愛之，猶以為未足，於是又訪諸釋、老之書，累年盡
究其說，知無所得，反而求之《六經》」。他們既是這樣求學求道經歷
過來，故亦以這樣的經驗教導弟子讀經治經。如二程子嘗言：「為學
治經最好。」「聖人之道，坦如大路。學者病不得其門耳，得其門，

---

[*]　此篇初稿完成於2012年5月1日，滬上寓所。

無遠之不到也。求入其門，不由於經乎？」朱子答問也如此提示門生：「昨日有人問看史之法，熹告以當且治經，求聖賢修己治人之要，然後可以及此。」「且教他讀經書，識得聖人法語大訓。」那麼，是否可以說「理學即經學」呢？這個疑問在朱子經著中是難以推究的，但從《近思錄》中，似能管窺豹斑。

朱子纂輯《近思錄》，實按《大學》「三綱領、八條目」架構布局，從而構畫出二程的理學思想體系，自然也是他自己的思想體系。那是怎樣一個結構體系呢？根據清人茅星來的解釋，《近思錄》首載〈道體〉一篇，是「就理之本然者而言」，〈道體〉以下諸篇，「皆言當然工夫」。始論〈為學大要〉，以「統領綱領指趣」。其次〈格物窮理〉，乃對應「八條目」之「格物、致知」，〈存養〉、〈省察克治〉正是「誠意、正心、修身工夫」，此三篇性質屬於「三綱領」之「明明德」。而卷六以下〈齊家〉、〈去就取捨〉、〈治體〉、〈治法〉、〈臨政處事之方〉、〈教學〉諸篇，則為《大學》「新民」之事」，而與「齊家、治國、平天下」之目相對應。末三篇〈警戒〉、〈辨異端〉、〈觀聖賢〉，則近乎「三綱領」之「止於至善」。檢閱《近思錄》，我們不難發現，有關周、張、二程四子經學思想的文獻條目，大都被收錄在《近思錄》第三卷裡，這樣的編排，是否可以說明朱子思想世界中的經學與其構建的理學體系的關係呢？

《近思錄》卷三，篇題「致知」，或曰「格物窮理」，二者旨意，實無二致。清茅星來認為，《近思錄》自〈致知篇〉以後，都是「細論條目工夫」，而〈致知篇〉就是說的「《大學》『致知格物』」。他說：「自首卷所論陰陽性命，以至末卷聖賢氣象，皆物也，皆其所當格者也，而此卷則其格之之法。漢唐諸儒惟於此未明曉，所以修己治人多不得其道。韓文公〈原道〉引《大學》之言，獨不及『致知格物』。歷漢、唐、宋、明，賢君良相時有，而二帝三王之，未嘗一日

行於天地之間，以此故也。此篇乃明善之要，四卷、五卷則誠身之本。朱子於《大學章句》所謂『在初學尤為當務之急，而不可以其近而忽之』者也。」茅氏指出〈致知篇〉講的是「格之之法」，實亦出自宋人葉采的見解，《近思錄集解》解題曰：「此卷論『致知』。知之至而後有以行之，自首段至二十二段，總論致知之方。然致知莫大於讀書，二十三段至三十三段，總論讀書之法。三十四段以後，乃分論讀書之法，而以書之先後為序。」清末張紹價《近思錄解義》則分析說：「此卷以格物、致知，讀書為主。以『心通乎道』、『知言』、『窮理』、『真知』、『自得』為總旨，以『致思』、『會疑』、『通文』、『求義』、『得意』為分意。體似兩截：自首章至『更不復求』，論致知之方，為上截；自『伊川先生曰凡看文字』至末，論讀書之法，為下截。」無論分三層，還是二截，意思十分接近。概言之，從「總論致知之方」，到「總論讀書之法」，再到「分論讀書之法」，便是專論「格之之法」的〈致知篇〉的內在結構。〈致知篇〉收錄四子語錄凡七十八條，其中與經學相關的條目，大多處於第二十三段之後的「論讀書之法」部分。

根據先賢的閱讀體驗，朱子將四子經學語錄集中安置在《近思錄》卷三〈致知篇〉，體現了他對經學與「為學之道」關係的認識，反映了經學在程、朱理學思想體系中的位置。要之，約有二端：一、經學並不等同理學，經學只是程、朱理學思想體系中的一個環節，具體而言，它對應著《大學》「三綱八目」中「格物」、「致知」二個節目。二、理學「格物致知」工夫的主要途徑是讀書，聖賢之道，具載於經，故而讀書主要是讀經，但「格物致知」工夫並非只是讀經，甚至並非只是讀書。即如程、朱所言：「凡一物上有一理，須是窮致其理。窮理亦多端，或讀書講明義理，或論古今人物，別其是非，或應接事物而處其當，皆窮理也。」「窮理格物，如讀經看史，應接事物，理會

個是處，皆是格物。」由此觀之，在朱子思想世界中，經學十分重要，卻不是理學的全部，讀經只是理學體系中的「格物致知」工夫。

讀經之要：「自得」、「真知」

　　「自得」、「真知」是程、朱論學出現頻率較高的二個語詞，也是理學中二個較重要的概念。〈致知篇〉有二條說及「自得」，皆出自伊川之口。其一曰：「學者要自得。六經浩渺，乍來難盡曉，且見得路徑後，各自立得一個門庭，歸而求之，可矣。」其二曰：「所謂『日月至焉』與『久而不息』者，所見規模雖略相似，其意味氣象迥別。須潛心默識，玩索久之，庶幾自得。學者不學聖人則已，欲學之，須熟玩味聖人之氣象，不可只於名上理會，如此只是講論文字。」此處所言「自得」是何意思？清張伯行《近思錄集解》說：「讀聖賢書，須要自得於心，非以徇外誇多為務。」「不求自得，即《遺書》所謂『遊騎無歸』矣。」清張紹價《近思錄解義》則說：「學要自得，方異於記誦辭章之習。」他們都把「自得」解釋成對經書所載聖賢之道的內心切實的理解，而非徒有其表的記誦辭章。但何謂「自得於心」？似乎明白，又似乎不明白。即程子本義，也說得簡單。上引「學者要自得」一段，採自《二程遺書》伊川與周伯溫答問，原文「歸而求之」後，並有「伯溫問：如何可以自得？曰：思。『思曰睿，睿作聖』，須是於思慮間得之，大抵只是一個明理。」只是一個「思」字，似也明白又不明白。其實朱子有一段議論，說得比較真切分明：「大凡事物，須要說得有滋味，方見有功。而今隨文解義，誰人不解？須要見古人好處。如昔人賦梅云：『疏影橫斜水清淺，暗香浮動月黃昏。』這十四個字，誰人不曉得？然而前輩直恁地稱歎，說他形容得好是如何，這個便是難說，須要自得言外之意始得。須是看

得那物事有精神方好，若看得有精神，自是活動有意思，跳躑叫喚，自然不知手之舞足之蹈。這個有兩重，曉得文義是一重，識得意思好處是一重。若只是曉得外面一重，不識得他好底意思，此是一件大病。」經朱子所解，「自得」的含義就比較能抓得住：讀經但若僅僅「隨文解義」，只是「曉得文義」、「外面一重」，直算不得「自得」，惟能曉得「言外之意」，「識得意思好處」，才是「自得」。

「真知」一詞在〈致知篇〉中有一處議及，亦二程之語，曰：「學者固當勉強，然須是知了方行得。若不知，只是虛卻堯，學他行事，無堯許多聰明睿知，怎生得如他動容周旋中禮？如子所言，是篤信而固守之，非固有之也。未致知便欲識意，是躐等也。勉強行者，安能持久？除非燭理明，自然樂循理。性本善，循理而行，是順理事，本亦不難，但為人不知，旋安排著，便道難也。知有多少般數，煞有深淺。學者須是真知，纔知得是，便泰然行將去也。」此處「真知」作何解釋？後世註釋者大多謂：「真知者，知之至也。」「真知，謂知之深也。」以知之「至」、知之「深」解釋「真知」，當然沒錯，然猶嫌虛懸。還是朱子說的較為實在、捉摸得到，他說：「《大學》『知至』之『至』，舊作『盡』字說，今見得當作『切至』之『至』。知之者切，然後貫通得『誠意』。意，如程子所謂『真知』是也。」又曰：「所以未能真知者，緣於道理上只就外面理會得許多，卻未嘗於裡面十分理會故也。」明白指出「真知」就是隱藏在經典文本文字「裡面」的聖賢之「意」。而這確也符合二程一貫本意，〈致知篇〉一條二程語錄就是這麼說的：「讀書者當觀聖人所以作經之意，與聖人所以用心，與聖人所以至聖人，而吾之所以未至者、所以未得者。」不過，朱子在別處還對「真知」作過別樣的闡釋：「人各有個知識，須是推致而極其至，不然半上落下，終不濟事，須是真知。問：固有人明得此理，而涵養未到，卻為私意所奪。曰：只為明得不盡，若明

得盡，私意自然留不得，若半青半黃，未能透澈，便是尚有渣滓，非所謂『真知』也。問：須是涵養到心體無不盡處方善。不然，知之雖至，行之終恐不盡也。曰：只為知不至，今人行到五分便是，它只知得五分見識，只識得那地位。譬諸穿窬，稍是個人便不肯做，蓋真知穿窬之不善也。虎傷事宜然。」那就比「裡面」之「意」的表達，更加顯白明瞭：讀經明理，若只是「半上落下」、「半青半黃」、「五分見識」，都算不得「真知」，必至「極其至」、「明得盡」，識得十分，才是「真知」。比如「穿窬之不善」，是一般人都十分明白的，所以「稍是個人便不肯做」，這便是真知得乃真行得。至於末了提到的「虎傷事」，正是二程夫子經常用以借喻「真知」的一個著名「段子」。

　　《二程遺書》卷二上「真知與常知異」條曰：「真知與常知異。常見一田夫曾被虎傷，有人說虎傷人，眾莫不驚，獨田夫色動異於眾。若虎能傷人，雖三尺童子莫不知之，然未嘗真知。真知須如田夫乃是。故人知不善而猶為不善，是亦未嘗真知，若真知，決不為矣。」「虎傷」之喻，十分生動地說明「真知」與「常知」之異，乃在「切身體驗」與「聽聞耳食」之別。其實，前引〈致知篇〉這條語錄，也出自《二程遺書》，原本「煞有深淺」下有這麼一段文字：「向親見一人曾為虎所傷，因言及虎，神色便變。傍有數人見他說虎，非不知虎之猛可畏，然不如他說了有畏懼之色，蓋真知虎者也。學者深知亦如此。且如膾炙，貴公子與野人莫不皆知其美，然貴人聞著便有欲嗜膾炙之色，野人則不然。」〈致知篇〉刪除未錄，應該不是朱子的不認可。但看《近思錄》卷七〈去就取捨篇〉「人苟有朝聞道夕死可矣之志」條中，就錄有「虎傷事」：「昔曾經傷於虎，則他人語虎，則雖三尺童子皆知虎之可畏，終不似曾經傷者，神色懾懼，至誠畏之，是實見得也。」由此推之，朱子刪節是出於避免重複、精簡文字的考慮。雖然，其實保留更好，因為其中「膾炙事」也很形象生動，

常享「膾炙」的貴公子是「真知」其美，而無福享用的野人僅是「常知」而已。

要之，〈致知篇〉舉示的「自得」與「真知」二個概念，既有重合，亦有差別。「讀書者當觀聖人所以作經之意」是二者之共同，而「真知」則更強調盡知聖「意」的「透澈」程度。而一切僅為「記誦詞章」讀經之法，都不是程、朱認可認定的經學。

讀經之法：「見得路徑」、「立得門庭」、「歸而求之」

前述〈致知篇〉「學者要自得」一段，下云「《六經》浩渺，乍來難盡曉，且見得路徑後，各自立得一個門庭，歸而求之，可矣」。其間所說的「路徑」、「門庭」和「歸求」，在朱子經學觀中，似也不是可以輕忽的概念。案《朱子語類》卷九十六就有朱子對程子此段語錄的直解：「『六經浩渺，乍難盡曉，且見得路逕後，各自立得一個門庭。』問：如何是『門庭』？曰：是讀書之法。如讀此一書，須知此書當如何讀。伊川教人看《易》，以王輔嗣、胡翼之、王介甫三人《易解》看，此便是讀書之門庭。緣當時諸經都未有成說，學者乍難捉摸，故教人如此。或問：如《詩》是吟詠性情，讀《詩》者便當以此求之否？曰：然。」另外，朱子在〈答潘子善問《易傳》、《近思錄》〉中也有與「路徑」、「門庭」直接應對的說辭。潘時舉子善問曰：「『且見得路逕後，各自立得個門庭，歸而求之，可矣。』竊謂門庭豈容各立耶？有所未解，伏乞指教。」朱子答曰：「此是說讀六經只要從師講問，且識得如何下工夫，便是立得門庭，卻歸去依此實下工夫，便是『歸而求之』。」可見朱子認識中的所謂「門庭」，就是「從師講問」，「知此書當如何讀」，「且識得如何下工夫」的一種「讀書法」。小程子教人看《易》先從王弼、胡瑗、王安石三人的經解

入手，便是他讀《易經》的「門庭」。他還說過：「凡看書各有門庭，
《詩》、《易》、《春秋》不可逐句看，《尚書》、《論語》可以逐句
看。」可見「門庭」猶指不同經書的不同讀法。這是從小處看，若於
大處，則是讀書之法，人各有異，「門庭」亦有不同學術門派的意
思。如朱子〈答林叔和書〉曰：「示喻為學本末，足見雅志。嘗觀當
世儒先論學，初非甚異，止緣自視太過，必謂它人所論一無可取，遂
致各立門庭，互相非毀，使學者觀聽，惶惑不知所從。」〈答沈叔晦
書〉曰：「近年學者求道太迫，立論太高，往往嗜簡易而憚精詳，樂
渾全而畏剖析。以此不見天理之本然，各墮一偏之私見，別立門庭，
互分彼我，使道體分裂，不合不公。此今日之大患也。不識明者以為
如何？子約為人固無可疑，但其門庭近日少有變異，而流傳已遠，大
為學者心術之害，故不得不苦口耳。近日一派流入江西，蹴踏董仲
舒，而推尊管仲、王猛，又聞有非陸贄而是德宗者，尤可駭異。所欲
言者，甚眾甚眾。」又《朱子語類》載其評論胡五峰學術曰：「他病
痛多，又寄居湖湘間，士人稀疏。兼他自立得門庭又高，人既未必信
他，被他門庭高，人亦一向不來，來到他處個，又是不如他底，不能
問難，故絕無人與之講究，故有許多事。」顯然，這些處的「門庭」
指義都是說的讀經之法的特點。若朱子〈答或人書〉說得更是具體。
或問「程明道立門庭以『慎獨』兩字」，答曰：「前賢據是理以教人，
初無立門庭之意。『慎獨』固操存之要，然明道教人，本末具備，亦
非獨此二字而已。」其中「慎獨」二字也好，「本末具備」也好，都
顯現了較為具象的程子讀經以格物的學派特點。對此，宋葉采有一個
解釋甚好，他說：「識路徑則知趨向，立門庭則有規模，得於師友者
如此，然後歸而求之，可矣。」是以「門庭」指不同學派讀書之法的
「規模」。而清初張習孔《近思錄傳》則把「門庭」解釋為「如漢儒
專家之學」。

　　「門庭」若如此,「路徑」又何謂?觀朱子解釋程子「學者要自得」一段,但解「門庭」而未釋「路徑」,是「路徑」之義或相對通俗,亦明指讀書之法而已。在朱子言論中,「路徑」是極普通常見的語詞。如《朱子語類》曰:「為學須先尋得一個路徑,然後可以進步,可以觀書。不然,則書自書,人自人。且如孔子說『內省不疚,夫何憂何懼』,須觀所以『不憂不懼』由『內省不疚』。學者又須觀所以『內省不疚』如何得來。」又曰:「某嘗說學者只是依先儒注解,逐句逐字與我理會著,實做將去,少間自見。最怕自立說籠罩,此為學者之大病。世間也只有這一個方法路徑,若才不從此去,少間便落草不濟事。」此處「路徑」都是直指讀書方法。又朱子〈答黃直卿書〉曰:「若得伯豐且在,與之切磨,可使江西一帶路徑不差。今既不如所望,而子約輩沈滯膠固,不可救拔。」此處則言「江西一帶路徑」,而前引語錄則以「門庭」稱江西一派,可見二者之義相通。而〈答汪會之書〉更是相提並論:「千聖相傳,門戶路徑,不過如此。前世儒者未嘗熟讀而深求其意,故所以為學者不知出此,而墮於記誦文詞之末,其好高者又轉而入於老子、釋氏之門。此道之所以不明不行,而人才少風俗衰也。」但程氏既云「且見得路徑後,各自立得一個門庭」,言下之意便是當分作二事視之。故後世注家,便有葉采以「趨向」釋「路徑」,以「規模」釋「門庭」。

　　但朱子說「伊川教人看《易》,以王輔嗣、胡翼之、王介甫三人《易解》看,此便是讀書之門庭」,是將「門庭」的讀經之法意義,落實、細化至《六經》。而在程、朱論學用語中,「路徑」的讀經之法指義也同樣可以如此。如程氏曰:「讀書只就一直道理看,剖析自分曉,不必去偏曲處看。《易》有個陰陽,《詩》有個邪正,《書》有個治亂,皆是一直路徑可見,別無嶢崎。」所以,在落實細化至《六經》時,「路徑」、「門庭」也可「混為一談」,如清末張紹價就是這麼

看的：「《六經》各有路徑，各有門庭。《詩》理性情，《書》道政事，《禮》謹節文，《易》明吉凶消長之理、進退存亡之道，《春秋》正三綱、明五倫、內諸夏、外夷狄、誅亂臣賊子。道同而用各不同，故讀之之法亦異。」「路徑」就是「門庭」，「門庭」就是「路徑」。不過也有學者按照程氏「見得路徑後，各自立得一個門庭」，把「路徑」、「門庭」分為讀經之法的二個層次，如清張伯行即作這樣解釋的：「其言浩渺，驟而讀之，有難知盡曉者，且於《六經》之中各認得其路徑，如《詩》以理情性，《書》以道政事之類；既知所趨向矣，就中自立一個門庭，如《詩》之『貞淫正變』，《書》之『帝升王降』之類；先定其規模而後從事，則浩渺之難曉者，漸次求之，胸中當有灑然處，此在善學者反求而自得之。」二者相較，「路徑」所指，似寬些大些粗些，「門庭」所指，或窄些小些細些。

簡言之，程、朱用「路徑」、「門庭」二個語詞指不同讀經之法，既有同義的重合，亦有深淺粗細層次的差異。就如在同一個路徑方向上，還會有規模不一的自立門庭。所以程、朱的意思是：為學讀經，須先從大方向上尋對路徑，進而須從師講問，得立其門庭；但這還不是讀經的終點，在各立門庭後，更須「歸而求之」，去尋求「自得於心」的「真知」。好比學書學畫，必先臨摹古人典範，然後化成自立，才能「青出於藍而勝於藍」。

朱熹的易學觀

汪學群

中國社會科學院歷史所研究員

　　朱熹的易學博大精深，對易學史的重要成果都有繼承與闡揚，由
於篇幅所限，本文僅從宏觀對朱熹易學做一鳥瞰。所論涉及朱熹對
《周易》的一般看法，包括《周易》的卜筮與義理、象數與義理、理
與事、《周易》與諸經的比較等，通過比較分析，以見其他對《周
易》本質及特色的理解。

一　卜筮與義理

　　朱熹主張《周易》為卜筮之書而不是說理之書，是從源頭處立論
的，他何曾否定《周易》中的道理，也即卜筮中所包含的道理。在他
看來，如果說《周易》中有道理，這種道理也是通過卜筮方式表達
的。也就是說，他講《周易》為卜筮書，是指作此書的初衷，並非等
於《周易》中沒有闡釋道理，這只是講《周易》作為經書的性質而非
內容，其內容當然包括義理。

　　朱熹認為《周易》是卜筮之書而指其為卜筮而作，先有卜筮，然
後才有許多義理。如他說：「卜筮之書，如《火珠林》之類，許多道
理依舊在其間。但是因他作這卜筮後，卻去推出許多道理來。他當初
做時，卻只是為卜筮畫在那裡，不是曉盡許多道理後方始畫。這個道

理難說。」[1]《周易》為卜筮之書,指作《周易》開始只為卜筮而用,後來人們從卜筮中推導出許多道理則屬於另外一回事,也就是說,卜筮與義理有一個先後次序。朱子不否定《周易》之義理,只是想說從發生學角度立論或者從作《周易》之初衷來說,它只為卜筮而作。從這個意義上說《周易》是卜筮之書,這裡並沒有否認《周易》中的義理。另外,卜筮也離不開理,理是說明卜筮的。如他認為,〈繫辭〉自「大衍數」以下,「皆是說卜筮事。若不曉他盡是說爻變中道理,則如所謂『動靜不居,用流六虛』之類,有何憑著」。[2]《周易》為卜筮之書,「大衍數」一段雖然說卜筮的過程,但讓人們知曉的卻是其中卦爻變化的道理,也即反映的是「動靜不居,用流六虛」,指六爻在不斷變化中的道理。在他看來,義理派主張《周易》不以卜筮為主,只是怕強調卜筮而淡化其中的道理,所導致的結果必然是憑虛失實,茫昧臆度而已。

針對當時學術界把《周易》視為義理而非卜筮之書,朱熹寫道:「聖人要說理,何不就理上直剖判說,何故恁地回互假託,教人不可曉。何不別作一書,何故要假卜筮來說?又何故說許多吉凶悔吝?」[3]如果《周易》為聖人說理之書的話,何不直說出道理,不必要借助於卜筮,這是反證《周易》非明理之書而是卜筮之書。他說:「今學者諱言《易》本為占筮作,須要說做為義理作。若果為義理作時,何不直述一件文字。」[4]如同《中庸》、《大學》之書以義理曉人,無須畫八卦。這正說明《周易》為卜筮之書而非義理之書。對於有人問《周

---

1 朱熹:《朱子語類》,卷66,《朱子全書(修訂本)》(上海市:上海古籍出版社、合肥市:安徽教育出版社,2010年),頁2184。

2 朱熹:《朱子語類》,卷75,頁2558。

3 朱熹:《朱子語類》,卷66,頁2182-2183。

4 朱熹:《朱子語類》,卷66,頁2182。

易》不當為卜筮書,《詩》不當去〈小序〉,不當叶韻,朱熹甚至都不願意回答,意思是說所問屬於假問題,不值得回應。

朱熹視《周易》為卜筮之書,因此讚美卜筮功能。〈繫辭〉有「聖人以通天下之志,以定天下之業,以斷天下之疑」一句,他認為這說的是占卜用的蓍龜,也即歌頌了占卜的力量及作用。〈繫辭〉「寂然不動,感而遂通天下之故」與「窮理盡性以至於命」,同樣也是在讚美《周易》,《周易》為人服務,顯示其功能。[5]把《周易》視為占卜之書,適用的範圍更廣,符合人們的廣泛需要。他寫道:「若是把做占看時,士農工商,事事人用得。這般人占得,便把做這般用;那般人占得,便把做那般用。若似而今說時,便只是秀才用得。別人都用不得了。而今人便說道解明理,事事便看道理如何後作區處。古時人蠢蠢然,事事都不曉,做得是也不知,做得不是也不知,聖人便作《易》教人去占。占得恁地便吉,恁地便凶。所謂『通天下之志,定天下之業,斷天下之疑』者,即此是也。」[6]以《周易》為卜筮之書,包括士農工商在內的所有人都能夠利用,通過簡單占卜占得吉凶,直接為人趨吉避凶服務。如果《周易》為義理之書,那麼只能是讀書人使用,義理抽象難懂,一般人或者說不識字的人如何使用,如此將大大限制了《周易》的使用範圍,這也違背聖人作《周易》教人趨利避害的初衷。

程頤是義理《易》的代表人物,他在解經之前,就有個道理,並依此解經,在朱熹看來,「伊川見得個大道理,卻將經來合他這道理,不是解《易》」。門人問程頤道理從何而來?朱熹說:「他說求之《六經》而得,也是於濂溪處見得個大道理占地位了。」[7]朱熹解

---

5 朱熹:《朱子語類》,卷75,頁2559。
6 朱熹:《朱子語類》,卷66,頁2185。
7 朱熹:《朱子語類》,卷67,頁2220。

《周易》從卜筮入手，然後引出道理，與程頤相反。《周易》為卜筮書是從本義上說的，本此他對程頤《易傳》有如下評論：《易傳》義理精，「只是於本義不相合。《易》本是卜筮之書，卦辭爻辭無所不包，看人如何用。程先生只說得一理」。[8]《周易》為卜筮書，包羅萬象，程頤《易傳》只講理，雖然精細，但與《周易》本來意義不合，而且也過於片面。他又說：「《易傳》須先讀他書，理會得義理了，方有個入路，見其精密處。蓋其所言義理極妙，初學者未曾使著，不識其味，都無啟發。」[9]看程頤《易傳》之前，需要看其他書，包括二程《遺書》，看這些書必受啟發。這裡並不是說《易傳》不好，只是說它不適合初學者看，必須已知義理後，才能可磨入細。因為《易傳》對於學者不是啟發工夫而是磨練工夫，讀其他書知曉義理，然後再讀《易傳》，或許有得。《易傳》所講非《周易》本義，但其義理也不容忽略。言外之義，已作《周易本義》才是《周易》之入門書，因為此書闡釋《周易》的本義，在此基礎上可以讀《易傳》。清人李光地編《周易折中》，先列朱子《周易本義》，然後才是程頤《易傳》，就是這種思維模式的體現。

二　象數與義理

卜筮與象數緊密相關，朱熹認為，《周易》本為卜筮而作，「故其詞必根於象數，而非聖人己意之所為。其所勸戒，亦以施諸筮得此卦此爻之人」。[10]卜筮通過象數所得到的結果並非主觀所為而有其客觀

8　朱熹：《朱子語類》，卷67，頁2217。

9　朱熹：《朱子語類》，卷67，頁2216。

10　朱熹：〈答趙提舉〉，《晦庵先生朱文公文集》，卷38，《朱子全書（修訂本）》，頁1683。

性，亦非人目的性而有偶然性，象數似乎是天啟其衷而以語人，有幾番神秘性。義理派談《周易》大都不知此，所以其說雖然有義理而無情意，即使所謂的大儒也有所不免。朱熹討論卜筮與義理必然涉及象數與義理，對象數與義理關係的分析有助於深化對《周易》本質的理解。

針對人們讀《周易》不知象數或曲解象數這一情況，朱熹作《周易本義》和《易學啟蒙》，希望起到撥亂反正的作用。《易學啟蒙》，是「緣近世說《易》者於象數全然闊略。其不然者，又太拘滯支離，不可研詰，故推本聖人經傳中說象數者，只此數條，以意推之，以為是足以上究聖人作《易》之本指，下濟生人觀變玩占之實用。學《易》者決不可以不知。而凡說象數之過乎此者，皆可以束之高閣而不必問矣」。[11]使用象數不能氾濫，如漢《易》象數學把天文曆算等皆納入象數之中，以象數比附天地自然及人事，不可取。運用象數應以《周易》經傳中聖人所說象數為準。另外，不要就象數來談象數，而要通過象數，「上究聖人作《易》之本指，下濟生人觀變玩占之實用」，從象數引出義理，並為百姓服務，這才不枉聖人作《周易》的目的。他認為，《易》「本為卜筮而作，其言皆依象數以斷吉凶。今其法已不傳，諸儒之言象數者例皆穿鑿，言義理者又太汗漫，故其書為難讀。此《本義》、《啟蒙》所以作也」。[12]儘管《周易本義》未能成書就被人竊出偷印，對因此而導致的誤讀，他曾深表擔憂。但《易學啟蒙》的本意使學者依《易傳》卦畫蓍數推尋而不要浮說。他後來認為，如論《河圖》、《洛書》也未免有乘語（不足）。但作《周易本義》和《易學啟蒙》在於正本清源，還《周易》象數與義理之原貌，

---

11 朱熹：《晦庵先生朱文公文集》，卷36，〈答陸子美〉，頁1563。
12 朱熹：《晦庵先生朱文公文集》，卷60，〈答劉君房書〉，頁2886。

這一初衷是不可動搖的。他認為,《周易》最不易讀,而今人喜歡談
《周易》,正如所謂畫鬼神之人,這類人故弄玄虛,招搖撞騙,只能
瞞得過不懂《周易》的人,對於自己也沒有什麼好處。但世人自有曉
得者,豈能欺瞞過?他自己作《易學啟蒙》,「正為見人說得支離,因
竊以謂《易》中所說象數,聖人所已言者不過如此」。[13]這裡說的象數
不是漢儒所謂象數,而是以聖人象數為旨歸,今天學習《周易》的人
只要知曉其中論象數諸條,就能略通《周易》之大體,象數也能發
揮效用,所謂體用不二。對於由《周易》而引起的奇談怪論,可以不
必理會。

　　朱熹討論理與象的關係,既有聯繫,又有所不同,概括起來有兩
點:第一,先後不同,即有象才有理。茲引幾條:「聖人於《易》,不
是硬做,皆是取象。因有這象,方就上面說。」[14]「不可大段做道理
看。只就逐象上說,見有此象,得有此義。」[15]「象陳數列,言盡理
得。彌億萬年,永著常式。」[16]凡此說明,《周易》產生的那個年代,
人們只能識得象,並未曉得其中的道理,因此,聖人不僅說象,而且
從象上闡發道理,此道理不是懸空說出的。凡是天下之物都必須從實
事上說,方有著落,聖人分明是見有此象,方就上面說出來。道理不
知道不要緊,但不能說它沒有相關的象。理隨伴著象而生而存在,離
開了象則無理,即使有理也是空虛之理。先有象,然後才有理,象與
理結合永住。第二,表現形式不同,即理微象著。他說:「『至微者理
也,至著者象也。體用一原,顯微無間。觀會通以行其典禮,則辭無
所不備。』此是一個理,一個象,一個辭。然欲理會理與象,又須辭

13　朱熹:《晦庵先生朱文公文集》,卷56,〈方賓王〉,頁2662。
14　朱熹:《朱子語類》,卷70,頁2364。
15　朱熹:《朱子語類》,卷71,頁2402-2403。
16　朱熹:《晦庵先生朱文公文集》,卷85,〈原象〉,頁3998。

上理會。」[17]理隱微而象明顯,它們之間的關係是體用一個本原,顯
微無所間斷,理象辭三者之間的關係是理與象結合於辭,辭所載皆
事。如〈繫辭〉上所記載都是一些「觀會通以行其典禮」之事,對於
這些事物,必須就其聚處加以理會,找到一個可行的通路。如果不找
到一個通路,貿然行事,必然會受到阻礙。典禮只是常事,會通是打
通典禮諸環節,並作通盤考慮,在實踐中才能無所障礙。

　　《語類》記載門人問:程頤《易傳》解〈乾卦〉,以初九為舜側
微之時,九二為舜佃漁之時,九三為玄德升聞之時,九四為歷試之
時。何以見得?朱熹回答說:「此是推說爻象之意,非本指也。讀
《易》若通得本指後,便盡說去,盡有道理可言。」又問:本指是什
麼?朱熹說:「《易》本因卜筮而有象,因象而有占,占辭中便有道
理。」[18]如筮得〈乾卦〉初九,初陽在下,不可施用,其象為潛龍,
其占說勿用。意思是說凡筮得〈乾卦〉此爻,應當觀此象而玩其占,
做到隱晦而勿用即可。其他卦皆仿此。而程頤《易傳》講舜之事,是
引史證《易》,推說無窮,已經不是《周易》本義。須先通曉《周
易》本旨(「潔淨精微」之教)之後,道理無窮,推說也無妨。如果
先所推說去解《周易》,那麼《周易》之本旨失矣。卜筮、象數、義
理三者之間關係必然涉及理事,下面討論理與事的關係。

三　理與事

　　從創造初衷角度說,《周易》為卜筮而作,但《周易》一經產生
後,其由卜筮而引出的義理則不斷完善,尤其是孔子《易傳》的出
現,義理或理進一步得到深化,因此,在討論《周易》時,必然涉及

17　朱熹:《朱子語類》,卷67,頁2220。
18　朱熹:《朱子語類》,卷68,頁2271。

理。朱熹討論理事關係，認為理是一般，事是個別或具體，相對於事，他更重視理。從這個意義上說，《周易》也是具有指導性的義理著作，這大大地提升了《周易》的理論層次，使其擁有哲理的特色。朱熹講理事關係有以下幾點。

「潔淨精微」是《易》之教，也是理，在理事關係上，《周易》重在說理，因此有事而不著於事。如朱熹說：「潔淨精微謂之《易》，《易》自是不惹著事，只懸空說一種道理。不似他書，便各著事上說。」[19]所以後來道家吸取《周易》，且與《老子》並列，檢視《老子》全篇，也不就事上說而說理。朱熹又說：「〈經解〉說：『潔淨精微，《易》之教也。』不知是誰做，伊川卻不以為然。據某看，此語自說得好。蓋《易》之書誠然是潔淨精微。他那句語都是懸空說在這裡，都不犯手。如伊川說得都犯手勢。」[20]「犯手」指程頤引史實說卦，如前提及所作《易傳》引舜的事蹟解釋〈乾卦〉。在朱熹看來，〈乾卦〉又哪裡有個舜來，當初聖人作《周易》何曾說〈乾〉是舜。聖人只是抽象地說個道理在這裡，這個道理就是「潔淨精微」，而後來卻被人說出許多事來，反而失去《周易》的特色。

《語錄》記載門人問：《啟蒙》「理定既實，事來尚虛，用應始有，體該本無。稽實待虛，存體應用。執古御今，以靜制動」一句，朱子在回答時，提出理一事多的觀點，如說：「聖人作《易》，只是說一個理，都未曾有許多事，卻待他甚麼事來湊。」[21]作《周易》只說一個理，虛設一事而未止一事。他具體回答如下：所謂「事來尚虛」，指事情方來尚虛而未有，如果論其理則先自定，固已實。「用應始有」，指理的用實，因此說有。「體該本無」，說理之體涵蓋萬事萬

---

19 朱熹《朱子語類》，卷67，頁2232。
20 朱熹：《朱子語類》，卷68，頁2271。
21 朱熹：《朱子語類》，卷67，頁2224。

物，初無形跡可見，因此說無。「稽實待虛」，指稽考實理以待事物之末。「存體應用」，指存此理之體以應無窮之用。「執古」是《周易》裡面文字言語。「御今」是今日之事。「以靜制動」，指理是靜的、事是動的。如〈屯卦〉六三：「即鹿無虞，惟入於林中。君子幾，不如舍。往吝。」其理是說進山獵鹿，沒有獵人幫助，必然陷於林中，如果執意前往，則是取吝之道。也可以喻指他事，像後人做事如求官爵者，求之不得，求財利者，求之不已，皆是取吝之道。又如「潛龍勿用」，其理是說當此時只當潛晦而不當用。如果占得此爻，凡事則不可做。所謂「君子動則觀其變而玩其占」，如果是無事之時，「觀其象而玩其辭」，當知其理如此。他反對對事物或事件採取僵化單一地理解。

接著他又說：「某每見前輩說《易》，止把一事說。某之說《易》，所以異於前輩者，正謂其理人人皆用之。不問君臣上下，大事小事，皆可用。前輩止緣不把做占說了，故此《易》竟無用處。聖人作《易》，蓋謂當時之民，遇事都閉塞不知所為，故聖人示以此理，教他恁地做便會吉，如此做便會凶。」《易》之卦爻所以該盡天下之理，一爻不止於一事，而天下之理莫不具備，不要拘執著。今學者涉世未廣，見理未盡，湊他底不著，所以未得他受用。」[22]反對把《周易》只當成一事說，既然《周易》說的是理，理又是經卜筮經驗而來，因此具有一般性，對具體事起指導作用而又不陷於事。理向善且具有一般指導意義，事則有吉凶。如《易傳》所謂「通天下之志」，通是開通之意。是以《周易》中只說善則吉，沒有一句說不善也會吉。仁義忠信之事占得其象則吉，不曾說不仁不義不忠不信的事占得也會吉。《易傳》又說：「上下無常，剛柔相易，不可為典要，惟變所適。」由此可知《周易》人人可用，有它的靈活性。從原則上說

---

22 朱熹：《朱子語類》，卷67，頁2224、2225。

二五兩爻居中，卻有居二五而不吉者。有當位而吉，也有當位而不吉。如果事先排定吉凶，便否定卜筮的作用，其理也會失去指導意義。理是原則性的，事則是具體而靈活的，虛設一事而不止一事，這是朱熹論理事的特色。

理事關係也表現在理先事後、理無所不包、事為實事。如他說：「《易》則是個空底物事，未有是事，預先說是理，故包括得盡許多道理。看人做甚事，皆撞著也。」[23] 「《易》之為書，因陰陽之變以形事物之理，大小精粗無所不備，尤不可以是內非外、厭動求靜之心讀之。」[24] 「《易》中詳識物情，備極人事，都是實有此事。」[25]在理事次序上，先有理，然後才依理行事。《周易》的特色是講理，此理非空洞無物而是事物之理，又有內容而且動態，因此才能指導人們的行為。事也是多樣的，而且都是實事，既然都是實事，就必須在實踐中運用。因此，他反對治《周易》者平日只在燈窗下習讀而不曾應接世變，主張學《易》與用《易》應結合起來。

理事關係還表現在義理層次頗多，對此他寫道：「《易》中卦位義理層數甚多，自有次第，逐層各是一個體面，不可牽強合為一說。學者須是旋次理會，理會上層之時，未要攪動下層。直待理會得上層都透澈了，又卻輕輕揭起下層理會將去。當時雖似遲鈍，不快人意，然積累之久，層層都了，卻自見得許多條理，千差萬別，各有歸著，豈不快哉！」[26]對於不同層次的義理，需要由上至下，依次逐層理會，不可躐等，逐層理會之後，其條理才分明。如果不問義理層次的淺深，不分前後，混成一塊，合成一說，則分疏不下，彼此相互妨害。

23 朱熹：《朱子語類》，卷34，頁1240。

24 朱熹：〈答李伯諫〉，《晦庵先生朱文公文集》，卷43，頁1959。

25 朱熹：《朱子語類》，卷72，頁2433。

26 朱熹：〈答袁機仲〉，《晦庵先生朱文公文集》，卷38，頁1674。

這不僅是他讀《周易》的經驗，也是讀其他書的心得。《周易》最高層次的義理應是天地之道。他說：「《易》與天地準，故能彌綸天地之道，此固指書而言。自仰觀俯察以下，須是有人始得。蓋聖人因《易》之書而窮理盡性之事也。」[27]《周易》反映的是天地之道，具體說它是人們仰觀天文、俯察地理的結果。作為書本，《周易》體現人與天地自然的關係，其理也可視為天地之理，人們窮理盡性完善道德上的修養，是天人合一之理的重要內容。

四 《周易》與其他經書

朱熹對《周易》與其他經書的關係也有討論，從中可以看出《周易》書的特色，總的來講，《易》理深奧而難讀，這更顯出《周易》作為卜筮之哲理一書的特色。

朱熹認為，據《論語》記載，孔子未曾教人讀《周易》，他晚年才學《周易》，平常教人也只說「《詩》、《書》執禮」，只說「學《詩》乎」與「興於《詩》，立於禮，成於樂」，只說「人而不為〈周南〉、〈召南〉」，原不曾教人去讀《周易》。但有一處說「五十以學《易》」，這也只是孔子如此說，不曾將這個去教人。周公做一部《周禮》，可謂纖悉畢備，而《周易》只掌於太卜之官，不如「大司樂教成習」之類那樣重要。[28]《周官》雖然提出太卜掌三《易》之法，包括《連山》、《歸藏》、《周易》，而司徒、司樂、師氏、保氏諸子教國子庶民，只是教《詩》、《書》，教禮樂，未曾以《周易》為教。這也許是《周易》艱深難懂、人們不易學的緣故。

關於《周易》深奧難讀，朱熹每有論述，茲舉幾條，如「《易》

---

27 朱熹：〈答呂子約〉，《晦庵先生朱文公文集》，卷47，頁2181。

28 參見朱熹《朱子語類》，卷66，頁2183。

於《六經》最為難讀。穿穴太深，附會太巧，恐轉失本指。」[29]
「《易》自難看。《易》本因卜筮而設，推原陰陽消長之理，吉凶悔吝
之道。先儒講解，失聖人意處多。待用心力去求，是費多少時光，不
如且先讀《論語》。又問讀《詩》。曰：《詩》固可以興，然亦自難。
先儒之說亦多失之。某枉費許多年工夫，近來於《詩》、《易》略得聖
人之意。」[30]《易》「書真是難讀，不若《詩》、《書》、《論》、《孟》之
明白而易曉。」[31]「經書難讀，而此書（《易》──引者）為尤難。蓋
未開卷時，已有一重象數大概工夫；開卷之後，經文本義又多被先儒
硬說殺了，令人看得意思侷促，不見本來開物成務活法。」[32]《周
易》難讀主要原因有以下兩點：第一，《周易》之卜筮象數煩瑣複
雜；第二，《周易》本義為先儒抹殺，先儒對《周易》解讀也有誤。
人們不知道《周易》是什麼樣的書，它是幹什麼的，旨趣不懂如何能
引起興趣？他想以簡易貫通的方試教人知曉《周易》，使人明瞭《周
易》的本義，所作《周易本義》和《易學啟蒙》正為了欲救此弊。他
建議當今學者不如先看《大學》、《論語》、《孟子》、《中庸》四書，就
現成道理精心細求，自應有得。等到讀四書精透之後再去讀其他經書
反倒容易些。

　　為此，他根據由簡到繁、由易到難的原則，排列讀諸經的次序，
先是《四書》，然後再是《詩》、《書》，以及禮樂方面的書。如他說：
「人自有合讀底書，如《大學》、《語》、《孟》、《中庸》等書，豈可不
讀？讀此四書，便知人之所以不可不學底道理，與其為學之次序，然
後更看《詩》、《書》、禮、樂。某才見人說看《易》，便知他錯了，未

29　朱熹：〈方賓王〉，《晦庵先生朱文公文集》，卷56，頁2663。

30　朱熹：《朱子語類》，卷115，頁3639。

31　朱熹：〈答劉君房書〉，《晦庵先生朱文公文集》，卷60，頁2886。

32　朱熹：〈答陳明仲〉，《晦庵先生朱文公文集》，卷43，頁1946。

嘗識那為學之序。《易》自是別是一個道理，不是教人底書。」[33]《禮記》中只說先王「崇四術，順《詩》、《書》、禮、樂以造士」，不說《周易》。《論語》、《孟子》亦不說《周易》。至於《左傳》、《國語》說《周易》，那不過只是把它當成卜筮，《周易》本為卜筮而作。

對於程頤的《易傳》，其弟子尹焞多有評論，朱熹並不認同，由此引出他對《周易》與其他經書關係的看法。尹焞認為，程頤之學在《易傳》，不必它求。朱子認為，孔子刪《詩》、定《書》、繫《周易》、作《春秋》，而其徒又述其言以為《論語》，其言反覆證明，相為表裡，未曾聽說顧此失彼。尹焞認為，《易傳》是程頤自作，程頤《語錄》是他人的記錄。自己的意思別人能知道多少？意思是說自作書比由別人記錄下來的《語錄》更為重要。朱子認為，如果按照這種觀點，研究孔子，讀他的《春秋》就行了，不必涉及《論語》，這樣是不對的。尹焞認為，程頤作《中庸解》時病得很嚴重，命人焚於前。門人問，程頤說我有《易傳》在足矣，何以多為。朱子認為，尹焞的說法未必真實，如果真是這樣，程頤的心胸似乎太狹隘了。[34]朱熹的意思是說，程頤的《易傳》固然重要，但也有其他釋經之作。聯繫到《周易》與其他經書的關係，它們作為聖賢遺留下來的經典，同樣重要，各有自己的特色，不可以相互抹殺，以非此即彼的簡單思維來看待它們，是錯誤的。

與諸經比較，朱熹對自己治《周易》也有難處、遺憾之處，他說：「近趙子欽有書來云，某說《語》、《孟》極詳，《易說》卻太略。譬之此燭籠，添得一條骨子則障了一路明，若能盡去其障，使之統體光明，豈不更好，蓋著不得詳說故也。」[35]別人評價他治《論語》、

---

33 朱熹：《朱子語類》，卷67，頁2226。
34 參見朱熹：〈尹和靖手筆辨〉，《晦庵先生朱文公文集》，卷72，頁3459。
35 朱熹：《朱子語類》，卷67，頁2222。

《孟子》分析詳盡，治《周易》則過於簡略。他則認為，治《周易》終自憾未能盡去其障，不能把那燈籠骨子拆除盡，意思是說《周易》講抽象之理，很難用有限的語言文字固定下來，或者說用語言文字詮釋《周易》，很可能遮蔽其中的精華，所謂言不盡意也。《語類》記載，朱熹因與朋友常提及《周易》，認為：「《易》非學者之急務也。某平生也費了些精神理會《易》與《詩》，然其得力，則未若《語》、《孟》之多也，《易》與《詩》中所得似雞肋焉。」[36]對《周易》和《詩》不如《論語》和《孟子》下工夫多，因此他把治《周易》、《詩》所得比喻為無多大意義而又不忍捨棄的事情。

　　《語錄》記載：「先生於《詩傳》，自以為無復遺恨，曰：『後世若有揚子雲，必好之矣。』而意不甚滿於《易本義》。蓋先生之意，只欲作卜筮用，而為先儒說道理太多，終是翻這窠臼未盡，故不能不致遺恨云。」[37]錢穆認為，此條為沈僩錄，確是反映了朱子晚年意態。當時理學諸儒，好據《周易》、《中庸》言理，朱子《中庸章句》認為諸儒說多誤，又不欲一一盡加駁難，因此其成書極為費力。語詳《四書》篇。對於《周易》，又不能全不說到道理上去，因此說「終是翻這窠臼未盡」。《詩集傳》則一擯〈小序〉，因此說「無復遺恨」。朱熹作《論孟集注》，折衷諸儒，歸於一是，為畢生精力所粹，而猶不如《大學》與《易學啟蒙》獨抒己見，受前人之葛藤糾纏者最少，因此朱子尤自快意。[38]這似乎是錢穆自己的看法，而不是朱熹本人的看法。

　　朱熹討論《周易》與諸經的關係，由此可以看出《周易》明理（道）的特色。在他看來，《周易》與《論語》皆言性與天道，如《論

36　朱熹：《朱子語類》，卷140，頁3431。

37　朱熹：《朱子語類》，卷67，頁2222-2223。

38　參見錢穆：《朱子新學案》（北京市：九州出版社，2011年），第4冊，頁22。

語》說：「夫子之言性與天道，不可得聞。」孔子在《易傳》上說「一陰一陽之謂道，繼之者善也，成之者性也」，「鼓萬物而不與聖人同憂」，「大哉乾元，萬物資始」，所謂繼天之善，成就人之性，鼓動萬物為自然，萬物資始亦一自然，天地自然與人的關係在這裡，表現為性與天道的統一，這證明《論語》與《易傳》皆言性與天道。且不說天道，性作為天賦予人或內在於人的本性，當然是《易》理的重要組成部分。他認為，《周易》與《詩》、《書》、《禮》、《樂》的關係是，「《詩》、《書》、《禮》、《樂》皆是說那已有底事，惟是《易》說那未有底事。」[39]《詩》、《書》、《禮》、《樂》言事，而《周易》不著於事，相對來說，其他經書談論具體事物或事件，而《周易》則言抽象之理。

　　《周易》與其他經書這種理事關係，尤其表現在《周易》明理、《春秋》明事，朱熹嘗自謂：「上古之書莫尊於《易》，中古後書莫大於《春秋》，然此兩句皆未易看。今人才理會二書，便入於鑿。若要讀此二書，且理會他大義。《易》則是尊陽抑陰，進君子而退小人，明消息盈虛之理；《春秋》則是尊王賤伯，內中國而外夷狄，明君臣上下之分。」[40]又：「《易》只是說個像是如此，何嘗有實事。如《春秋》便句句是實。」[41]以象與實事分別《周易》與《春秋》。如《周易》不過只是因畫以明象，因數以推數。因這個象數推出吉凶以示人而已，沒有後來衍生出許多勞攘說話。《春秋》則不同，在於說實事。如說公即位，歷史上真有某公即位。說子弒父、臣弒君，歷史上真有此事。朱熹又以形而上與形而下分別《易》與《春秋》，《漢書》稱：「《易》本隱以之顯，《春秋》推見至隱。《易》與《春秋》，天人之道也。」朱熹發揮道：「《易》以形而上者，說出在那形而下者上；

39　朱熹：《朱子語類》，卷75，頁2556。
40　朱熹：《朱子語類》，卷67，頁2227。
41　朱熹：《朱子語類》，卷68，頁2271。

《春秋》以形而下者，說上那形而上者去。」[42]《周易》與《春秋》皆言天人之道，所不同在於形而上與形而下的路徑，《易》是從形而上說到形而下，《春秋》則從形而下說到形而上。相對而言，《周易》重點在於形而上的理，《春秋》則重點在於形而下的事。

以上對朱熹有關卜筮、象數、義理及其他經書的關係分析說明：第一，從《周易》的次序來說，先有卜筮、象數，然後才是義理，把《周易》定義為卜筮之書，是從源頭處立論，強調作《周易》的初衷，並不表明《周易》就是卜筮之書，《周易》為卜筮而作，與《周易》就是卜筮之書有所不同。第二，義理或理是卜筮、象數之理而非別的什麼理，也即理源於卜筮和象數，講理本身已蘊含著卜筮和象數，這是《易》理與其他經書之理的本質不同。正因為如此，《易》之理反過來又指導卜筮、象數。卜筮、象數、理三者是一種互動關係，並表現為一個過程，卜筮、象數、理的層次在循環往復中不斷提升，在這一互動過程中，卜筮、象數、理都完成了重構，卜筮、象數、義理的動態關係推動易學的發展。第三，卜筮經象數到義理，說明人類認知在不斷深化，表現由個別進到一般，由具體上升為抽象，由經驗提升到理性，這是《周易》的意義或價值所在。初衷與後來的實際情況或效果並非等同，朱熹講的《周易》為卜筮之書直接意思是說《周易》為卜筮而作，這並不妨礙《周易》作為哲理之書的特色，也可以說《周易》是卜筮——義理之書。如以《周易》的經傳關係來討論朱熹的易學，依著他的觀點是先有經後有傳，經的部分偏於卜筮，傳的部分偏於義理，由經到傳也即由卜筮到義理，說明《周易》不斷完善，以滿足人們的需要及社會的發展。總之，我們可以從不同角度理解《周易》，這正反映《周易》思想內容的博大精深，以及它的適應性與開放性。這也是朱熹對《周易》一般看法留給我們的啟示。

---

42 朱熹：《朱子語類》，卷67，頁2243。

旁通辨證，解消朱熹

——從典範轉移看《周易本義辨證》[*]

張素卿

臺灣大學中國文學系教授

一　前言

　　清乾隆（1736-1795）、嘉慶（1796-1820）時期的經典詮釋，正式走出「宋學」而轉向「漢學」，蔚為新的時代思潮。張壽安認為這代表「清代儒學有與宋明理學不同的思想典範（paradigm）」。[1]當此學術轉向之際，惠棟（字定宇，號松崖，1697-1758）不僅是一位承先啟後的經學大家，更是確立「漢學」典範的關鍵人物。二十世紀六十年代美國科學哲學家湯瑪斯・孔恩（Thomas Samuel Kuhn, 1922-1996）提出「典範轉移」（Paradigm shift）的觀念，用以描述科學史的變遷，代表一個科學社群在思考模式和價值觀等方面的突破或改變，從而形成科學的革命。[2]在此借用這個觀念來討論清代學術史，尤其是經學史的變化，說明乾嘉之學在經典解釋的觀念、方法與價值

---

[*]　此篇論文在研討會宣讀之後，曾略作增補修訂，以〈從典範轉移論惠棟之《周義本義辨證》〉為題，刊登於臺灣師範大學《國文學報》第53期（2013年6月）。

1　張壽安：《以禮代理——淩廷堪與清中葉儒學思想之轉變》（臺北市：中央研究院近代史研究所，1994年），頁1-3。

2　詳見T. S. Kuhn, *The Structure of Scientific Revolutions*, Chicago: University of Chicago Press, 1962. 並參孔恩（T.S. Kuhn）著，王道還等中譯：《科學革命的結構》（臺北市：遠流出版公司，1991年）。

觀等方面的變革，此一變革的顯著標幟乃揭櫫「漢學」相號召，藉以抗衡「宋學」。

　　這篇論文嘗試從典範轉移的觀念出發，探討惠棟《周易本義辨證》（以下省稱《辨證》）一書，呈現其解消「宋學」權威而旁通於「漢學」的學術意義。惠氏為清代《易》學名家，討論者向不乏人，然而，其《辨證》特針對朱熹（字元晦，1130-1200）之《周易本義》（以下省稱《本義》）加以辨析參證，卻一直少有人關注或研究。近年來論述惠氏之《易》學者，如李開《惠棟評傳》中有三章的篇幅加以論述，乃至陳伯适《漢易風華再現：惠棟易學研究》和鄭朝暉《述者微言——惠棟易學的「邏輯化世界」》兩部專著，可謂闡發詳明，關注所及，大抵仍以《易漢學》、《周易述》為主，沒有真正觸及《辨證》一書，尚未能正視其價值。僅有的少數評論，例如翁方綱（1733-1818）〈題惠定宇像後〉曾說：

　　　　愚十六年前題惠松厓小像云：「紫陽舊說證如新，不獨功臣又爭臣。」蓋因惠氏《周易本義辨證》一書，為讀《本義》者足資考訂云爾。[3]

肯定《辨證》一書「足資考訂」，可供讀《本義》者參考，甚至因此而推許惠棟為朱子之「功臣」、「爭臣」。紀磊撰《周義本義辨證補訂》四卷，其〈序〉云：

　　　　〔《辨證》〕以漢儒之象數參宋儒之義理，剖析詳明，折中至

3　翁方綱：〈題惠定宇像後〉，《復初齋文集》（臺北縣：文海出版社，1969年，影光緒丁丑李氏重校本），卷34，頁1368-1369。案：翁氏其實常批評惠棟「啟嗜異之漸」（《復初齋文集》，卷1，頁72），引以為憂，唯獨稱許《辨證》一書。

當，允為朱子功臣。[4]

同樣以「朱子功臣」譽之。柯劭忞（1850-1933）撰《辨證》提要，
大抵據該書〈凡例〉略述梗概，謂：

> 朱子原書，有宋吳革刊本，康熙時內府重刊，棟未見，故據諸
> 家所引者改正之；其坊刻之訛字，亦一一勘定之；至《本義》
> 有未備者，間以《語類》、程《傳》補之，並廣以漢儒之說。
> 洵為讀《易本義》之善本。[5]

《本義》一書恢復古本，經、傳分卷（說詳下文），明、清坊間刻本
往往又改為傳附於經的通行本，惠棟主張「復朱子之舊第」，唯「功
令未頒」，不敢擅改。[6]柯氏則指出清初內府曾依宋本重刊《本義》，
可惜惠氏未見，據諸家援引改正，不免勞而少功；至於勘定坊刻本之
訛字，就《本義》不足之處補之、廣之，則認為「洵為讀《易本義》
之善本」。依上述評論觀之，似乎《辨證》乃為補《本義》之未備而
作，惠棟儼然成了朱熹之「功臣」。

　　然而，惠棟以「漢學」典範取代「宋學」，而朱熹正是「宋學」
大宗，其《本義》為宋代《易》學的代表。撰述《辨證》時，惠氏是
否尚未形成其「漢學」觀念，抑或考訂補苴僅屬表象，其實沒有切中
《辨證》之底蘊？相對的，若「漢學」觀念業已形成，惠氏此書又為

4　紀磊：《周義本義辨證補訂・序》（上海市：上海古籍出版社，1995年，《續修四庫
　　全書》第34冊，影吳興劉氏嘉業堂刊本），頁343。

5　中國科學院圖書館整理：《續修四庫全書總目提要・經部》（北京市：中華書局，
　　1993年），頁53。案：近人評述《辨證》，大抵因循柯氏之〈提要〉，不一一贅述。

6　惠棟：《周易本義辨證・凡例》（濟南市：齊魯書社，2011年，《清經解三編》影清
　　乾隆間蔣光弼刊省吾堂本），頁417。下文引述《辨證》，以此本為主。

什麼針對《本義》加以辨證？

由上述問題出發，這篇論文嘗試從典範轉移的觀點審視《辨證》一書。首先，就《辨證》的撰述旨趣和學術性質加以梳理。其次，探討惠氏的《易》學史觀，指陳其視域中朱熹《本義》成了復古的助緣。再則，引述若干實例，略見惠氏如何辨證《本義》而旁通於「漢學」。

二　《辨證》的撰述旨趣和學術性質

惠棟經學，以《易》為軸心，除補輯鄭玄《周易注》三卷，校勘李鼎祚《周易集解》（或作《李氏易傳》），《九經古義》中有〈周易古義〉二卷外，關於《易》學專著有《辨證》六卷、《易漢學》八卷與《周易述》四十卷系列（包括經傳注疏二十一卷，以及《易微言》二卷、《易大義》三卷、《易例》二卷、《易法》一卷、《易正訛》一卷、《明堂大道錄》八卷、《禘說》二卷等）。整體而言，惠氏《易》學的特色在於標榜漢《易》，冀能依古義而上溯《周易》之微言大義，《易漢學》梳理漢儒之經說源流，《周易述》則是重新解釋經典的新疏，輔以《易微言》等七書，擘畫其明古今、貫天人，以「明堂」禮制展示大道運行的經世之法、「儒林之業」。[7]

諸多《易》學專著之中，《辨證》殆成書最早。一則，惠氏早年所撰《漁洋山人精華錄訓纂》，書前有徵引書目，關於本人著述，於《易》僅列「《周易本義辨證》」一種。[8]二則，顧棟高（字震滄，又字

7　說參拙著：〈惠棟《易微言》探論〉，收入林慶彰、蘇費翔主編：《正統與流派：歷代儒家經典之轉變》（臺北市：萬卷樓圖書公司，2012年），頁221-235。

8　惠棟：《漁洋山人精華錄訓纂·書目》（臺南縣：莊嚴文化出版公司，1997年，《四庫全書存目叢書》，第225-226冊，影乾隆間紅豆齋刻本），頁4上。

復初，1679-1759）撰〈惠徵君松崖先生墓誌銘〉，述及其《易》學云：

> 先生於《易》理尤精。早歲著《周易本義解正》五卷，中有
> 「凡例」十條，其略云：「《語類》沈莊仲間謂：朱子於《詩
> 傳》，自以為無復遺恨矣。而意不滿於《本義》。黃直卿榦亦
> 言：朱先生諸書，如《語》、《孟》、《中庸》、《大學》乃四方學
> 者所共讀，因其質疑之際，多所修改，故其義最精。若《易》
> 之為書，學者未敢讀，故未嘗有修改，竊恐其間文義未妥帖之
> 處。」先生於《本義》中有疑義當參者，則旁搜眾說，傅以古
> 義。至於〈象傳〉卦變，《本義》每以二爻相比相易，往往與
> 《傳》義多違。先生以漢儒之說〔……〕。其後著《易漢學》
> 七卷……。晚輯《周易述》一書，垂成而歿，余為刊行之。[9]

顧、惠兩人同為盧見曾（字抱孫，號雅雨山人，1690-1768）幕賓，
上文中有「余為刊行之」之語，顯然是為刊行《周易述》的盧見曾代
筆。既說「早歲著《周易本義解正》五卷」，又云「其後著《易漢
學》七卷」、「晚輯《周易述》一書，垂成而歿」，對惠氏三部專著之
撰述次第，陳述十分明確。惠棟著述常改名，如《九經古義》原稱
《九經會取》，《易漢學》原稱《漢易攷》，《後漢書補注》原稱《後漢
書訓纂》等，疑《辨證》一度稱作「周易本義解正」，顧氏遂據以著
錄。雖然名稱小異，依卷數「五卷」，與針對《本義》參正其疑義的

9　顧棟高：《萬卷樓文稿》（北京市：國家圖書館出版社，2010年，《國家圖書館藏鈔
　　稿本乾嘉名人別集叢刊》影清鈔本），頁255-256。案：文中有「余為刊行之」之
　　語，為惠棟刊行《周易述》者乃盧見曾，顯係顧氏代撰之筆，唯盧氏《雅雨堂文
　　集》未收錄此篇。上述引文實根據惠氏，但轉錄時有訛誤或遺漏，致文意不清，並
　　參下條引文。

宗旨，尤其所引「凡例」確實見諸《辨證》，應是同一部著作無疑。
其〈凡例〉第五條云：

> 《語類》沈莊仲（僴）謂：朱子於《詩傳》，自以為無復遺恨
> 矣，而意不滿於《易本義》。黃直卿（榦）亦言：朱先生諸
> 書，如《語》、《孟》、《中庸》、《大學》，乃四方學者所共讀，
> 因其質疑問難之際，多所修改，故其義最精。若《易》之為
> 書，學者未敢遽讀，故未嘗有所修改。竊恐其間文義未甚妥貼
> 云云。愚於《本義》中有疑義當參者，則旁采眾說，傅以古
> 義。至於〈象傳〉卦變，《本義》每以二爻相比者相易，往往
> 與《傳》義多違，今並廣以漢儒之說，願與我二三同志一決擇
> 焉，未必非先賢之志也。[10]

顧氏所述「凡例」即《辨證》此條「凡例」。依上海圖書館所藏《辨
證》之惠氏手稿，書題原抄作「周易本義旁通」，另以朱筆塗抹，將
「旁通」二字改作「辨證」；而且，手稿本原分為五卷，而原本抄在
第五卷的「說卦傳」，其上天頭處另筆批註「周易本義辨證卷六」；手
稿原本在卷五之後有「附錄」一卷，收錄「論河圖洛書」、「辨先天後
天」、「辨兩儀四象」、「辨太極圖」、「重卦說」與「卦變說」等六論，
有標題「周易附錄」，題下又以小字添註：「入《易漢學》末卷。」[11]
「附錄」六論移入《易漢學》，《易漢學》乃由七卷增為八卷；此書卷
數則由五卷，釐定為六卷；而且，書題也由「旁通」改為「辨證」。

---

10 惠棟：《周易本義辨證·凡例》，頁418。案：「凡例」原有十條，後來將「附錄」六
　論移入《易漢學》，遂刪去兩條相關之「凡例」，今僅存八條。北京大學所藏《周易
　本義辨證》抄本（《續修四庫全書》本即據此影印），仍保留完整的十條「凡例」。

11 說參漆永祥：〈惠棟易學著述考〉，《周易研究》2004年第3期，頁55。另外，本人於
　2010年曾赴上海圖書館訪察此書，以上所述，部分依目驗所得補充。

　　顧名思義，《辨證》一書原稱「解正」，係針對朱熹之《本義》，就其疑義加以補正，重新詮解；一度改題「旁通」，反映了惠氏「有涉於《易》者，旁通而曲證之」的撰述風格[12]；最後乃定名為「辨證」，強調辨析、參證，取意較為婉轉。雖然較早成書，《辨證》仍具體而微地呈現惠氏涉獵歷代《易》學，轉而宗「古義」、尊「漢學」的變化，可惜迄未受到關注。惠棟辨證、旁通之際，如「凡例」所陳，尤注重「傅以古義」、「廣以漢儒之說」，則推尊「漢學」的意向已儼然形成。這樣辨證《本義》而旁通於「漢學」，似有意若無意地解消了朱熹在《易》學上的權威地位。

三　惠棟《易》學史觀裡的朱熹

　　就惠棟本身習《易》成學的歷程而言，自弱冠即博覽群書，《周易》經傳自然也在研讀之列。中年以後，專注經、史，並逐漸以鑽研《易》學為主，雍正年間，因父親惠士奇奏對不稱旨而罰修鎮江城垣，家遭劇變之時，惠棟為父往來奔走，猶著述不輟，往往「閉門讀《易》，聲徹戶外」。[13]他在〈上制軍尹元長先生書〉一文中追述，反覆研讀唐李鼎祚之《周易集解》，大約乾隆元年（1736）時，「恍然悟潔靜精微之旨」，自認有「獨知之契」[14]，這是惠氏《易》學見解略具

12　王昶：〈惠氏《周易述》跋〉，《春融堂集》（上海市：上海古籍出版社，1995年，《續修四庫全書》第1437-1438冊，影清嘉慶十二年塾南書舍刻本），卷43，第1438冊，頁108。

13　陳黃中：〈惠定宇墓誌銘〉，《東莊遺集》（上海市：上海古籍出版社，2010年，《清代詩文集彙編》第301冊，影清乾隆間大樹齋刻本），卷3，頁516。

14　惠棟：《松崖文鈔》（臺北市：藝文印書館，1970年，影《聚學軒叢書》本），卷1，頁16下-17上；並參漆永祥點校：《東吳三惠詩文集》（臺北市：中央研究院中國文哲研究所，2006年），頁315。

鶵形的關鍵時刻。乾隆九年（1744），惠氏之《易漢學》「成書七卷」，於是撰〈序〉，表明梳理「漢經師說《易》之源流」告一段落，更正式揭櫫「漢學」之幟。[15]晚年集中心力撰述《周易述》四十卷系列，尤為薈萃古義而撰新疏之先聲，始撰於乾隆十四年己巳（1749），迄乾隆二十三年（1758）病歿，猶未完稿。[16]

如上所述，《辨證》之撰述略早於《易漢學》，今本《易漢學》卷八之〈重卦說〉，後人收入《松崖文鈔》卷一，題下註明「己未稿」[17]，即乾隆四年（1739），既然〈易漢學自序〉猶言「成書七卷」，可見當時〈重卦說〉等六論仍為《辨證》之「附錄」，然則，六論移入《易漢學》第八卷乃乾隆九年以後的事。以〈重卦說〉等為參照，則《辨證》的部分內容，甚至初稿撰成，大約在乾隆初年，或以為此書乃雍正十三年（1735）以前完成之作[18]，顯然有待商榷。《辨證》雖撰述較早，書中曾數次述及「《易漢學》」[19]，這是因為惠棟生前諸多著述大都未及刊行，或經後學傳抄，而手中稿本又不斷修改增訂。〈凡例〉

---

15 惠棟：〈易漢學自序〉，《松崖文鈔》，卷1，頁7上；並參漆永祥點校：《東吳三惠詩文集》，頁303。

16 說依惠承緒、承萼：〈周易述題識〉，見陳祖武、朱彤窗：《乾嘉學術編年》（石家莊市：河北人民出版社，2005年），頁160。

17 惠棟：《松崖文鈔》，卷1，頁2下；並參漆永祥點校：《東吳三惠詩文集》，頁297。

18 說見漆永祥：《乾嘉考據學研究》（北京市：中國社會科學出版社，1998年），頁137-138。

19 上海圖書館藏有《辨證》之手稿本及抄本各一部，手稿本原抄作「《漢易攷》」，修訂時始改為「《易漢學》」，抄本都作「《易漢學》」（說參漆永祥：〈惠棟易學著述考〉，《周易研究》2004年第3期，頁55）。案北京大學圖書館所藏紅豆齋抄本《辨證》（《續修四庫全書》據此影印），出現三次互見「《易漢學》」（見〈坤卦〉「用六」條末、〈蒙卦〉「以亨行時中也」條及〈復卦〉「六四中行獨復」條），參照省吾堂刻本《辨證》（《清經解三編》據此影印），〈蒙卦〉「以亨行時中也」條仍作「《漢易攷》」，而〈坤卦〉「用六」條末亦改作「《易漢學》」，至於〈復卦〉「六四中行獨復」條則未見徵引。

明言「傅以古義」、「廣以漢儒之說」的辨證旨趣，書中更屢言「漢學」不可廢（詳見下文），撰述之際，業已確立其經典詮釋的方向。由參正朱熹《本義》，進而表彰漢《易》之家法源流，進而撰寫新疏，重新解釋經傳，惠棟藉由《辨證》、《易漢學》和《周易述》這三部專著，一步步展開其研《易》之「漢學」典範。

為什麼典範轉移是從辨證《本義》開始？究竟惠棟的《易》學史觀裡如何定位朱熹？

盧見曾刊行惠棟之遺著《周易述》，撰〈序〉時曾轉述其意，曰：

> 吾友惠松厓先生說《易》，獨好述漢氏。其言曰：《易》有五家，有漢《易》，有魏《易》，有晉《易》，有唐《易》，有宋《易》，惟漢《易》用師法，獨得其傳。魏《易》者，王輔嗣也；晉《易》者，韓康伯也；唐《易》者，孔沖遠也。魏、晉崇老氏，即以之說《易》，唐棄漢學而祖王、韓，於是二千年之《易》學皆以老氏亂之。漢《易》推荀慈明、虞仲翔，其說略見於資州李鼎祚《集傳》，竝散見於《六經》、周秦諸書中。至宋而有程子、朱子，程第舉理之大要，朱子有意復古而作《本義》……。[20]

這段〈序〉文，其實是根據惠氏〈周易晳義序略〉一文，全文迻錄如下：

---

20 〈周易述序〉一文，盧見曾《雅雨堂文集》未收，載見雅雨堂刻本《周易述》書首（臺北市：成文出版公司，1976年，《無求備齋易經集成》影清乾隆二十三年戊寅雅雨堂刊本），頁1-2。案：此篇〈序〉亦由顧棟高代筆，參見顧氏：《萬卷樓文稿》，頁548-550。由於顧氏文稿，頗多文字錯訛或遺漏，致文意難通，故依《周易述》刊本所載盧〈序〉迻錄。

說經者不一家，而《易》尤繁。故有漢《易》，有魏《易》，有晉《易》，有唐《易》，有宋《易》，而漢《易》用師法，獨得其傳。魏《易》者，王輔嗣也；晉《易》者，韓康伯也；唐《易》者，孔沖遠也。魏、晉崇老氏，即以之說《易》；唐棄漢學，祖述王、韓：皆不足取。宋《易》推程、朱，程子舉理之大要，朱子有意復古，頗及象數，然於聖人為《易》之意，終有未盡合者。何以知之？以漢《易》知之。西漢之學亡矣，京氏《易傳》只有積笁法而佚其章句，可攷者東漢數家耳，荀、虞、鄭、宋九家是也。荀氏以升降，九家主荀，大略相同；虞兼納甲，鄭合交辰，宋注寥寥，間有可采。辜較諸儒，荀、虞為最，輔之者鄭、宋、九家矣。然則程、朱不如荀、虞乎？曰：非程、朱不如荀、虞也，經師亡之故也。夫自孔子殂後，至東漢末共八百年，此八百年中，經師授受咸有家法，至魏、晉而亡，於是王、韓之輩始以異說汩經。惜也！程、朱不生於東漢之末也，設程、朱生於東漢之末，用師法以說《易》，則析理更精，而使聖人為《易》之意煥如星日，其功當更在荀、虞之上。《易》道大明，王、韓老氏之說，豈足以奪之哉！[21]

這是一篇迄今未經收錄的遺文，附錄於復旦大學圖書館所藏之《易漢學》稿本。仔細與〈周易述序〉相互比勘，意旨相同，文字則小有出入。在〈周易晳義序略〉一文中，惠棟清楚傳達其《易》學史觀和主張。第一，歷代《易》學主要分為五家，即漢《易》、魏《易》、晉《易》、唐《易》及宋《易》，漢《易》推荀爽（字慈明，128-190）、

---

21 以上，依復旦大學圖書館藏《易漢學》稿本迻錄。

虞翻（字仲翔，164-233），其餘四家則分別以王弼（字輔嗣，226-
249）、韓康伯（名伯，以字行，生卒年不詳）、孔穎達（字沖遠，
574-648），以及程頤（字正叔，世稱伊川先生，1033-1107）與朱熹為
代表。第二，漢儒守師法而「獨得其傳」；魏、晉、唐則棄漢學而雜
糅老氏，「皆不足取」；至於宋代，程頤「舉理之大要」，而朱熹則
「有意復古，頗及象數」。由此，惠氏進一步申述自己的想法和主
張，他依準漢《易》，認為程、朱所言未盡合於聖人之意，惋惜其
「不生於東漢之末也」，否則，「用師法以說《易》，則析理更精，而
使聖人為《易》之意煥如星日，其功當更在荀、虞之上」。依循師
法、推尊漢學的旨趣，彰彰較著。

在如上所述的《易》學史視域裡，惠棟所關注的是一位「有意復
古」的朱熹。為什麼需要「復古」？依惠氏之見：

> 王輔嗣以假象說《易》，根本黃、老，而漢經師之義，蕩然無
> 復存者矣。[22]

魏、晉至唐的《易》學，一路順著王弼所開啟的解經脈絡，固然「皆
不足取」，而宋儒同樣「於聖人為《易》之意，終有未盡合者」，唯其
如此，他才惋惜地說：「惜也！程、朱不生於東漢之末也，設程、朱
生於東漢之末，用師法以說《易》，則析理更精，而使聖人為《易》
之意煥如星日，其功當更在荀、虞之上。《易》道大明，王、韓老氏
之說，豈足以奪之哉！」言下之意，王、韓老氏之說，連程、朱也未
能奪其席，毋怪乎盧見曾〈周易述序〉轉述其意說：「二千年之
《易》學皆以老氏亂之。」若欲扭轉此一局面，彰明聖人之意，殆只

---

22 惠棟：〈易漢學自序〉，《松崖文鈔》，卷1，頁6下-7上；並參漆永祥點校：《東吳三惠
詩文集》，頁303。

有「用師法以說《易》」，這就必須借助漢儒，必須復古。盧氏〈周易述序〉轉述其意云「朱子有意復古而作《本義》」，頗能傳達惠棟針對《本義》而撰《辨證》，正是著眼於「復古」，藉由朱子轉關，目的在於依「漢經師之義」以闡明《易》道。

　　至於《本義》之「復古」，表現在篇卷板本、文字音義和義訓經說三個層面。恢復古本篇卷者，如《辨證・凡例》第一條所言：

> 古文《周易》十二篇：〈上經〉、〈下經〉、〈上象〉、〈下象〉、〈上象〉、〈下象〉、〈上繫〉、〈下繫〉、〈文言〉、〈說卦〉、〈序卦〉、〈雜卦〉也。……鄭康成始以〈彖〉、〈象〉連經文，王弼又以〈文言〉附〈乾〉、〈坤〉二卦，程《傳》因之。及朱子作《本義》，乃依東萊呂氏（祖謙）所定之本，分為經二卷、傳十卷，而刪「彖曰」、「象曰」、「文言曰」諸後增之文，於是千餘年殽亂之書，釐然復正。[23]

這是表彰《本義》恢復了《周易》經、傳，釐分為十二篇的古本面貌。此外，〈凡例〉並強調：

> 今《本義》經文乃程《易》非朱《易》。程子從王弼本，朱子折中於晁、呂之說，經文一依古《易》。（鄱陽董氏謂：朱子《本義》多從古文）。……[24]

又說：

---

23 惠棟：《周易本義辨證・凡例》，頁417。
24 同前註，頁418。

> 王弼傳費直《易》，費直本皆古字，號古文《易》，並為弼所竄
> 易，故今《易經》俗字獨多。今以《釋文》、《音訓》諸所述古
> 文附於上，並參以鄙見，以俟同志者之折衷。其不可致詰者則
> 闕焉。[25]

考述經傳古字之音義，遂也成為《辨證》的重要工作。除了篇卷恢復古本、經文多依古字之外，我們也不應忽略惠氏還提及「朱子復古，頗及象數」。如上引〈凡例〉第五條即述及《本義》中採取「卦變」之說，諸如此類的經說，惠氏以為未必盡合於古，因此，往往「廣以漢儒之說」，藉以參正《本義》之疑義，《辨證》一書的主要內容和撰述特點，恰恰就在於輯述這類古義。旁通眾說，廣以古義，則不復獨宗朱熹。而且，以宋儒解《易》未盡合於聖人之意，謂：「何以知之？以漢《易》知之。」最終折衷於漢儒，顯然賦予「漢學」優越的傳經地位。而且，朱熹尚且「頗及象數」，則「以漢儒之象數參宋儒之義理」，益顯得理所當然。

這樣，「復古」的朱熹《本義》，就成了惠棟推動《易》學的重要踏板，藉此翻轉，一躍而上接「漢學」。《辨證》無疑是惠棟達成其《易》學典範轉移的重要一步。

四　辨訛、證古而旁通於「漢學」

惠棟的著述一向旁徵博引，大抵以漢儒經說為主，間或參以清代治古學者之言，鮮少涉及宋、元、明儒者之說，相形之下，《辨證》一書「旁採眾說」並不侷限於漢儒古義。

---

25 同前註。

　　《辨證》除依孔穎達《周易正義》、李鼎祚《周易集解》，援引自漢至唐之舊說古義，並常參考程頤《易傳》、《朱子語類》與呂祖謙《音訓》等書之外，書中徵引宋、元、明儒者包括：王昭素（904-982）、蘇軾（1036-1101）、范諤昌、劉牧（字長民）、游酢（1053-1123）、晁說之（1059-1129）、趙德麟（1061-1134）、朱震（字子發，漢上先生，1072-1138）、姚小彭（宋紹興十一年〔1141〕仍任官職）、郭雍（1088-1183）、鄭剛中（1088-1154）、李椿年（1096-1164）、張有復、吳棫（字才老，1100？-1154）、鄭汝諧（1126-1205）、楊萬里（1127-1206）、項安世（1129-1208）林栗（字黃中）、程迥（隆興元年〔1163〕進士）、李舜臣（乾道二年〔1166〕進士）、蘭廷瑞、王宗傳（1132？-1186？）、馮椅（1140-1232，紹熙四年〔1193〕進士）、蔡淵（1156-1236）、李心傳（1166-1243）、錢時（1175-1244）、魏了翁（1178-1237）、徐幾（景定五年〔1264〕以薦補迪功郎）、龍仁夫、王應麟（1223-1296）、熊朋來（1246-1323）、胡一桂（1247-？）、胡炳文（1250-1333）、董楷（1265-1274）、董真卿、周伯琦（1298-1369）、王申子、余苞舒、李簡、蔣悌生（明洪武初年舉明經）、蔡清（1453-1508）、林希元（1482-1567）、姜寶（1514-1593）、來知德（1526-1604）、陸銓（嘉靖年間人）、楊啟新（萬曆十七〔1589〕年舉人）、陸振奇（萬曆三十四〔1600〕年舉人）、鄭維岳（萬曆年間人）、喬中和（崇禎年間拔貢）、何楷（1594-1645）、吳日慎（字徽仲，號敬庵，明清之際學者）等，凡五十餘家，徵引比重逾四成。[26]這是否意謂《辨證》兼採漢、宋，於歷代

---

26 依據臺大博士班研究生李忠達統計，《辨證》全書744條札記中，引述宋元明儒者約301條，占40.5%。他在我講授的「十三經清人新疏專題討論」課程中，以〈惠棟《周易本義辨證》對朱熹《周易本義》的取捨略論〉為題撰寫報告，上述統計即其考察成果之一。引述諸家也參考了李君的報告，又經查核原書，並作增補。

《易》學尚無所宗主？如上文所言，惠氏在《辨證·凡例》中已清楚揭示其「傅以古義」、「廣以漢儒之說」的撰述方向，並非無所宗主。上述現象，一則顯示惠氏研習《易》學，起初涉獵廣泛，並未以舊說古義自限，因而能貫串諸家，冶於一爐；二則反映《辨證》較早成書，故取捨之際，立場尚寬而不嚴。

　　純粹採取後儒之說者，姑且不論，仔細玩索下列引文，表面上徵引後儒，其實還是援據古義。例如：〈文言傳〉「乾始能以美利利天下」條，《辨證》曰：

> 《音訓》：「能以，晁氏曰：『鄭作而以。』」「而」與「耐」通，「耐」猶「能」也。〈屯·象傳〉曰「宜建侯而不寧」，鄭《注》云：「而，讀曰能。」（〈履·六三〉「眇能視」、「跛能履」，仲翔本「能」皆作「而」。）[27]

《本義》基本上不注釋音讀，《辨證》常據呂祖謙《音訓》補注之。此處由《音訓》引晁說之，指出鄭玄《注》本「能」作「而」，參以〈屯卦〉，以及〈履卦〉虞翻本，疏證「而」通「耐」，訓為「能」。又如〈屯卦〉初九「磐桓」條，《辨證》曰：

> 《音訓》：「磐，晁氏曰：古文作『般』。」案：〈仲秋下旬碑〉、〈張納碑〉「磐桓」字皆作「般」。《釋文》云：「本亦作盤。」蔡邕《石經》「盤庚」字亦作「般」。晁氏以為古文，是也。[28]

27　惠棟：《周易本義辨證》，卷1，頁423。
28　同前註，頁427。

惠氏贊同晁氏「磐」古文作「般」之說，於是援引碑銘、漢《石經》
及《經典釋文》等佐證之。注重識字審音，且補注、佐證多以古書古
訓為根據。又〈屯卦〉九五「小貞吉，大貞凶」條，《辨證》曰：

> 魏氏（了翁）曰：《周禮》有「大貞」，謂大卜如遷國立君之
> 事。五處險中，不利有所作為，故曰「小貞吉，大貞凶」。《本
> 義》以小、大為句，不從古義也。[29]

引述魏了翁之說，實則所據為《周禮》之義，藉此批評《本義》「不
從古義」。〈文言傳〉「《易》曰『履霜堅冰至』，蓋言順也」，《本義》
認為「順」讀為「慎」，而《辨證》曰：

> 「蓋言順也」，《本義》讀為「慎」，義亦可通，然以〈象傳〉
> 參之，仍當如字讀之。〈象〉曰「馴致其道至堅冰也」，《九家
> 注》曰：「馴猶順也，言陽順陰之性，成堅冰矣。」亂臣賊子
> 豈一朝一夕之故哉？亦由順其性而致之者也。〈象〉言「馴」，
> 〈文言〉言「順」，義並相通，不必讀為「慎」。古「順」、
> 「馴」通，《尚書》「五品不遜」，「遜」訓為「順」，《史記》又
> 作「馴」。《春秋繁露》曰：「《易》曰『履霜堅冰至』，蓋言遜
> 也。」「順」讀為「遜」，「遜」讀為「馴」，音義皆同故也。[30]

雖然「順」可以訓為「慎」，惠氏本之〈象傳〉，主張「仍當如字讀
之」，依《九家注》解為「陽順陰之性」、「由順其性而致之」，又旁徵
於《尚書》、《史記》及《春秋繁露》，加強論證「順」、「馴」、「遜」

---

29 同前註，頁427。
30 同前註，頁425-426。

之音義相通。換言之，惠氏援據經傳與古籍，因而不取《本義》之說。又如〈泰卦〉初九「拔茅茹以其彙征吉」，《本義》云「郭璞《洞林》讀至『彙』字絕句」，《辨證》曰：

> 《易洞林》三卷，晉郭璞（景純）撰。案：虞仲翔《注》及孔氏《正義》皆以「彙」字絕句，不獨《洞林》也。[31]

指出不僅郭璞以「彙」字絕句，虞翻、孔穎達亦然，說法與《本義》並無不同，似乎只是補證而已，實則含有暗諷「朱子不讀漢《易》，故止據郭《洞林》」之意。[32] 相對的，〈漸卦〉九三云「婦孕不育」，九五云「婦三歲不孕」，《辨證》曰：

> 《語類》：「卦中有兩箇孕婦字，不知如何取象？不可曉。」案：三至五約象〈離〉，〈離〉中女故稱「婦」，為大腹故稱「孕」，〈離〉體非正，故「不育」。三五皆體〈離〉，故皆稱孕、婦。互體、約象之說，朱子所不用，故云不可曉也。[33]

《辨證》常引《朱子語類》以為參照，可以略窺朱熹的見解前後頗有變化，或不愜於心。如〈漸卦〉取象之義，便直說「不可曉」。惠棟依漢儒「互體約象」之說補充解釋，則可備一解。

　　《辨證》廣引眾家，旁通眾說，其實有其尊古義、宗「漢學」的傾向。惠棟注意到《本義》「頗及象數」，間採漢儒之說，例如〈蠱

---

31 同前註，頁434。

32 二句見北京大學藏紅豆齋抄本《辨證》（上海市：上海古籍出版社，1995年，《續修四庫全書》第21冊），卷2，頁305。案：此抄本分卷與字句，較之省吾堂刊本略有差異，〈泰卦〉以下為第二卷，而且「不獨《洞林》也」之下多此二句，為小字夾注。

33 惠棟：《周易本義辨證》，卷4，頁467。

卦〉卦辭「先甲三日，後甲三日」，《本義》謂：「先甲三日，辛也；
後甲三日，丁也。」[34]《辨證》曰：

> 先甲、後甲之義，本康成及《子夏傳》。案：季長用卦位，仲
> 翔用納甲，皆與此異。[35]

惠氏指出《本義》依鄭玄《注》及所謂《子夏傳》，除此之外，馬融
用「卦位」解之，虞翻用「納甲」之說，漢儒說法也頗不一致。又，
《本義》中頗以卦配月，如謂〈泰〉為正月之卦、〈剝〉為九月之
卦、〈坤〉為十月之卦、〈復〉為十一月之卦等等，如謂：

> 〈復〉陽復生於下也。〈剝〉盡則為純〈坤〉十月之卦，而陽
> 氣已生於下矣。積之踰月，然後一陽之體始成而來〈復〉，故
> 十有一月其卦為〈復〉。[36]

《辨證》曰：

> 〈復〉、〈臨〉、〈泰〉、〈大壯〉、〈夬〉、〈乾〉主六月，謂之息
> 卦；〈姤〉、〈遯〉、〈否〉、〈觀〉、〈剝〉、〈坤〉主六月，謂之消
> 卦。此漢儒十二辟卦之說，朱子用之。〈坎〉、〈離〉、〈震〉、
> 〈兌〉為四正卦，主四時，餘四十八卦為雜卦。消息為君，雜
> 卦為臣，四正為方伯。[37]

---

34 朱熹：《周易本義》（臺北市：華正書局，1983年，影清康熙內府重雕南宋吳革刊
　　本），頁54。
35 惠棟：《周易本義辨證》，卷2，頁439。
36 朱熹：《周易本義》，頁67-68。
37 惠棟：《周易本義辨證》，卷1，頁433。

漢儒有「十二辟卦」之說，〈復〉、〈臨〉、〈泰〉、〈大壯〉、〈夬〉、
〈乾〉為息卦，〈姤〉、〈遯〉、〈否〉、〈觀〉、〈剝〉、〈坤〉為消卦，此
類舊說，朱熹《本義》大抵仍沿襲之，據以解釋卦爻辭。如〈臨〉卦
辭云「至於八月有凶」，關於「八月」，《本義》以為：

> 〈臨〉，十二月之卦也。……八月，謂自〈復卦〉一陽之月至
> 於〈遯卦〉二陰之月……。或曰：八月，謂夏正八月，於卦為
> 〈觀〉，亦〈臨〉之反對也。[38]

《辨證》曰：

> 王氏（應麟）曰：「〈臨〉所謂『八月』，其說有三：一云自丑
> 至申為〈否〉，一云自子至未為〈遯〉，一云自寅至酉為
> 〈觀〉。《本義》兼取〈遯〉、〈觀〉二說。」案：自丑至申為
> 〈否〉者，蜀才、孔仲達之說也；自子至未為〈遯〉者，鄭康
> 成、虞仲翔、何棲鳳之說也；自寅至酉為〈觀〉者，荀慈明、
> 褚仲都之說也。《語類》以鄭氏諸說為長。[39]

據王應麟所述，〈臨卦〉「八月有凶」的「八月」何所指，至少有三種
法，〈臨〉卦為十二月（丑），若自〈復〉十一月（子）起算，至
〈遯〉六月（未），正是八月。惠氏指出這是鄭玄、虞翻、何妥（字
棲鳳，？-589？）三家之說，《本義》主此說，而「或曰」則又兼取
荀爽、褚仲都「自寅至酉為〈觀〉」之說，即自〈泰〉正月（寅）至
〈觀〉八月（酉）。此外，還有自〈臨〉十二月（丑）至〈否〉七月

（申）一說，蜀才、孔穎達主此說。諸如此類，惠氏不僅指出《本義》襲用漢儒之「象數」，還進一步呈現不同的說法，提供讀《易》者更多古義舊說，以利裁決。

　　為解釋卦爻辭，《本義》無法盡棄「象數」，卻未廣泛運用，也無意強調。惠棟《辨證》則有意另闢歸本漢儒古義的傾向，於是逐漸與朱熹歧驅。如〈繫辭上傳〉「乾、坤毀則无以見《易》，《易》不可見，則乾、坤或幾乎息矣」這段文字，《本義》以為此處之「乾」、「坤」指陰、陽，謂：

> 凡陽皆乾，凡陰皆坤，畫卦定位則二者成列而《易》之體定矣。「乾、坤毀」謂卦畫不立，「乾、坤息」謂變化不行。[40]

惠氏對《本義》的注解甚表不滿，另「以漢《易》考之」，依孟喜「卦氣」重新詮解，《辨證》曰：

> 《本義》讀「毀」為毀壞，「息」為滅息。〈乾〉、〈坤〉即天、地也，安得以毀壞、滅息言之？竊以其說為未安。此經之義，以漢《易》考之，即孟喜「卦氣」之說也。〈乾〉、〈坤〉者十二畫也，《易》者〈坎〉、〈離〉也（〈坎〉月、〈離〉日，日月為《易》）。縕，藏也。〈離〉麗〈乾〉，〈坎〉藏〈坤〉，故為《易》之縕。〈乾〉、〈坤〉各六畫，分為十二消息。〈坎〉月、〈離〉日，居中央，旺四季（〈坎〉戊、〈離〉己，方伯卦），故「〈乾〉、〈坤〉成列，而《易》立乎其中矣」。〈乾〉成則〈坤〉毀，謂四月也；〈坤〉成則〈乾〉毀，謂十月也。

---

40 朱熹：《周易本義》，頁326。

〈乾〉、〈坤〉毀，則〈坎〉、〈離〉分，此六日七分時也，故云：「无以見《易》。」幾，近也。息，生也。《易》不可見，則〈乾〉、〈坤〉或近乎生矣，謂〈中孚〉至〈復〉，〈咸〉至〈姤〉也。班固釋此經云：「言與天地為終始也。」得之矣。[41]

朱熹解「乾、坤毀」為「卦畫不立」，「乾、坤息」為「變化不行」，都取否定意，所以惠氏指出這是將「毀」理解為毀壞，讀「息」為止息、滅息。他主張應依孟喜「卦氣」說解釋，認為應從終始、消長的變化理解「毀」、「息」，「乾、坤毀」含著「〈乾〉成則〈坤〉毀」和「〈坤〉成則〈乾〉毀」，各卦之消息變化，循環不已，故特以班固「言與天地為終始」一語作結。這樣，本於漢儒經說，惠棟提出不同於朱熹的解釋。〈需〉上六云「入于穴」，《辨證》曰：

荀慈明論《易》，以〈乾〉升〈坤〉降為說，後儒皆未之信也。今以〈需‧上六‧象〉言之，知漢學亦有不可廢者。〈坎〉上為雲穴者，雲之所歸宿也，上六舉〈坎〉以降陽，故有「入于穴」之象。三人謂〈乾〉三爻也，雲雨入地則下，三陽動而自至，〈乾〉升在上，上降居三，雖不當位，承陽有實，故无大失。此荀慈明之說最合爻象之旨。程子以陰在上為不當位，朱子又謂之當位，此皆說之不可通者。然則漢學亦豈可盡廢乎！《語類》解「知險知阻」之義云：「自上臨下為險，自下升上為阻，故〈乾〉无自下升上之義，〈坤〉无自上降下之理（二句與〈月令〉天氣上升、地氣下降之說相

違）。」是〈乾〉升〈坤〉降之說，朱子所不信也。[42]

惠氏認為依荀爽「〈乾〉升〈坤〉降」之說，可以解釋〈需卦〉上六「入于穴」之象。而上六爻，《本義》云：「以陰居上位，是為當位。言不當位，未詳。」[43]由於程頤《易傳》以為「不當位」，所以言「未詳」以示闕疑。惠氏借題發揮，從程、朱兩人，或言「不當位」，或言「當位」，謂「此皆說之不可通者」，兩者皆不以為然。上六固然是「以陰居上位」，朱熹畢竟無法說清楚「入于穴」象從何而來。由《語類》「〈乾〉无自下升上之義，〈坤〉无自上降下之理」一語觀之，朱熹顯然不信「〈乾〉升〈坤〉降」之說，相對的，惠棟依以詮解，並藉此強調：「以〈需〉上六象言之，知漢學亦有不可廢者。」重申「漢學」的旨趣，可謂意在言表。

五　結語

依惠棟之《易》學史視域，自王弼以降，魏、晉、唐人解《易》，往往雜糅老氏，固不足取；而宋儒襲之未改，連程、朱也同樣未能奪其席，歸本聖人之意。他認為若欲闡明《易》道，應當直承兩漢、遵循師法，以「漢學」取而代之。《辨證》書中除依《周易正義》、《周易集解》等書輯述漢、唐間之舊說古義，稱述宋、元、明儒者猶多達五十餘家。此一現象，固然顯示惠棟研習《易》學，曾廣泛

---

42 惠棟：《周易本義辨證》，卷1，頁429。案：並參北京大學藏紅豆齋抄本《辨證》，「朱子所不信也」以下，尚有「自〈復〉而〈臨〉而〈泰〉而〈大壯〉而〈夬〉，此〈乾〉自下升之證。謂『乾无自下升上之義』，殊不可解」數句，殆後來增補，省吾堂刊本無。

43 朱熹：《周易本義》，頁231。

涉獵歷代諸儒之說，並非自始便侷限於漢儒；而且，由於成書較早，門戶意識未嚴，與《易漢學》、《周易述》等書相比，態度顯得寬容。然則，惠氏於《易》，毅然專宗「漢學」，乃其學術主張明確後，取捨抉擇的結果。

　　針對《本義》而撰《辨證》，惠氏乃著眼於朱熹此書在篇卷版本、文字音義和義訓經說上頗有「復古」傾向，他在《辨證・凡例》中表明，將「傅以古義」、「廣以漢儒之說」，也就是〈周易晢義序略〉所言「用師法以說《易》」，認為如此「復古」而使《易》道大明」，「未必非先賢之志也」。在容眾存異的現象之中，其解釋經傳，無疑已呈現出依循識字審音、遵從古義的典範，只要不悖古而私出胸臆，則宋以降諸儒之說猶引為同調，這未嘗沒有證明「吾道不孤」的用意。尤其朱熹猶不免以象數解《易》，可見卦變、卦氣等漢儒舊說不可盡廢，這讓昌明漢《易》，更具合理性。

　　其實，所謂朱熹「復古」，無異惠氏推動「漢學」轉向的一塊踏腳石。這樣倡「漢學」而貫徹「復古」，他認為正可實現「先賢之志」。實際上，惠棟乃以己意取代朱熹之志，在辨訛、證古中解消了《本義》的旨趣，更藉由旁通「漢學」，朝《易》學典範之轉移邁進一步。

南宋朱子《書》學的爭辯與融合

錢宗武

揚州大學文學院教授

經學至趙宋慶曆以降，新風日熾。《書》學一門，亦諸說蠭起，大宗小派，標新立異，異彩紛呈。然而，各宗各派有何區別和聯繫？如何此消彼長？因何此消彼長？怎樣影響《書》學研究的路向？學術史和《尚書》學史皆少梳理。南宋宋學大成後，朱子《書》學與象山派《書》學的論爭尤需研究。

朱熹（1128-1200）師從李侗而逃禪歸儒，通過對周敦頤、張載、二程等理學代表人物著作的疏解整理，確立了對理學的認同和皈依。晚年欲注《書》，由於黨禁而落空，只留下了一卷注《書》的範本（《文集》卷六十八）和大量語錄（《朱子語類》卷七十八、七十九），這些材料中的思想引導了其後《尚書》學的研究方向。象山心學一派楊簡（1141-1226）[1]著《五誥解》，袁燮（1141-1224）[2]著《絜齋家塾書鈔》，發揚一家之說，於《書》解可見朱、陸二家思想之鬥爭與融合。

---

1 楊簡，字敬仲，明州慈溪人，諡文元，世稱慈湖先生。乾道五年（1169），以一經冠南宮，選登乙科，授迪功郎，主富陽簿。乾道八年（1172），會陸九淵歸第道過富陽，遂定師弟子之禮，確立了心學之學問宗旨。

2 袁燮，字和叔，鄞縣人，登進士第，歷官禮部侍郎、寶文閣直學士，追諡正獻，學者稱絜齋先生。乾道初入太學，陸九齡為學錄，親炙之。與同里賢俊沈煥、楊簡、舒璘聚於學，朝夕以道義相切磨。遇陸九淵於都城，一見即指本心，警策之言，字字切己，公神悟心服，遂師事焉。又師事東萊呂成公、永嘉陳傅良，由此器業日益充大。

一 《孔傳古文尚書》的疑辨與維護

朱子素重收集整理《尚書》資料,與門人故舊講論常涉《尚書》,多有獨到見解。朱子在吸收前人《書》學成就基礎上,打破了疏不破注的僵化學風,破除了漢唐經學家尊經護傳的食古不化,對《孔傳古文尚書》展開了系統疑辨,這是朱子《書》學的一大成就。

(一)朱子對《孔傳古文尚書》的疑辨

朱子疑辨《孔傳古文尚書》涉及今、古文《尚書》經文、〈書序〉、《孔傳》。其紹熙元年(1189)十月〈書臨漳所刊四經後〉論述了今、古文《尚書》篇目的差別以及〈小序〉不先《經》的問題。朱子分出今、古文,表明他已明確認識到今文《尚書》經文與古文《尚書》經文二者的差異。朱子云:「孔壁所出《尚書》,如〈大禹謨〉、〈五子之歌〉、〈胤征〉、〈泰誓〉、〈武成〉、〈冏命〉、〈微子之命〉、〈蔡仲之命〉、〈君牙〉等篇皆平易,伏生所傳皆難讀。如何伏生偏記得難底,至於易底全記不得,此不可曉。如當時誥命出於史官,屬辭須說得平易,若〈盤庚〉之類再三告戒者,或是方言,或是當時曲折說話,所以難曉。」[3]朱子以方言與史官潤色說解釋今、古文《尚書》經文難易不同的現象。朱子又云:「《書》中可疑諸篇,若一齊不信,恐倒了《六經》。」[4]同時,朱子又要維護《六經》的權威地位。

朱子對《孔傳》和〈書大序〉、〈小序〉提出的質疑,一是從文字風格上進行辨析,認為《孔傳》不是出自西漢孔安國之手。朱子云:

3　〔宋〕朱熹:《朱子語類》,卷78,見朱傑人、嚴佐之、劉永翔主編:《朱子全書》(上海市:上海古籍出版社、合肥市:安徽教育出版社,2002年),頁2625-2626。
4　〔宋〕朱熹:《朱子語類》,卷79,見朱傑人、嚴佐之、劉永翔主編:《朱子全書》,頁2718。

「《尚書》決非孔安國所注，蓋文字困善，不是西漢人文章。安國，漢武帝時，文章豈如此！但有太粗處，決不如此困善也。」[5]朱子〈記尚書三義〉又云：「嘗疑今《孔傳》並〈序〉皆不類西京文字氣象，未必真安國所作，只與《孔叢子》同是一手偽書。蓋其言多相表裡，而訓詁亦多出《小爾雅》也。」[6]認為《孔傳》與《孔叢子》出自同一人偽作，內容上相互借資。朱子從文章風格上判斷《孔傳》不是出自西漢孔安國之手。朱子還從文獻傳承上進行了論述，認為漢代學者未見《孔傳》，云：「況孔《書》至東晉方出，前此諸儒皆不曾見，可疑之甚。」[7]朱子多方收集證據，務在言之有理。朱子是論亦開啟了後人探討《孔傳》作者的研究。朱子對《孔傳古文尚書》及《孔傳》的懷疑，奠定了他反對對《尚書》作全解式的字訓句解的基本原則。朱子認為「〈書小序〉亦非孔子作」[8]，否定了孔子作〈書序〉的傳統說法。朱子〈答董叔重〉第五書云：「〈書序〉恐只是經師所作，然亦無證可考，但決非夫子之言耳。」[9]因為〈小序〉與經文不合，朱子解〈書大序〉云：

> 此百篇之序出孔氏壁中，《漢書·藝文志》以為孔子纂《書》而為之序，言其作意。然以今考之，其於見存之篇雖頗依文立

---

5 〔宋〕朱熹：《朱子語類》，卷78，見朱傑人、嚴佐之、劉永翔主編：《朱子全書》，頁2633。

6 〔宋〕朱熹：《晦庵先生朱文公文集》，卷71，見朱傑人、嚴佐之、劉永翔主編：《朱子全書》，頁3425。

7 〔宋〕朱熹：《朱子語類》，卷78，見朱傑人、嚴佐之、劉永翔主編：《朱子全書》，頁2635。

8 〔宋〕朱熹：《朱子語類》，卷78，見朱傑人、嚴佐之、劉永翔主編：《朱子全書》，頁2635。

9 〔宋〕朱熹：《晦庵先生朱文公文集》，卷51，見朱傑人、嚴佐之、劉永翔主編：《朱子全書》，頁2360。

義，而亦無所發明。其間如〈康誥〉、〈酒誥〉、〈梓材〉之屬，
則與經文又有自相戾者；其於已亡之篇，則伊阿簡略，尤無所
補，其非孔子所作明甚。[10]

〈小序〉於義理無發明，又與經文有相違背處，朱子明確斷言〈小
序〉絕非孔子所作。朱子云：「某看得〈書小序〉不是孔子作，只是
周、秦間低手人作。」[11]反對〈小序〉為孔子所作的說法，而推定其
所作時間在漢前。朱子對〈書序〉的懷疑，使他刻《書》、注《書》
均除卻〈書序〉，不以冠篇首，一仿《詩集傳》作法。〈書臨漳所刊四
經後〉論《書》云：「獨諸〈序〉之本不先經，則賴安國之〈序〉而
可見。故今別定此本，一以諸篇本文為經，而復合序篇於後，使覽者
得見聖經之舊，而不亂乎諸儒之說。」[12]朱子要力圖恢復古經原貌，
這與他的一貫經學思想是一致的。

朱子由今、古文《尚書》難易之別，進而提出了對《孔傳古文尚
書》的懷疑。首先是對傳統伏生女子口授之說的質疑，朱子解〈書臨
漳所刊四經後〉論《書》云：

然漢儒以伏生之《書》為今文，而謂安國之《書》為古文，以
今考之，則今文多艱澀，而古文反平易。或者以為今文自伏生
女子口授晁錯時失之，則先秦古書所引之文皆已如此。或者以

---

10 〔宋〕朱熹：《晦庵先生朱文公文集》，卷65，見朱傑人、嚴佐之、劉永翔主編：《朱
子全書》，頁3152。

11 〔宋〕朱熹：《朱子語類》，卷78，見朱傑人、嚴佐之、劉永翔主編：《朱子全書》，
頁2631-2632。

12 〔宋〕朱熹：《晦庵先生朱文公文集》，卷82，見朱傑人、嚴佐之、劉永翔主編：《朱
子全書》，頁3889。

為記錄之實語難工，而潤色之雅詞易好，則暗誦者不應偏得所難，而考文者反專得其所易，是皆有不可知者。[13]

朱子以先秦古文獻所引《尚書》文字合於今文《尚書》，否定了一千年來今文艱澀是「伏生女子口授晁錯時失之」的傳統說法，可謂證據確鑿。他批評了伏生背文暗誦而偏得其難，孔安國考定於錯亂磨滅之餘之科斗古書而反得其易的說法不近情理。由今、古文難易之別的分辨，從而對《孔傳古文尚書》的真實性產生了質疑。《朱子語類》中則反覆闡述此觀點，朱子云：「伏生《書》多艱澀難曉，孔安國壁中《書》卻平易易曉。或者謂伏生口授女子，故多錯誤，此不然。今古《書傳》中所引《書》語已皆如此不可曉。」[14]朱子於《文集》卷六十五注釋《尚書》諸篇，篇題下明標今、古文，是要讓人明瞭《尚書》的文本有今、古文的不同，這是他力圖恢復故書原貌的一貫準則，但同時也折射出他對古文《尚書》的懷疑。清華簡〈尹誥〉等古文《尚書》的發現，可以證成今傳本之偽，可見朱子之遠見卓識。

朱子疑經但不隨意篡改經文，他對負載文化傳統的經書的態度是謹嚴的。一方面《孔傳古文尚書》又是朱子道統思想及性理論依憑的基本文獻，要徹底否定《孔傳古文尚書》也就意味著搬動了他理學思想大廈的基石。朱子對《尚書》的疑辨，基於他要恢復經典原貌來探究聖人本旨的經學思想，其對《易》、《書》、《詩》、《禮》、《孝經》、《大學》、《中庸》的注解，無一不採取此路徑。朱子對傳注系統進行了顛覆，並立足於經文本身探尋經旨。朱子的懷疑主要指向諸儒雜

---

13 〔宋〕朱熹：《晦庵先生朱文公文集》，卷82，見朱傑人、嚴佐之、劉永翔主編：《朱子全書》，頁3888。

14 〔宋〕朱熹：《朱子語類》，卷78，見朱傑人、嚴佐之、劉永翔主編：《朱子全書》，頁2626。

說，目的是為更好地維護經典本身，通過回歸經典來維護道統的純粹性。在辨偽學史上開啟了對《尚書》的疑辨研究。

（二）心學對《孔傳古文尚書》文本的維護

與朱子的疑經不同，象山派學人楊簡、袁燮則對《尚書》文本多持維護態度，對於今古文《尚書》、《孔傳》、〈書大序〉等問題概不論列。楊簡《五誥解》不解〈小序〉，其對〈書序〉態度不明。而楊氏略有疑經改經之處。[15]

袁燮《書鈔》解〈書序〉、〈逸書序〉，以〈書序〉為孔子作，一依《尚書正義》的順序，袁燮受知於朱子，當知朱子提倡廢〈序〉解《書》，不同於朱子對〈書序〉的處理方式是其尊信古經的思想反映。如〈舜典序〉解云：「孔子序《書》下一難字，見其眾人所謂難者皆做了，則其易者可見矣。」[16]認同孔子序《書》說。袁燮以為孔子序《書》，因此關注以「春秋筆法」解〈序〉，如〈泰誓序〉：「惟十有一年，武王伐殷。一月戊午，師渡孟津，作〈泰誓〉三篇。」〈書序〉與經文紀年不相應，袁燮曲為解說云：「伐紂雖在十三年，然當其觀兵之時，伐商之心蓋始於此，所以孔子定為十一年，《春秋》之法也。」[17]任憑胸臆，鉤深索隱，不足為據。接著認為「一月戊午」

---

15 按楊簡謂〈舜典〉舜命伯夷典禮曰「三禮」云：「孔安國注云『天地人之禮』，簡疑『三』者『五』字之訛誤歟？」其證據是「《尚書》多曰『五禮』，其巡狩修五禮。皋陶曰：『天敘有典，敕我五典五惇哉！天秩有禮，自我五禮有庸哉！同寅協恭和衷哉！』五典之外自有五禮，則吉、凶、軍、賓、嘉，見諸《周官》者是歟？」雖廣列證據，然楊氏改經未必能服人，天地人之禮包括一切禮儀，《周官》五禮之說當不能證明虞舜時代之禮節。

16 〔宋〕袁燮：《絜齋家塾書鈔》（上海市：上海古籍出版社，1987年，文淵閣《四庫全書》本），第57冊，卷1，頁638。

17 〔宋〕袁燮：《絜齋家塾書鈔》，卷8，頁807。

即「十三年之一月」，與上文「十一年」不相應，古來無此敘事之
法。又云：「不曰正月而曰一月，正者，正也，是時無王不得為正，
故不稱正而稱一。」[18]此乃孔子「春秋筆法」，闡明民無二主之大一統
義。另外，袁燮並未附和諸家疑古改經，袁氏不懷疑經書，如解〈武
成〉一仍原始篇序。又〈康誥〉篇首四十八字，蘇軾云：

> 自「惟三月哉生魄」至此（「乃洪大誥治」），皆〈洛誥〉文，
> 當在〈洛誥〉「周公拜手稽首」之前。何以知之？周公東征二
> 年乃克管、蔡，即以殷餘民封康叔。七年而復辟，營洛在復辟
> 之歲，皆經文明甚，則封康叔之時決未營洛。又此文終篇初不
> 及營洛之事，知簡編脫誤也。[19]

蘇軾從封康叔與營洛的時間分析了此一節為〈洛誥〉脫簡，以為是營
洛時發布的文誥，〈康誥〉未言及營洛之事，在邏輯上是合理的。此
後諸家多認同蘇軾之說。袁燮云：

> 此一段說者多以為脫簡，其實不然。此事正與封康叔一事脈絡
> 相貫，當時雖命康叔而心在洛邑，商之民既遷於此，而吾於是
> 乎命焉，不特告康叔，亦使商民聞之曉然知上意所在，周公之
> 意正是如此。則作《書》者正當敘此一段，如何是脫簡乎？[20]

袁氏批駁蘇軾脫簡之說，以為營洛與命康叔一脈相承，周公「雖命康

---

18 〔宋〕袁燮：《絜齋家塾書鈔》，卷8，頁807。
19 〔宋〕蘇軾：《書傳》（上海市：上海古籍出版社，1987年，文淵閣《四庫全書》
　　本），第54冊，卷12，頁593。
20 〔宋〕袁燮：《絜齋家塾書鈔》，卷10，頁860。

叔而心在洛邑」，考袁氏「作《書》者正當敘此一段」之說，可知其
以〈康誥〉為後世追述而非當時筆錄，此則多想像之詞。然於此可見
袁燮尊信古學，不隨意改經，此多受呂祖謙思想影響。

　　象山心學一系多維護古經，此與當時大倡疑古惑經之風不同，這
對於維護經典的原貌具有重要意義。但朱子疑《書》思想逐漸成為研
究主流，心學一派對於《尚書》原貌的維護，很難得到學界認同。

二　性理論的迴護與疑辨

　　朱子《書》學與象山《書》學爭論的焦點是性理論。程、朱學派
本〈大禹謨〉「人心惟危，道心惟微」分人之心為人心、道心兩個層
面。程頤云：「人心，人欲；道心，天理。」[21]把「道心」當作天理，
萬物之本原。把「人心」看作人的欲望。另一方面又把「人心」、「道
心」解作人的心的兩個層面，所謂：「『人心』，私欲也；『道心』，正
心也。」[22]朱子承程氏之說，認為「道心」即天理，是人心之本然善
性。「人心」是源於人自然屬性的各種生理欲望，「人心是知覺，口之
於味、目之於色、耳之於聲底，未是不好，只是危」。[23]其〈中庸章句
序〉云：「心之虛靈知覺，一而已矣。而以為有人心、道心之異
者，則以其或生於形氣之私，或原於性命之正，而所以為知覺者不
同，是以或危殆而不安，或微妙而難見耳。」[24]朱子〈觀心說〉曰：

---

21 〔宋〕程顥、程頤：《河南程氏外書》，卷2，《二程集》（北京市：中華書局，1981
　　年），頁364。

22 〔宋〕程顥、程頤：《河南程氏遺書》，卷19，《二程集》，頁256。

23 〔宋〕朱熹：《朱子語類》，卷78，見朱傑人、嚴佐之、劉永翔主編：《朱子全書》，
　　頁2668。

24 〔宋〕朱熹：《四書章句集注》，見朱傑人、嚴佐之、劉永翔主編：《朱子全書》（上
　　海市：上海古籍出版社、合肥市：安徽教育出版社，2002年12月），頁29。

「夫謂人心之危者，人欲之萌也；道心之微者，天理之奧也。心則一也，以正不正而異其名耳。『惟精惟一』，則居其正而審其差者也，絀其異而反其同者也。」[25]朱子把心分為道心、人心兩個層面，意在探討人性善惡之源，同時尋求修養方法。「虞廷十六字」是程、朱探討性理論的關鍵依託，陸九淵強烈反對此種觀點云：

> 天理人欲之言，亦自不是至論。若天是理，人是欲，則是天人不同矣。……《書》云：「人心惟危，道心惟微。」解者多指人心為人欲，道心為天理，此說非是。心一也，人安有二心，自人而言則曰惟危，自道而言則曰惟微。罔念作狂，克念作聖，非危乎？無聲無臭，無形無體，非微乎？[26]

陸九淵認為「心即理」，堅決反對程、朱分人心為二的觀點，認為《尚書》所謂「人心」指人而言，人不念其善則「人心」放失。「道心」指道，「無聲無臭，無形無體」，微妙難測。又云：「天理人欲之私論極有病。……〈記〉曰：『人生而靜，天之性也。感於物而動，性之欲也。』若是則動亦是，靜亦是，豈有天理物欲之分。」[27]陸九淵指出天理人欲之說來源於〈樂記〉，動靜皆是人性，批評程、朱以道心為本心之非。楊簡承其衣缽，認為古今無二心，「文王之不識不知，顏子之如愚，子思之無聲無臭，孟子之聖不可知，一轍也，以古

---

25 〔宋〕朱熹：《晦庵先生朱文公文集》，卷67，見朱傑人、嚴佐之、劉永翔主編：《朱子全書》，頁3278。

26 〔宋〕陸九淵：《象山語錄》（上海市：上海古籍出版社，1987年，文淵閣《四庫全書》本），第1156冊，卷1，頁541。

27 〔宋〕陸九淵：《象山語錄》，卷4，第1156冊，頁601。

今不容有二心也」。[28]其〈二陸先生祠記〉云:「道心大同,人自區別。人心自善,人心自靈,人心自明,人心即神,人心即道,安暗乖殊,聖賢非有餘,愚鄙非不足……人人皆與堯、舜、禹、湯、文、武、周公、孔子同,人人皆與天地同。」[29]楊簡認為心本為一,強烈反對程、朱「道心」、「人心」之說,其解〈大禹謨〉「后克艱厥后,臣克艱厥臣」云:

> 此堯、舜、禹、皋、益相與講論之大旨,而後世君臣往往下視此等語,以為特言其淺者耳,特言其見於臨政事者耳,必別有妙者如「惟精惟一,允執厥中」方可為至論。吁,堯、舜、禹、皋、益有二心乎?臨民出政時有一心,窮深極微時又一心乎?人有二心且不能以為人,而可以為堯、舜、禹、皋、益乎?精一之論,卒於欽謹,卒於敬修,謂欽謹敬修又特言其淺者,則有淺有深謂之一,可乎?[30]

楊簡借解經對程、朱性理論提出了嚴厲批評。陸氏心學一派堅決反對分人心為二的觀念,楊簡解〈康誥〉「弘于天」云:「蓋此心即道,故舜曰道心。」[31]又解〈召誥〉:「曷其奈何弗敬?」云:「人心即道心,惟放逸則失之。」[32]「心即道」、「人心即道心」,在思想上明確與程、朱立異。

---

28 〔宋〕楊簡:《慈湖遺書》(上海市:上海古籍出版社,1987年,文淵閣《四庫全書》本),第1156冊,卷11,頁804。

29 〔宋〕楊簡:《慈湖遺書》,卷2,頁620。

30 〔宋〕楊簡:《慈湖遺書》,卷8,頁713。

31 〔宋〕楊簡:《五誥解》(上海市:上海古籍出版社,1987年,文淵閣《四庫全書》本),第57冊,卷1,頁604。

32 〔宋〕楊簡:《五誥解》,卷3,頁617。

　　袁燮本陸九淵「人心」指人而言，人不念其善則「人心」放失。「道心」指道，「無聲無臭，無形無體」[33]，微妙難測。又云：「天理人欲之私論極有病。」[34]於天理人欲反覆闡揚，解〈大禹謨〉「人心惟危，道心惟微。惟精惟一，允執厥中」云：

> 凡是人便有這心，所謂人心。道心者，良心也。人心危而難安，道心微而難明。所謂道心，只是此心之識道理者。人心日與物接則易為物所誘，……方其聲色之接，反而以道理觀之，其當好耶？不當好耶？是非美惡昭然甚明，所以知此是非美惡者誰歟？此正吾之本心，此所謂道心也，只是道心隱微不著。[35]

袁燮以察識善惡之心為「道心」，易受外物影響之心為「人心」，這一認識與陸九淵「人心本善」之說是不一致的，而更接近朱子思想。人心為何易受物欲誘導，袁燮以為：「人之一身皆是血氣，血氣聚而為形體，而耳目之官又不思所以，易得為物所誘而溺於逸欲。」[36]「氣聚成形」這實質是程朱以氣質之性論人性。〈太甲上〉「王未克變」經義本謂太甲不聽伊尹教訓改過，袁燮解云：「天理不足以勝其私欲，兩者交戰，欲為善乎則人欲熾盛不能盡克，欲為不善乎則聞伊尹之訓如此，知善之不可不為，既不肯為不善，又未能決意為善，此所謂王未克變，正交戰之時也。」[37]陸氏幾乎不以天理人欲說人性，以天理

---

33 〔宋〕陸九淵：《象山語錄》，卷1，頁541。

34 〔宋〕陸九淵：《象山語錄》，卷4，頁601。

35 〔宋〕袁燮：《絜齋家塾書鈔》，卷2，頁674-675。

36 〔宋〕袁燮：《絜齋家塾書鈔》卷3（上海市：上海古籍出版社，1987年，文淵閣《四庫全書》本），第57冊，頁689。

37 〔宋〕袁燮：《絜齋家塾書鈔》卷5（上海市：上海古籍出版社，1987年，文淵閣《四庫全書》本），第57冊，頁746。

人欲為說，此乃程朱理學之家法。由袁燮以天理人欲思想解《書》可以看到他更多地受到了朱子思想影響，這一點上袁燮思想較楊簡則多兼容。

　　程朱理學與陸氏心學對人心、人性的不同認識，由此延伸出把握世界的不同方式。程朱以為道心精微，欲以道心御人心，以為發現了聖賢為治之千古密旨，這映射到讀書之上便是深求經典之微言大義。陸氏心學一派則以為人心即道心，明心即明道，人同此心，經典所載聖賢言語簡易明白，映射於讀書則倡體驗。朱子云：「所謂『人心惟危，道心惟微，惟精惟一，允執厥中』者，堯、舜、禹相傳之密旨也。夫人自有生而梏於形體之私，則固不能無人心矣。然而必有得於天地之正，則又不能無道心矣。……是以欲其擇之精而不使人心得以雜乎道心，欲其守之一而不使天理得以流於人欲。」[38] 推「虞廷十六字」為聖聖相傳密旨，「窮深極微」乃學者之過度求深，在楊簡看來，聖賢之言本坦然明白，無需深求，矛頭直指求聖賢微言大義之解經方式，專意於求深則背離聖賢精神，云：

> 益曰：「戒哉！儆戒無虞，罔失法度，罔游于佚，罔淫于樂。」又曰：「無怠無荒。」益豈侮其君謂不足以語夫深者，而姑以其淺者告乎？皋陶曰：「謹厥身修。」又曰：「無教逸欲。」又曰：「兢兢業業。」又曰：「同寅協恭。」何數聖人者無他奇謀偉論，而諄諄惟以戒謹恐懼為首語也。[39]

楊簡從《尚書》中摘取聖賢相與討論之警戒語，明言聖賢之語本明白

---

38 〔宋〕朱熹：《晦庵先生朱文公文集》，卷36，見朱傑人、嚴佐之、劉永翔主編：《朱子全書》，頁1586。

39 〔宋〕楊簡：《慈湖遺書》，卷8，頁713。

淺近，這是對朱子一派所謂聖聖相傳之密旨的駁斥。此心天下同然，本自簡易，學問根本就在於以戒懼持守本心而無使放逸，楊簡解〈大禹謨〉「克艱」一語，解持守之法，云：

> 方戒謹恐懼時，……此時之心可謂堯、舜、禹、皋、益之道心矣，可謂精一矣，可謂中矣，可謂天下之所同然者矣。……謂克艱之語為特其淺近者，遏絕天下後世之良心，長後世非僻之心。[40]

楊簡以〈大禹謨〉「克艱」一語乃持守人心之法門，而「窮深極微」的學問之道不僅支離，而且「遏絕天下後世之良心，長後世非僻之心」，阻斷了普通人通向聖賢之路，而助長世人刻意鑽求之心。楊簡以自己學習經歷闡明了聖賢之言本淺易明白的觀點，云：

> 少時讀書，竊自念古聖人之道高明廣大，不可以心思，不可以意度。當寂然不動，感而遂通，如曰惟精惟一，如曰一德，略見深旨。其他大略曰欽、曰敬、曰謹、曰克艱、曰孜孜兢兢、曰典常、曰學於古、曰奉天、曰勤恤，殊未省其實。……及微覺後方悟道非心外，此心自善，此心自神，此心自無所不通，心無實體，廣大無際，日用萬變，誠有變化無窮、不識不知之妙。[41]

楊簡這一悟道過程無疑是對章句之學求深索隱方式的否定，楊簡云：

---

40 〔宋〕楊簡：《慈湖遺書》，卷8，頁714。

41 〔宋〕楊簡：《慈湖遺書》，卷8，頁718。

「人心即道，故《書》曰道心。此心無體，清明無際，直心而發，……先聖之言如此明白而學者尚疑其有他焉，學者自起意起疑，自蔽其清也。」[42]求深索隱在楊簡看來就是一種自我遮蔽。楊簡對聖賢言語淺易明白的確認對於開啟民智是有巨大意義的，打通使每一個平凡的個體進入聖域的方便之門。

「物欲」、「意見」、「異端」等是遮蔽人性的重要因素，人心既有偏弊，何以復性？袁燮《書鈔》多方致意，然與陸九淵強調靜坐不同。物欲遮蔽了人心，祛出物欲之蔽就成為復性的一大關鍵，如〈大禹謨〉「惟精惟一，允執厥中」解云：

> 只是道心隱微不著，人心既危，道心又微，然則當如之何？惟精惟一者，此聖人之所以用功也。精是精細，一是純一。十分子細，不敢一毫忽略，是之謂精。聖賢工夫直是精密，今人所以有過，不精故也。……所謂一者，有一毫之私意，有一毫之人欲，便不是一。惟精惟一，則人心必不至於危，道心亦不至於微。[43]

以精一為復性工夫，就是要做到無「一毫之私意」、無「一毫之人欲」，精誠專一。「方其喜怒之萌，反而以道理觀之，其當喜耶？不當喜耶？當怒耶？不當怒耶？方其聲色之接，反而以道理觀之，其當好耶？不當好耶？」[44]以「道心」體察是非美惡，不敢有一毫懈怠，此乃聖人用功處。袁燮重以學問變化氣質，排除私欲的干擾，所謂：

---

42 〔宋〕楊簡：《慈湖遺書》，卷3，頁634-635。

43 〔宋〕袁燮：《絜齋家塾書鈔》，卷2，頁675。

44 〔宋〕袁燮：《絜齋家塾書鈔》，卷2，頁674-675。

> 所貴乎學問者，將以克其氣質之偏，約而歸於中也。故未歸於
> 中也，當強力矯揉，用工日深，使得其大本可也。[45]

袁燮重學問以變化氣質，「學問者，將以克其氣質之偏」，並且強調
「強力矯揉」，帶有強制性，這與老師陸九淵倡導「尊德性」直悟本心
的修養方法有差異的，而更接近重「道問學」的朱子。這種復性工夫
在於一生的持守，而不是一時的衝動，如〈皋陶謨〉「思曰贊贊襄
哉」，《傳》云「贊奏上古行事而言之」[46]，如孔氏說，則「曰」之一字
為衍文，《傳》訓無疑是有問題的。據上文意，「襄」當訓「成」。[47]張
載、蘇軾、薛季宣諸家均以為「曰」乃「日」之訛，此說據文意為
當，皋陶本意謂思日日贊成舜治天下之功。袁氏云：「贊，進也。
襄，上也。皋陶之謨信乎其可行矣，信乎行而可有功矣。然皋陶不自
以為足，方且進進，只欲向上。古人工夫只是不住，蓋此事無住時
節，贊贊襄哉，此其所以為皋陶也。」[48]「贊」、「襄」二字袁氏用
《傳》之訓，義理闡釋卻以修養工夫立論，強調了修養的終生性，指
出復性不是剎那間的頓悟，而「只是不住」，並需要一生的持守，〈大
禹謨〉「耄期倦于勤」，經義指勤於本職，袁氏云：「勤之一字不可輕
看，《詩》稱『文王既勤止』，召公戒成王『夙夜罔或不勤』，且君道
之尊，不躬親庶政，而所勤者果何事？學者要當思而得之。蓋緣此心
不可一念不存，兢兢業業，一日二日萬幾，要須常常兢業，造次必於
是，顛沛必於是，人一能之己百之，人十能之己千之，是之謂勤。勤

---

45 〔宋〕袁燮：《絜齋家塾書鈔》，卷3，頁685。
46 〔唐〕孔穎達：《尚書正義》（上海市：上海古籍出版社，2007年），卷4，頁154。
47 按《春秋左氏傳》定公十五年：「葬定公，雨，不克襄事。」杜元凱曰：「襄，成
 也。」（楊伯峻：《春秋左傳注》〔北京市：中華書局，1990年〕，頁1602）
48 〔宋〕袁燮：《絜齋家塾書鈔》，卷3，頁691。

則其德日進，聖人之所以為聖人，勤而已矣。」[49]「勤」本指行為，
而「此心不可一念不存」之說則重在對持存本心的論述，行為轉化為
心理。這裡的闡說雖本發明本心為要，然潛含「道問學」的影子。

　　陸氏心學影響於時頗盛，但楊簡內求的學問方式容易流於空疏，
朱子弟子陳淳即有一針見血的尖銳批評：「兩浙間年來象山之學甚
旺，由其門人有楊（簡）、袁（燮）貴顯，據要津唱之，不讀書，不
窮理，專做打坐工夫，求形體之運動知覺者以為妙訣，大抵全用禪家
宗旨，而外面卻又假託聖人之言，遷就釋意以文蓋之實，與孔、孟殊
宗，與周、程立敵，慈湖才見伊川語，便怒形於色，朋徒至私相尊號
其祖師，以為真有得堯、舜、孔子千載不傳之正統，每昌言之不少
怍。士夫晚學見不破，多為風靡。而嚴陵有詹喻輩護法，此法尤熾，
後生有志者多落在其中。」[50]「鄉閭時官多推重之，殊無一人看得破
者。」[51]楊簡學術得鄉閭時官推重，士夫為之風動，其學術宗旨與
程、朱立異，「默坐以求本心，更不讀書窮理」，類佛家坐禪。陳淳之
論或有學派傾向，大抵能切近心學之宗旨和影響，所論尚稱中肯。

　　朱、陸之後，兩派相爭益烈。簡易容易流於空疏，讀書窮理容易
流於支離，兩派各有所長，亦各有所短。從楊簡對程、朱的批駁及陳
淳之議論中，我們可以看到朱、陸之後學漸失包容，學派角力之勢已
形。但朱子學漸成正統，心學則偏安一隅，其於宋代之影響殊異，元
代方回云：

　　　　慈湖師象山，自為一家之學，施之政事，人笑其迂而自信益

49　〔宋〕袁燮：《絜齋家塾書鈔》，卷2，頁669。
50　〔宋〕陳淳：《北溪大全集》（上海市：上海古籍出版社，1987年，文淵閣《四庫全
　　書》本），第1168冊，卷23，頁686。
51　〔宋〕陳淳：《北溪大全集》，卷23，頁683。

篤。此兩自字乃慈湖以自為是，以自為高，不顧訕笑云者。王
尚書應麟伯厚嘗語予曰：朱文公之學行於天下而不行於四明，
陸象山之學行於四明而不行於天下。[52]

楊簡對象山心學之播揚居功甚偉，使心學浸潤於四明，頗可與朱子之
學角力。楊簡發揚陸九淵心學，光大門戶居功甚偉，四庫館臣云：
「簡則為象山弟子之冠，如朱門之有黃榦，又歷官中外，政績可觀，
在南宋為名臣，尤足以籠罩一世。」[53]其火種之流播延及明代陽明之
學，漸由支子而為大宗。袁燮師從陸九淵，學問中發明本心，然亦深
受鄉賢呂祖謙、陳傅良影響，又呂祖謙、陸九淵相繼云亡，朱子為當
時學界翹楚，門生弟子遍天下，袁燮思想亦難逃其影響。相對於楊
簡，袁燮視野較為開闊，兼收並蓄，而少學派的偏狹。

心學強調踐履工夫，關注發明人之本心，有鮮明的現實關懷，這
一點上與靜坐參禪的佛教徒、打坐修身練氣的道教徒有根本的區別。
時人多批評象山學問有禪意，袁燮反駁云：「義理之學，乾道、淳熙
間講切尤精，一時碩學為後宗師者班班可睹矣，而切近端的，平正明
白，惟象山先生為然。或謂先生之學如禪家者流，單傳心印，此不謂
知先生者。先生發明本心，昭如日月之揭，豈恍惚茫昧，自神其說者
哉！」[54]確實象山學問宗旨在發明本心，更重視學問對人生的價值導
向，對溺於章句注疏而忘卻人生的學問取向，是一種有益的矯正，而
與佛家傳心印是有別的，袁燮確實抓住了老師學問宗旨的精髓。

---

52 〔宋〕方回：《桐江續集》（上海市：上海古籍出版社，1987年，文淵閣《四庫全
   書》本），第1193冊，卷31，頁652。
53 〔清〕永瑢等：〈楊氏易傳提要〉，《四庫全書總目提要》（上海市：上海古籍出版
   社，1987年版），卷3，頁80。
54 〔宋〕袁燮：《絜齋集》（上海市：上海古籍出版社，1987年，文淵閣《四庫全書》
   本），第1157冊，卷8，頁98。

三 治《書》理念的大同小異

朱子、蔡沈把求聖賢之心作為解《書》的根本宗旨，這裡面蘊含著修身、淑世的普遍價值。此後《尚書》著述基本上遵循了探尋「二帝三王之心」的宗旨，把《尚書》作為聖賢治道心法的載體。時瀾序夏僎《尚書詳解》云：

> 夫《書》之為書，斷自唐、虞，迄於秦穆，凡堯、舜之典謨，禹、啟、湯、武之誓命，周公、成、康之訓誥，悉備於是。讀是書而求以繹之，其可以叔世膚見料想而臆度之哉！要必深究詳繹，求見乎唐、虞、三代之用心而後可。故讀二典三謨之書，當思堯、舜授受於上，皋、夔、稷、契接武於下，都、喻、吁、咈者何謂。讀三盤五誥之書，當思人君布告於上，臣民聽命於下，丁寧委曲，通其話言而制其腹心，開其利病，以柔其不服者何旨。讀九命七誓之書，當思其命諸侯命大臣者何道，誓師旅誓悔悟者何見，以是心讀是書，唐、虞、三代之用心庶乎其有得，而唐、虞、三代之議論可以心通而意解矣。[55]

時瀾明確表述了於典、謨、訓、誥、誓、命中得「唐、虞、三代之用心」的治《書》宗旨，這是本朱子求「二帝三王之心」的思想。由於朱子未能完成《尚書》著述，學界無法完全把握其「二帝三王之心」說的主旨，時瀾把《尚書》作為一個整體以求淑世思想，其闡述無疑有助於我們認識朱子的思想。陳經著《尚書詳解》，〈自序〉云：

---

55 〔宋〕夏僎：《尚書詳解》（上海市：上海古籍出版社，1987年，文淵閣《四庫全書》本），第56冊，頁405。

帝王之書，帝王之行事也。帝王之行事，帝王之心也。帝王以
是心見諸行事，而載之典、謨、訓、誥、誓、命。……讀此書
之法，當以古人之心求古人之書，吾心與是書相契而無間，然
後知典、謨、訓、誥、誓、命皆吾胸中之所有，亦吾日用之所
能行，則二帝三王群聖人之道，雖千百載之遠，猶旦暮遇之
也。[56]

「讀此書之法，當以古人之心求古人之書」，同樣闡述了求聖賢之心
的讀書宗旨。宋末元初金履祥《尚書表注》，〈自序〉云：「《書》者二
帝三王聖賢君臣之心，所以運量警省，經論通變，敷政施命之文也。
君子於此考跡以觀其用，察言以求其心，以誠諸身，以措諸其事，大
之用天下國家，小之為天下國家用。」[57]黃鎮成《尚書通考‧敘意》
云：「《書》載二帝三王之政。政者，心與事之所形也，是故道德仁聖
統乎心，制作名物達於事，內外之道合而帝王之政備矣。」[58]馬明衡
〈尚書疑義序〉云：「《尚書》載二帝三王之績，……古者聖人窮而在
下則以其道立言訓後世，如吾夫子之所述是也。達而在上則以其道立
政淑當時，如二帝三王是也。……自後世觀聖人之事，必得聖人之
心，不得聖人之心而徒於跡焉求之，是猶盲者觀天地日月風雷之變，
不眩惑而失常者未之有也。」[59]王樵〈尚書日記序〉云：「讀其書如身

56 〔宋〕陳經：《尚書詳解》（上海市：上海古籍出版社，1987年，文淵閣《四庫全
   書》本），第59冊，頁3。

57 〔宋〕金履祥：《尚書表注》（上海市：上海古籍出版社，1987年，文淵閣《四庫全
   書》本），第60冊，頁432。

58 〔元〕黃鎮成：《尚書通考》（上海市：上海古籍出版社，1987年，文淵閣《四庫全
   書》本），第62冊，頁1。

59 〔明〕馬明衡：《尚書疑義》（上海市：上海古籍出版社，1987年，文淵閣《四庫全
   書》本），第64冊，頁100。

在其時，論其世如事在於己，則我之心即古人之心，古人之心即我之心。」[60]朱鶴齡〈尚書埤傳序〉云：「《尚書》者，帝王之心法、治法所總而萃也。」[61]諸家論述多主帝王心法，這是一種以挖掘經典精深為主導的解經方式，解經中有深切的現實關懷。

心學一派解《書》同樣追尋三代善治，這反映了經學經世致用的本質。這一點上兩派是相通的，但心學並未有朱子學派求「二帝三王之心」的鮮明口號。楊簡解《書》往往借古鑒今，確信《尚書》包含著理想政治，是矯正現實病痛的藥方。如論〈舜典〉「朕堲讒說殄行，震驚朕師，命汝作納言，夙夜出納朕命」與〈大禹謨〉「予欲出納五言，汝聽」，指出納言為治教之急務。因五方之民，風俗議論不同，為政者當納之於君上，君上出命以正救之，「執左道者有誅」以一道德同風俗，並證之以《周官》「糾萬民之德，正其行，巡問而觀察之，訓方氏誦四方之傳道，布而訓之，以觀新物」之政，闡明三皇五帝之世，君人者設官分職，出納而正教斯民，然周衰之後，納言之官廢而異端並作，上之人無以救其始，稔成其俗，邪說亂人心，秦漢以來，「君臣安於功利，三代舊政不復修舉，而況於有虞氏之政乎」？[62]楊氏縱橫議論中有對時政的批評。又如論〈大禹謨〉舜命皋陶曰：「民協於中，時乃功。」闡明人君代天出治當順民之常性，云：

> 天以降衷於民，民有之，是為常性，率此常性而往謂之道，亦謂之獸，又謂之大獸，又謂之極。不率此常性以往，則為奸為宄，為寇賊，為大亂之道。古先哲王知天之所以命我者在此，

---

60 〔明〕王樵：《尚書日記》（上海市：上海古籍出版社，1987年，文淵閣《四庫全書》本），第64冊，頁222。

61 〔清〕朱鶴齡：《尚書埤傳》（上海市：上海古籍出版社，1987年，文淵閣《四庫全書》本），第66冊，頁688。

62 〔宋〕楊簡：《慈湖遺書》，卷8，頁712。

> 知民之所以為治為亂者在此。故夫一政一令之出,無一不為乎
> 此。曰五禮所以防萬民之偽而教之中,曰六樂所以防萬民之情
> 而教之和,曰刑,刑者所以使民協於中。曰政,政者所以使民
> 無不正也。中和、正,皆極也。[63]

楊氏借解經鮮明地表達了他的治政理想,為政者一切政令當順民常性,一政一令之出皆使民歸於中正協和。從而批評後世「上之人賊民之良性而疾民性之不良,上之人不善防民之過而忿民之頑」。[64]又解〈康誥〉「爽惟民迪吉康,我時其惟殷先哲王德,用康乂民作求」云:

> 君上躬行則民吉善而康安,民心不善則亂,根本於君身。孔子
> 曰:「為政以德,譬如北辰,居其所而眾星拱之。」又曰:「其
> 身正,不令而行;其身不正,雖令不從。」自古人君知此者
> 寡,或知之而不甚明。[65]

楊氏主要闡明「根本於君身」治天下之道在於君德,「君上躬行則民吉善而康安」,強調君上以德率民之義。「自古人君知此者寡,或知之而不甚明」,直接從《尚書》發掘君王善政的標準。

袁燮解《書》亦充滿現實關懷,常於經解中寓以聖人理想人格、三代善治理想,把《尚書》精神直接轉化為治世原則,開迪學者心術。袁燮解《書》隨處發掘三代理想,即作為自己的思想的建構,同時也是批評矯正現實政治的手段。袁燮於〈堯典〉論堯辨啟、共工、

63　〔宋〕楊簡:《慈湖遺書》,卷8,頁717。
64　〔宋〕楊簡:《慈湖遺書》,卷8,頁718。
65　〔宋〕楊簡:《五誥解》(上海市:上海古籍出版社,1987年,文淵閣《四庫全書》本),第57冊,卷1,頁608。

鯀之明云：「蓋聖人觀人不惑其跡，而深察其心。……聖人洞燭心術之微，然後悉知其病，而見其有不可用也。知人一事是君道最大者，既能知人，更復何慮？但他人之心腹肝膽皆欲灼見而深知焉，此豈易事。胤子、共工與鯀又是最難看者，看得破方見得堯之所以聖，後世人主所以不知人，只為惑於其外耳。」[66]闡發君道之要在知人，觀人要深察其心，批評後世人主徒察其外而不知人。又〈大禹謨〉「德惟善政，政在養民」解云：

> 「養」之一字意味甚深長，使天下皆在生育之中，如天地之養物，且萬物盈於宇宙間，皆天地養之之功也。聖人之治天下，無一物不得其所，亦猶天地之於萬物。然匹夫匹婦鰥寡孤獨有一人不能自遂，不可以言養。《易》曰：「聖人養賢以及萬民。」學者須當致思如何是聖人養民處，予之以粟帛，結之以恩惠，未足為養也。養民廣大之時須還是唐、虞、三代，漢之文、景賜田租，勸農桑，亦可謂養民矣，然猶未盡得聖人養民之道。要之，亦賢於後世，所以只說文、景務在養民。文、景而下便說這一字不得。……後世人主孰不治民，然未嘗養也。[67]

袁燮圍繞「養」字發揮義理，「匹夫匹婦鰥寡孤獨有一人不能自遂，不可以言養」，給予百姓粟帛，以恩惠交接百姓，不能稱為「養」，要做到如天地之養物，袁燮以為唐、虞、三代方可稱養，「後世人主孰不治民，然未嘗養」，以唐、虞、三代為理想批評後世治世之用心顯明。又〈康誥〉「有厥罪小，乃不可不殺。乃有大罪非終，乃惟眚災，適爾。既道極厥辜，時乃不可殺」解云：

---

66 〔宋〕袁燮：《絜齋家塾書鈔》，第57冊，卷1，頁634-635。
67 〔宋〕袁燮：《絜齋家塾書鈔》，第57冊，卷2，頁665-666。

此是唐、虞、三代之用刑異於後世之用刑矣，後世之用刑也不過觀其跡，古人之用刑也必深察其情，後世罪大者加之大刑，罪小者加之小刑，其情之所在未嘗深究也。古人原情定罪，固有入於大辟之刑，而情非怙終則從而赦之者。亦有所犯不至於死，而情非過眚則從而殺之者。[68]

袁燮闡明三代原情定罪之刑，批評後世之刑不察其情。袁燮《書鈔》古今對比立論二三五次，以唐、虞、三代為理想圖景而批評後世社會之種種不合理現象，有時直接批評當時政治。

四 小結

自程頤以來的理學家都致力於以理學思想解《書》，林之奇、呂祖謙、朱子大力闡揚理學之精神，天理人欲、道心人心漸成學界共識，於理學思想架構貢獻巨大。又於《尚書》探求三代善治以求淑世，成為後世解經之職志。程、朱理學漸成主流意識，牢籠朱子以後社會，抓住了《書》學之〈書序〉非孔子作、《尚書傳》非孔安國作、今古文《尚書》難易不同等關鍵問題，引領了其後《尚書》研究方向，故此一派《書》學逐漸發揚光大。而陸九淵心學一系亦借解《書》以闡發「心即理」、「發明本心」的學派思想，對於喚起主體的自覺而不致流於道問學的瑣碎有重要意義。然於《尚書》有疑之處一無所及，故漸湮沒無聞。但從袁燮對天理人欲、學問變化氣質等問題的論述可見二家有論爭，亦有融合，絕非形同水火。

---

68 〔宋〕袁燮：《絜齋家塾書鈔》，卷10，頁865。

朱子〈舜典象刑說〉析議

蔣秋華

中央研究院中國文哲研究所副研究員

一　前言

　　五經當中，朱熹（1130-1200）注解過《易經》、《詩經》，關於《禮經》，也有與弟子合作的《儀禮經傳通解》，而對於《尚書》，他雖有意為之注解，但因晚年專注於《禮經》的纂疏，無暇顧及，因而將所蒐羅的材料，交付弟子蔡沈（1167-1230），由其完成《書傳》的撰寫工作。[1]今日流傳的朱子著作，仍保有不少關於《尚書》的論述，有些是與弟子問答的語錄[2]，有些是未成書的解說，也有一些是專文的析論，在在顯示他對《尚書》一經的留心。[3]本文即試就其〈舜典象刑說〉一文，探討其撰作的原由，並分析其內容要旨，或可增益世人對其解說《尚書》的認識，以及他對執行刑法的觀念。

1　有關朱子交付蔡沈注解《尚書》一事，可參程元敏：〈朱熹蔡沈師弟子《書序辨說》版本徵孚〉，《經學論叢》第3集（1995年4月），頁37-80；游均晶：《蔡沈書集傳研究》（臺北市：東吳大學中文系碩士論文，1996年6月）；姜龍翔：〈朱子命蔡沈編修《書集傳》考〉，《漢學研究》第30卷第2期（2012年6月），頁99-130。

2　黎靖德所編之《朱子語類》，卷78-79，有朱子論《尚書》學之語錄。

3　朱子之《尚書》學成就究，可參蔡根祥：《宋代尚書學案》（臺北市：臺灣師範大學國文所博士論文，1994年6月），〈第九章晦翁尚書學案〉，頁807-863；陳良中：《朱子《尚書》學研究》（上海市：華東師範大學古籍研究所博士論文，2007年4月；北京市：人民出版社，2013年）。

二 〈舜典象刑說〉撰作原由

〈舜典象刑說〉一文，收錄於朱子文集的雜著中[4]，屬於議論類的著作。文中所議論之事，則是關於《尚書‧舜典》「象以典刑，流宥五刑，鞭作官刑，扑作教刑，金作贖刑。眚災肆赦，怙終賊刑。欽哉！欽哉！惟刑之恤哉」一段論刑之言。觀其內容，係針對他人之論而辨駁闡發，實乃有為而作。

據朱子文集有〈答鄭景望第一書〉，曰：

> 熹又記向蒙面誨堯、舜之世，一用輕刑，當時嘗以所疑為請，匆匆不及究其說。近熟思之，有不可不論者。但觀皋陶所言「帝德罔愆」以下一節，便是聖人之心，涵育發生，真與天地同德，而物或自逆于理，以干天誅，則夫輕重取舍之間，自有決然不易之理。其宥過非私恩，其刑故非私怒，罪疑而輕非姑息，功疑而重非過予，如天地四時之運，寒涼肅殺，常居其半，而涵養發生之心，未始不流行乎其間，此所以好生之德洽于民心，而自不犯于有司，非既犯而縱舍之謂也。不審高明以為如何？[5]

---

4 見朱熹：《晦庵先生朱文公文集》，卷67，收入朱傑人、嚴佐之、劉永祥主編：《朱子全書》（上海市：上海古籍出版社；合肥市：安徽教育出版社，2002年），第23冊，總頁3258-3261。

5 見朱熹：《晦庵先生朱文公文集》，卷37，收入朱傑人、嚴佐之、劉永祥主編：《朱子全書》，第21冊，總頁1626。別本〈答鄭景望第一書〉，於文末尚有「夫既不能止民之惡，而又為輕刑以誘之，使得以肆其凶暴於人而無所忌，則不惟見彼報者，無以自伸之為冤，而姦民之犯于有司者，且將日以益眾，亦非聖人匡直輔翼，使民遷善遠罪之意也」一段文字。見朱熹：《晦庵先生朱文公文集》，卷37，收入朱傑人、嚴佐之、劉永祥主編：《朱子全書》，第21冊，總頁1627。

此處言及鄭伯熊（1124？-1181）曾當面與其商榷堯、舜之世用刑輕重之事，鄭氏以為堯、舜時用輕刑，朱子當時雖有所疑，卻因倉促之間，無法細說，其後思之較深，遂有此覆函。文中舉〈皐陶謨〉「帝德罔愆」一段話[6]，指聖人之心與天地同德，施刑輕重，自有其理，絕無一己之私恩、私怒，一切如同四時流行，順其所當為而為之。

鄭伯熊《敷文書說‧象以典刑流宥五刑》曰：

> 象以典刑。舜嗣位之初，巡狩既畢，即首制刑書，何也？曰：始輕刑也。古之世，惟肉刑而已，聖人之於斬割殺戮，豈忍也哉？民習乎重，不遽輕者，勢也。時雍之世，刑措不用，於是制為輕典五流，以宥其大者，為鞭為扑，以待其小者。猶以為未也，又為贖以恕其情之有可矜與法之有可疑者。肉刑蓋將無用矣，而不敢廢也，以示民使終知所避耳。古所謂畫象而民不犯者，豈虛語哉？[7]

他認為舜制刑書，有輕典五流之設置，就是為了寬宥罪刑較輕之人，甚至設贖刑，以救濟所謂情可矜與法可疑者，此舉等同不會施行肉刑，然而猶不廢肉刑，乃有警告作用，即畫其圖而令人見之生畏。朱熹〈答鄭景望第二書〉曰：

> 〈虞書〉論刑最詳，而〈舜典〉所記尤密，其曰「象以典刑」者，象，如天之垂象以示人，而典者，常也，示人以常刑。所

6　〈皐陶謨〉：「帝德罔愆，臨下以簡，御眾以寬，罰弗及嗣，賞延于世，宥過無大，刑故無小，罪疑惟輕，功疑惟重，與其殺不辜，寧失不經。好生之德，洽于民心，茲用不犯于有司。」

7　見鄭伯熊：《鄭伯熊集》，鄭伯熊、鄭伯謙著，周夢江校注：《二鄭集》（上海市：上海社會科學院出版社，2006年），頁6-7。

謂墨、劓、剕、宮、大辟，五刑之正也，所以待夫元惡、大憝、殺人、傷人、穿窬、淫放，凡罪之不可宥者也。曰「流宥五刑」者，流放竄殛之類，所以待夫罪之稍輕，雖入於五刑，而情可矜，法可疑，與夫親貴勳勞而不可加以刑者也（四凶正合此法）。曰「鞭作官刑，扑作教刑」者，官府學校之刑，以待夫罪之輕者也。曰「金作贖刑」，罪之極輕，雖入於鞭扑之刑，而情法猶有可議者也（疑後世始有贖五刑法，非聖人之意也。）。此五句者，從重及輕，各有條理，法之正也。曰「眚災肆赦」者，眚謂過誤，災謂不幸，若人有如此，而入于當贖之刑，則亦不罰其金，而直赦之也（此一條專為輕刑設，《春秋》肆大眚，則過悮之大，入于典刑者，亦肆之矣，所以失刑也。《書》又曰「宥過無大」，明過之大入於典刑者，特用流法以宥之耳。）。曰「怙終賊刑」者，怙謂有恃，終謂再犯，若人有如此而入於當宥之法，則亦不宥以流，而必刑之也。此二句者，或由重而及輕，或由輕而入重，猶今律之有名例，又用法之權衡，所謂法外意也。聖人立法制刑之本末，此七言者，大略盡之矣。雖其輕重取舍，陽舒陰慘之不同，然「欽哉！欽哉！惟刑之恤」之意，則未始不行乎其間也。蓋其輕重毫釐之間，各有攸當者，乃天討不易之定理，而欽恤之意行乎其間，則可以見聖人好生之本心矣。夫豈一於輕而已哉？[8]

此乃圍繞〈舜典〉「象以典刑」一段，逐字逐句的詮解，並分前五句「象以典刑，流宥五刑，鞭作官刑，扑作教刑，金作贖刑」為「法之正」，後二句「眚災肆赦，怙終賊刑」為「法外意」，表示其間雖有輕

8　見朱熹：《晦庵先生朱文公文集》，卷37，收入朱傑人、嚴佐之、劉永祥主編：《朱子全書》，第21冊，總頁1627-1628。

重之不同，但仍有「欽哉！欽哉！惟刑之恤」之語，以為提撕，在在顯示聖人好生之本心。

朱熹〈答鄭景望第二書〉續曰：

> 又以舜命皋陶之辭考之，士官所掌，惟象、流二法而已（鞭扑以下，官府學校隨事施行，不領於士官，事之宜也。），其曰「惟明克允」，則或刑或宥，亦惟其當而無以加矣，又豈一於宥而無刑哉！今必曰堯、舜之世，有宥而無刑，則是殺人者不死，而傷人者不刑也。是聖人之心不忍於元惡、大憝，而反忍於銜冤抱痛之良民也。是所謂「怙終賊刑」、「刑故無小」者，皆為空言以誤後世也，其必不然也亦明矣。[9]

他又考察舜任命皋陶為士官時所告戒之語，謂其所掌惟象、流二刑，且叮嚀「惟明克允」，即要求施刑宜適切，並非一味寬宥而無所懲處。否則大罪之人得以寬宥，良善之民反倒受刑之害。因此，他不贊同「怙終賊刑」、「刑故無小」之說。

朱熹〈答鄭景望第二書〉又曰：

> 夫刑雖非先王所恃以為治，然以刑弼教，禁民為非，則所謂傷肌膚以懲惡者，亦既竭心思而繼之以不忍人之政之一端也。今徒流之法，既不足以止穿窬、淫放之姦，而其過於重者，則又有不當死而死，如彊暴贓滿之類者，苟採陳群之議，一以宮剕之辟當之，則雖殘其支體，而實全其軀命，且絕其為亂之本，

---

9 見朱熹：《晦庵先生朱文公文集》，卷37，收入朱傑人、嚴佐之、劉永祥主編：《朱子全書》，第21冊，總頁1628-1629。

而使後無以肆焉，豈不仰合先王之意，而下適當世之宜哉！況君子得志而有為，則養之之具，教之之術，亦必隨力之所至而汲汲焉，固不應因循苟且，直以不養不教為當然，而熟視其爭奪相殺於前也。[10]

他認為先王為治，並不是依靠刑法，其設置的用意，在輔助教化。當今刑法輕重失當，朱子以為當採陳群（？-237）的建議[11]，以肉刑來懲罰罪犯，但仍應盡心以教養之術治民，以減少犯罪。

這一封信函的大部分內容，又見於朱子雜著〈尚書・舜典〉注釋「象以典刑」一段，其曰：

象，如天之垂象以示人也。典，常也。示人以常刑，所謂墨、劓、剕、宮、大辟，五刑之正也，所以待夫元惡、大憝、殺人、傷人、穿踰、淫放，凡罪之不可宥者也。流，流遣之使遠去，如下文流放竄殛之類也。宥，寬也，所以待夫罪之稍輕，雖入於五刑，而情可矜，法可疑，與夫親貴勳勞而不可加以刑

---

10 見朱熹：《晦庵先生朱文公文集》，卷37，收入朱傑人、嚴佐之、劉永祥主編：《朱子全書》，第21冊，總頁1629。

11 陳群論刑之議，見《三國志・魏書・桓二陳徐衛盧傳》：「魏國既建，遷為御史中丞。時太祖議復肉刑。今曰：『安得通理君子達于古今者，使平斯事乎！昔陳鴻臚以為死刑有可加於仁恩者，正謂此也。御史中丞能申其父之論乎？』群對曰：『臣父紀以為漢除肉刑而增加笞，本興仁惻而死者更眾，所謂名輕而實重者也。名輕則易犯，實重則傷民。《書》曰：「惟敬五刑，以成三德。」《易》著劓、刖、滅趾之法，所以輔政助教，懲惡息殺也。且殺人償死，合於古制；至於傷人，或殘毀其體而裁剪毛髮，非其理也。若用古刑，使淫者下蠶室，盜者刖其足，則永無淫放穿窬之奸矣。夫三千之屬，雖未可悉復，若斯數者，時之所患，宜先施用。漢律所殺殊死之罪，仁所不及也，其餘逮死者，可以刑殺。如此，則所刑之與所生足以相貿矣。今以笞死之法易不殺之刑，是重人支體而輕人軀命也。』時鍾繇與群議同，王朗及議者多以為未可行。大祖深善繇、群言，以軍事未罷，顧眾議，故且寢。」

者，則以此而寬之也。鞭，木末垂革。官刑，官府之刑也。扑，夏楚也。教刑，學校之刑也。皆以待夫罪之輕者也。金，罰其金也。贖，贖其罪也。所以待夫罪之極輕，雖入於鞭扑之刑，而情法猶有可議者，則罰其金，以贖罪也。此五句者，寬猛輕重，各有條理，法之正也。眚謂過誤，災謂不幸，若人有如此，而入於刑，則又不待流宥金贖，而直赦之也。怙（謂有恃，終）謂再犯，若人有如此而入於刑，則雖當宥當贖，則亦不許其宥，不聽其贖，而必刑之也。此二句者，或由重而即輕，或由輕而即重，猶今律之有名例。又用法之權衡，所謂法外意也。聖人立法制刑之本末，此七言者，大略盡之矣。刑有輕重取舍，陽舒陰慘之不同，然「欽哉！欽哉！惟刑之恤」之意，則未始不行乎其間也。蓋其輕重毫釐之間，各有攸當者，乃天罰不易之定理，而欽恤之意行乎其間，則可以見聖人好生之本心也。據此經文，五刑有流宥，而無金贖，《周禮・秋官》亦無其文，至〈呂刑〉乃有五等之罰，疑穆王始制之，非法之正也。蓋當刑而贖，則失之輕；疑赦而贖，則失之重。且使富者幸免，而貧者受刑，既非所以為平，而又有利之之心，聖人之法，必不然矣。[12]

與〈答鄭景望第二書〉前段闡釋〈舜典〉「象以典刑」之文意近似。這兩封信函的要點，何俊以為有三：（一）從法理上論證刑律的制定並不是依據執政者主觀之情，而應根據課觀之理；（二）從行政上指出濫施輕刑實際上是不負責任的；（三）從訓詁上逐一解讀〈舜典〉

---

12 見朱熹：《晦庵先生朱文公文集》，卷65，收入朱傑人、嚴佐之、劉永祥主編：《朱子全書》，第23冊，總頁3167-3168。

中所載刑律及其施用的對象。[13]分析得極有道理。

　　鄭伯熊字景望，學者稱敷文先生，南宋溫州永嘉縣人。他私淑程頤（1033-1107）的弟子周行止（1067-1125？），屬於洛學一脈，又與薛季宣（1134-1173）交往，兼具事功之思想。[14]鄭伯熊撰有《敷文書說》，選取《尚書》經文與《書序》二十餘條[15]，以議論的方式，闡述一己之見。[16]其中〈象以典刑流宥五刑〉一條，文末一段文字與朱子〈答鄭景望第一書〉相似，《鄭伯熊集》的校注者周夢江曰：

> 校者按：讀《朱子大全·答鄭景望書》，關於「堯、舜之世，一用輕刑之說」，與本書〈象以典刑流宥五刑〉的下段文章，內容相似。不知是否係鄭氏接信後，將朱熹之意錄在自己文章之後？但詳讀前段文章，似與下段文章有些矛盾。疑此下段文章可能係後人所加。今將朱熹原信附錄於後（見附錄四），以供參考。[17]

姑不論加入鄭伯熊《書說》的文詞，是作者自添，抑為後人補入，但

13　參見何俊：〈鄭伯熊與南宋紹淳年間洛學的復振〉，《復旦學報（社會科學版）》2006年第4期，頁44-45。

14　關於鄭伯熊的學術思想，可參周夢江：〈論鄭伯熊的學術思想〉，《溫州師範學院學報（哲學社會科學版）》第27卷第1期（2006年2月），頁1-6；何俊：〈鄭伯熊與南宋紹淳年間洛學的復振〉，《復旦學報（社會科學版）》2006年第4期，頁38-46；周夢江：〈永嘉之學如何從性理轉向事功（代前言）〉，鄭伯熊、鄭伯謙著，周夢江校注：《二鄭集》，頁1-16。

15　原有二十九條，今存二十六條。

16　有關鄭伯熊《敷文書說》之撰作及要旨，可參蔡根祥：《宋代尚書學案》，〈第七章范、鄭學案〉，頁717-734；蔣秋華：〈鄭伯熊《敷文書說》小考〉，嘉義大學中文系編：《鵝湖之會——第一屆宋代學術國際研討會論文集》（臺北市：文津出版社2007年），頁181-193。

17　見鄭伯熊：《鄭伯熊集》，鄭伯熊、鄭伯謙著，周夢江校注：《二鄭集》，總頁8-9。

兩者必然具有密切關係，才會被綰合在一起。

　　綜合以上所引述的資料，可知朱子〈舜典象刑說〉的撰作，應是針對鄭伯熊《書說》中關於刑罰論述的辨駁之作。至於可能的撰作時間，依據周夢江的考證，鄭伯熊於宋孝宗明道六年（1170）秋至七年（1171）春，出任福建路提舉常平茶鹽公事，而朱子此時則居住在建陽府崇安縣家中，從事講學與著述。這一段時間，兩人曾經見面，討論過刑罰的問題，因而有此文與信函的撰作。[18]

三　〈舜典象刑說〉要旨

　　朱子〈舜典象刑說〉一文的撰作原由既明，以下即分析其內容要點。〈舜典象刑說〉曰：

> 聖人之心未感於物，其體廣大而虛明，絕無毫髮偏倚，所謂「天下之大本」者也。及其感於物也，則喜怒哀樂之用，各隨所感而應之，無一不中節者，所謂「天下之達道」也。蓋自本體而言，如鏡之未有所照，則虛而已矣。如衡之未有所加，則平而已矣。至語其用，則以其至虛，而好醜無所遁其形，以其至平，而輕重不能違其則。此所以「致其中和，而天地位，萬物育」，雖以天下之大，而舉不出乎吾心造化之中也。以此而論，則知聖人之於天下，其所以為慶賞威刑之具者，莫不各有所由。[19]

18　參見周夢江：〈論鄭伯熊的學術思想〉，《溫州師範學院學報（哲學社會科學版）》第27卷第1期（2006年2月），頁2-3。

19　見朱熹：《晦庵先生朱文公文集》，卷67，收入朱傑人、嚴佐之、劉永祥主編：《朱子全書》，第23冊，總頁3258。

朱子先從理論上論說聖人制作刑罰的目的，亦即從體用上來說明何以
有刑罰的制定。他借鏡子、權衡為喻，謂聖人之心如鏡，本是虛無
的，亦如權衡，本是持平的。但是虛無可以映照萬物，待感於物而有
所回應，乃可顯美醜；而持平則可以判別輕重，遇物待稱量，乃可斷
其實際重量：即隨物之形而展現其功用。因此，聖人施用刑罰，自有
其客觀的理由。〈舜典象刑說〉接著從〈舜典〉所述之賞罰，發揮聖
人制定刑罰的道理，其曰：

> 而〈舜典〉所論「敷奏以言，明試以功，車服以庸」，與夫制
> 刑明辟之意，皆可得而言矣。雖然，喜而賞者，陽也，聖人之
> 所欲也；怒而刑者，陰也，聖人之所惡也。是以聖人之心，雖
> 曰至虛至平，無所偏倚，而於此二者之間，其所以處之者，亦
> 不能無小不同者。故其言又曰「罪疑惟輕，功疑惟重」，此則
> 聖人之微意也。然其行之也，雖曰好賞，而不能賞無功之士；
> 雖曰惡刑，而不敢縱有罪之人。而功罪之實，苟已曉然而無
> 疑，則雖欲輕之重之而不可得。是又未嘗不虛不平，而大本之
> 立，達道之行，固自若也。故其賞也，必察其言，審其功，而
> 後加以車服之賜。其刑也，必曰「象以典刑」者，畫象而示民
> 以墨、劓、剕、宮、大辟五等肉刑之常法也。其曰「流宥五
> 刑」者，放之於遠，所以寬夫犯此肉刑而情輕之人也。其曰
> 「鞭作官刑，扑作教刑」者，官府學校之刑，所以馭夫罪之小
> 而未麗于五刑者也。其曰「金作贖刑」，使之入金而免其罪，
> 所以贖夫犯此鞭扑之刑而情之又輕者也。此五者，刑之法也。
> 其曰「眚災肆赦」者，言不幸而觸罪者，則肆而赦之。其曰
> 「怙終賊刑」者，言有恃而不改者，則賊而刑之。此二者，法
> 外之意，猶今律令之名例也。其曰「欽哉！欽哉！惟刑之恤

哉」者，此則聖人畏刑之心，閔夫死者之不可復生，刑者之不
可復續，惟恐察之有不審，施之有不當。又雖已得其情，而猶
必矜其不教無知，而抵冒至此也。[20]

此處朱子先以陰陽的理論，來說明聖人何以需制定賞罰，隨後逐句解
說經文大意。綜合整理，約有四個要點：（一）聖人所行之賞罰是公
正的，完全依照各人的所行所為而施用的；（二）對於「象以典刑」、
「流宥五刑」、「鞭作官刑」、「扑作教刑」、「金作贖刑」五種施刑之
法，分別說明其施用的對象與方式；（三）對於「眚災肆赦」、「怙終
賊刑」兩種特別的罪犯，應予的對治之方；（四）說明聖人秉持「欽
哉！欽哉！惟刑之恤哉」之心，是矜慎用刑之態度。

——論述聖人施用刑罰之原則後，〈舜典象刑說〉總結曰：

嗚呼！詳此數言，則聖人制刑之意可見，而其於輕重、淺深、
出入、取舍之際，亦已審矣。雖其重者，或至於誅斬斷割而不
少貸，然本其所以至此，則其所以施於人者，亦必當有如是之
酷矣。是以聖人不忍其被酷者之銜冤負痛，而為是以報之，雖
若甚慘，而語其實，則為適得其宜。雖以不忍之心，畏刑之
甚，而不得赦也。唯其情之輕者，聖人於此，乃得以施其不忍
畏刑之意，而有以宥之。然亦必投之遠方，以禦魑魅。蓋以此
等所犯，非殺傷人，則亦或淫或盜，其情雖輕，若使既免於
刑，而又得便還鄉里，復為平民，則彼之被其害者，寡妻孤
子，將何面目以見之？而此幸免之人，髮膚支體，了無所傷，

---

20 見朱熹：《晦庵先生朱文公文集》，卷67，收入朱傑人、嚴佐之、劉永祥主編：《朱
子全書》，第23冊，總頁3258-3259。

又將得以遂其前日之惡而不知悔，此所以必曰「流以宥之」，
則又有「五流有宅，五宅三居」之文也。若夫鞭扑之刑，則雖
刑之至小，而其情之輕者，亦必許其入金以贖，而不忍輕以真
刑加之，是亦仁矣。然而流專以宥肉刑，而不下及於鞭扑。贖
專以待鞭扑，而不上及於肉刑。則其輕重之間，又未嘗不致詳
也。至於過誤必赦，故犯必誅之法，則又權衡乎五者之內，
「欽哉！欽哉！惟刑之恤哉」之旨，則常通貫乎七者之中，此
聖人制刑明辟之意，所以雖或至於殺人，而其反覆表裏，至精
至密之妙，一一皆從廣大虛明心中流出，而非私智之所為也。[21]

聖人制刑之意，既經由審慎的考量，但對於罹重刑者，雖不忍其受酷
刑，惟其所受，實乃自身之做為所致，不得過於同情而予以赦免。至
於情節較輕之罪犯，亦因行為不當，且為對受害者有所交待，而需施
以懲罰。因此，朱子再詳細解說流、宥、鞭、扑、贖諸刑施用之輕重
層次。最後舉出「過誤必赦，故犯必誅」為執法者依據犯罪者之態
度，而考量罰則的類形，同時矜慎用刑，則是所有量刑的準則。

　　朱子論述完了〈舜典〉聖人制刑之說的詮釋，接著展開對他人觀
點的批駁。〈舜典象刑說〉曰：

而或者之論，乃謂上古惟有肉刑，舜之為流、為贖、為鞭、為
扑，乃不忍民之斬戮，而始為輕刑者，則是自堯以上，雖犯鞭
扑之刑者，亦必使從墨劓之坐，而舜之心，乃獨不忍於殺傷淫
盜之凶賊，而反忍於見殺見傷為所侵犯之良民也。聖人之心，

---

21 見朱熹：《晦庵先生朱文公文集》，卷67，收入朱傑人、嚴佐之、劉永祥主編：《朱
　 子全書》，第23冊，總頁3259-3260。

其不如是之殘賊偏倚，而失其正，亦已明矣。[22]

有人以為上古之世只有肉刑，舜不忍於此，乃有流、贖、鞭、扑等輕刑的設置。對於這種說法，朱子認為這是不當的。蓋若如其說，則是堯以前犯輕罪者，亦以肉刑懲處，而舜對於重罪者，反有憐憫之心，卻無視於受害良民之苦，這是具有公正客觀之心的聖人所不為者。他的反駁，乃是依據自身的理論，循環呼應，自成其一家之言。至於是否符合上古實際之勢，則不必考慮。

〈舜典象刑說〉又曰：

> 又謂周之穆王，五刑皆贖，為能復舜之舊者，則固不察乎舜之贖，初不上及於五刑，又不察乎穆王之法，亦必疑而後贖也。且以漢宣之世，張敞以討羌之役，兵食不繼，建為入穀贖罪之法，初亦未嘗及夫殺人及盜之品也。而蕭望之等，猶以為如此，則富者得生，貧者獨死，恐開利路，以傷治化。曾謂三代之隆，而以是為得哉？嗚呼！世衰學絕，士不聞道，是以雖有粹美之資，而不免一偏之弊，其於聖人公平正大之心，有所不識，而徒知切切焉飾其偏見之私，以為美談，若此多矣，可勝辨哉？若夫穆王之事，以予料之，殆必由其巡遊無度，財匱民勞，至其末年，無以為計，乃特為此一切權宜之術以自豐，而又託於輕刑之說，以違道而干譽耳。夫子存之，蓋以示戒，而程子策試嘗發問焉，其意亦可見矣。[23]

---

22 見朱熹：《晦庵先生朱文公文集》，卷67，收入朱傑人、嚴佐之、劉永祥主編：《朱子全書》，第23冊，總頁3260。

23 見朱熹：《晦庵先生朱文公文集》，卷67，收入朱傑人、嚴佐之、劉永祥主編：《朱子全書》，第23冊，總頁3260-3261。

有人認為周穆王讓五刑皆得自贖，是恢復虞舜的舊制。朱子指出這是不明瞭舜之贖刑不得施用於五刑之犯，而穆王之贖刑，則是針對有疑惑的案件。他舉漢代張敞為充實戰爭的經費，所建議施行的贖刑，其對象亦不及於殺人及劫盜之罪，縱使如此，還遭致蕭望之（？-前46）等大臣的反對。[24]因此，三代盛世之君，自不可能有此不平之制。而孔子存此篇於《尚書》當中，有作為警示的功用，程頤曾於策問中[25]，也表示懷疑。[26]

---

24 有關張敞、蕭望之的爭議，參見《漢書・蕭望之傳》：「是歲西羌反，漢遣後將軍征之。京兆尹張敞上書言：『國兵在外，軍以夏發，隴西以北，安定以西，吏民並給轉輸，田事頗廢，素無餘積，雖羌虜以破，來春民食必乏。窮辟之處，買亡所得，縣官穀度不足以振之。願令諸有罪，非盜受財殺人及犯法不得赦者，皆得以差入穀此八郡贖罪。務益致穀以豫備百姓之急。』事下有司，望之與少府李彊議，以為：『民函陰陽之氣，有仁義欲利之心，在教化之所助。堯在上，不能去民欲利之心，而能令其欲利不勝其好義也；雖桀在上，不能去民好義之心，而能令其好義不勝其欲利也。故堯、桀之分，在於義利而已，道民不可不慎也。今欲令民量粟以贖罪，如此則富者得生，貧者獨死，是貧富異刑而法不壹也。人情，貧窮，父兄囚執，聞出財得以生活，為人子弟者將不顧死亡之患，敗亂之行，以赴財利，求救親戚。一人得生，十人以喪，如此，伯夷之行壞，公綽之名滅。政教壹傾，雖有周、召之佐，恐不能復。古者臧於民，不足則取，有餘則予。《詩》曰「爰及矜人，哀此鰥寡」，上惠下也。又曰「雨我公田，遂及我私」，下急上也。今有西邊之役，民失作業，雖戶賦口斂以贍其困乏，古之通義，百姓莫以為非。以死救生，恐未可也。陛下布德施教，教化既成，堯、舜亡以加也。今議開利路以傷既成之化，臣竊痛之。』」

25 程頤〈為家君作試漢州學策問三首之二〉曰：「《書》為王者軌範，不獨著聖王之事以為法也，亦存其失以示戒爾，〈五子之歌〉是也。如〈盤庚〉之遷國，穆王之訓刑，為是而可法邪？為非非而可戒邪？」見程顥、程頤：《河南程氏文集》，卷8，收入程顥、程頤著，王孝魚點校：《二程集》（北京市：中華書局，2004年），總頁580。

26 《朱子語類》云：「問：『贖刑所以寬鞭扑之刑，則〈呂刑〉之贖刑如何？』曰：『〈呂刑〉蓋非先王之法也。故程子有一策問云：「商之〈盤庚〉，周之〈呂刑〉，聖人載之於書，其取之乎？抑將垂戒後世乎？」』」見黎靖德編：《朱子語類》，卷79，收入朱傑人、嚴佐之、劉永祥主編：《朱子全書》，第17冊，總頁2728。

　　至於穆王之贖刑，他認為是出於巡遊無度，國家缺乏財用，乃行
此權宜之計，而假託輕刑之名以邀譽。鄭伯熊《書說》亦有相似觀
點，其〈呂刑〉條曰：

　　　古者重刑無贖，至穆王好巡幸，無財用，遂造贖法。五刑皆有
　　　贖，墨百鍰，劓惟倍，剕倍差，宮六百鍰，大辟千鍰。聖人存
　　　此篇，所以記法之變，然其亦多好語，有不輕於用刑底意。先
　　　儒論流宥五刑，謂刑之重者，金作贖刑，謂刑之輕者。又曰重
　　　刑不可贖，金贖者，鞭扑二輕刑耳。[27]

據此可知朱、鄭二人對此相關問題，應曾討論過，方有如此類似之語。
〈舜典象刑說〉又曰：

　　　或者又謂四凶之罪不輕於少正卯，舜乃不誅而流之，以為輕刑
　　　之驗。殊不知共、兜朋黨，鯀功不就，其罪本不至死。三苗拒
　　　命，雖若可誅，而蠻夷之國，聖人本以荒忽不常待之，雖有負
　　　犯，不為畔臣，則姑竄之遠方，亦正得其宜耳，非故特為是以
　　　輕之也。若少正卯之事，則予嘗竊疑之。蓋《論語》所不載，
　　　子思、孟子所不言，雖以《左氏春秋》內外傳之誣且駁，而猶
　　　不道也，乃猶荀況言之，是必齊、魯陋儒，憤聖人之失職，故
　　　為此說，以夸其權耳。吾又安敢輕信其言，而遽稽以為決乎？
　　　聊并記之，以俟來者！[28]

27　見鄭伯熊：《鄭伯熊集》，鄭伯熊、鄭伯謙著，周夢江校注：《二鄭集》，總頁35。
28　見朱熹：《晦庵先生朱文公文集》，卷67，收入朱傑人、嚴佐之、劉永翔主編：《朱
　　子全書》，第23冊，總頁3261。

有人認為四凶之罪大過於少正卯，舜卻以輕刑處之。朱子則謂共工、驩兜、鯀三人之罪不至於死，而三苗為蠻夷，故予特殊之對待。至於少正卯之事，孔子（前551-前479）、子思（前483-前402）、孟子（前372-前289？）俱不言及，《左氏春秋》內外傳亦無記載，僅見於《荀子》[29]，朱子以為乃齊、魯陋儒之言，不可輕信。可見朱子仍為舜施輕刑於四凶，有所伸說辯護，是其肯定聖王形象之一貫態度。

〈舜典象刑說〉包括兩部分，前半部為虞舜用刑之闡釋，後半部則就學者之異說，一一駁斥，其解經之態度，仍以調護為主。

四　結語

朱子曰：

> 近日蔡行之送得鄭景望文集來，略看數篇，見得學者讀書，不去子細看正意，卻便從外面說是與非。如鄭文亦平和純正，氣象雖好，然所說文字處，卻是先立箇己見，便都說從那上去，所以昏了正意。如說伊尹放太甲，三五板只說箇「放」字。謂〈小序〉所謂「放」者，正伊尹之罪；「思庸」二字，所以雪伊尹之過，此皆是閒說。正是伊尹至誠懇惻，告戒太甲處，卻都不說，此不可謂善讀書，學者不可不知也。[30]

他從學生處獲得鄭伯熊的文集，看過之後，批評鄭氏的文章「平和純

29　《荀子·宥坐》：「孔子為魯攝相，朝七日而誅少正卯。門人問曰：『夫少正卯，魯之聞人也，夫子為政而始誅之，得無失乎？』孔子曰：『居，吾語女。人有……』」

30　見黎靖德編：《朱子語類》，卷79，收入朱傑人、嚴佐之、劉永祥主編：《朱子全書》，第17冊，總頁2693。

正，氣象雖好」，但是先入為主，盡說己見，反而混淆了原意。他舉
鄭氏說解《書序》伊尹放太甲一事，發現鄭氏寫了很大篇幅來論說一
個「放」字，對《書序》「放」與「思庸」的解說[31]，也抓不住要點。
朱子指這就是不能「善讀書」之過。據此可知，朱子對於鄭伯熊的經
解，並不欣賞，認為他掌握不了經文大義，說解雖多，往往是枝蔓
之語。

　　朱子〈舜典象刑說〉一文，是與鄭伯熊討論《尚書・舜典》論刑
之事後，而撰作的，文中除詳細闡釋〈舜典〉所述聖人用刑之事，也
對學者的不同見解，有所辨駁。鄭氏強調聖人輕刑待民，朱子於其文
中主要的觀點，是聖人制刑賞，必本公正之心，絕無偏私，因而輕重
之罪，皆需懲治。因此，後人在論述朱子的法律觀點時，往往會引述
此文，予以伸說，而有所批判[32]，可見此文之價值。

---

31 鄭伯熊《敷文書說》有〈伊尹放太甲〉一條，見鄭伯熊：《鄭伯熊集》，鄭伯熊、鄭
　伯謙著，周夢江校注：《二鄭集》，總頁26-28。
32 如徐公喜：〈朱熹舜典象刑說的刑法思想〉，《上饒師專學報》第18卷第1期（1998年
　2月），頁35-39；吳曉玲、魯克敏：〈傳統儒家德刑關係理論的傳承和嬗變——論朱
　熹德刑關係理論〉，《河北法學》第23卷第1期（2005年1月），頁71-75；蕭建新：〈朱
　熹的德刑觀新論〉，《孔子研究》2006年第4期，頁84-91。

黃榦、陳淳與《四書》

蘇費翔 (Christian Soffel)

德國特里爾大學教授

序　從《五經》到《四書》

　　朱熹（1130-1200）於宋代無疑占有特殊之地位。他被後輩學者所推崇之極，部分是因為學術之淵博，但又是——如田浩教授所證明——朱熹自身想鞏固他在道學傳統的重要性，認為自己跟孔子的靈有特別深入的感通。[1]另外在十三世紀初期，朱熹的門徒推舉先師的活動，影響後代學者褒獎朱熹；他們的勢力自然不可低估。

　　朱熹於一二〇〇年逝世，其門人要培養下一代的學術人才時，面臨不少挑戰。一則道學禁（1195／1196年到1202年之間）尚未解開，因此他們要保障與維護道學傳統，使朱子學在文人社會中的影響力不會衰弱。二則朱熹在道學傳統內亦是有對手的；尤其是陸九淵（1139-1193）的繼承人與朱子學徒互相對峙，因此朱熹門人必須保持自己的師法。三則朱熹門徒之間亦有著不少爭論，必互相切磋琢磨，塑造一個「標準」的朱子學體系，方便後輩學者使用，讓他們比較容易地可以進入朱子學術的正堂。四則必須整理朱熹豐富作品，重新編輯與出版，把朱熹的文章與理論傳給後輩學人；不僅要編纂朱熹親手之作，又要撰定學生的記錄（如後來成為《朱子語類》等資

---

[1] 田浩：《朱熹的思維世界‧增訂版》（臺北市：允晨文化實業公司，2008年），頁388。

料）。五則因為朱熹部分的思想還沒有很理想的體例，因此要梳理他的一些作品，來增加朱子學說在文人之間的接受度。六則朱熹在「道統」[2]的傳統占據核心的位置，門人亦是綿延不絕述說朱熹的道統論與朱熹在道統的地位，以冀將來可得到官方的認同。

在這篇文章中，筆者談及以上種種情形，來討論朱熹的弟子論朱熹與道統的關係，即《四書》之建立。「道統」與「四書」兩種概念，現代學者（如陳榮捷、錢穆）[3]都視朱熹為最大貢獻之要者，與其「集新儒學之大成」鼎足而立。[4]

在十三世紀初期，道統與《四書》具有什麼地位？而朱熹的門人對這兩種概念又有何種看法呢？據朱熹之說，《論語》、《大學》、《中庸》、《孟子》恰好為孔子、曾子、子思、孟子之語錄或編輯之作[5]，代表中期道統最核心之一部分；換言之，道統與《四書》密切相關。

筆者想仔細分析這兩種概念相互關係之演變，庶幾可了解一二〇〇至一二二〇年間朱熹學統的發展。重點是朱熹兩位高徒黃榦

2　從朱熹的角度來看，「道統」是指堯、舜、禹、商湯、周文王、周武王、周公、孔子、曾子、子思、孟子、周敦頤、二程兄弟、張載的儒家傳統。

3　陳榮捷：《朱學論集》（臺北市：臺灣學生書局，1982年），頁13-18。錢穆：〈朱子學術述評〉，收入《中國學術通義》，《錢賓四先生全集》（臺北市：聯經出版事業公司，1994-1997年），第25冊，頁101。

4　朱熹的門人黃榦與陳淳尤其提倡朱熹「集大成」之功。參見拙著"Das Motiv der „Großen Synthese" von Menzius bis zur Song-Dynastie", 載Lena Henningsen, Marton Hofmann編Tradition? Variation? Plagiat? —Jahrbuch der Deutschen Vereinigung für Chinastudien 6 (Wiesbaden: Harrassowitz, 2012)，頁73-86.

5　論《大學》之於曾子之關係，朱熹曰：「孔子……取先王之法，誦而傳之。……曾氏之傳獨得其宗，於是作為傳義，以發其意。」又曰：「經一章，蓋孔子之言，而曾子述之。……其傳十章，則曾子之意而門人記之也。」載於〈大學章句序〉，收入《四書章句集註》，朱傑人、嚴佐之、劉永翔主編：《朱子全書》（上海市：上海古籍出版社，2005年），第6冊，頁14、17。論《中庸》之於子思之關係，朱熹曰：「《中庸》何為而作也？子思子憂道學之失其傳而作也。」載於〈中庸章句序〉，收入《四書章句集註》，《朱子全書》，第6冊，頁29。

（1152-1221，字直卿，號勉齋；「榦」或作「幹」）與陳淳（1159-1223，字安卿，號北溪）。

筆者最近已發表一些論文來談論這兩位學者的爭辯。有〈黃榦、陳淳與五經之學〉一文[6]，證明黃、陳二氏較早期的小學作品並不是專門談論「四書學」，而仍受傳統「五經學」之巨大影響；二人從一二〇〇年起才逐漸視《四書》為學業之基礎。筆者另一篇論文又證明《近思錄》在某段時間內為《四書》之重大挑戰者，而《近思錄》尤見陳淳所推崇。[7]

本篇論文將以較廣的角度來探討這兩位學者，尤以朱熹逝世後門徒看待學術傳承體系（如「道統」觀念）之態度為最，包括他們對朱熹的看法、弘揚朱熹的努力和繼承其師系的抱負。黃榦與陳淳如何鞏固朱熹在儒家傳統的地位，如何將朱熹的貢獻與《四書》相聯合等等，是論文的另一個重點。又藉此證明《四書》於一二〇〇到一二二〇年間纔漸漸擴張其重要性。

一　黃榦如何對待異己的觀念

想討論黃榦，必須先了解他對其他學者的態度。傳統文獻有不少地方指出黃榦胸懷很大，樂於保留與自己相異的學術觀點。如《四庫全書總目》的編者曾讚賞黃榦這種心胸，提出黃榦如何對待林栗（1142年進士）。林栗是朱熹晚年很犀利的對手，曾經推動「道學

6　拙著 "Huang Gan, Chen Chun and the Study of the Five Canon Texts"，收入林慶彰、蘇費翔編：《正統與流派——歷代儒家經典之轉變》（臺北市：萬卷樓圖書公司，2013年），頁657-676。

7　拙著：〈《近思錄》《四子》之階梯——陳淳與黃榦爭論讀書次序〉，收入陳來編：《哲學與時代：朱子學國際學術研討會論文集》（上海市：華東師範大學，2012年）。

禁」。《四庫全書總目》曰：

> 栗與朱子論《易》不合，至搆釁攻擊。朱門弟子有欲火栗之書
> 者，斡紹栗文，獨能不沒其所長。可謂絕無門戶之見。[8]

現代人都不太知悉林栗在「道學禁」解除後的處境。[9]朱熹的門人怨
恨林栗非常猛烈，因此後代沒有保存有關他的資料，至今亦有深遠的
影響力。[10]

林栗去世後，黃榦撰寫一篇祭文，云：

> 嗟！往哲之垂訓曰：「剛毅其近仁。」[11]苟緝熙以學問[12]，庶德
> 業其日新。相彼頹俗，與波俱淪。……若夫剛正不懼，仕優而
> 學，求之斯世，如公幾人？嗟哉！我公受天勁氣，為時直臣，
> 玩羲經之文象，究筆削於獲麟，忘齒尊而爵貴，常矹矹以諄
> 諄。至其立朝正色，苟咈吾意，雖當世大儒，或見排斥；著書
> 立言，苟異吾趣，雖前賢篤論，亦不樂於因循。觀公之過而公
> 之近仁者，抑可見矣。論者固不可以一眚而掩其大醇也。其試
> 吏長沙，低回下陳，辱公見知，相待如賓，雖公事之屢忤，然

8　《四庫全書總目提要》（上海市：商務印書館，1933年），第4冊，卷161，頁3379。

9　《宋史》甚為簡略，僅言：「侍御史胡晉臣劾栗，罷之，出知泉州，又改明州。奉祠
　　以卒，諡簡肅。」見《宋史》（北京市：中華書局，1977年），卷394，頁12032。

10 林栗《周易經傳集解》等書仍存，但是目前有關林栗的研究並不多。

11 見《論語》：「子曰：『剛、毅、木、訥近仁。』」A Concordance to the Lunyu《論語
　　逐字索引》，The ICS Ancient Chinese Texts Concordance Series《先秦兩漢古籍逐字索
　　引叢刊》（香港：商務印書館，1995年），13.27/36/23。

12 見《毛詩·周頌·敬之》：「學有緝熙于光明。」A Concordance to the Maoshi《毛詩
　　逐字索引》，The ICS Ancient Chinese Texts Concordance Series《先秦兩漢古籍逐字索
　　引叢刊》，288/149/6。

既久而益親。何一老之不遺，淚琅琅而沾巾？⋯⋯所望以問政
于公者，今不可復得矣。[13]

可知林栗很勇敢地發表自己獨特的看法，又不懼自己的論點或許會傷
害聲譽，使黃榦很佩服他。黃榦如此積極的看法似乎跟他自己在長沙
遇到林栗的經驗有關。另外，林栗與黃榦皆為福州人，或許有同鄉之
情。當然，每一篇祭文應有讚美死者之功能，而黃榦仍批評林栗無法
接受其他學者（包括朱熹）有道理的論點。

　　黃榦能接受與己不同之觀念，還有諸多例證。他曾寫過一篇書信
給葉賀孫（1167-1237），澄清其對於編輯《朱子語類》的意見：

此一段乃近見一朋友語錄中所載。又豈可以其與《四書》不
合，而削之乎？義理無窮，正可憂，正可懼，不可執一說而遂
以為安也。[14]

這幾句跟另外一篇書信有關：黃榦強調，編輯《朱子語類》必須收納
互相矛盾的言論，這剛好代表朱熹為學之法：

如語錄中所載與《四書》不同者，便逐削去，則朱先生所集程
先生語錄，胡為兩說不同而亦皆採取耶？天下義理正未可如此
看也。雖朱先生不敢以自安，而學者乃欲率然如此，何耶？朱
先生一部《論語》直解到死，自今觀之，亦覺有未安處，且如

---

13 黃榦：〈代祭林黃中侍郎文〉，《勉齋集》，《四庫全書電子版》（香港：迪志文化出
　　版，1999年），卷39，頁25b-26a。
14 黃榦：〈復葉味道書〉，《勉齋集》，卷8，頁12b。

「不亦君子乎」[15]一句，乃是第一段幾番改過。[16]

雖然黃榦對各種論說都很寬容，但在陳淳談論《近思錄》的時候，還是堅守自己的觀點。[17]若要判斷黃榦如何創建一種「朱熹的標準印象」傳給後輩（詳見下文），一定要顧及這個特色。

　　黃榦對朱熹的態度一樣是採取綜合「多元」與「篤實」的兩種特徵。有時候，他很強烈地維護自己的論點（不管是否與朱熹或其高徒的見解相符）；因此黃震（1213-1281）認為黃榦「強毅自立」，具有自己的堅持力，在《黃氏日抄》指出黃榦與朱熹眾弟子大有不同：

> 獨勉齋先生強毅自立……。如輔漢卿[18]疑惡亦不可不謂性；如李公晦[19]疑喜怒哀樂由聲色臭味者為人心，由仁義禮智者為道心；如林正卿[20]疑《大易》本為垂教，而伏羲、文王特借之以卜筮；如真公[21]刊《近思錄》語，先《近思》而後《四書》，先生皆一一辯明，不少恕。甚至晦庵謂《春秋》止是直書，勉齋則謂其閒亦有曉然若出於微意者。[22]

我們發現，黃榦的意見不但跟朱子其他門徒有別，偶爾又是與朱熹相異。另一方面，黃榦非常重視保留朱子思想的真正面貌。是故《四庫

---

15 《論語》，《先秦兩漢古籍逐字索引叢刊》1.1/1/4。
16 黃榦：〈復葉味道書〉，《勉齋集》，卷8，頁11a-11b。
17 參見拙著：〈《近思錄》《四子》之階梯——陳淳與黃榦爭論讀書次序〉。
18 輔廣（字漢卿）。
19 李方子（進士1214，字公晦）。
20 林羽（字正卿）。
21 真德秀（1178-1235）。
22 黃震：《黃氏日抄》，《四庫全書電子版》，卷14，頁45a-b。

全書總目》論黃榦曰：

> 昔朱子作竹林精舍成，嘗遺榦書，有他時便可請直卿代。即講
> 席之語，榦亦能堅守師說，始終不貳。[23]

二　黃榦、朱熹與《四書》

現在我將要討論黃榦與陳淳在讚美朱熹的時候，重視他的何種貢獻。黃榦無疑為朱熹最忠實的門人之一。雖然如此，我們會發現他並沒有不斷地強調建立《四書》為朱熹重大貢獻，而在紀念其恩師的作為時，也沒有在每一個機會提出《四書集注》的編纂。若仔細研究，可以看出其有關說法並不完全一致。舉例來說，他曾寫書信給朱熹的門人鄭文遹（1167-1224），有曰：

> 榦日因多事，不得專意講習為懼。承日課《詩》、《禮》，計有
> 新功。世間事無不當讀，況涵泳持久，以養情性者乎？但
> 《語》、《孟》、《近思》，是初讀書用工緊要處。須是熟讀精思
> 真可聖賢意思，則以此讀世間書，是非得失方有尺度，不至於
> 泛然徒為誦記而已。此皆前輩所已言，承問輒及之。[24]

此文應該是一一九二到一一九六年間所寫[25]，因此屬黃榦早期之作。

23　《四庫全書總目》，第4冊，卷161，頁3379。
24　黃榦：〈與鄭成叔書〉，《勉齋集》，卷9，頁2b-3a。
25　黃榦寫給鄭文遹的書信有若干篇。其中一部分是有加年份的，皆按照順序收入黃榦的全集（《勉齋集》）中。上述書信位置剛好在兩篇壬子（1192）與丙辰（1196）年書信之間。

有趣的是，他認為最扼要的讀物並不是「《四書》」，而是《論語》、《孟子》、《近思錄》三部書，而且又強調這樣的讀書次序是「前輩」（應該是指朱熹）發明的。他沒有提及《大學》、《中庸》二篇，可知黃榦當時還沒有把《四書》視為初學的必讀總體。另外，這一段證明黃榦起初還是相當推崇《近思錄》。黃榦晚歲卻不然，重視《四書》而低估《近思錄》，且在這方面與陳淳發生激烈的爭論。[26]

　　跟鄭文遹交信很久之後，黃榦仍與朱熹的門徒李方子談論《近思錄》的地位，曰：

> 《四子》之序，以《大學》、《語》、《孟》、《中庸》為次。《近思》乃雜《詩》、《書》於《語》、《孟》之後。專言《四子》，則不及《詩》、《書》；泛言讀書，則雜以《詩》、《書》，亦各是一意，於學者用功初不相悖也。[27]

在這一篇文中，黃榦把朱熹稱為「先師」（即「已故之老師」）[28]，因此我們知道是一二〇〇年後寫的，或許沒太久之後。在此，黃榦將《四子》視為一個整體，並依一般的順序（即《大學》、《論語》、《孟子》、《中庸》）排列出來。除此之外，他又提出另一種讀書次序：朱熹與呂祖謙（1137-1181）曾編著《近思錄》，在言讀書法一段談到讀群書正確的順序，引用北宋諸儒的幾句話，以《大學》、《論語》、《孟子》、《詩》、《書》、《中庸》、《易》、《春秋》為序。[29]黃榦以為初學者

26　參見拙著：〈《近思錄》《四子》之階梯——陳淳與黃榦諍論讀書次序〉。

27　黃榦：〈復李公晦書〉，《勉齋集》，卷8，頁18b。

28　同上，頁18a。

29　見《近思錄》（《朱子全書》，第13冊），卷3，頁198-204。葉采《近思錄集解》詳言之曰：「始於《大學》，使知為學之規模次序，而後繼之以《論》、《孟》、《詩》、《書》。義理充足於中，則可探大本一原之妙，故繼之以《中庸》。達乎本原則可以

有兩種可行的讀書法，一是專攻《四子書》，二是沿用《近思錄‧讀書》的次序，將《詩》、《書》放置於《孟子》與《中庸》之間。他雖然把《四子書》當作一個整體，但是仍然提出另一種學術途徑。

在上面舉出的例子可見，黃榦對《四書》的態度並沒有很簡單，他雖然尊重《四書》的地位，但是並沒有堅持讀書一定要從《四書》起始。

在他晚期的作品當中，他確是比較肯定《四書》要當作基礎的讀物。例如他於一二二一年（自己去世的前一年）寫朱熹的行狀曰：

> 為學莫先於窮理，窮理必在於讀書。讀書之法莫貴於循序而致精。致精之本則又在於居敬而持志。……先生教人，以《大學》、《語》、《孟》、《中庸》為入道之序，而後及諸經。以為不先乎《大學》，則無以提綱挈領而盡《論》、《孟》之精微。不參之以《論》、《孟》，則無以融會貫通而極《中庸》之旨趣。然不會其極於《中庸》，則又何以建立大本、經綸大經而讀天下之書、論天下之事哉？[30]

我們會發現，黃榦謂《四書》依序為讀書之要點，而且又為「建立大本、經綸大經」之必備條件，與世上萬事幾乎有一種神秘之關係。他寫於一二一六年的一分講稿又曰：

窮神知化，故繼之以《易》。理之明、義之精而達乎造化之蘊，則可以識聖人之大用，故繼之以《春秋》。明乎《春秋》之用，則可推以觀史而辨其是非得失之致矣。」朱熹、呂祖謙編，葉采集解：《近思錄》，《四庫全書電子版》，卷3，頁1b。

30 黃榦：〈朝奉大夫文華閣待制贈寶謨閣直學士通議大夫諡文朱先生行狀〉，《勉齋集》，卷36，頁30a、44b。按：《四庫全書》「侍」作「待」，似誤。

　　　　所讀之書則先之以《大學》，次之以《語》、《孟》，而終之以
　　　　《中庸》。其為科級，則又皆可循序而進也。[31]

讀了上述例句之後，可見黃榦對《四書》尊敬的態度越來越強，而在
臨終的時候達到頂峰。雖然如此，他在最晚期的作品當中，談到朱熹
的偉大學業之時，還是不一定會提到朱熹創造《四書》之事：在黃榦
《勉齋集》有兩篇文章題為〈祭晦菴朱先生文〉。其中第一篇有曰：

　　　　若昔孔、孟，迄于周、程，異世相望，各以道鳴。迫去古之益
　　　　遠，當異說之縱橫，其精微之蘊，既不可得而見。幸而托諸文
　　　　字之間者，亦且踵訛承舛而莫見其全經。自夫子之繼作，集累
　　　　聖之大成。[32]

本引文「夫子」無疑是指朱熹。[33]在此黃榦講到朱熹在儒家傳統（孔
子、孟子、周敦頤〔1017-1073〕、二程兄弟等等，即所謂「道統」）
的地位，而且又稱讚朱熹「集大成」之功勞。
　　同樣一篇文章再論朱熹對經典詮釋的特色，又稱：

　　　　〔朱子〕謂《中庸》為奧之閫奧，謂《大學》為入道之門庭。
　　　　究本義以言《易》而深得卜筮之旨，黜〈小序〉以正《詩》而
　　　　力辨〈雅〉、〈鄭〉之聲。探《語》、《孟》之編而如對鄒、魯之
　　　　問答，述周、程之書而一新濂、洛之典型。[34]

---

31 黃榦：〈講義・竹林精舍祠堂〉，《勉齋集》，卷1，頁13a-b。
32 黃榦：〈祭晦菴朱先生文〉，《勉齋集》，卷39，頁4b。
33 黃榦這篇文章前文亦用到「夫子」兩個字來稱呼朱熹，曰：「夫子胡乃一疾而隕其
　　生。」
34 黃榦：〈祭晦菴朱先生文〉，《勉齋集》，卷39，頁5a-b。

在此黃榦強調朱熹揭發《中庸》、《大學》、《論語》、《孟子》之奧秘，卻沒有把這四部經典組成一套「《四書》」。顯然黃榦以為朱熹組合《四書》的工作沒有特別重要。〈祭晦菴朱先生文〉是論朱熹在道統的地位，而《四書》又代表道統觀念之核心思想；黃榦論朱熹「集累聖之大成」，卻沒有談「集《四書》」之功，可知他忽視「道統」與「四書」之關係。

黃榦寫給李方子的書信，與上述〈祭晦菴朱先生文〉很有可能是一二〇〇年稍後所寫。那時黃榦剛經歷朱熹逝世之日子，面對這樣的苦難，必找機會寫祭文發洩感情；黃榦在這些文章中也沒用到朱熹於一二〇九年得到的諡號「文公」[35]，又可以證明此文為當時所作。若是這樣的話，黃榦於一二二〇年臨終的時候，才開始強調《四書》一整體的重要性。

黃榦全部作品當中，只有一個地方標出朱熹學術的精神集中在《四書》裡面，曰：「先師文公之學見之《四書》。」[36]但是這句話是用朱熹《大學章句》來證明程頤（1033-1107）重視「敬」的觀念有持續性；並不是說《四書》本身有特殊地位，更不是讚揚朱熹組合《四書》對讀書方法有很大的貢獻。

三　陳淳、朱熹與《四書》

陳淳的狀況也是相當複雜的。其初，他並沒有學讀《四書》，而是通過《近思錄》才進入道學的群體。[37]他內心對朱熹深切崇尚，亦有許多例證。早在朱熹還在世之時，他不在乎道學各種派別之爭，直

35　《朱子全書》，第27冊，《附錄》，頁160。
36　黃榦：〈聖賢道統傳授總敘說〉，《勉齋集》，卷3，頁19a。
37　《宋史》，卷430，頁12788。

接稱讚朱熹在道統體系之卓越地位。譬如〈初見晦菴先生書〉（於
1190年所寫）有云：

> 自孔、孟沒，天下貿於俗學。蓋千四百餘年，得濂溪周子、河
> 南二程子者出，然後斯道有傳而正學始有宗主。自程子至今，
> 又百餘年矣。見知、聞知代不乏人，然淵源純粹精極真可以當
> 程氏之嫡嗣而無愧者，當今之世捨先生其誰哉？而天下學士有
> 志於古，欲就有道而正之者，非先生亦誰與歸哉？[38]

可見，陳淳忽視呂祖謙、張栻（1133-1180）、陳亮（1143-1194）、陸
九淵等人有益於道學之所為，強調南宋唯有朱熹有資格承擔二程兄弟
的大傳統。

雖然如此，陳淳非常重視《近思錄》當作道學之入門書。他一方
面承認《四書》對初學者有功用，二方面卻自己偏好《近思錄》。

陳淳部分的作品仍是以《四書》思想為中心。於一二一六年在嚴
陵做幾場演講，後來發表成《嚴陵講義》。在此，陳淳以為《四書》
的作用不僅在於闡述朱熹的註解，而更是讀書過程中的主要階梯，使
讀者體會到經典或史書的精髓。在〈讀書次序〉一章有曰：

> 蓋不先諸《大學》，則無以提挈綱領，而盡《論》、《孟》之精
> 微；不參諸《論》、《孟》，則無以發揮蘊奧，而極《中庸》之
> 歸趣；若不會其極於《中庸》，則又何以建立天下之大本，而
> 經綸天下之大經哉？是則欲求道者，誠不可不急於讀《四
> 書》。……由是而進諸經，與凡讀天下之書，論天下之事，皆

---

38 陳淳：〈初見晦菴先生書〉，《北溪大全集》（四庫全書電子版），卷5，頁1b。

　　莫不冰融凍釋。[39]

　　這樣的說法很接近黃榦於一二二一年所寫〈朝奉大夫文華閣待制贈寶
謨閣直學士通議大夫謚文朱先生行狀〉一文的語句（見上文），可見
陳淳與黃榦的意見是一致的。

　　再之後，陳淳發書信給他的學生陳沂，曰：

　　　廖文令[40]先看《集義》[41]諸家之說，各有落著，方將《集注》
　　　玩味，謂「文公亦是從諸說中淘來做《集注》。」然此蓋未成
　　　《集注》時讀書之法也。文公本先覺大才，又早於儒宗傳心正
　　　統得之有素，故可從諸家說中淘來做《集注》，茲可以常法
　　　論。今幸已有《集注》，為學者準程，何可放緩作閒物？且復
　　　循舊轍責常情以先覺之事，世恐必有明睿之才可以如文公之
　　　法，但愚未之見只據愚，以魯鈍之質言之，決不敢若是之泛。
　　　先須專從事《集注》為一定標準，果於是復熟屢飫胸中已有定
　　　見，然後方可將《集義》諸家說來相參較，仍以《或問》之書
　　　訂之，方識破諸家是非得失，了無遁情，而益見得《集注》明
　　　潔親切。辭約而理富，義精而味長，信為萬世不刊之書。非
　　　是，禁人絕不要看《集義》與《或問》之書也。故凡以讀《集
　　　注》為可緩，及慮其枯澀無浹洽意者，皆是未得《集注》中趣
　　　味而然。[42]

39　《北溪大全集》卷15，頁7a-b，《嚴陵講義・讀書次序》。又見陳淳：《北溪字義》
　　（北京市：中華書局，1983年），頁79。
40　本人無法澄清廖文令的本名。「文令」或是字號，或是官位。
41　《集義》必指朱熹所編《論孟精義》。
42　陳淳：〈與陳伯澡論李公晦往復書〉，《北溪大全集》，卷28，頁10a-11a。這篇書信亦
　　有曰：「壬申五月之書、丙子六月之書、及《嚴陵用功節目講義》、與《貫齋記》所

陳淳指出朱熹的特殊性，以為近世只有他憑其「明睿之才」，有能力判別《學》、《庸》、《論》、《孟》各家註解之妥當與否。換言之，《四書集注》成為一個標準，這套書又是代表朱熹專擅之領域，給他很特殊的地位。

　　陳淳寫另外一篇書信給陳沂，講得還更清楚：

> 《四書》者實後學求道之要津。幸文公先生註解已極精確實，自歷代諸儒百家中磨刮出來，為後學立一定之準。……誠有以訂千古之訛，正百代之惑。[43]

正如黃榦的例子（見上），陳淳用「集大成」之說法來描繪朱熹在儒家傳統之重要性。另外，他跟黃榦一樣把朱熹視為南宋道統之卓越代表人物。舉例來說，在《嚴陵講義‧師友淵源》一篇中言儒學大傳統歷代之繼承，一論到朱熹曰：

> 有朱文公，又即其微言遺旨，益精明而瑩白之，上以達群聖之心，下以統百家而會於一。蓋所謂集諸儒之大成，嗣周、程之嫡統，粹乎洙、泗、濂、洛之淵源者也。[44]

這份講稿的目標就是糾正自伏羲至於朱熹的儒家傳統。一方面他沿襲朱熹所提倡的「道統」體系，重視孔子正《六經》之工作，指出孔

以諄諄屬意於知、行兩節，亦已苦口矣。」（頁8a-b）可見其為嚴陵演講之後所著。
　按：《貫齋記》，陳沂著，今佚，見朱彝尊著，林慶彰等編：《經義考新校》（上海市：上海古籍出版社，2010年），第3冊，卷37，頁653。

43 陳淳：〈答陳伯澡一〉，《北溪大全集》，卷27，頁1b-2a。

44 陳淳：〈師友淵源〉，《北溪大全集》，卷15，頁3b-4a。在此以「萃」作「粹」，參見《北溪字義》，頁77，註1。

子、曾參、孔伋（即子思）、孟子於道統密切相關的主要人物。[45]但二方面並沒有提出朱熹編輯《四書》工作會提高道學的水準。

除此之外，陳淳還有多次論及朱熹在儒家大傳統之地位。[46]他雖然激烈弘揚朱熹不可或缺的重要性，但是很少會特別提出《四書》或《四書》的編輯工作。

上述陳淳強調《四書》的引文部分確定是晚期作品，其餘皆是無年份可考。因此可以推論他年輕的時候注重《近思錄》，至晚歲他的看法有變，多以《四書》為主。原因可能是陸九淵學派的挑戰，使他更著重朱熹的代表作，來證明自己的師系才是正統學派。

總論

有學者以為陳淳與黃榦的角色主要是「用教育、講學與著書的方式來傳播朱熹的思想」。[47]這篇文章的目的是要重新評估這樣的見解。實際上，除了振興朱熹的學說之外，他們又花了很多時間將朱熹的新學說系統化。朱熹一去世，陳淳與黃榦見到朱熹遺留文章中有相互矛盾之理論，因此感到不安，而且對朱熹之遺言有所爭議。隨著他們兩位建立朱熹成果的一個「標準系統」。

本篇文章談《四書》的例子。黃榦與陳淳雖然非常推崇朱熹本人與朱熹的學說，但是朱熹組合《四書》之工作並非被他們所重視。這與現代學者（如錢穆、陳榮捷等）的看法迥然有別。朱熹一去世，黃

---

45 陳淳言孔子「作《六經》，為萬世師，而回、參、伋、軻實傳之」。〈師友淵源〉，《北溪大全集》，卷15，頁2b-3a；《北溪字義》，頁76。

46 如《北溪大全集》卷4，頁11a，〈晦菴先生贊〉又云：「德稟純陽，清明剛健。篤學真知，全體實踐。集儒之粹，會聖之精。金聲玉振，紹古作程。」

47 Conrad Schirokauer, 有關"Chen Chun"的文章，收入Yao Xinzhong: *RoutledgeCurzon Encyclopedia of Confucianism*（London etc.: RoutledgeCurzon, 2003），頁42。

榦與陳淳竭力讚揚朱熹，極力申述其在道統之卓越地位，但不提《四書集注》之編纂。再過二十年之後（約於1220年前後），始開始多談朱熹編《四書》之事。

看透他們兩位面對的處境，便可知其所以然。於一二〇〇年前後，道學禁尚未解除，黃榦與陳淳務必弘揚道統來證明朱熹一人之重要性。朱熹後來被朝廷所承認（如1209年諡為「文公」），沒有必要再捍衛朱熹本身之重要性，但是需要制定朱熹之學說，方便初學者入門。

上述分析的結果就是只有一二二〇年左右《四書》才成為「朱子學」的代表性經典。另外，黃榦與陳淳曾經談論《近思錄》的過程中，可見到在十三世紀初期道學家基本讀書次序是有爭議的。這現象與本篇文章的結論恰相吻合。

黃榦與陳淳需要很久才開始推動以《四書》為中心的朱子學系統，似乎可見朱熹自己注重《四書》還沒有如後代的人那樣的激烈。果然，朱熹仍然以為《五經》為基本的一個標準，「曾經聖人手，全是天理」[48]，而《四書》主要是方便求學的工具。更重要的是，朱熹很少用到《四書》或《四子》的名稱──《晦庵集》中僅有少數的例子；再且《四書》與《四子》的名稱是通用的。若是朱熹真的提倡《四書》來奠定道統的傳承，那麼黃榦與陳淳在弘揚朱熹在道統的地位的時候，為何沒有早在一二〇〇年就馬上強調《四書》的特殊性呢？這個普遍的看法必須重新探討。

---

48 《朱子語類》，《朱子全書》，第14冊，卷11，頁347。

宋代《四書》文獻著者的
地域分佈初探

顧宏義

華東師範大學古籍研究所所長

儒學發展至兩宋時期，《論語》、《孟子》、《大學》、《中庸》四書的影響日趨重要，並隨著朱熹《四書章句集注》的完成，而最終成為儒學的核心經典，從而在儒家經學及傳統學術中占有顯要地位。[1]因此之故，宋人注解、講說《四書》的著述卷帙繁多，而其著者人數甚眾，其社會、政治、學術情況也複雜多樣。但於此至今尚未見有相關之研究，故本文擬就宋朝《四書》類文獻的著者情況，如人數以及年代、地理分佈等，作一探析，以利於有關宋代理學、《四書》學以及朱子學等研究的深化。

兩宋時期曾撰寫有《四書》類著述的學者人數甚眾，但具體數據如何，至今未曾見有統計。筆者今正進行有關《宋朝四書文獻研究》項目，故依據朱彝尊《經義考》以及有關方志、文集中之序跋、墓誌銘等資料，對此作一不完全的統計，勾稽出兩宋《四書》文獻的著者共計有四百六十七人，其內並不包括佚名者、宋代後人託名者[2]，且

---

1 參見朱漢民、蕭永明：《宋代《四書》學與理學》（北京市：中華書局，2009年），頁2。

2 如明、清諸藏書目錄中多有收藏的題名蘇洵所纂之《蘇老泉批點孟子》，然明人孫緒：《沙溪集》（上海市：上海古籍出版社，《文淵閣四庫全書》本），卷13，〈無用

對於由宋入元的學者,則一般取於宋時已應舉入仕、而入元後不再仕者,即大體斷在淳祐十年(1250)前出生者。

宋朝《四書》著述的發展,與宋朝理學的創立、興盛關係密切。對於宋朝理學的發展過程,《宋史・道學傳序》有著簡要之概括,曰:

> 至宋中葉,周敦頤出於舂陵,乃得聖賢不傳之學,作《太極圖說》、《通書》,推明陰陽五行之理,命於天而論人性者,瞭若指掌。張載作〈西銘〉,又極言理一分殊之情,然後道之大原出於天者,灼然而無疑焉。仁宗明道初年,程顥及弟頤寔生,及長,受業周氏,已乃擴大其所聞,表章〈大學〉、〈中庸〉二篇,與《語》、《孟》並行,於是上自帝王傳心之奧,下至初學入德之門,融會貫通,無復餘蘊。迄宋南渡,新安朱熹得程氏正傳,其學加親切焉。大抵以格物致知為先,明善誠身為要,凡《詩》、《書》、六藝之文,與夫孔、孟之遺言,顛錯於秦火,支離於漢儒,幽沉於魏、晉、六朝者,至是皆煥然而大明,秩然而各得其所。此宋儒之學所以度越諸子,而上接孟氏者歟。[3]

閒談〉有云:「縉紳家相傳《批點孟子》為蘇老泉親筆,然其批語內卻引洪景盧語,景盧去老泉六、七十年,傳者未之察也。」《四庫全書總目・蘇評孟子提要》故進而考證云:「考是書《宋志》不著錄。……宋人讀書,於切要處率以筆抹。故《朱子語類》論讀書法云:先以某色筆抹出,再以某色筆抹出。呂祖謙《古文關鍵》、樓昉《迂齋評注古文》亦皆用抹,其明例也。謝枋得《文章軌範》、方回《瀛奎律髓》、羅椅《放翁詩選》始稍稍具圈點,是盛於南宋末矣。此本有大圈,有小圈,有連圈,有重圈,有三角圈,已斷非北宋人筆。其評語全以時文之法行之,詞意庸淺,不但非洵語,亦斷非宋人語也。」

3 〔元〕脫脫等:《宋史》(北京市:中華書局,1985年),卷427,〈道學傳一〉,頁12710。

上述說法大體也吻合宋朝《四書》著述的發展情況，因此，宋朝《四書》著述的發展似亦可以二程、朱熹為標誌分為四個階段，並可進而對《四書》著者的情況分段探討：第一階段自宋初至仁宗天聖九年（1031），約七十年。第二階段自程顥出生的明道元年（1032）至高宗建炎三年（1129），約一百年。自朱熹出生的建炎四年（1130）至南宋末，因時間過長，故可以朱熹之死（1200）為標誌，分為第三、第四前後兩個階段。如此分段，很大程度上是出於便利統計分析的需要。其中那些生卒年不詳的著者，即以其應舉、入仕時間以及其親屬、師友等情況來推斷。由此可知宋朝《四書》文獻之著者數，第一階段計有三十七人，第二階段計一百六十四人，第三階段計一百八十六人，第四階段計八十人。由此著者之數，即可從一個側面印證上述《宋史·道學傳序》之說，即二程、朱熹之鉅大影響。

兩宋時期，各地區經濟文化的發展水準相差甚大，宋人對此多有議論，如山堂先生曾云：

> 有宋之興，東南民物康寧豐泰，遂為九圍重地，奪往古西北之美而盡有之。是以鄒魯多儒，古所同也。至於宋朝，則移在閩浙之間，而洙泗寂然矣。關輔饒穀，古所同也。至於宋朝，則移在江浙之間，而雍土荒涼矣。[4]

而北宋嘉祐年間吳孝宗於《餘干縣學記》中也指出：

> 古者江南不能與中土等，宋受天命，然後七閩、二浙與江之

---

4 〔明〕王瓚、蔡芳：《弘治溫州府志》（上海市：上海社會科學出版社，2006年），卷1，〈風俗〉，頁11。

西、東，冠帶詩書，翕然大肆，人才之盛，遂甲於天下。[5]

從而出現「東南多文士，西北饒武夫」之說。[6]而此一地域之差異及
其變化，在有關《四書》文獻著者的地域分佈上，也有著頗為明顯的
反映，詳見下表。

今地名	第一階段	第二階段	第三階段	第四階段	小計
河南	2	10			**12**
河北		1			**1**
山東	2	4			**6**
山西	1	2	1		**4**
陝西	1	1			**2**
浙江	3	32	60	30	**125**
江蘇	5	17	4	1	**27**
上海		1	1		**2**
安徽	1	2	8	1	**12**
江西	7	30	28	23	**88**
福建	4	40	51	18	**113**
廣東			2	1	**3**
廣西	1				**1**
湖北		3	1	1	**5**
湖南	1		1		**2**

---

5 〔宋〕洪邁：《容齋隨筆‧四筆》（上海市：上海古籍出版社，1978年），卷5，〈饒
　州風俗〉，頁665。

6 〔宋〕黃公度：〈送鄭少齊赴官嚴州序〉，《知稼翁集》（上海市：上海古籍出版社影
　印《四庫全書》本），卷下。

今地名	第一階段	第二階段	第三階段	第四階段	小計
四川	6	11	20	1	**38**
重慶			1		**1**
宗室		3	1	1	**5**
地域不詳	3	7	7	3	**20**
小計	37	164	186	80	**467**

注：此處「宗室」，乃指史籍中未載明其落籍何地者，若已明確記載其落籍州縣者，則歸於相應之地區。

　　這一地域分佈，即按兩宋之州（府軍監）為單位來進行統計，其情況也類同。下面即將每一階段著者人數居前之十個州（府軍監）列表如下：

序號	第一階段	第二階段	第三階段	第四階段	合兩宋計
1	建昌軍3	福州12	福州16 婺州16	溫州7 饒州7	福州35
2	撫州2 杭州2 建州2 臨江軍2	建州11			溫州29 建州（建寧府）29
3		吉州10	溫州15	福州6 處州6	
4		南劍州7	建寧府13		婺州21
5		處州6 溫州6	明州8 徽州8 興化軍8	臺州5	吉州19
6	福州1 河南府1			泉州4 吉州4	明州（慶元府）17

序號	第一階段	第二階段	第三階段	第四階段	合兩宋計
	益州1 道州1 鳳翔府1			慶元府4	
7		河南府5 撫州5 明州5 蘇州5 眉州5			興化軍16
8			泉州6 邛州6		處州15 饒州15
9				建寧府3 婺州3 興化軍3 嚴州3	
10			撫州5 吉州5 臺州5 饒州5		撫州14

注：（1）州（府軍監）名後之數字，指該地之著者人數。（2）第一階段還有徽州、
　　興化軍、藤州、楚州、潤州、泰州、真州、應天府、曹州、博州、陝州、懷安
　　軍、果州、陵州、蜀州、湖州、常州、眉州等十八州（軍）也皆為一人。

　　分析上述二表可知：（一）南、北地區人數差距甚大，因南宋時
北方已淪陷，可不論，北宋時期，尤其是第二階段，屬於北方的河
南、河北、山東、山西、陝西五地的著者數僅十八人，即以州府論，
二程所在的河南府也僅以五人與南方之撫州、明州、蘇州、眉州四州
並列第七位，可見北方與南方之差距十分懸殊。此一數據，也與兩宋
學者的地域分佈情況相符合，如以《宋元學案》所載為例，兩宋學者

的地域分佈如下表：[7]

地區＼朝代	開封	河北	河東	陝西	京東	京西	淮南	兩浙	江南	福建	荊湖	四川	兩廣	其他	總計
北宋	7	20	8	20	28	43	11	106	50	67	4	31	2		397
南宋	12		3	5	8	30	8	621	308	282	47	99	9	4	1436
總計	19	20	11	25	36	73	19	727	358	349	51	130	11	4	1833

注：上述地名為宋時地名。

　　此一情況與南方史料尤其是江南、閩浙地區文獻保存較為豐富、完備有一定關係，但也大體符合兩宋時期文化學術重心自北向南移動，並聚集於東南地區的歷史狀況。究其原因：其一，據《宋史・儒林傳》「北宋部分」兩卷分析，其前十九人籍貫皆屬北方之河南、山東、河北、山西。其中曹州邢昺於真宗咸平年間受詔校定儒經義疏，纂有《論語正義》，後人對此譽為「漢學、宋學，茲其轉關」[8]，影響甚鉅。第二十位胡瑗為淮南泰州（今屬江蘇）人。此後九人，除一人為山西人外，其餘皆為南方人（其中福建4人、江西1人、四川2人、湖南1人）。此與胡瑗學成之後，「以經術教授吳中」，「從之游者常數百人」[9]，關係頗大。就《四書》著者而言，據筆者統計，胡瑗以前有八人，山東二人，河南一人，四川三人，浙江一人，一人籍貫不詳，南北人數之比例尚稱平衡，但自胡瑗以後，南方著者便見劇增。

　　其二，隨著南方《四書》著者數劇增，使得南北著者人數差距日趨懸殊，其中原因實與南、北學風之異密切相關。北宋晁以道《儒

7　參見顧宏義：《教育政策與宋代兩浙教育》（武漢市：湖北教育出版社，2003年），頁60。

8　〔清〕永瑢等：《四庫全書總目》（北京市：中華書局，1965年），卷35，《論語正義》，頁291。

9　《宋史》，卷432，〈胡瑗傳〉，頁12837。

言‧南北之學》曾言：

> 南方之學，異乎北方之學，古人辨之屢矣。大抵出於晉、魏分
> 據之後，其在隋、唐間猶云爾者，不惟其地，而惟其人也。蓋
> 南方、北方之強與夫商人、齊人之音，其來遠矣，今亦不可誣
> 也。師先儒者，北方之學也。主新說者，南方之學也。[10]

此說也非晁以道首創，如《隋書‧儒林傳》即曾言：「大抵南人約
簡，得其英華；北人深蕪，窮其枝葉。」[11]宋初儒學已處於變革時
代，但北方儒學仍相對保守，即在反思崇尚章句的傳統儒學而形成的
疑古變古社會思潮中，「先後出現了疑傳派、疑經派，北方學者，以
疑傳派為多，南方學者則大膽激進，以疑經派為多」。[12]而《論語》、
《孟子》、《大學》、《中庸》，正是屬「傳」。在各種學術思潮互相影響
下，北宋時期出現了「視傳如經、子入於經」的趨向，即《六經》傳
記及《孟子》的「升格」，如當時雖頗有「翼孟」、「非孟」之爭，但
仍以「尊孟」為主，如宋人傅野《述常語》所言：「及（韓）退之
『醇乎醇』之說行，而後之學子遂尊信之。至於今茲，其道乃高出於
《六經》。」[13]即北宋後期《孟子》已升為「經」。故時人有如下說
法：「學問當以《孝經》、《論語》、《中庸》、《大學》、《孟子》為本，
熟味詳究，然後通求之《詩》、《書》、《易》、《春秋》，必有得也。既
自做得主張，則諸子百家長處皆為吾用矣。」[14]於是與漢、唐「多依

---

10 〔宋〕晁以道：《儒言》（上海市：上海古籍出版社影印《四庫全書》本）。
11 〔唐〕魏徵等：《隋書》（北京市：中華書局，1982年），卷75，〈儒林傳〉，頁1706。
12 程民生：《宋代地域文化》（開封市：河南大學出版社，1997年），頁318。
13 〔宋〕邵博：《邵氏聞見後錄》（北京市：中華書局，1983年），卷13，頁101。
14 〔宋〕呂本中：《童蒙訓》（上海市：上海古籍出版社影印《四庫全書》本），卷上。

舊注疏解傳文」不同,「北宋特重以傳解傳,以經考傳」,如此即有了「《論語》、《孟子》互解,《易傳》、《中庸》互注,《大學》、《中庸》相發明等新風氣」。[15]在如此大背景下,傾向於重經疑傳的北方學者,撰述《四書》者遠少於南方就成為一種必然。

(二)在南方東、西部地區之間,撰述《四書》的學者數也相差甚大,即其著者聚集於東南之浙江、福建、江西,而位列著者數最多的十個州(府軍監)也不出浙、閩、贛三地(浙江4州:溫州、婺州、明州、處州;福建3州:福州、建州、興化軍;江西3州:吉州、饒州、撫州),此與宋代東南地區經濟、文化的繁榮有很大關係,但更為關鍵的在於學者的學術活動如何。如宋代兩浙路(包括今浙江、上海以及江蘇蘇州、常州、鎮江地區)分為浙東、浙西兩路,其浙西路經濟繁榮、地理環境等條件都要優於浙東路,但就學術思想而言,前者卻遜於後者,至南宋時期,此一狀況更為突顯,故黃榦至有「浙右之俗,專務豪奢,初不知讀書為何事」之指責。[16]於此相反,浙東如明州卻是「右山左海,土狹人稠,日以墾闢為事,凡山巔水湄有可耕者,累石壍土,高尋丈而延袤數百尺,不以為勞。仰事俯育,僅僅無餘,人窘於財,亦憚於為非。富家大族皆訓子弟以詩書,故其俗以儒素相先,不務驕奢。士之貧者,雖儲無擔石,而衣冠楚楚」。[17]由此,形成了浙東學者多於浙西之局面。出於同樣原因,兩浙地區撰述《四書》的學者人數,浙東要多於浙西許多,如其在各階段(第一階段因數據過少,姑不論)著者數位列前十名之內的州(府軍監),第

---

15 吳國武:《經術與性理──北宋儒學轉型考論》(北京市:學苑出版社,2009年),頁89。

16 〔宋〕黃榦:《勉齋集》(上海市:上海古籍出版社影印《四庫全書》本),卷8,〈與吳伯量書〉。

17 〔宋〕胡榘等:《寶慶四明志》(上海市:上海古籍出版社影印《四庫全書》本),卷14,〈風俗〉。

二階段有處州、溫州、明州、蘇州，第三階段有溫州、婺州、明州、
臺州，第四階段有溫州、處州、臺州、慶元府（明州）、婺州、嚴
州，其中僅蘇州、嚴州屬浙西路。如此狀況，與浙東、浙西學者教
學、著述活動的不同特色相關。

自二程「表章〈大學〉、〈中庸〉二篇，與《語》、《孟》並行」之
後，其學說漸盛。清人全祖望曾云：

> 洛學之入秦也以三呂，其入楚也以上蔡司教荊南，其入蜀也以
> 謝湜、馬涓，其入浙也以永嘉周、劉、許、鮑數君，而其入吳
> 也以王信伯。……象山之學本無所承，東發以為遙出於上蔡，
> 予以為兼出於信伯。蓋程門已有此一種矣。[18]

由此形成不同之學派，至南宋乾道、淳熙以後，「學派分而為三：朱
學也，呂學也，陸學也」。[19]而這三位大家，當時恰以福建、江西、浙
江為其主要傳道之地，而此閩、贛、浙三地正是《四書》著者數最為
集中之處，其間關係由此可見一斑。又明人鄧淮曾指出：

> 夫溫之號小鄒魯也久矣。鄒魯之後千有餘載，而後程、朱、張
> 子者出，倡明道學，以傳諸其徒。然旁觀列郡，少或二、三
> 人，多止五、六人，蓋未有如溫之眾者。今考之，在程門者十
> 有一人，朱門亦十一人，南軒之門一人焉。[20]

---

18 〔清〕黃宗羲等：《宋元學案》（北京市：中華書局，1982年），卷29，〈震澤學
  案〉，頁1047。
19 《宋元學案》，卷51，〈東萊學案〉，頁1653。
20 〔清〕嵇曾筠等：《雍正浙江通志》（上海市：上海古籍出版社影印《四庫全書》
  本，卷263。鄧淮：〈鹿城書院集序〉。

此當即是溫州《四書》著者人數眾多的一大原因。

（三）第四階段，朱熹理學獲得國家認同而成為官學，但相關著者之數卻與第三階段相比銳減，此一現象顯然與南宋末年處於長期兵禍不解有著密切之關聯，尤其是此前著者數稍多的四川地區，因久已成為戰場，此時僅見有一人，即永康導江（今屬四川）人張豈，但自其父即因「蜀有兵難」而「出蜀寓浙」，張豈亦出生、成長於浙中，而師事於魯齋王柏，「讀《論孟精義》，自此君得聞所未聞」。[21]而南宋時期江蘇、安徽長江以北《四書》著者之數甚少，其原因也主要在於此。

以上是對兩宋時期撰述《四書》之學者的地域分佈情況以及其原因所做的初步探析，其中某些資料之分析尚有待於進一步深入，其結論然否，尚祈諸方家指正。

---

21 〔元〕吳澄：《吳文正集》（上海市：上海古籍出版社影印《四庫全書》本），卷73，〈故文林郎東平路儒學教授張君墓碣銘〉。

朱熹《大學章句》中的治國之道

武才娃

北京建築工程學院文法學院教授

　　朱熹作為宋明理學的代表人物，繼承了孔、孟儒家的修身經世思想，將其在當時新的歷史時期加以發展，特別是通過注解儒家經典《大學》，把修身與治國聯繫起來，強調修身應落實到篤行和治國上，主張修身之要在於實際作為，而非空談心性修養。這一思想特徵，使道德理性能夠駕馭感性欲望，並超越感性直觀，讓整個社會在理性思維指導下有序運行，避免因感性欲望過度膨脹、氾濫而導致社會生活及價值取向的失範，以實現道德價值的感召力。朱熹提倡大學之道是示人以實實在在，不虛妄，不空言，而《大學》經典正是儒家論述修身治國的重要篇章，其治國之道應是「以修身為本」、「以絜矩為政」、「以養民為財」。這些學說在今天看來，仍有其深刻的政治意義。

一　修身為本的治國之端

　　朱熹對《大學》十分重視，並以《大學》義理之學取代「六經」訓詁之學在經學史中的地位，強調：「《大學》是修身治人底規模，如人起屋相似，須先打個地盤。地盤既成，則可舉而行之矣。」[1] 認為只有通過《大學》一書，打好了修身治國的基礎，才能在此基礎上推

---

[1]　朱熹：《朱子語類》，卷14，《大學》一，《朱子全書》（修訂本）（上海市：上海古籍出版社、合肥市：安徽教育出版社，2010年），第14冊，頁420。

行其綱領措施。所以，這部經典是修身治國的開端、基礎和根本。

　　《大學》曰：「大學之道在明明德，在親民，在止於至善。」朱熹解道：「『明德』，謂得之於己，至明而不昧者也。如父子則有親，君臣則有義，夫婦則有別，長幼則有序，朋友則有信，初未嘗差也。苟或差焉，則其所得者昏，而非固有之明矣。」[2] 朱熹認為，人本來都有此明德，而德內便有此仁、義、禮、智四者。如果德被外物淹沒了則不明，便都壞了。所以大學之道，必先明此明德。若能學，則能知覺此明德，常自存得，便去刮剔，不為物欲所蔽。推而事父孝，事君忠，推而齊家、治國、平天下，皆只此理。《大學》一書，若理會得這一句，便可迎刃而解了。朱熹接著說：「明，明之也。明德者，人之所得乎天，而虛靈不昧，以具眾理而應萬事者也。但為氣稟所拘，人欲所蔽，則有時而昏；然其本體之明，則有未嘗息者。故學者當因其所發而遂明之，以復其初也。」[3] 在朱熹看來，人之德性，本來至明而不昧，只為外物遮蔽，便是不明，但本身之明，未嘗喪失，通過學習和修養工夫，去除習染和遮蔽。故此，人的修養過程也是去蔽復明的過程。

　　《大學》又曰：「古之欲明明德於天下者，先治其國。欲治其國者，先齊其家；欲齊其家者，先修其身；欲修其身者，先正其心；欲正其心者，先誠其意；欲誠其意者，先致其知。致知在格物。物格而後知至，知至而後意誠，意誠而後心正，心正而後身修，身修而後家齊，家齊而後國治，國治而後天下平。自天子以至於庶人，壹是皆以修身為本。」朱熹解道：「治，去聲，後放此。物格者，物理之極處無不到也。知至者，吾心之所知無不盡也。知既盡，則意可得而實

2　朱熹：《朱子語類》，卷14，《大學》一，頁434。

3　朱熹：《四書章句集注‧大學章句》，《朱子全書》（修訂本）（上海市：上海古籍出版社、合肥市：安徽教育出版社，2010年），第6冊，頁16。

矣。意既實，則心可得而正矣。修身以上，明明德之事也。齊家以下，新民之事也。物格知至，則知所止矣。意誠以下，則皆得所止之序也。壹是，一切也。正心以上，皆所以修身也；齊家以下，則舉此而錯之耳。」[4]指出在《大學》的八條目中，修身以上的正心、誠意、致知、格物為明明德之事，是修身的過程，也是窮理的目的。齊家以下的治國、平天下為新民之事，是修身的舉措，並將修身推廣開來。無論天子，還是庶人，一切以修身為本。可見在格物、致知、誠意、正心、修身、齊家、治國、平天下等八條目中，「修身」一條是承上啟下的關鍵，它既是前四條（內聖之學）的落腳點，又是後三條（外王之學）的出發點，說明「修身」是治國者的基礎。朱熹又說：「所謂明明德於天下者，自明其明德而推以新民，使天下之人皆有以明其明德也。人皆有以明其明德，則各誠其意，各正其心，各修其身，各親其親，各長其長，而天下無不平矣。」[5]認為：「以身對天下國家而言，則身為本，而天下國家為末。以家對國與天下而言，則其理雖未嘗不一。」[6]通過格致誠正的事物理會修身，做到了修身，才能治理好天下國家。所以，修身也是治理國家天下的工夫。

為什麼修身又是治國的根本？朱熹說：「『為政在人，取人以身』，故不可以不修身。『修身以道，修道以仁』，故思修身，不可以不事親。欲盡親親之仁，必由尊賢之義，故又當知人。親親之殺，尊賢之等，皆天理也，故又當知天。」[7]認為修身是為政的需要，修身要落實到事親、尊賢上，這也是天理的體現，而知天即知天理。朱熹又說：「人君為政在於得人，而取人之則又在修身。能仁其身，則有

4　朱熹：《四書章句集注‧大學章句》，頁17。

5　朱熹：《四書或問‧大學或問》上，《朱子全書》（修訂本）（上海市：上海古籍出版社、合肥市：安徽教育出版社，2010年9月），第6冊，頁511。

6　朱熹：《四書或問‧大學或問》上，頁513。

7　朱熹：《四書章句集注‧中庸章句》，頁45。

君有臣，而政無不舉矣。」[8]統治者通過修身，將仁的原則體現出來，貫徹到治國的理政之中。關鍵是為政在人，而人必須修身，才能行仁政，治天下。

朱熹在《大學》的八條目中，把修身與正心聯繫起來，以此論證其是治國的根本。他說：「故欲修身者，必先有以正其心。而心之發則意也，一有私欲雜乎其中，而為善去惡或有未實，則心為所累，雖欲勉強以正之，亦不可得而正矣。」[9]指出修身須先正其心，因為心之發為意，如果有私欲雜於心中，就難以做到為善去惡，使心為私欲所累，而不可得其正。他又指出：「所謂心正而後身修，亦曰心得其正，乃能修身，非謂此心一正，則身不待檢而自修也。」[10]認為心得其正能夠修身，但不是說心一正，就自然身修了，修身需要存養此心的工夫，而正心才不會有一己之偏。比如《大學》中說：「所謂齊其家在修其身者，人之其所親愛而辟焉，之其所賤惡而辟焉，之其所畏敬而辟焉，之其所哀矜而辟焉，之其所敖惰而辟焉。」指出人們的偏見是由「親愛、賤惡、畏敬、哀矜、敖惰」這五種情感而發的，治國者對這些情感的發展要加以約束和限制，否則就會陷於一偏。在朱熹看來，克制這五種情感的發展是「修身」的內容，也是「修身」的工夫。如果「偏於愛，則溺焉而不知其惡矣；偏於惡，則阻焉而不知其善矣」[11]，就會失其好惡之平，而陷於一偏，所以身有不修，不能齊其家。故「自恃其正而不加察，則必有偏」[12]，使身就不得其正。變身有所為心有所，則正身即是修身，修身也即是抑情克欲。治國者體恤民

8　朱熹：《四書章句集注‧中庸章句》，頁45。
9　朱熹：《四書或問‧大學或問》上，頁511。
10　朱熹：《四書或問‧大學或問》下，頁536。
11　朱熹：《四書或問‧大學或問》下，頁535。
12　朱熹：《四書章句集注‧中庸章句》，頁17。

情，節制私欲，才能當好而好，當惡而惡。在朱熹看來，心得其正則身之所處不致陷於所偏，從修身與正心可以正確推出治理國家天下的重要舉措，故修身為本而天下國家為末。

另外，朱熹的「此謂修身在正其心」還寓意出，身未修好之人，就是心未正、意未誠之人，這種人必有偏心、私心，是不能領導好國家的。換言之，溺愛者不明，貪得者無厭，都是偏心、私心所害。故治國者應修養自身、控制私欲，其胸懷才會坦然寬慰，其行為就會忠清良善，對是非、善惡在取捨上（即公權力的使用上）做到恰如其分。揭示出統治者治國要以修身為本，不修身則有私心，有私心將眾人不服；不修身則有私欲，有私欲必與民爭利等道理。

朱熹指出治國者己身未修不足以為人們的模範，更無資格教導國人從善去惡。他認為：「修身是齊家之本，齊家又治國之本。」[13]從一般的家庭的倫理綱常中，延伸出統治者的取法之道。《大學》說：「孝者所以事君也，弟者所以事長也，慈者所以使眾也。」主張孝為事親之道，統治者盡子道以教家，引申出的現代思想為統治者要有責任、承擔意識，盡忠職守是取法於孝，來教育人民；弟為事兄之道，統治者盡弟道以教家，引申出的現代思想為統治者要循規律調整利益關係，使其和諧以順是取法於弟，來教育人民；慈為撫幼之道，統治者盡慈道以教家，引申出的現代思想為統治者要發展國民經濟，勿與民爭奪，使眾廣受福祉是取法於慈，來教育人民。發展國家，就要興利除弊，興養立教，民為邦本。「是故君子有諸己而後求諸人，無諸己而後非諸人」，朱熹還指出：「這是言己之為法於人處。」[14]提出了「以德治國」的最高境界，即統治者應該是自己具備了善行，而後再

---

13 朱熹：《朱子語類》，卷16，《大學》三，頁550。
14 朱熹：《朱子語類》，卷16，《大學》三，頁551。

要求別人趨善；自己沒有了惡行，而後再譴責別人為惡。正像孔子向執政者提出「正人必先正己」的要求一樣，如：「其身正，不令而行；其身不正，雖令不從。」[15]又如：「政者，正也。子帥以正，孰敢不正？」[16]「君為正，則百姓以正矣。君之所為，百姓之所從也。」[17]這些都是要求統治者須以身作則，端正自己的言行，作群眾的榜樣，才能取信於民，成教於國。故治理好國家，必以修身為本。這種將倫理道德與治國理想高度統一的思想，體現著個人、家庭、社會、國家、天下和諧一致的中和原則精神。

二　好惡同民的絜矩要道

「絜矩之道」是一種推己及人之道，在《大學》中主要是講治國、平天下之道，它要求治國者當以執法而行，避免其行為失範。朱熹認為，「是以君子有絜矩之道」是上行下效，理之必然，人心所同，「所以以己之心度人之心，使皆得以自盡其興起之善心。若不絜矩，則雖躬行於上，使彼有是興起之善心，而不可得遂，亦徒然也」。人心同然，所以要有絜矩之道。朱熹指出：統治者「如專利於上，急征橫斂，民不得以自養，我這裡雖能興起其善心，濟甚事。若此類，皆是不能絜矩」。[18]因此積人成家，積家成國，積國成天下，民猶是民，心猶是心，推而致之，治國之道不外也是孝弟慈，故治國者仍須實行孝弟慈，感通民心，以老老長長恤孤為身之矩，做到「所惡於上，毋以使下；所惡於下，毋以事上；所惡於前，毋以先後；所惡

---

15 《論語・子路》（上海市：上海書局，1986年，《諸子集成》本），頁286。

16 《論語・顏淵》，頁274。

17 《禮記・哀公問》，《十三經注疏》（北京市：中華書局，1980年），下冊，頁1611。

18 朱熹：《朱子語類》，卷16，《大學》三，頁554。

於後，毋以從前；所惡於右，毋以交於左；所惡於左，毋以交於右」。

　　朱熹解曰「絜，度也。矩，所以為方也」，「亦可見人心之所同，而不可使有一夫之不獲矣。是以君子必當因其所同，推以度物，使彼我之間各得其分願，則上下四方旁均齊方正，而天下平矣」，「『絜矩』二字之義，如不欲上之無禮於我，則必以此度下之心，而亦不敢以此無禮使之」，「彼同有是心而起焉者，又豈有一夫之不獲哉？所操者約，而所及者廣，此平天下之要道也」。[19]認為治國者應該推己以度物，使人們各得分願，上下君民人心所同，均備方正、規矩，實現天下太平。正可謂平矩以正繩，偃矩以望高，覆矩以測深，臥矩以知遠，環矩以為圓，合矩以為方。絜矩強調一個「平」字，平人之好惡而無餘義，即平其好而後無有作好，平其惡而後無有作惡。要求絜矩者，矩操於身，務民之義，審視民情，與民同心，以德化民，不僅使民且使己遷善而知、遷善而行。修養上，要求善持其所有，以待於人，恕己接物；政治上，才能與百姓為心、同心，並明其所同具之心，發展國家。

　　《大學》講：「民之所好好之，民之所惡惡之，此之謂民之父母」，朱熹解道：「君子有絜矩之道，故能以己之好惡，知民之好惡，又能以民之好惡，為己之好惡也。」[20]是說能絜矩就要以民心為己心，百姓喜歡善政、恩惠，君王則善行；百姓厭惡苛政、重賦，君王則克行。正如孔子言「因民之所利而利之」[21]，管子曰「民惡憂勞，我逸樂之，民惡貧賤，我富貴之，民惡危墜，我存安之；民惡滅絕，我

19　朱熹：《四書章句集注・大學章句》，頁24。
20　朱熹：《四書或問・大學或問》下，頁541。
21　《論語・堯曰》，頁417。

生育之」[22]，孟子語「政得在民」[23]，得民心在於「所欲與之聚之，所惡勿施」，「樂以天下，憂以天下」。[24]能夠與民同好惡，同甘共苦，才能取信於民，贏得天下民心，這也是執政之寶。由「所惡勿施」之理可以引申出學術界的好惡，如學者最忌的是不平等，而人才競爭上不平等，莫大於人才出路的機會不均等；學者最惡的是不自由，而思想學術上的不自由，莫甚於意識形態之外的言論不獨立。

朱熹分析說：「人道之大端，眾心之所同得者也。自家以及國，自國以及天下，雖有大小之殊，然其道不過如此而已。」[25]指出治國平天下之道，自身而家，自家而國，自國而天下，皆是推己及人的事，即必審於接物，好惡而不偏，然後以此正倫理，篤恩義，做到齊其家；群體事情也可按照此種標準效法，而平天下。如果「夫好其所好，而與之聚之，惡其所惡，而不以施焉，則上之愛下，真猶父母之愛其子矣，彼民之親其上，豈不亦猶子之愛其父母哉！」[26]強調君子須用絜矩之心以平天下，指出治國者真正以天下為己任，就需有為民父母的真良心，有好惡同民的真仁政。所以「好善惡惡，人之性然也」，「不仁之人，阿黨媚疾，有以陷溺其心，是以其所好惡，戾於常性如此，與民之父母，能好惡人者正相反，使其能勝私而絜矩，則不至於是矣」。[27]舊說，民之父母是帝王專制的名稱。今說，人民是國家主人，官吏是人民公僕，驟然聽之，似乎極有道理。但事實上，以公僕心理去做官吏，自然照例敷衍，或欺壓剝奪；以父母心理去做官吏，自然己溺己饑，老安少懷。故舊說中的「民之父母」，是要求官

---

22 《管子‧牧民》（上海市：上海書店，1986年，《諸子集成》本），頁2。

23 《孟子‧離婁上》（上海市：上海書店，1986年，《諸子集成》本），頁529。

24 《孟子‧梁惠王下》，頁70。

25 朱熹：《四書或問‧大學或問》下，頁539。

26 朱熹：《四書或問‧大學或問》下，頁541。

27 朱熹：《四書或問‧大學或問》下，頁544。

吏具有實心實德，申言民之所好好之，民之所惡惡之，暗示仁政中包含著德義，即執政者身修心正、大公無私，仁義兼盡，好惡同民而又宜民。在這裡，朱熹認為「民之父母，所好所惡，皆是要與民同利之一字。」[28]不能與民爭利，指出與民同利的絜矩要道。朱熹由人情好惡之常，立一絜矩之道，終極了儒家「從心所欲不逾矩」[29]的境界，洞悉天人之奧，深明治國之源。這種天視自民視，天聽自民聽，得失之數，以民心向背為標準，也是儒家提倡的「政之所行，在順民心，政之所廢，在逆民心」[30]的仁政標準。

三　慈眾養民的生財大道

朱熹說：「為國，絜矩之大道又在於財用。」[31]是人生日用之常，認為一切修己治國要合乎中庸，協乎絜矩，上通規律，下順民情，是天人一貫的大道。但道之體用，雖無所不包、無所不容、無所不宜，而其根本在於財用不失民，生財有大道。

治國者「先慎乎德，有德此有人，有人此有土，有土此有財，有財此有用。德者本也，財者末也。外本內末，爭民施奪。是故財聚則民散，財散則民聚。是故言悖而出者，亦悖而入；貨悖而入者，亦悖而出」。申明王道必本於聖功境界，修善慎德，非徒空談理想、覺悟，見利忘義。朱熹說：「有德而有人有土，則因天分地，不患乎無財用矣。然不知本末，而無絜矩之心，則未有不爭鬥其民而施之以劫奪之教者也。」[32]若上貪於利，則下人侵畔，指出統治者若己德已

28　朱熹：《朱子語類》，卷16，《大學》三，頁563。

29　《論語・為政》，頁23。

30　《管子・牧民》，頁2。

31　朱熹：《朱子語類》，卷16，《大學》三，頁557。

32　朱熹：《四書或問・大學或問》下，頁542。

明，然後才能好惡同民，得眾得國。其作法有一個天然次第，即有德此有人、土、財、用，則概括了儒家的修、齊、治、平內容順序，體現出老安、友信、少懷的度量。朱熹指出，在有德此有人、土、財、用中，德為財用之發端，本也；財用為德之表現，末也。統治者不能捨本求末、亂本治末，本末倒置，而應從絜矩之道出發，使財散於民，導利而布之，因為「蓋財者，人之所同好也，而我欲專其利，則民有不得其所好者矣。大抵有國有家所以生起禍亂，皆是從這裡來」。[33]治國之道就是統治者要從自身的孝、弟、慈到誠、正、修、齊，以克服其昏迷於功名富貴之虛榮、作威作福之顯赫，以杜絕外面假說道德仁義，內面實行聚斂民財，與民爭利。不然，亂就有由此而來。揭示了「為政在人」中，有德之人與土地、財用的關係，正像王安石所說：「合天下之眾者財，理天下之財者法，守天下之法者吏也。法不善，則有財而莫理；吏不良，則有法而莫守」。[34]發展民生、凝聚民心是治國之要，依法合理分配天下財富是治吏之要，治國與治吏是密切相關的，特別強調為官吏者切不可貪污腐敗，以權謀私，魚肉百姓，無法無天，中飽私囊，使社會兩極分化。此言切中「有德者興，無德者亡」的道理。

《大學》在深陳財用之辨後，又指出生財之道，這是為什麼？朱熹解道：「夫〈洪範〉八政，食貨為先，子貢問政，而夫子告之亦以足食為首。蓋生民之道，不可一日而無者，聖人豈輕哉！」[35]然而「民者，邦之本，財者，民之心。其心傷，則其本傷，其本傷，則枝幹凋瘁，而根柢蹶拔矣」。[36]認為民生是治國的大事，指出民為邦本，財為

---

33 朱熹：《朱子語類》，卷16，《大學》三，頁563。

34 王安石：《王文公文集·度支副使廳壁題名記》。

35 朱熹：《四書或問·大學或問》下，頁544。

36 朱熹：《四書或問·大學或問》下，頁546。

民心；傷心則傷本，傷本國家就失去了根基。在朱熹看來，治國平天下中，當是民生日用為最要緊的事，因為百姓足，國家足矣。這與儒家提倡的統治者要「其養民也惠，其使民也義」[37]的思想是一致的。

在生財方式上，《大學》曰：「生之者眾，食之者寡，為之者疾，用之者舒，則財恆足矣。」朱熹解說「此因有土有財而言，以明足國之道在乎務本而節用」[38]，「至於崇本節用，有國之常政，所以厚下而足民者，則固未嘗廢也」。[39]認為財者是生人之命，以王道平天下者，貴在養民。養民雖不為一己聚財，但不可不予天下生財。就生產而言，百畝之田匹夫耕之，五畝之宅匹婦蠶之，使一家無遺力；八材之用百工飭之，財貨之利商賈通之，使一國無閑民。形成社會勞動，不奪農時，積極生產，擴大倉儲，無休息也。就消費而言，建官止於簡其政，使在位無贅員；賦祿僅足代其耕，使在民無冗食。形成國家財富量入為出，節約消費，減少濫用，無侈靡。這一思想與當今我們提倡的「可持續發展」理念是一致的。

《大學》還指出國家是資本集中、土地國有的，人民應家家而給、人人而分。只要各盡其能，生之者眾；各安其分，食之者寡；人無廢時，為之者疾；物無暴殄，用之者舒。善於開源節流，低碳經濟，就會恆足於所食而不窮，恆足於所用而不匱。當豐年而足，當災年而亦足。不會出現「一夫耕，百人食之；一婦桑，百人衣之，以一奉百，孰能供之」[40]的衰象。儒家一貫主張「勸農功，課桑麻，厚蓄積，懲奢靡」，認為「以此養生，以此治天下，皆長久之道也」。[41]此

37　《論語・公冶長》，頁101。

38　朱熹：《四書章句集注・大學章句》，頁27。

39　朱熹：《四書或問・大學或問》下，頁544。

40　王符：《潛夫論・浮侈》，《潛夫論箋校證》（北京市：中華書局，2010年，《新編諸子集成》本）。

41　唐甄：《潛書》（北京市：中華書局，1955年）下篇下，〈厚本〉，頁202。

要求當政者必須把發展生產作為安定民心的頭等大事，所謂「行仁政必自經界始」，在今天的國民經濟中，「生眾」、「為疾」也是我們生產的規則，而「食寡」、「用舒」乃為我們消費的理念。

在財富的分配上，涉及到身財之辨，朱熹講：「『仁者以財發身』，但是財散民聚，而身自尊，不在於財。不仁者只管多聚財，不管身之危亡也。」[42]「仁者不私其有，故財散民聚而身尊；不仁者惟利是圖，故捐身賈禍以崇貨也。」[43]認為財用為有德人所應有，「仁者以財發身」，財由民立，有仁德的統治者用富民、養民來發揚自身的德性。它要求治國者以一己之慈祥，利天下之民眾，使民康物阜，只有藏富於民，家給人足，社會才能安定。

朱熹又說：「財者，人之所好，自是不可獨占，須推與民共之。」「若寬其賦斂，無徵誅之擾，民便喜歡愛戴；若賦斂稍急，又有科敷之擾，民便生怨。」[44]在財貨的分配規則上，指出：「寧過於予民，不可過於取民。且如居一鄉，若屑屑與民爭利，便是傷廉。」朱熹分析說：「惟務竭民財以自豐利，自一孔以上，官皆取之，故上愈富而下愈貧。夫四海而豐一人，不為厚矣。使在上者常有厚民之心而推與共之，猶慮有不獲者，況皆不恤，而惟自封殖，則民安得不困極乎！」[45]朱熹看來，財貨是人們都想得到的，統治者不能以權獨占，而必須與民共有、共用。對財貨的分配，統治者要多予民，少取民，千萬不要重賦橫斂以取之。尤其是揭示了民不安和生怨的原因，在於與民爭利、竭民之財以豐己，而導致「上愈富而下愈貧」的社會兩極分化，強調與民爭利是不廉政（即傷廉）的行為，反對社會的貧富懸殊、兩

---

42 朱熹：《朱子語類》，卷16，《大學》三，頁562。

43 朱熹：《四書或問‧大學或問》下，頁544。

44 朱熹：《朱子語類》，卷16，《大學》三，頁564。

45 朱熹：《朱子語類》，卷16，《大學》三，頁560。

極分化，故此提倡「財散則民聚」的做法。朱熹的思想與儒家指出的「富者愈貪利而不肯為義，貧者日犯禁而不可得止」[46]，是國家難治之本因的理念相一致。

朱熹《大學章句》反覆強調德為財本，以義為利，興養立教，授之以政。治平大道是使合乎人性的設施、法令和政策，皆在經綸條理之中，以資治理。「養民」的善政，目的就是要實現沒有剝削，消除貧富差別的民有、民治、民享的理想社會。在官吏方面，認為官吏是在國家分田制祿下生存，不能於公田之外，重事聚斂，要求官吏職守本務，反對兼營商業、聚斂民財的腐敗生活；在人民方面，認為百姓是在國家統制分配下，各食其力，各安其業，要求人人各盡所能，反對遊手好閒、不勞而獲的剝削生活。這些思想不僅在當時有重大意義，即使在當今也不失其積極意義。

朱熹《大學章句》中揭示的「以修身為本」、「以絜矩為政」、「以養民為財」等治國之道，體現了儒家「明德須在民上明，修身須在天下國家上修」[47]的治國宗旨和「貨惡其棄於地也，不必藏於己；力惡其不出於身也，不必為己」[48]的治國方針，要求統治者把內聖的道德精神與外王的政治功業統一起來，將國家之興廢、生民之大本等天下大事放在首位，由此表明理學的價值取向和追求。朱熹的思想同時也是對儒家經世思想的繼承和發展，朱熹認為：「如明德、新民、至善之理極精微。至治國、平天下，只就人情上區處，又極平易，蓋至於平而已耳。」[49]雖然平天下是一件最大的事，但也要從本原上理會。

---

46 董仲舒：《春秋繁露‧度制》，蘇輿：《春秋繁露義證》（臺北市：中華書局，1992年），頁229。

47 孫奇逢：《四書近指》，《孫奇逢集》（鄭州市：中州古籍出版社，2003年）。

48 《禮記‧禮運》，《十三經注疏》（北京市：中華書局，1980年），下冊，頁1416。

49 朱熹：《朱子語類》，卷16，《大學》三，頁565。

由此強調統治者的修身是治國的根本，特別是把統治者的道德榜樣、模範作用，作為德治的重要表現，主張要對統治者的特權加以某種限制，既要具備有恥之心，克己私欲為大眾服務，又要發展民生，合理分配天下財富，克服上富下貧的社會差別。這種把治德與治世結合起來的思想，對於國家政治文明建設，改善社會風氣，包括提高人的思想道德素質，反省自身修養，完善和加強倫理道德自律，樹立廉政為民，糾正貪腐，具有積極作用。

總之，《大學》為政思想豐富深邃，方法辯證。朱熹在《大學章句》及其對《大學》經典的相關詮釋中，雖然在體系上未能突破傳統的藩籬，但其中很多命題的論述精闢深刻，足以啟發後人。尤其是闡明道德修身與管理家、國、天下關係的重要性，主張統治者應當把自己的作為同國家的安危、天下的興亡聯繫起來，克服私欲、消除兩極分化，努力去促進天下太平的思想，仍具有其普世價值。

「惟天聰明，吾恐神不安其室」
——關於朱熹鬼神觀念中「天」的一種解讀

戴揚本

華東師範大學古籍研究所研究員

「惟天聰明，吾恐神不安其室」，是朱熹在一則祈雨文中對於司雨神的警示之語，大意為「天」是無所不知的（如果做了不合理之事的話），你作為司雨之神，恐怕是要遭到懲罰的。這則祈雨文的主要內容，下文將詳細引證。令我感興趣的是句中朱熹所言「天」的涵義，以及這篇祈雨文所反映朱熹對於鬼神之職的理解。這個「天」，有人理解為天庭，有人理解為上帝。按照朱熹注《論語》「獲罪於天，無所禱也」句，有「天即理也」一說，朱熹以「逆理，則獲罪於天矣」，明確表達了「天即理」的觀念。我以為，「惟天聰明」之「天」，應該作「理」來解釋，這基本上是沒有問題的。實際上，「天」作「天庭」、「上帝」之解，與「天即理」之說也並不矛盾，因為在朱熹編纂的《近思錄》中，曾引用《周易程氏傳》卷一〈乾傳〉的說法，即「夫天，專言之則道也，天且弗違是也；分而言之，則以形體謂之天，以主宰謂之帝，以功用謂之鬼神，以妙用謂之神，以性情謂之乾」，可以說是對「天」的概念從各個不同角度所加以闡釋。

類似朱熹主持祈雨的活動，屬於地方官員的一種例行公事。在古代農業社會，地方官員祈雨的傳統，甚至可以追溯到《周禮》中太祝之職，自古以來，皆有所謂禬事，即通過向鬼神祈求的形式，以期獲得福祥，有祈，亦有報。北宋咸平二年（999），因天旱，詔有司祠雷

師、雨師，並頒發唐李邕〈祈雨法〉，景德三年（1006）五月，天
旱，又以〈畫龍祈雨法〉付有司刊行[1]，朱熹作為地方官員，根據祈
雨法，須選擇潭洞或湫濼林木深邃處，擇日祈禱，此為職責所繫。令
我感興趣的是，在朱熹的內心，是否真的相信通過這類祈禱的形式，
便能產生下雨的應驗呢？假如朱熹對此是抱著懷疑之心的話，我們又
如何來理解當祈雨而獲驗後他的感謝之辭呢？顯而易見的問題是，我
們如何來解釋朱熹對鬼神的理解。

有關朱熹的鬼神觀念，一直是個令人關注的問題。《朱子語類》
和錢穆先生的《朱子新學案》中，皆將朱熹討論鬼神的內容置於書的
前端，很大程度上，是因為對於鬼神的認識，包括本文重點討論的祭
祀雨神的問題，關乎朱熹對於宇宙本體的基本看法。「敬鬼神而遠
之」是儒家傳統學說中對於鬼神理解的一個基本態度，與「祭神，如
神在」句一樣，鬼神究竟是否「存在」，以及如何理解這種「存在」，
都與朱熹理學的「理氣」之說有著密切的關係，用錢穆先生的話來
說，「乃會通天地萬物古今異世而合一言之」。田浩教授曾在《朱熹的
思想世界》第十章〈朱熹的祈禱文與道統觀〉中，專門就朱熹的鬼神
觀念進行了深入的探討，並對金永植、詹啟華、賈德納等諸多先生的
研究成果進行回顧和歸納。[2]田浩教授試圖通過朱熹有關祭祖的祈禱
文以及道統觀的闡釋來填補相關研究的空白，通過對朱熹的鬼神觀和
道統觀的一些基本材料進行深入細緻的梳理，就朱熹堅持在祭祀活動
中，強調「祖先和後代之間靠特殊的氣來聯結」，以表明他對於與聖
人之間的感應，視作與先祖的感應一樣，顯然，這和常見的祈求神的
保佑是有區別的。到了朱熹後期，他將「宗」的定義，和理學的道統
結合起來，通過對孔子的祭祀，確認了自身作為孔子想像中的繼承

1　《宋史》（北京市：中華書局），卷102。

2　田浩：《朱熹的思想世界》（南京市：江蘇人民出版社，2009年）。

者，或者至少與孔子之靈有著特殊的承繼關係。從而實現了朱熹通過
祭祀的活動，「傳之方來，永永無斁」，心中生成的使命感。田浩教授
的研究及其結論十分精彩，也很有啟發意義，惟文章中通過朱熹的文
集中保留的一些對土地神、雨神的祈禱，談到據此可以看到朱熹在做
這些儀式性的求雨祈禱時，沒有表現出懷疑與勉強，而且，他聲稱他
在祈禱的時候盡了所有的誠敬。

　　在筆者看來，如何理解這種「誠敬」，是非常關鍵的一個環節。
我們須看到，朱熹具有地方官員的身分，主持求雨的儀式只是他的職
責的一個部分，而並不足以證明他必定具有「誠敬」的態度。我們至
多只能認為，通過研究朱熹對於天地山川之靈的祭祀，可以感覺到朱
熹本人是在以某種形式期待這些神靈能夠對祈禱和祭祀作出回應。

　　引起我關注這個問題還有一個原因。最近讀到有學者根據朱熹曾
有主持祈神的活動，而據以視為朱熹提倡的救荒之舉。依據是朱熹曾
經講過的「而今救荒甚可笑。自古救荒只是兩說：第一感召和氣，以
致豐穰，其次只有儲蓄之計。若待他饑時理會，更有何策」之語，遂
將祭祀鬼神之事，歸結為朱熹的「荒政思想」的一個組成部分。[3]竊
以為對朱熹「感召和氣」的理解，如以為祭祀儀式時祭主與神靈之間
的氣的感應，似並不準確。所謂「感召和氣」是指人的行為，源起於
儒家「天人感應」的理論，如董仲舒所言「為人君者正心以正朝廷，
正朝廷以正百官，正百官以正萬民，正萬民以正四方，四方正，遠近
莫敢不壹於正，而亡有邪氣奸其間者，是以陰陽調而風雨時，群生和
而萬民殖」[4]，故所指往往是帝王或其他有較大社會影響的人物的行
為是否符合天意，或者說有無違背天道，看重的更是使民以時、輕徭
薄賦之類在「感召和氣」方面的作用。如上文所引將祭祀鬼神理解為

3　李華瑞：〈朱熹的禳彌救荒思想述論〉，《中國農史》2004年第3期。

4　《漢書》（北京市：中華書局），卷56，〈董仲舒傳〉。

救荒之舉,似與朱熹鬼神觀念相去甚遠,不宜混為一談。根本原因在於這種解釋,對於朱熹的鬼神觀念的理解並不準確。

朱熹固然談到過有關天地感應的問題,如「人之氣與天地之氣,常相接,無間斷,人自不見。人心才動,必達於氣,便與這屈伸往來者相通。如卜筮之類,皆是心自有此物,只說你心上事,才動便應也」。[5]不過,我對上述學者談到的朱熹期待通過祭祀可以產生一種氣的感應,遂得實現祭祀者目的的說法是有疑問的,原因即在《朱子文集》卷八十六中所讀到的一篇祈雨文。這篇祈雨文一反往常的虔敬和謙恭,似乎就上面的論點提供了一個反面的例證。細味這兩種反差明顯的態度,使我對於朱子祭祀鬼神的真實思想,有了進一步的理解。

> 間以旱災,奉詔致禱。稻之旱熟者什失八九,而吏之所以為禮樂與辭者,亦既竭矣。欲取水湫淵,詣祠祀而專力乎人事之備,則念夫稻有晚出而未就者,不能無冀幸於萬一。於是感歎憤激,不能自已,恭詣靈液,而冀於有神。請復與神為三日之期,以聽休命。惟神受職帝庭,降食茲土,以福其人為事。今人之急如此,神若弗聞,亦何神哉!若三日不雨,雨而不周且浹於四封,惟天聰明,吾恐神之不得安其室。神尚聽之,毋忽。[6]

與文集中的其他祭祀文不同,這篇文字的奇特之處,首先在於朱熹與被祭祀的雨神之間使用的「對話」口吻。朱熹一改通常虔誠而恭敬的語氣,先是表示,因旱災之故,奉詔致禱,已經竭盡全力,然還是未有奏效,遂「感歎憤激,不能自已」,但仍將希望寄託在雨神,但

5　《朱子語類》(北京市:中華書局),卷3,頁34。
6　朱傑人等:《朱子全書》第24冊《晦庵先生朱文公文集》卷86,下簡稱《晦庵集》。

是，在這次祈求中，朱熹提出了一個限定期限，「請復與神為三日之期，以聽休命」，並且，還與雨神談到了責任的問題，「惟神受職帝庭，降食茲土，以福其人為事」，假若神居然也會尸位素餐，敷衍塞責的話，那麼，「神若弗聞，亦何神哉」，也就是說，你對於我們的祈求無動於衷的話，你就不是一個稱職的神。朱熹最後對雨神的祈求，竟然使用的是嚴厲的警告語氣，如果三日之內不下雨，或者雖雨而雨量不夠充沛的話，那麼，上天是無所不知的，你的失職，會給你帶來麻煩。最後的結語，也一反通常的「尚饗」之語，而改作「神尚聽之，毋忽」，意思是說，你可要認真地聽我的警告，不可怠忽啊。

如果說朱熹在這篇祈雨文所表達「請復與神為三日之期，以聽休命」，還只是類似通常文人祈雨文字中命令語氣的話，而直斥「聽之毋忽」，以「惟天聰明，吾恐神之不得安其室」加以斥責，顯然屬於一種前所未見的嚴厲態度了。不僅如此，更值得我們關注的是文字中「天」的表達，這個「天」的涵義顯然不是指天帝，因為祈雨文的前半段，有過「惟神受職帝庭，降食茲土，以福其人為事」的說法。我們有理由將這個「天」涵義，同朱熹所言的「天即理也」的概念關聯起來。因為只有當我們找到了二者之間的關聯，才能圓滿地解釋朱熹何以採用如此嚴厲態度的原因，我們也才能夠理解同為祈雨文字，為何前後會有如此矛盾的現象。

不妨與北宋時期一些文人祈雨文作一比較。北宋歐陽修、曾鞏、蘇軾等人的文集中，都不乏祈雨文，就其內容來看，除了「尚饗」之類的虔敬之語外，或許也夾有些許微詞，如「吏民既以雨望公，公亦當任其責」[7]、「敢問雨者，於神誰尸」[8]，「龍於吏民，何怒何戾？山

7　〈禱雨蟆頤文一道〉，見《蘇東坡全集》，卷34。
8　〈又祭城隍文〉，見《歐陽文忠公文集・居士集》，卷49，下同。

淋有祠，樂可潛戲」。[9]從上面引述的例子來看，諸家之說至多屬於疑問或不解，乃至責備之語，絕不致嚴加責問之詞，何況所謂「惟天聰明，吾恐神不安其室」。在我們看來，朱熹與上述諸家之間最重要的區別，是朱熹明確提出了即便是神，仍須遵循包含是非在內的價值判斷標準，如程子所言「專言之謂道，天且弗違是也」，即所謂「天即理」之理，或言「道」，尋常意義上所言之「天」亦弗能違之也。所以，儘管同為祈雨文，朱熹在結尾處不是用「尚饗」而是用「尚聽」，意為「請聽明白了」之意，同時也暗含你神與我其實身分是平等的，故你我都必須遵循天理之意。

曾經有門人問過朱熹：「道理有正則有邪，有是則有非，鬼神之事亦然。世間有不正之鬼神，謂其無此理則不可。」朱熹沒有正面加以回答，而是引用了老子所說的「以道蒞天下者，其鬼不神」的話，並且補充道：「若是王道修明，則此等不正之氣都消鑠了。」[10]不正之氣，顯然指的就是諸種不合理的現象以及主觀作為的存在。

其實，對朱熹心目中有別於天帝的「天」的理解，錢穆先生在《朱子學新學案》中，便關注到了這一點，錢穆先生以《朱子語類》「問堯薦舜於天，曰：只是要付他事，看天命如何。又問百神享之，曰：只陰陽合，風雨時，便是百神享之」條為例，指出「朱子心中之天與自古相傳天帝之天有不同」。在《四書集注》中，「得罪於天」條下，朱熹亦作「天即理也」注文。

如果說，朱熹果真對於人神之間的祈求有所保留，原因是他對鬼神亦強調須遵循「道」的思想，那麼，我們不禁又要問道，為什麼當

---

9 除了這種虔敬的祈禱之外，我們在筆記小說中也曾讀到過歷史上因祈雨不應而引起惱怒，以致斫劈神位，棄諸茅廁的例子，這屬於虔信奉祀無果，繼而絕望，乃至憤慨之舉，不在本文討論之列。

10 《朱子語類》，卷3。

祈雨獲得實際效果的回報後，朱熹又會表現出欣喜之情呢？[11]

我認為，回答上面的問題，關鍵仍然在於我們如何對朱熹祭神的觀念的理解。只有通過進一步分析朱熹對鬼神以及祭祀的基本看法，方可解釋這種看似矛盾的現象背後的思想。

朱熹對於鬼神的理解，值得我們關注的有如下幾點：

> 鬼神只是氣，屈伸往來者，氣也。天地間無非氣，人之氣與天地之氣常相接，無間斷。[12]
>
> 鬼神只是物之屈伸，其德則天命之實理，所謂誠也。[13]

「問鬼神之德，如何是良能功用處。曰：論來只是陰陽屈伸之氣，只謂之陰陽亦可也。然必謂之鬼神者。以其良能功用而言也。今又須從良能功用上求見，鬼神之德始得。」[14]朱熹由祭祀祖先推及祭祀天地山川等，曾以「此身在天地間，便是理與氣凝聚底」[15]，然尤其須加注意的是，他強調的是「心之相通」，即「神之有無，皆在於此心之誠與不誠，不必求之恍忽之間也」。[16]

因為這種氣之相通，實為緣自心之相通，故「人自不見人心，才動，必達於氣，便與這屈伸往來者相感通，如卜筮之類，皆是心自有

---

11 如慶元五年，因為祈雨獲得回應，朱熹賦詩〈甘澤應祈一蘇焦槁皆昭遠致政宣義丈及仲卿諸友晝夜精虔不出道場之力而昭遠丈惠詩反以見屬非所敢當輒依高韻和呈以見鄙懷並簡同社諸兄友〉：「精禱由來未浹辰，如何嘉樹便遄臻。誠通幽隱知無間，喜動龍天信有因。適歎惔焚千畝盡，忽驚滂潤一時均。誰云化育流行妙，只屬乾坤不屬人。」見《晦庵集》，卷9。

12 《語類》，卷3。

13 《晦庵集》，卷47，〈答呂子約〉。

14 《語類》，卷63。

15 《語類》，卷3。

16 《語類》，卷25。

此物，只說你心上事，才動必應也」。

所以，「鬼神憑依言語，乃是依憑人之精神以發」。[17]

又如：

> 横渠云：一故神，譬之人身，四體皆一物，故觸之而無不覺，
> 不待心使至此而後覺也。此所謂感而遂通，不行而至，不疾而
> 速也。發於心，達於氣，天地與吾身共是一團物事。所謂鬼神
> 者，只是自家氣，自家心下思慮纏動，這氣即敷於外，自然有
> 所感通。[18]

故對於我們敬奉的神靈，對於外在的大千世界，天地萬物間皆為氣，
若非以心去體會，求其誠意，或不免墜入「恍惚之間」，即非理性思
維的陷阱。

由此來看朱熹對於祭祀意義的認識，所謂「祭神如神在」所表達
的，是一種心理情感的呈奉，無疑這也是構成朱熹鬼神觀的一個基本
成份。因為在《四書章句集注》中，朱熹引程子曰「祭，祭先祖也，
祭神，祭外神也」下，注云「愚謂此門人記孔子祭祀之誠意」。我們
從《論語》中數次談到鬼神相關的話題時，可以感覺到，孔子強調的
是祭祀者內在的情感、心理活動，至於外在的形式，包括儀文等，卻
是次要的地位。朱熹於此以「誠意」補充程子的話，正是強調以情感
而不是理性的分析或證明神的存在與否。前引朱熹所說的，「神之有
無，皆在於此心之誠與不誠，不必求之恍惚之間」，即屬於這類注重
情感而非理性分析的例子。

以誠意，也可理解為「敬」意對待神，是《朱子語類》多次談到

---

17 《語類》，卷3。

18 《文公易說》，卷12。

的一個話題，比如，朱熹曾說到，「近來覺得『敬』一字，真聖學始終主要」[19]，「小心畏謹便是敬」[20]，「潛心以居，對越上帝」。這些說法，反映了朱熹同傳統的儒學思想家一致的地方，即對於人格神是否真實存在的看法，態度並不明朗，也沒有可能甚或沒有必要弄明白，但是，有一點卻是十分重要的，即他們在「積極地培育這種宗教性的感情和態度，對天地萬物、對人體有一種敬畏的宇宙情懷」。[21]

值得玩味的地方是，雖然推崇理學，將理作為萬事萬物之根本，朱熹卻並不認同否定神之存在的意見。他在一封書信中談到：「來喻言『如其神之在焉，非真有在者也』，此言尤害理。若如此說，則是偽而已矣，又豈所謂誠之不可掩乎？」[22]

故我們對於朱熹所言「敬」、「誠意」的理解，「潛心以居，對越上帝」是主要的，至於說祭祀形式上「沒有表現出懷疑與勉強」，以及「聲稱他在祈禱的時候盡了所有的誠敬」，竊以為並不足以反映朱熹對於祭祀對象的誠意，遑論據此來作為朱熹救荒思想的一部分了。

以《四書章句集注》為例，我們在讀到「子曰：務民之義，敬鬼神而遠之，可謂知矣」句時，必定會注意到朱熹所語「專用力於人道之所宜，而不惑於鬼神之不可知，智者之事也」，朱熹並引程子語曰「人多信鬼神，惑也；而不信者又不能敬。能敬能遠，可謂知矣」，以及呂氏「當務為急，不求所難知；力行所知，不憚所難為」。無論是朱熹自己所說的「專用力於人道之所宜，不惑於鬼神之不可知」，抑或朱熹所引用的「能敬能遠」、「不求所難知」，其實並未將鬼神作

---

19 《語類》，卷12。

20 《語類》，卷23。

21 參見李澤厚：《論語今讀》（北京市：生活·讀書·新知三聯書店，2008年），頁160。

22 〈答歐陽希遜〉，《晦庵集》，卷61。

為「信」的對象，仍然可以理解為孔子所說的「敬而遠之」的範疇。「鬼神」依然是與人的主觀意識有著密切關係的一種「自我概念」，與宗教意義上的祭祀對像是顯然有別的。「鬼神之理，聖人蓋難言之。謂真有一物固不可，謂非真有一物亦不可。若未能曉然見得，且闕之可也」。[23]

正是如此，當門人所問「祭祀之理，還是有其誠則有其神，無其誠則無其神否」時，朱熹會做出「鬼神之理，即是此心之理」的答覆。[24]

源於這種情緒，朱熹以地方官員的身分參與謁廟、祈雨的活動時，除了上面引用的一則例子外，絕大部分皆為虔敬的語言，如：「大王若哀其迫切，赦其前愆，有以惠綏之，則三日之內，熹等齊宿以俟休命。三日而不應，則是大王終棄絕之，熹等退而恐懼，以待誅殛，不敢復進而禱矣。恭惟大王闔闢造化，一雨之恩，蓋其餘事，誠有意哀此千里之民，則願無愛而亟為之，熹等之願也。拜伏與庭，不勝哀扣懇切之至。謹告。」[25]又如：「惟侯哀矜，賜之一雨，以卒終歲之患，則豈惟吏之不良，獲免於戾，而邦人父子，實蒙其休。所以報事侯者，其敢有懈也。」語氣無不恭敬謙順。[26]

同時，又強調理在天地之間的無所不具和活力：

> 天地之間，有理有氣。理也者，形而上之道也，生物之本也。氣也者，形而下之器也，生物之具也。是以人物之生必稟此理，然後有性；必稟此氣，然後有形。其性其形，雖不外乎一

23　〈答董叔重〉，《晦庵集》，卷51，。

24　《語類》，卷3。

25　〈廣佑廟祈雨文〉，《晦庵集》，卷86。

26　〈豐利侯祈雨文〉，《晦庵集》，卷86。

身，然其道器之間，分際甚明，不可亂也。[27]

針對「指氣為理」、「索性於形」，即將形而上的道，同形而下的器混而一談的觀點，朱熹引〈禮運〉之言，指出非但二者自有分別，亦已為秦漢以來人們所認同，其曰「天地之德者，理也」，其曰「陰陽之交，鬼神之會者，氣也」，今乃一之，亦不審之誤也。《詩》曰「天生烝民，有物有則」，周子曰：「無極之真，二五之精，妙合而凝」，所謂真者，理也；所謂精者，氣也；所謂則者，性也；所謂物者，形也。下千有餘年之間，言者非一人，記者非一筆，而其說之同，如合符契，非能牽聯配合而強使之齊也，此義理之原，學者不可不察。」[28]

　　如果考慮到形而上的「則」、「理」的存在，言下之意，不正之氣同樣存在於鬼神的世界裡。朱熹還以自然現象為喻，「雨風露雷，日月晝夜，此鬼神之跡也。此是白日公平正直之鬼神。若所謂有嘯於梁，觸於胸，此則所謂不正邪暗，或有或無，或去或來，或聚或散者。又有所謂禱之而應，祈之而獲，此亦所謂鬼神同一理也。世間萬事皆此理，但精粗小大之不同爾」。[29]

　　綜上所述，朱熹對於祭祀的兩種看似矛盾的表現形式，只能在朱熹關於鬼神的觀念闡述中得到解釋。朱熹在談到祭祀時強調心的感通，亦可理解為此理的發現。故既尊奉儒家前賢的經典之說，又將之會通於社會習俗，在闡發義理的同時，又能兼及性氣之說。以本文討論的祈雨文為例，我個人的體會是，作為朱熹思想深處的一個基本觀點，關於祭祀的意義，亦已由傳統的祈求上天恩賜，轉化為對於「道」的認識，即所謂皆在於此心之誠與不誠，而不必求之恍忽之間

27　〈答黃道夫〉，《晦庵集》，卷58。

28　〈答黃道夫〉，《晦庵集》，卷58。

29　《語類》，卷3。

也。所謂恍惚之間，竊以為意指一種缺乏理性認知的蒙昧無知。毫無疑問，朱熹的這種認識，是有著積極意義的。亦如前賢所言，其鬼神之論，惟有以朱熹融會貫通的方式，置於宇宙本體論的框架中加以理解，方不致陷於無所適從的境地。

檢討與再造
──宋代士人對禮治與制禮的討論*

姚永輝

杭州師範大學國學院教授

一 從「家」到「天下」：禮是秩序整治的通用手段

費孝通將傳統中國的社會格局比喻為如同一塊石頭丟在水面上所發生的一圈圈推出去的波紋，社會中最重要的親屬關係就是丟石頭在水中所形成的同心圓性質，而儒家所謂人倫，就是從自己推出去的和自己發生社會關係的那一群人裡所發生的一輪輪波紋的差序。[1]傳統中國社會呈波紋差序格局，具有上自國家下至民眾之家的「伸縮」功能，宋代士人相信禮治是貫通並維繫差序格局中各等次秩序的根本途徑。如果說在禮法隳頹、事功需要極為迫切的中唐時期，「因人以立法，乘時以立教，以義制事，以禮制心」[2]，還多少顯得有些無力迂闊，那麼至北宋真、仁時期，隨著政權的穩固和內政改革開始預熱，就確實具有了現實的可能。

宋仁宗嘉祐七年（1062）六月，剛被朝廷任命仍知諫院的司馬光

---

* 基金項目：2013年度國家社科基金重大項目「『群經統類』的文獻整理與宋明儒學研究」（編號：13&ZD061）階段性成果；杭州師範大學科研啟動項目「宋代喪葬禮俗教化研究」（編號：2012QDW211）階段性成果。

1 費孝通：《鄉土中國》（上海市：上海人民出版社，2007年），頁25-26。

2 〔唐〕張說：〈詞標文苑科策〉，《張燕公集》（上海市：上海古籍出版社，1992年），卷17，頁118。

就在〈謹習疏〉中論及國家治亂興衰的根本措施在「禮」。反思歷代政治，讓司馬光相信「禮」之於國家治理的效用不可小覷，「昔三代之王，皆習民以禮，故子孫數百年享天之祿。及其衰也，雖以晉、楚、齊、秦之強，不敢暴蔑王室，豈其力不足哉？知天下之不已與也。於是乎翼戴王命以威懷諸侯，而諸侯莫敢不從，所以然者，猶有先王之遺風餘俗未絕於民故也」，「降及漢氏，雖不能若三代之盛王，然猶尊君卑臣，敦尚名節，以行義取士，以儒術化民。是以王莽之亂，民思劉氏而卒復之。赤眉雖群盜，猶立宗室，以從民望」，曹操挾天子以令諸侯，天下莫與之敵，不敢公然廢漢自立，正是由於心有所懼，「畏天下之人疾之」。然而，魏晉以降，「人主始貴通才而賤守節，人臣始尚浮華而薄儒術，以先王之禮為糟粕而不行，以純固之士為鄙樸而不用」，「風俗日壞，入於偷薄，叛君不以為恥，犯上不以為非，惟利是從，不顧名節」，及至唐代，「麾下之士有屠逐元帥者，朝廷不能討，因而撫之，拔於行伍，授以旄鉞」，「成者為賢、敗者為愚，不復論尊卑之序、是非之理。陵夷至於五代，天下蕩然，莫知禮義為何物矣。是以世祚不永，遠者十餘年，近者四五年，敗亡相屬，生民塗炭」。[3] 司馬光以「禮」為治國之本的觀念一以貫之，後來在主持《資治通鑑》的編撰時，又以更加鮮明的態度強調「禮之為物大矣，用之於身，則動靜有法而百行備焉；用之於家，則內外有別而九族睦焉；用之於鄉，則長幼有倫而俗化美焉；用之於國，則君臣有敘而政治成焉；用之於天下，則諸侯順服而紀綱正焉」，絕非僅僅只能維持几席之上、戶庭之間之不亂。[4] 家、鄉、國、天下，司馬光認為禮治在上述不同層級具有相異的功用，它們的作用總和構成理想的國家秩序。

---

3 〔宋〕司馬光：〈謹習疏〉，《溫國文正司馬公文集》（《四部叢刊》本），卷22。

4 〔宋〕司馬光：《資治通鑑》（北京市：中華書局，1988年），卷11，〈漢紀三〉，頁375-376。

　　除了司馬光等注重通過史鑑論議「禮」之於治理國家的意義之外，還有士人試圖從「禮」本身的內涵闡發。李覯以其〈禮論〉七篇與〈周禮致太平論〉五十一篇而贏得大名，後人多將其以禮治國的思想與王安石聯繫起來論議，並認為王安石的《周官新義》正是對其思想的發揮。在李覯看來，禮兼涉「人道」與「世教」，是儒家修齊治平之根本手段，禮為「人道之准，世教之主」，「聖人之所以治天下國家，修身正心，無他，一于禮而已矣」。[5]他將禮分為「禮之本」（飲食、衣服、宮室、器皿、夫婦、父子、長幼、君臣、上下、師友、賓客、死喪、祭祀）、「禮之支」（樂、政、刑）、「禮之別名」（仁、義、智、信），通過問答的方式，逐一闡明觀點、問疑辨難。[6]此外，李覯又在〈周禮致太平論〉中，從內治、國用、軍衛、刑禁、官人、教道等方面闡述統治者如何從《周禮》中獲取治國之方。這恰好與後來王安石以《周禮》大行其道的路徑相合。李覯的觀點偏向於外在的措施，周敦頤所開啟的「禮，理也」[7]的論證則是向內尋找「禮」之於治國依據的路徑。周敦頤所說的理還僅僅為陰陽之理，張載、二程所說的「禮即理」，則強調「禮」具有「天經地義」的意義，如張載認為「禮不必皆出于人，至如無人，天地之禮自然而有，何假于人？天之生物便有尊卑大小之象，人順之而已，此所以為禮也」[8]，二程也說「禮經三百，威儀三千，皆出于性，非偽貌飾情」，「天尊地卑，禮固立矣……聖人循此，制為冠、昏、喪、祭、朝、聘、射、饗之禮，以行君臣、父子、兄弟、夫婦、朋友之義……禮治則治，禮亂則亂，

5　〔宋〕李覯著，王國軒校點：《李覯集》（北京市，中華書局，1981年），頁5。

6　《李覯集》，頁5-6。

7　〔宋〕周敦頤：《周濂溪集》（《叢書集成新編》第60冊），卷6，《通書》之「禮樂第十三」，頁99。

8　〔宋〕張載著，張錫琛點校：《張載集》（北京市：中華書局，1978年）之《經學理窟》「禮樂」條，頁264。

禮存則存，禮亡則亡」。[9]

　　北宋時期側重於論述禮治之於國家統治的合理性，南宋《儀禮經傳通解》的編纂，則將禮治從家到天下的不同層級的理想構思與禮學著作融合為一體。朱熹與其弟子主編的《儀禮經傳通解》是醞釀多年的大工程，其主體構思是以《儀禮》為本經，「取《禮記》及諸經史雜書所載有及於禮者，皆以附於本經之下，具列注疏、諸儒之說」[10]，相當於集儀節與禮義為一體、融合古今闡述的合本。《儀禮經傳通解》在篇章結構上打破了漢晉以後「吉、凶、賓、軍、嘉」的分類模式，以家禮、鄉禮、學禮、邦國禮、王朝禮、喪禮、祭禮的模式進行編排，除了學禮、喪禮、祭禮三個方面的禮儀在施禮範圍上有其特殊性之外，似乎可以說，《儀禮經傳通解》以家、鄉、邦國、王朝這樣的施禮範圍來劃分禮儀類別，與朱熹承繼《大學》「修齊治平」的政治理想模式有著內在的聯繫。[11]

二　禮儀文本制作的檢討

　　依時制禮儀文本是經典從文本通向實踐運用的前提，如何訂立切合時代需要、貴本而親用的禮文，是積極推行士庶禮儀的士人不得不面對的問題，檢討前代禮文和當時禮儀狀況就成為首要任務。宋人的反思與檢討大致包括如下幾個方面：

9　〔宋〕程顥、程頤著，王孝魚點校：《二程集》（北京市：中華書局，2004年）之《二程文集》，頁668。

10　〔宋〕朱熹著，朱傑人、嚴佐之等主編：《晦庵先生朱文公文集》，卷38，〈乞修三禮劄子〉，《朱子全書》（上海市：上海古籍出版社、合肥市：安徽教育出版社，2002年），第20冊，頁687-688。

11　王啟發：〈朱熹《儀禮經傳通解》的編纂及其禮學價值〉，《炎黃文化研究》第3輯（鄭州市：大象出版社，2006年2月），頁130。

第一、禮文繁瑣，多不適用

禮，時為大，古禮零碎繁冗且未因時損益，是彼時禮儀文本制作的最大問題。朱熹認為「禮之所以亡，正以其太繁而難行」。[12]碩果不食、古禮難行，將禮儀文本化繁為簡，掇其綱要最為關鍵，因此，「須有一個大大底人出來，盡數拆洗一番」[13]，「令人蘇醒，必不一一盡如古人之繁，但放古之大意」。[14]

第二、背離禮緣情而作的精神

在北宋士人對禮儀文本制作的反思中，蘇軾的觀點比較鮮明。蘇軾認為三代之後，「豪傑有意之主，博學多識之臣，不可以勝數」，「然而禮廢樂墜」，「相與咨嗟發憤而卒於無成者」，其原因並非是乏才學，而是「論之太詳，畏之太甚」。禮之根本，在於緣情而作，因人情之所安而為之節文，人情隨時而變，禮文也應因時損益，執人情之所無定而為定論，才是制禮的核心精神，而彼時儒者所論禮文卻因人情之所不安而作，當然極難在現實中推行。[15]蘇軾除了抱怨禮文未因時而變之外，特別強調「禮緣情而作」被當時論禮者所忽略的事實。宋代士人的禮論中，對禮緣情說有太多的演繹。此前的研究多從思想上梳理孟子、子思至道學一脈的發展流變，而未注意到禮儀改革的需要。事實上，彼時朝野涉禮之論對緣情說的強調和關注，一方面，在於以先秦至秦漢時代的言論證明當世禮治的合情合理，使從中

---

12 〔宋〕黎靖德編，王星賢點校：《朱子語類》（北京市：中華書局，1994年），卷84，〈論考禮綱領〉，頁2177。

13 《朱子語類》，卷84，〈論考禮綱領〉，頁2177。

14 《朱子語類》，卷84，〈論考禮綱領〉，頁2178。

15 〔宋〕蘇軾著，孔凡禮點校：《蘇軾文集》（北京市：中華書局，1986年），卷2，〈禮以養人為本論〉，頁49。

唐以後逐漸擴展蔓延的禮為畏途之說得以消解；另一方面，能拉近束之高閣、不明其義的禮文與民眾現實生活的距離。上述兩者都為禮文改造提供了基礎。

第三、禮學專門之家乏見，其餘多陷於迂闊

禮儀文本的制作需要得到禮學論證的支持，然而在宋代士人看來，彼時的禮學遠不足以提供參考。宋代三禮學，《周禮》最盛，《禮記》次之，《儀禮》最末。《周禮》有王安石的倡導，著述達百種之多；二程雖然欣賞張載在關中的禮俗教化活動（將傳統的禮學向實踐方面轉向），但同時也認為「舉禮文，卻只是一時事。要所補大，可以為風後世，卻只是明道」[16]，故相對而言，討論《禮記》較多，尤以《中庸》篇的闡述為重點。除此之外，如李格非的《禮記精義》、真德秀《大學衍義》、衛湜《禮記集說》、魏了翁《禮記要義》、方慤《禮記解義》，司馬光、張九成、楊時、晁公武等人的《中庸》相關論說，在當世都較為有名。

相比之下，最能為禮儀文本制作提供參考的《儀禮》之學卻堪稱冷門。《儀禮》之學的衰頹，在宋儒看來，主要是因為禮學專門之家的缺失和王安石的科考改革。「古者禮學是專門名家，始終理會此事，故學者有所傳授，終身守而行之。凡欲行禮有疑者，輒就質問。所以上自宗廟朝廷，下至士庶鄉黨典禮，各各分明」[17]，「六朝人多是精於此。畢竟當時此學自專門名家，朝廷有禮事，便用此等人議之」[18]六朝以後，朝廷禮典的編撰雖然較盛，《開元禮》更是一代禮

16　《二程集》之《二程遺書》卷15，頁146。
17　《朱子語類》，卷84，〈論後世禮書〉，頁2184。
18　《朱子語類》，卷87，〈小戴記總論〉，頁2227。

文的典範，但《儀禮》之學卻問津者不多。[19]及宋，王安石科考改革，將原來與六經三傳並行的《儀禮》罷去，士人更是讀《禮記》，而不讀《儀禮》[20]，「祖宗時有三禮科學究，是也。雖不曉義理，卻尚自記得。自荊公廢了學究科，後來人都不知有《儀禮》」，宋初的禮官均有專門之學，自王安石罷開寶通禮科，禮官的專業性大大降低，「不問是甚人皆可做」[21]，因此，朱熹認為王安石廢《儀禮》而取《禮記》，完全是捨本而取末的作法。[22]偶有涉獵禮學考證者，亦多陷入繁瑣且乏見底的考證，「考來考去，考得更沒下梢」，溺於器數而陷於「迂闊」。[23]

三　禮儀文本改造的準則

宋代士人在上述檢討與反思的基礎上，對禮儀文本的改造之法也展開了討論，以朱熹的觀點最為全面。

第一、整體改造、上下有序、吉凶相稱

改造禮儀，是自上而下、吉凶相稱的龐大工程。儒家吉凶兩套禮儀系統，在區別中構成整體，「今吉服既不如古，獨於喪服欲如古，也不可」[24]；另外，禮由尊卑降殺而成，對下的改造必須參照上而

---

19 彭林分析了正史禮樂志中涉禮部分的內容編排，認為漢代以後，從目錄上看，重視儀而不重視禮，沒有理論的依託。參見彭林：〈從正史所見禮樂志看儒家禮樂思想的邊緣化〉，《禮學與中國傳統文化》（北京市：中華書局，2006年），頁338-347。

20 《朱子語類》，卷84，〈論修禮書〉，頁2187。

21 《朱子語類》，卷84，〈論後世禮書〉，頁2183。

22 《朱子語類》，卷87，〈小戴記總論〉，頁2225。

23 《朱子語類》，卷84，〈論考禮綱領〉，頁2177。

24 《朱子語類》，卷84，〈論修禮書〉，頁2188。

成，比如冠制尊卑，以中梁為等差，宋時天子用二十四，如果以三、二、二、二、二的標準降殺，至庶人則竟用十四，「甚大而不宜」，最好的方式是「天子以十二，一品以九，升朝以七，選人以五，士以三，庶人只用紗帛裹髻」。[25]若僅改庶人禮，而不改天子和品官之禮，就不能構成禮儀的等級序列，也就失去了制禮的基本意義。因此，在上者的立場和態度對禮儀推行尤為重要，「聖賢不得其位」，則「此事終無由正」。[26]

第二、綜合散失諸禮、考訂節文度數、推明其義

在宋代士人，尤其是理學家看來，禮儀文本的改造非惟儀節形式的連綴，還要各有其理、各有其義，即禮儀文本應是儀節與禮義精神的綜合體。因此，作為禮儀文本的改造者，應首先綜合散失諸禮，錯綜參考，推敲其節文度數，「一一著實」，再在此基礎上「推明其義」，體會禮書的精密義理，也就是修煉內功。只有這樣，才能見得禮文深意，不至於「溺於器數」，「一齊都昏倒」[27]，只有建立在對古禮深入認知的基礎上，才能在改造中知其取捨。比如，古禮稱情而立文，就喪禮而言，莫大於哀，哀情是判斷是否盡禮的根本原則，因此，朱熹認為，在對喪禮儀文的改造中，「初喪」環節可以不必要求過嚴，「必若欲盡行，則必無哀戚哭泣之情。何者？方哀苦荒迷之際，有何心情一一如古禮之繁細委曲」[28]，所以只要具哀戚之心，類似這些部分都可依照今俗而行，刪減古禮。

---

25 《朱子語類》，卷84，〈論修禮書〉，頁2188。

26 《朱子語類》，卷84，〈論修禮書〉，頁2188。

27 《朱子語類》，卷84，〈論修禮書〉，頁2186。

28 《朱子語類》，卷89，〈冠昏喪〉，頁2285。

第三、掇其綱正、略去瑣細

制禮者要避免「溺於器數」，就要區別禮之小與禮之大，區別變禮和經禮，在掇其綱正的基礎上，再往內裡填充細節。「聖人有作，古禮未必盡用。須別有個措置，視許多瑣細制度，皆若具文，且是要理會大本大原」。[29]朱熹曾以五服為例，向賀孫說明，「五服亦各用上衣下裳。齊、斬用粗布，期、功以下又各為降殺；如上紐衫一等紕繆鄙陋服色都除了，如此便得大綱正。今若只去零零碎碎理會些小不濟事」[30]，「如人射一般，須是要中紅心。如今直要中的，少間猶且不會中的；若只要中帖，只會中垛，少間都是胡亂發，枉了氣力」。[31]

第四、減殺古禮、切於日用

禮，時為大，因時而制禮，才能切於日用，否則不過是徒添具文。孔子欲從先進，又曰：「行夏之時，乘殷之輅。」便是有意於損周之文，從古之樸。古禮難行，制禮者必須參酌古今之宜，而彼時所集禮書，也只是略存古之制度，為後人「自去減殺」提供一個可以參照的底本。[32]

第五、既要有所本，也要有所創新

制禮者，須參酌古今。從古禮處領悟禮義精神和掌握儀節流變的脈絡，從今俗處選擇為人情之所安、切於日用，同時又有裨於風化者，編入禮書。無論是古禮、抑或納入禮書中的今俗，必然都要有所

---

29 《朱子語類》，卷84，〈論考禮綱領〉，頁2179。

30 《朱子語類》，卷84，〈論修禮書〉，頁2186。

31 《朱子語類》，卷84，〈論考禮綱領〉，頁2180。

32 《朱子語類》，卷84，〈論修禮書〉，頁2185。

本,「皆有來歷」,最切忌的就是「出於私臆」。[33]張載制禮,就因為多有杜撰,不為朱熹欣賞,相比之下,《司馬氏書儀》則是參酌古今的佳作。有所本的同時,也要具有敢於改變、不因循守舊的創新精神,「不踏舊本子,必須斬新別做」。[34]

四 結語

據現有文獻,宋代的私修士庶儀典以書儀、家禮、鄉約為主要體裁,包括司馬光《司馬氏書儀》、舊題朱熹《家禮》、呂大忠《呂氏鄉約》、朱熹《增損呂氏鄉約》、袁采《袁氏世範》、陸游《放翁家訓》、《緒訓》、趙鼎《家訓筆錄》、劉清之《戒子通錄》、葉夢得《石林治生家訓要略》、李宗思《禮範》、高閌《送終禮》、周端朝《冠昏喪祭禮》、龐元英《嘗聞錄》等。宋代士人圍繞著「禮治與制禮」的討論,與私修儀典的修撰同步,事實上,朱熹等提出總結的上述原則,已在部分禮書中得到較好地實踐。司馬光《書儀》正是秉承「嚴守禮義」與「因時制範」兩大原則,才在宋代眾多的禮書中脫穎而出,並成為《家禮》及其他南宋私修儀典內容的重要來源。《書儀》包括儀注和詳細的禮義說明兩部分內容,在對儀節的古今損益中,既有保留,同時也因時因地變更古禮,並闡明保留或者變更的理由。[35]胡叔器曾問及二程、張載、司馬光所作禮書的優劣,朱熹評價說:「二程與橫渠多是古禮,溫公則大概本《儀禮》而參以今之可行者。要之,溫公較穩,其中與古不甚遠,是七分好,大抵古禮不可全用,如古服

---

33 《朱子語類》,卷84,〈論修禮書〉,頁2179。

34 《朱子語類》,卷84,〈論考禮綱領〉,頁2179。

35 參見拙文:〈從「偏向經注」到「實用儀注」:《司馬氏書儀》與《家禮》之比較──兼論兩宋私修士庶儀典的演變〉,《孔子研究》2014年第2期。

古器，今皆難用，溫公本諸《儀禮》，最為適古今之宜。」

　　宋代士人對「禮治與制禮」的討論，最終指向都是如何將代表著儒家理想的禮儀滲透入民眾的日常生活，從而實現對社會秩序的重整。如果說北宋司馬光的《書儀》還帶有「經注」的性質（包括儀注和引經據典的禮義闡說），那麼至南宋《家禮》時，就已完全偏向「儀注」，即簡省對禮義的闡釋，突出具體儀節的操作細則，極大提升了儀典的實用性，所以，我們常常在文獻中可以見到民眾使用這些儀典的事例。[36]相比之下，宋代同樣備受矚目的官修儀典《政和五禮新儀》，雖然首次制定了庶人冠、昏、喪儀，然而基於辨上下、別等差的國家禮典性質，在制作方法上秉承「以多、大為貴」和「降殺以兩」的原則，並未精心考慮實用性，或根據儀文不適合民間使用的情況而做出修改調整。因此，儘管政府在禮儀推行的過程中，採用了強制性的措施，仍然在推行幾年後被開封府申請停止。這說明，在禮俗教化的問題上，「折衷與融合」遠比「強權或強制」有效，事實上，這也符合先秦至秦漢儒家之於「禮，時為大」的根本原則的闡述，在時代變遷中有所損益才是「禮作為規範人們言行的手段」得以延續的先決條件。

36　《朱子語類》，卷84，〈論後世禮書〉，頁2184。

禮之殊途：《朱子家禮》現代化
與恢復古禮的踐行
——以當代儒家婚禮為視角的分析

田浩（Hoyt Cleveland Tillman）

美國亞利桑那州立大學國際語言文化學院教授，北京大學中國古代史研究中心兼職研究
員，杭州師範大學國學院國際宋史研究中心主任

田梅（Margaret Mih Tillman）

美國加州大學伯克利分校博士候選人

姚永輝　譯

杭州師範大學國學院

　　《朱子家禮》是明清時期家族禮儀的重要來源，於那些《朱子家禮》的擴展版或簡化版而言，尤其如此。儘管姜士彬（David Johnson）在其新近研究中，以「誰在閱讀朱熹著作」的問題明確提出質疑，卻很快承認《朱子家禮》為山西鄉村社會——即使是那些祭祀聖母的禮儀，提供了一個關鍵模式和有序格局。[1]自朱熹（1130-1200）女婿黃榦始，學者普遍認為《朱子家禮》記錄了朱熹有關家族禮儀的思想。然而，元明以降，有學者宣稱，此儀式實踐指南，並非出自朱熹。目前，清華大學禮學專家彭林教授，正撰文論證《朱子家禮》所言，與《朱子語類》、《儀禮經傳通解》所述頗多牴牾；而湖南

1　David Johnson, *Spectacle and Sacrifice: The Ritual Foundations of Village Life in North China* (Cambridge: Harvard University, Asia Center, 2009), 8, 304-305.

大學殷慧的博士論文，則捍衛傳統觀點，認為《朱子家禮》是朱熹思想的折射。[2]在此，我們無意於討論《朱子家禮》的「真偽之辨」，而是著意於《朱子家禮》在後世的沿傳——尤其是為朱傑人儒家婚禮儀式的現代化提供了靈感。我們對於其他兩場、最近在北京舉行的儒家婚禮的描述，顯示了當前力圖恢復儒家經典禮儀的人們中，存在著多樣的觀點，且與朱傑人的婚禮版本所存在的差異。我們希望借此勘驗當代中國這些恢復古禮或使之現代轉化的嘗試中，所存在的複雜性、目前的動態和面對的挑戰。

背景介紹

　　二〇一一年春，評論界密切關注北京天安門廣場豎立孔子像、隨後又被搬離並重新安置的話題。孔子像最初被豎立於新近向公眾開放的國家博物館（原中國歷史博物館和中國革命博物館合併後建成）的北門廣場，斜對天安門毛主席像，這象徵性地表明孔子將至少被賦予與毛主席同等重要的地位。西方觀察者猜測，這是「共產黨復興儒學的震撼舉措」，隨後不久，孔子像被搬至國家博物館內庭西北角，他們又據此推斷說，這是左派保守者在共產黨內部權力鬥爭中戰勝了新的儒學復興派的結果。[3]圍繞著中國過去代表人物的政治角力，與關於即將來臨的中共最高領導人換屆的預期「不謀而合」。然而，當西方媒體熱議這些衝突和變化時，鮮有人注意到當下儒學復興觀點的多

2　殷慧：《朱熹禮學思想研究》（長沙市：湖南大學博士論文，2009年，預計在上海市：華東師範大學出版社出版）。

3　Andrew Jacobs, "Confucius Statue Vanishes Near Tiananmen Square," *The New York Times*, April 22, 2011, sec. World / Asia Pacific, http://www.nytimes.com/2011/04/23/world/asia/23confucius.html?_r＝1.

樣性。天安門孔子像的存在（或消失），作為一個信號，涵蓋著中國政治文化中對於儒學復興的特別定位。本文將舉例並闡述那些關於儒學復興實踐的不同觀點，以及復古者用以支持各自「傳統」概念的多樣的象徵符號。

在「天安門孔子像事件」引發熱議之時，我們正好在北京從事研究工作，並收集讀者對於我們新近發表的論文——〈喜結連理：《朱子家禮·昏禮》的現代化〉——的反饋意見。[4]該文分析了儒學中堅朱熹的後裔、華東師範大學出版社社長朱傑人先生，對《朱子家禮·昏禮》所展開的現代化改造。[5]我們認為，由於朱熹自己曾改寫經典的家禮文本以適應他所處的時代，那麼他的後裔也同樣有權改變古老的禮儀實踐。此外，我們將這些儀式文本，放置於非官方的知識分子對於婚禮的社會經濟學和人口學命題的語境中，加以回應，選取婚禮——這種為中國人耳聞目見，且在改革開放之後被惡化的儀式，來展開分析。在把文章和研究呈現給中國讀者的時候，我們發現，因為有意削弱儀式中展露的家長權威，朱傑人在保存傳統儀式的人中，聲音最為「寬容」。由於朱傑人坦言要將傳統簡化和現代化，因此我們認為他的追求與那些致力於復古或恢復古禮的人有所不同，尤其是當我們注意到恢復古禮者對朱傑人經典禮儀的現代化版本持有諸多反對

---

4 "A Joyful Union: The Modernization of the Zhu Xi Family Wedding Ceremony," *Oriens Extremus*, No. 49, (2010), pp. 115-142; 中文版發表於2011年春季，〈喜結連理：《朱子家禮·昏禮》的現代化〉，《中國人類學評論》，No. 19 (2011), 頁140-156. 中文修訂版發表於陳來、朱傑人主編：《人文與價值》（上海市：華東師範大學出版社，2011年），頁225-241.

5 朱熹著，朱傑人、嚴佐之、劉永翔主編：《朱子全書》（上海市：上海古籍出版社、合肥市：安徽教育出版社，2003年），第7冊，卷3。伊沛霞（Patricia Ebrey）譯：*Chu Hsi's Family Rituals: A Twelfth-Century Chinese Manual for the Performance of Cappings, Weddings, Funerals, and Ancestral Rites*（《朱子家禮：12世紀中國冠婚喪祭儀式手冊》），Princeton: Princeton University Press, 1991.

意見之時。鑒於某些男性長者和研究生堅決且直言不諱地批評，我們開始進行廣泛地調查，以探明對朱氏婚禮的批評是否具有普遍性，最終發現其中所存在的多樣化以及多樣化的程度，甚至複雜的情緒，遠遠超過我們的預料。相關調查結果的分析已經在其他刊物上發表，這些回應幫助我們理解那些關於恢復古禮行為的不同觀點。[6]儘管朱傑人致力於當代儒學復興，但是他的家禮改編本卻標誌著他的「禮」，與那些更保守的恢復古禮模式不同。此外，我們認為在現代化或改良傳統者，與保守的恢復古禮者之間，有著各種不同的意見，而這恰是儒家傳統中知識分子「和而不同」的延續。

本文將把朱傑人的儒家婚禮模式，放置於當下儒家婚禮被大力提倡的背景中展開分析。鑒於〈喜結連理〉一文集中討論了《朱子家禮》的現代版，因此這篇文章將把更多的重心，放在闡釋儀式和描繪其中所表現出的象徵意義之上。作為古代文獻研究方面的專業人士，以及中國一流出版社的總編，朱傑人強調儀禮從文本到實踐的轉化，他在回應我們〈喜結連理〉（關於朱氏婚禮）初稿之時，曾明確表達上述觀點。[7]

在知識分子圈內，幾乎同時出現了諸多禮儀再造的活動，這其中不乏有其他傳統婚禮實踐者。每個人都期待以他所創造的模式，使年輕人得以重構傳統價值觀，它們將有助於年輕人在一場現代中國有關合適的禮儀與傳統價值觀的頻繁對話中明確立場。扼要地說，本文所涉朱、張、雷氏儒家婚禮有四大差別：第一、與朱氏婚禮相異的是，

6　參見田浩、田梅：〈朱子文化復興的潛在力：以中國學生〈朱子婚禮現代版〉的民意調查為例〉，見陳來、朱傑人編：《哲學與時代》（上海市：華東師範大學出版社，2012年）。

7　朱傑人：〈《朱子家禮》：從文本到實驗──以婚禮為例〉，見陳來、朱傑人編：《人文與價值》，頁211-224。

張氏、雷氏婚禮更強調儀式的象徵和肢體演繹，並以此作為他們堅守古禮的標誌。第二、儘管張氏、雷氏同樣參考了《朱子家禮》，但是他們吸納了更多古代經典禮儀文獻，尤其是那些早就被官方所認可的內容，相較之下，朱傑人則注重時代相對較晚的《朱子家禮》。第三、張氏和雷氏婚禮推崇孔子的地位，朱氏婚禮則推崇朱熹。第四、秩序或出發點不同。張氏、雷氏婚禮都將天地放置於父母之前，突出其至高無上的權威，而朱氏婚禮則更突出祖先的權威，將天地放在最後，而且沒有如張氏、雷氏一樣設置拜孔子的儀節。朱、張、雷氏婚禮之所以有上述秩序的差異，在於他們設計儒家婚禮的出發點存在差異，朱氏婚禮側重通過儀式強調「結兩姓之好」之於家族的意義，而張氏婚禮則宣稱「以儒為本，適中大方，敬慎正信、喜慶高雅」，雷氏婚禮則意在突出「天地之愛」。所有這些婚禮儀式的再造者，都把自己視為傳統價值觀的信徒，但是每個人可以擁有不同的創新點——如張氏婚禮中設計象徵意義，雷氏婚禮中表達個人意志，朱氏婚禮則著意於性別平等。即便是張氏和雷氏婚禮，也對傳統有所因革。例如張氏婚禮的影像和儀式說明的開篇，就提出婚禮的宗旨在於「以儒為本」，即「保持儒家古禮的根基，但又要適應現代人的情況作出必要的調整」。本文將揭示上述三家的婚禮模式，探尋它們力圖復原古代傳統的哪些方面，以及具體作了怎樣的修改，尤其關於儀式文本、象徵符號和程序編排演繹等。

官方人士對儀式正當性的肯定：張氏婚禮

在崇尚恢復古禮的知識分子實踐中，最著名的可能是張祥龍為他的兒子所舉辦的婚禮。張祥龍的西學背景，使人們未曾預料到，他會如此積極地支持復興古代的儒家禮儀。張祥龍是北京大學哲學系的教

授，專業領域為研究現代西方哲學和儒家哲學，尤其在論馬丁‧海德格爾（Martin Heidegger, 1889-1976）及其與道家關係方面，皆頗有建樹。他在北大取得學士學位之後，又分別在美國俄亥俄州托萊多大學和紐約州立布法羅大學取得碩士和博士學位。二○一○年十一月三十日，我們曾為張祥龍和他的兒子張泰蘇做了一次專訪。從中我們獲悉，新郎和新娘在耶魯大學念大學本科時相識，之後又同時在該校讀研究生。新郎後來取得法學博士學位，接著攻讀歷史學博士學位；新娘趙霄雪則為經濟學博士候選人，其研究集中於探掘傳統正典中較少被涉足的部分。不巧的是，由於她那時已回耶魯，因此我們沒有機會聆聽她的見解。

在這次訪談和婚宴致辭中，張教授解釋了為兒子舉辦傳統儒家婚禮的動機。他宣稱自己是儒者、一個信仰儒學的人，然後以向現場賓客提問的方式解答了「作為一名普通的知識分子，他如何在現代中國變成一個儒者」的問題。接著，他指出自己和其他許多人經歷了現當代中國的巨變：

> 青少年時代，我信仰馬克思主義和毛澤東思想，但是當我的探索與當權者衝突並因此遭受迫害之後，就失去了這信仰，甚至在一段時間中，信奉（西方的）自由主義。在進入大學，閱讀老、莊，並關心生態環境問題時，又轉向道家。我的思想發生重大轉變是有了孩子之後。我為妻子乃至自己對兒子的愛深深觸動，那種出於天性的慈母、慈父之愛彰顯出超出個體的人情與人倫，而這正是儒家思想的基本內核。對我而言，儒家意味著通過以「禮樂」為首的「六藝」，將親子之愛擴展為扶老攜幼的仁愛。[8]

8　引自張祥龍評論和糾正我們初稿時所述，2012年6月電郵。

因此，為了使兒子和兒媳能將這種儒家取向作為他們建立夫妻關係和家庭生活的基礎，他研究了儒家婚禮的經典文本，並重新設計了儀式。他聲稱「養兒方知父母恩」，將來當兒子和兒媳有了自己的孩子之後，會更加理解將儒家思想作為他們家庭生活的引導者的深邃內涵。另外，張祥龍教授也通過參與其他的活動來倡導儒家思想，比如他曾撰文回應蔣慶提出在中國發展新的儒家政治的觀點。[9]值得注意的是，在觀看朱氏婚禮影像時，張教授覺得朱氏婚禮還不錯，但對於朱傑人允許他的兒子再舉行一次西式婚禮的作法，感到十分驚訝。他們不同的觀點恰好暗示著在力主傳統現代化（略帶些從西方借鑒的因素）和偏重於古代儒學復興之間存在著鴻溝。

　　同時，我們也要指出公開場合和私下場合，或者說儀式化與非儀式化之間所存在的差異。舉例而言，雖然朱氏新郎遵從傳統中國禮俗向新娘家提親，但卻是在私下場合展開。我們在幾所大學演講時，聽眾中的復古支持者批評朱氏婚禮，認為它未能（在正式婚禮儀式中）按約定俗成測試新郎的勇氣和堅持，比如新郎在親迎時須衝破新娘朋友或鄰居所設置的重重障礙。朱祁向我們提到，在親迎的時候，他沒有帶上最好的朋友，但是這些傢伙的確可以在談判和賄賂測試者的過程中，發揮一臂之力。而且，這種親迎設置障礙的習俗在正式的結婚儀式舉行前，花了差不多一整天的時間。如同朱熹，朱傑人也將這些民間習俗從正式的儒家儀式中剝離出來。（因此，在某些方面，朱傑

9　Xianglong Zhang（張祥龍）, "Is Political Confucianism a Universalism: An Analysis of Jiang Qing's Philosophical Tendency," in Ruiping Fan（范瑞平）, ed., *The Renaissance of Confucianism in Contemporary China* (Dordrecht: Springer, 2011), 225-237. 卷首為蔣慶的文章, "From Mind Confucianism to Political Confucianism," pp. 17-32, to which the other essays respond, and concludes with a biographical account by Erika Yu and Meng Fan, "A Confucian Coming of Age," pp. 241-257. 參見蔣慶：《政治儒學》（北京市：生活・讀書・新知三聯書店，2004年）。

人的觀點更接近遵從傳統儒家反對本地迷信風俗的觀點，而相反，某些主張恢復古禮者卻認為這些民間習俗是浪漫的。）我們下文將會看到，張氏婚禮將這些測試做了精簡，並使之儀禮化的處理，而且在公開場合中成為儒學修養與禮節的標誌。雖然張氏夫婦未曾舉辦西式婚禮，然而婚禮中卻自始至終戴著婚戒，「交換戒指」是在私下場合、以非儀式化的形式進行，而相比之下，在朱氏的西式婚禮（於儒家婚禮後隨即舉行）中，「交換戒指」則是公開儀式環節，並以此確定新郎、新娘的承諾與愛情關係。因此，這些新人採取下述兩種方式來確定婚姻身分或關係的標誌：一是通過具有鮮明象徵符號的正式的婚禮儀式，二是通過淡化後或非儀式化的風俗。

在仔細研究和撰寫了儀式文本之後，張祥龍邀請了北京四海孔子書院理事長、著名的中國傳統文化復興倡導者——馮哲作為司儀。[10]二〇一〇年六月二十日，張氏婚禮在頤和園附近的達園賓館禮堂舉行，這裡離新郎在北大的家不遠。張教授特別提到這是一座頗具傳統風格的園林，但是所有的儀式和宴會都在賓館大廳內舉行。為便於讀者理解，現將張氏、朱氏婚禮的現場設位圖簡略繪製如下：

---

10 For Feng Zhe's activism and academy, see:
   http://kongzishuyuan.i.sohu.com/blog/view/177258164.htm
   http://www.wenming.cn/gxt_pd/gxdt/201104/t20110411_145478.shtml
   http://tech.sina.com.cn/chuangye/2010-07-22/21234460373.shtml

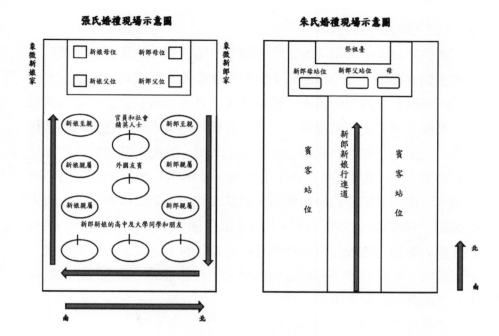

由上圖可知，張氏婚禮中，男女雙方家長分別坐於大廳左右首席圓桌位，而兩家的親戚則坐於其後。馮哲請兩家父母上臺時，新郎的父母坐北向南，新娘的父母坐南向北，表示新郎家是上位，而且正如我們即將看到的，儀式（特別是親迎）的空間安排中，新郎父母所在位、新娘父母所在位分別象徵著新郎家所在地與新娘家所在地。因此，張氏婚禮對空間的立場不同於朱氏婚禮，後者設置了兩家共用的祭祖臺，且新娘沿著婚禮大廳的中間大道行進的儀式。此外，張氏婚禮的禮服色彩等均符合當前關於中國傳統的設想。張家新娘身穿傳統的紅色婚服、腳踏紅鞋，新郎則穿著從肩中到胸前點綴有紅色大花的黑色長袍。陪侍新郎左右的男從身穿西服，而陪侍新娘左右的女從則身穿旗袍。馮哲和新郎的父母穿著具有中式衣領的中山裝。然而，參加婚禮儀式的其他人則穿著隨意，其中一位客人因為北京夏季的炎熱而穿著百慕達式短褲。婚禮的影像視頻，包括儀式前的化妝準備、儀

式與接下來的婚宴敬酒。

　　某些官員與社會精英的出席，賦予了儀式特殊的意義。在馮哲開始宣讀儀式程序之前，他介紹了新郎和新娘的家庭成員，但是沒有分別叫出每個直系親屬的名字，相反卻逐一宣佈了坐在大廳中間的飯桌前、被邀請參加婚禮的政界、商界、文化界精英人士與官員的名字和頭銜[11]，接著又向坐在後桌、來自耶魯大學、張氏夫婦的師友致簡短的歡迎辭。（外國嘉賓遠道而來的尊重，使馮哲為儒學的光彩而感到自豪——如同帝制時代邀請外國使節參加盛大的朝廷典禮。）上述安排強調了恢復儒家古禮，這些人出席婚禮儀式由馮哲所提議，「希望因此擴大影響，也因此而使婚禮具有更廣泛的文化意義」。[12]這些表述清楚說明，張氏婚禮不僅僅是男女雙方家庭的儀式，而且也是試圖移風易俗的社會啟蒙之舉。

　　婚禮所用的儀式文本是五頁不空行的指導大綱，帶有十四條注釋，包括引述經典、解釋術語、標明發音、及說明儀式方位設置的重要性等。儀式現場而言，正臺的背景是一塊紅色簾幕，上面點綴著象徵婚禮的「雙喜」字，它被放置於對聯中間，對聯內容熔鑄了天地、父母、師長和自然的精神力量對新人最美好的祝願，「天地親君師恩重源長，夫妻子女胤情深意厚」。（紙本的婚禮儀式文言版上所寫為「天地君親師，陰陽日月星」，為了使賓客能清楚明白對聯的涵義，顯然修改了張貼出來的對聯內容。）由於儀式中天地有著中心和先導

---

11 包括：北京大學王東教授、北師大附小于濤老師、北京四中校長助理朱翔非博士、全國人大常委會教科委員會文化史副主任徐志遠、中國科學院長春應用化學研究所研究員徐國寶博士、上海浦東非營利組織發展中心《社會創業家》雜誌主編陳迎煒女士、當代MOMA四海孔子書院執行主席楊雪劍女士、國際公益人文紀錄片製片人Sheng Shiyi、華本地產俱樂部創辦人兼董事長李文明先生、國家知識產權局中國專利信息中心人力資源處處長Wang Yuan。

12 引自張祥龍教授信件中對婚禮的闡述，2012年6月。

的地位，新郎、新娘在進入更衣室準備儀式前，各自分別叩拜天地。儀式指導手冊上注明，「拜天地和拜孔子（師）即面向此聯。……先向『天地親君師』聯，以稽首方式兩拜天地：再轉向北，以稽首方式一拜新郎父母」。這裡，禮儀的秩序是天地的權威優先於家庭，此外正如我們即將看到的，張氏婚禮的儀式文本中，天地的特權在三個關鍵點上被強化。

　　張祥龍和馮哲編排的婚禮儀式，密切配合他們當下關於中國傳統的種種設想。在點燃了傳統的煙花以驅逐不祥之後（可能是源自唐代的習俗），婚禮儀式正式開始。新郎首先在父親的引導下，向天地叩拜兩次，在此之前，他啜了一小杯白酒，然後吐出。[13]與朱氏婚禮相同的是，新郎父親引經據典告誡他：「我兒子（泰蘇），現在前去迎娶你的媳婦（趙霄雪）。承我宗事，勉率以敬，若〔順〕則有常！」新郎回答說：「唯恐不堪，不敢忘命。」（父親告誡結兩姓之好的目的在於綿延子嗣，新郎也引用經典回應，並許下承諾，同時表達擔心自己不能完成責任的惴惴不安。）接下來，我們再把注意力轉到張氏婚禮中的新娘。如同新郎，新娘也在她父親的引導下，向天地叩拜，且承諾將遵循後者的教導。與朱氏婚禮不同的是，張家新娘蒙著紅蓋頭等待未婚夫的到來。我們再將焦點轉回新郎，他在男從的陪伴下，沿著大廳的牆壁行走，選擇盡可能長的路線，來到新娘父母面前，並向他們行稽首禮。他們向新郎表示應允，父親諄諄告誡女兒，要成為謙恭的新娘和兒媳，母親則將一塊粉紅色的手絹繫在新娘禮服的上部，接著，女從將新娘的手交給新郎。由於新娘蒙著蓋頭，所以不得不被引導前行。

13　《禮記・昏義》：「父親醮子而命之迎。」鄭玄注：「酌而無酬酢曰醮。」子前往親迎之前，父親為子酌酒，是一種斟酒儀式。然而，張祥龍在新郎啜酒之前說：「我兒泰蘇現在前去行醮神之禮。」馮哲解釋說，新郎啜了一小杯白酒，然後吐出（「啐酒」），是以酒水滋潤大地。

　　張祥龍認為接下來這部分儀式頗具創新性，最大的貢獻在於設計了象徵古代婚禮親迎（即新郎乘坐馬車、經過長途跋涉，從新娘遠在瀋陽的家將她接到新郎北京的家）的儀節。帶新娘回家的過程中，新郎演繹了諸多的象徵行為，比如以退後幾步的動作象徵馬車轉動的圈數，以兩步表一圈，六步則表三圈，顯示婿御婦車三輪而代御者。新郎牽著新娘的手，並引導她前行，既是因為新娘蒙著蓋頭、無法看到周遭，又似乎意寓新娘要學會信任和遵從丈夫的領導角色。在象徵性地後退六步之後，夫婦肩並肩地行走，儐相伴隨身邊，直到他們到達新郎父母的面前。馮哲對賓客解釋了上述象徵意義，當他宣佈新郎可以慢慢帶著新娘回家，因為「離家很近」時，引發了大家的笑聲。就像朱傑人一樣，張祥龍看到將一個冗長且難以實現的親迎儀式壓縮至短短的婚禮儀式中的不易，所不同的是，朱傑人強調儀式文本而非時空語境，張祥龍則著意於儀式中對於時空與空間的象徵性演繹。

　　為了更清晰可見地演繹時間與空間的象徵性，在張氏婚禮進行的過程中，伴隨著準備好的儀式解說。在新郎把新娘帶到他的父母面前時，主持人首先引導他們向天地行稽首禮，再向父母，接著向孔子——強調婚禮的儒家特色——行稽首禮，最後是夫妻互拜。在新郎掀開新娘蓋頭之前，他必須背誦一首詩以贏得她的應允。新郎首次嘗試之後，新娘搖頭表示不同意，新郎再朗誦第二首，直到令她滿意。在新郎揭開新娘蓋頭、看到新娘的臉之後，他們從同一個飯碗中，分別夾一塊肉吃（共牢而食），又用各自的酒杯飲酒（合巹）——酒杯是同一個葫蘆劈成兩半而製成。「共牢而食」與「合巹」之禮，象徵著他們完成了夫婦合體的過程。

　　視頻中這段儀式文本約耗時三十二分鐘，據我們觀察，作為儀式再造者的張祥龍與作為婚禮司儀的馮哲似乎是對這場儀式最有興趣且最愉快的人。張祥龍熟記臺詞，並且借助麥克風慷慨陳詞。雖然新娘

的父親也使用麥克風，但是手中拿著提示自己的臺詞稿。相對而言，
兩位母親顯得較為呆板，並且從頭到尾只有幾句話，特別因為不用麥
克風，幾乎不能聽見她們的聲音。新郎彷彿只是在「忍受」儀式，直
到新娘與他儀式化地生活在一起。這種嚴肅與莊重為復古者所讚許。

　　儘管儀式中充溢著莊嚴與壓抑的氛圍，賓客還是在幸福甜蜜的夫
婦身上感到了快樂的氣息。儀式伊始，當馮哲解釋古代術語「男從」
與西方術語「伴郎」之時，引發了賓客的笑聲，我們覺得這是古代文
言和帶有西式詞源的現代白話之間有趣的分裂所導致。儀式期間，新
郎在感謝其未來岳父將女兒託付給自己前，猶豫稍許，馮哲提醒他，
他應該為即將迎娶如此美麗的新娘而表達感激之情，賓客不禁笑了起
來，或許是因為馮哲的勸告方式，或許是因為新郎表現出明顯的緊
張。在新郎首次誦詩向新娘求婚卻以失敗告終之時，馮哲所製造的幽
默引發了賓客的笑聲，當新郎再次準備誦詩以贏得新娘芳心之前，馮
哲提醒說，這次必須力爭讓新娘滿意。諸如此類挑戰新郎的測試經常
逗笑參加婚禮的賓客，在其他人的婚禮中，新郎須在此時向阻擋他迎
娶新娘的傢伙散發禮物或紅包，如此才能順利見到新娘；馮哲的警告
使這些測試變得具有反諷的意味（因為新郎必定會獲得成功）。新郎
表情嚴肅，直到他揭開新娘的蓋頭，當新郎和新娘儀式化地共牢而食
之後，他們才略微感到放鬆，並露出微笑。

　　這些幽默點，使我們這些旁觀者形成這樣的印象，儘管儀式較為
嚴肅沉悶，但張氏婚禮仍然有令人感到輕鬆愉快之處。儘管司儀持有
帶著豐富注解的張祥龍所撰儀式文本，但與朱氏婚禮中，父母誦讀巨
大卷軸上那些經典語句相比，儀式文本在婚禮過程中，顯得不那麼鮮
明。在張氏婚禮中，只有新娘的父親需要手持一張臺詞文稿，司儀馮
哲雖然也常常參看儀式文稿，但是基本上都用自己的話講述。此外，
無論是父母對新人的叮囑與告誡，抑或是司儀的儀式引導語，都以白

話為主。在儀式舉行過程中,司儀解說了某些古語,這與朱氏婚禮中父母誦讀卷軸相比,在語言上顯得不那麼艱深,容易理解。參加朱氏婚禮的賓客持有理解儀式文本的白話版,但張祥龍顯然沒有向賓客分發。此外,婚宴演說相對不正式,舉個例子,伴郎曾以開玩笑的語氣讓新郎解釋夫婦二人如何相遇。再者,張教授解釋為何要讓兒子舉行儒家婚禮的原因,較為簡短,朱傑人教授則在西式婚禮結束後,大約作了十八分鐘充滿激情和政治關懷的演說。

　　儘管張氏婚禮中有著輕鬆快樂的部分,然而許多復古者仍然認為張氏婚禮更嚴肅莊重,且具有準確的象徵意義,因此他們對張氏婚禮的熱情與支持度超過朱氏禮儀。具體而言,比如張氏夫婦,新郎身穿黑色長袍,新娘蒙有紅色蓋頭,新郎的行為舉止嚴肅莊重,並且諸多叩首儀式為復古支持者所讚許。我們在二〇一一年的觀眾調查中發現,針對朱傑人婚禮現代版的批評部分,集中於某些細節之處,比如新郎沒有戴冠,沒有採用傳統色彩的婚服,新人在婚禮過程中,面露笑容,表現出明顯的開心(這被判斷為缺乏虔誠與莊重)。儘管我們指出,張家新娘在蒙蓋頭之前和被揭開蓋頭之後,也曾面露微微的笑容(而不是如朱家新娘那樣激動的笑容),然而復古支持者的注意力都集中於蓋頭,沒有留意到她的面部表情,因此並不影響他們對張氏婚禮莊重和嚴肅的判斷。事實上,張家新郎也沒有著冠,然而這個細節卻普遍被人們所忽略。一些復古支持者對朱氏婚禮中所用之音樂不敢苟同,然而,事實上,無論是張氏或朱氏婚禮,都演奏了同一首樂曲,即日本神思者的代表作《故宮的回憶》。因此,我們認為,不能完全依靠苛求上述要素而展開批評,這些要素使批評者形成對婚禮整體的所有印象。

　　更重要的是,我們在人大宣講時,一位張氏婚禮的支持者批評朱氏婚禮缺乏最關鍵的要素──支持儒家思想復興的官員出席。正如上

文所提到，邀請官員出席倡導復古是馮哲所提議。再者，這些有文化關懷的官員和文化人是正式儀式開始之前，作為司儀的馮哲唯一分別介紹名字與頭銜的賓客。有幾位官員和學者在婚宴上致辭，並且發表了張祥龍沒有提到的政治化的評論。在我們二〇一〇年對張氏新郎的訪談中，新郎將出席婚禮的這些貴賓統稱為「官員」或「幹部」；然而，從視頻中馮哲的介紹，可知明顯並不全是官員。感謝張祥龍教授糾正此文初稿中的錯誤，我們了解到事實上僅僅只有兩位是「全國人大機構中的中層官員」。新郎使用「官員」這個術語，可能和我們人大聽眾中那些哲學研究者在讚揚張氏婚禮之時的用法相似，即「官員」這個指稱，實際包括著名的公共知識分子和倡導復興傳統儒家文化的政府幹部。

新郎對這兩位官員的觀感尤其值得注意。在我們與新郎的訪談中，他說對此感到擔憂，當敬酒之時，這些支持復古的官員對新人而言，幾乎是陌生人，他們強烈鼓勵新人在面對西方價值觀的衝擊之時，保護中國的傳統。正如新郎擔心他的姻親面對儒家婚禮儀式的感受，他也同樣憂心外國賓客對官員敬酒時所說話的反應。新郎希望不要冒犯那些從耶魯過來的美國朋友，幸運的是，他們對這些「有趣」的演講，表現出友好和善意。朋友的反應，視頻中幾個官員和學者告誡反對模仿西方的致辭，突出表明新郎對於婚禮中可能出現的排他性的敏感與善解人意。作為一個在美國念大學，並從事本國經濟史研究的中國人，新郎對於中國新經濟政策中的實用主義，表達了讚賞與批評共存的混雜情緒。他認為大部分的官員秉承功利主義，並擁有強有力的政治手腕。然而，他也推斷這些官員為了在政治職場中生存和升職，不得不有靈活的道德指向。在這一點上，新郎把那些略帶功利主義的官員從「復古狂熱者」中剝離，他認為之所以在共產黨內部出現這些少數的狂熱分子，是因為共產黨秩序變化下出現了意識形態的真空。

　　然而，當我們問及新郎個人的宗教信仰時，他說他的信仰接近現代的儒家思想，他的理由是實用的，而不是（像他父親那樣）形而上或者哲學性的。他的回答令我們感到十分驚訝，因為他早先曾說自己採用儒家婚禮，主要是因為這對於他的父親有著重要的意義。他評價說：「我非常開心能舉辦婚禮，但是假如不是因為我的父親，我不會組織和精心安排這種傳統的婚禮。」他堅持舉辦這種傳統婚禮的原因是實用的，而不是哲學的。由於他的妻子，來自瀋陽的滿族家庭，他曾擔心妻子的家庭會因為舉辦傳統漢族的婚禮儀式而感到不快。他表達了許多對於婚禮的矛盾心理，因為儀式要求新娘的滿族家庭去背誦一些他們根本無法理解的話語和規則。儘管新娘也曾對此頗為猶豫，但她的父母表示同意，因此年輕夫婦最終接受舉辦傳統的漢族婚禮。總的來說，實踐證明，張祥龍試圖通過舉辦儒家婚禮去強化兒子對於儒家價值觀的欣賞與認同，的確取得了巨大的成功。

對天地之愛的個性化表達：雷氏婚禮

　　第二個恢復古代婚禮的案例由一對新婚夫婦親自設計，他們是北京大學研究宋代禮儀的研究生。雷博，是一名歷史系的博士生，他曾經在大學為其他兩對夫婦設計婚禮時，深入修改過古代的婚禮。他的新娘菁慧[14]，是哲學系的博士生，也曾對他們的婚禮出謀劃策。他們曾是同一門歷史課程的同學，卻在閱讀和討論儒家經典時熟悉，並成為很好的朋友。二○一一年七月二日，婚禮在北京密雲縣雲峰山[15]的花園餐廳內正式舉行，店主是夫婦二人的好友，一位臺灣女子。[16]三

14　按照新娘的要求，省略姓氏。

15　更多資訊請參照http://www.yunfengshan.com.

16　我們在2011年7月12日訪談雷氏夫婦，他們為我們播放了婚禮錄影，並且給了我們一張婚禮手冊。

個案例中，只有雷氏婚禮在戶外舉行。儘管他們的婚禮能夠並且可以在室內舉行，然而擁有諸多自然元素恰好使雷氏婚禮成為特別的案例，「比如開放的天空、田野、樹木和鮮花的氣息以及被雷博和菁慧視為親密朋友的兩隻小狗，也包括用親手汲來的井水作為禮儀中使用的玄酒，以及在斧鑿的木樁上書寫『至聖先師』尊號來代表孔子」[17]等。這些自然元素強化了雷氏夫婦一再強調的具有儒家特徵的「天地之愛」。這些自然元素強化了夫婦強調的「天地之愛」，為了避免其他人認為是「宇宙之愛」，他們提出這個術語。

雷博和菁慧曾仔細研讀過朱氏婚禮與張氏婚禮的流程，但是他們對上述兩種模式都不是十分滿意。學界前輩強調儀式中父母的等級和權威以及新婚夫婦的服從，令這對年輕夫婦感到彆扭。父母高高在上、指揮命令的地位並不適用於現代社會。更重要的是，他們希望婚禮在天地之愛的語境中，去反映對彼此的珍重。這種天地之愛的觀念源自張載（1020-1077）的〈西銘〉。他們在小冊子中特別提到張載的格言「乾稱父，坤稱母」，「民，吾同胞；物，吾與也」[18]，除此之外，還包括《儀禮》、《詩經》、《大唐開元禮》和《朱子家禮》中的文獻。這些經典文本是他們復原古代儒家婚禮的基礎，然而，他們沒有採取朱氏婚禮中誦讀卷軸文本的舉措，也沒有如張氏婚禮的儀式文本般在小手冊上標明大量的注釋。

雷氏婚禮最具創新之處在於將表達他們的愛放置於儀式三階段的首位，在這部分中，試圖通過儀式象徵朋友們在他們相識過程中的牽線搭橋。這是儀式的前奏，雷博在男儐相的陪伴下，沿著花園的道路走向代表新娘居所的入口。雷博把代表聘禮的求愛禮物交給他的朋

---

17 引自雷博信件中對婚禮的闡述，2012年5月30日。

18 張載：《正蒙·乾稱篇第十七》，見《張載集》（北京市：中華書局，1978年），頁62。

友，而他的朋友則又轉交給新娘的女儐相，這位朋友上樓梯遞給菁慧。訪談中，我們獲悉，在婚禮儀式的前兩天，夫婦二人對這些細節都還有著不同的意見。菁慧談到，她是如此緊張焦慮，以至於當她們互相幫助化妝之時，甚至叫錯了女儐相的名字。然而，當門一打開，音樂奏響，她跟隨兩位女儐相從樓上走下來的時候，心情卻平靜下來。所用音樂是日本神思樂團為紀錄片《故宮》所作的樂曲《故宮的回憶》，和朱傑人一樣，菁慧發現，在主要以長笛與絲弦伴奏的中國傳統樂中，很難找到適合婚禮所用的樂曲。

婚禮的第二階段，夫婦首先向天地叩首，其次是儒家先師孔子，再次父母，最後師長——以雷博最重要的指導老師劉浦江為代表，正是在劉教授的課堂上，雷博與菁慧相識。儀式以焚香與向天地叩首作為正式開始，是因為復古者承認天地至高無上的權威。之所以將焚香及向天地叩頭作為婚禮的開始，是因為雷氏夫婦認為「一切生命、情感和美德都根源於天地」。儘管雷氏夫婦向我們表達，他們對於「天地的權威」並不看重，然而，復古支持者，特別是那些我們在人大的聽眾，對婚禮儀式以向天地叩頭開始表示讚賞，其中的原因就在於，這些人大哲學學院的教授認為將向天地叩頭放置於婚禮的首位，是承認天地權威和優先的基本元素。

崇尚復古者常常指摘朱氏婚禮以向祖先報告為中心，只在儀式最後才拜天地。為了向孔子表示尊敬，雷氏夫婦向寫有孔子尊號的圓木椿叩首；他們對儒家思想的崇尚更為突出，即便不如張氏婚禮有著那麼多的宣告，因為他們將孔子的地位設於父母之前。在他們感謝父母的過程中，新郎的父親和新娘的母親作了簡短發言，新郎的導師也以簡短發言回應夫婦二人對師長的尊敬。雷氏婚禮的司儀，是一位畢業不久的博士而非專職人員，他在儀式進行過程中，用事先設計好的駢文誦辭提供引導。

　　婚禮的第三階段，雷氏夫婦用傳統的實踐行為象徵他們結合成新的家庭。他們吃同一碗飯，拿著劈成兩半的葫蘆飲酒，行「共牢而食」和「合卺」之禮。在我們對這對夫婦的訪談中，我們得知雷氏婚禮的主要部分是實踐如何在儀式中正確傳達他們的敬意與莊重。舉例而言，當新娘將自己的一縷髮絲贈給新郎後，新郎從自己的腰帶上取下玉璧，回贈新娘，他們都將禮物舉到與前額平行的高度，同時目不斜視地鞠躬，雙手授、受禮物。

　　顯而易見，他們交換禮物的行為是雷氏婚禮中精心安排的特別時刻——就像朱氏婚禮中的交杯酒，或張氏婚禮中以新郎後退六步象徵為婦駕車（御三輪）的創意。儘管對於西方的旁觀者而言，這種儀式化的互贈禮物行為顯得有些矯揉造作（經常以誇張華麗的手勢結束），然而復古者卻對這種儀式化行為樂此不疲，並且以此作為批評朱氏婚禮的證據。朱傑人對自己禮儀的簡潔感到有些自豪，所以在舉辦正式婚禮之前，只排演過一次。然而，復古倡導者認為朱家儀式文本，未免缺乏嚴肅與真誠。雷氏婚禮中，由於新人身穿傳統色彩的服飾，並且有著注重傳達敬意的面部表情，因此未曾遭致復古者的批評。在雷氏婚禮中，每個人都表現出敬（虔誠與嚴肅），沒有一個人面露笑容——即便是張氏婚禮中的微笑。菁慧告訴我們，在多數儀式進行過程中，雷博的母親雙眼盯著地面，因為她被感動得流淚。此外，雷博沒有聘請專職司儀或婚慶公司；他和新娘也認為勿需再舉行一次西式婚禮作為補充，因為他們已經在婚禮中突出表達了彼此的承諾和愛。儘管雷氏夫婦計畫為新郎在太原的親戚再辦一次婚禮，但在新娘寧波的家，卻只打算辦婚宴和播放婚禮的錄影和照片。菁慧強調，婚禮儀式僅僅適用於丈夫家的所在地，而不適用於新娘家，因為她已經離家，並嫁入丈夫的家庭。

　　雷博和菁慧反覆對我們強調，他們之所以採用古代儒家婚禮的原

因是，夫婦身心的結合是傳統儒家思想更為核心的內容，他們追求士人或君子的婚禮儀式。他們明確表示，儒家的核心理念是使人擁有完善自我的能力。因此，他們也通過傳統服飾、禮儀和言行舉止來修養身心。我們可能需要補充的是，對西方旁觀者而言，儘管他們某些帶有表演成分的言行舉止顯得有些矯揉造作，但是卻反映了傳統中國的審美和儒家修身的理念。

在回應禮儀權力的問題時，這對年輕的夫婦明確表達了儒家思想中關於傳統形式如何採取恰當的行為來表達內心情感的觀點。他們補充說，儒家禮儀中的精神元素與西方基督教不同，因為儒家沒有所謂人格神，只有宇宙秩序和道德的存在，所以不需要祭司的權威。雷氏夫婦非常清楚地知道，為什麼、怎樣舉辦這場傳統婚禮，以及他們想要在儀式中向彼此和其他賓客傳達什麼內容。

綜上所述，雷博的儒家婚禮在某些方面非常突出。頗具意義的是，年輕的雷氏夫婦自己設計了婚禮，而不是像朱氏婚禮、張氏婚禮那樣，跟從新郎父親的意願和指導。此外，雷氏婚禮的關鍵點在於，並未試圖借助婚禮表達「合兩姓之好」、家族聯姻的意義或是對抗西方的影響，而是表達他們彼此的愛，並將其融入張載的宇宙論語境中來呈現。某些復古者和朱傑人可能反對雷氏婚禮不重視家庭、父母的權威和民族本位。就這點而論，我們認為這是中國城市中存在著代溝的頗具象徵意義的案例。正如一位年輕的學者所明確表達，不同時代的成長背景賦予人們不同的社會關懷，年長的人往往大多帶有喚醒民眾和糾正過去對儒家傳統不公的「啟蒙式」心態，然而，較少經歷國弱民貧之恥以及文化革命的年輕一代，則更傾向於自由地致力於他們自己關於文化、身分和傳統的對話。[19]有趣的是，作為接受本土教育

---

19 和姚永輝博士（來自於杭州師範大學的ASU訪問學者）的談話，2012年6月13日。

的夫婦，雷博和菁慧更注重表達他們的愛，而且可以比朱氏、張氏夫婦更少容忍被強化的父母與祖先的權威，雖然那些夫婦（除朱氏婚禮的新娘）都曾在美國接受多年的西式教育。總體而言，這些婚禮儀式呈現出當代中國儒學復興中的複雜與差異。在此背景下，我們再回頭看看朱傑人的《朱子家禮·昏禮》的現代版。

特殊與平等：朱氏婚禮

多種恢復古禮儀式的語境下，朱氏婚禮不僅致力於提供一個儒學中的特別版本（朱子文化），而且還更為積極地提倡平等。由於我們已在其他文章中詳細討論過朱氏婚禮，所以這部分將集中探討復古者對於朱氏婚禮太尊崇《朱子家禮》、太現代的回應（尤其關於性別平等的表達）。朱氏婚禮嘗試滿足傳統道德和現代男女平等的雙重需要，因而遭致中國某些復古倫理學家和女權主義者的批評。

首先，許多復古支持者反對朱傑人堅持用他的祖先朱熹的禮儀文本。他們認為，朱熹只是諸多聖人中的一個，復古者應依賴其他更多古代（且更正宗）儀禮方面的先賢或範式，就像張氏和雷氏婚禮一樣。然而，我們認為朱熹應該不會使其他重要的人物黯然失色，這些批評者總體而言，忽略了朱熹簡化儒家思想和家庭禮儀在帝國後期的重要意義。此外，我們同意朱傑人，朱熹提供了一個改造古禮以適應當代社會的範式。朱傑人與其他恢復儒學文化支持者之間的區別，在於他們擁有不同的哲學基礎，前者強調將禮儀現代化，而後者則更在意他們在保護古禮中所扮演的角色。在閱讀完我們的文章之後，朱傑人確定他拒絕復古傾向，甚至斷言在中國，「復古沒有前途」！

事實上，朱傑人通過保存儀式文本解決了將古代和現代相結合的問題，但是卻擴展了其靈活性，且補充了新的元素。對於朱傑人而

言,那些禮儀文本是世代傳承的道德整合資源,在當代人談論這些語句以及制定這些要求時,他們實際上使傳統的原則和價值觀得以具體化。儘管朱氏和張氏婚禮的儀式文本有相似之處,然而他們卻擁有不同的審美和結構。事實上,只要儀式文本的基本元素仍然是以儒家禮儀為中心,則朱傑人就可以在其他細目上有所折衷,比如禮服的顏色。全世界的禮服風格都有可能隨歷史的變化而發生變化[20],朱氏婚禮對此的靈活處理,恰好折射出他對歷史變遷的理解,因此他提到,他的兒子和兒媳可以在若干朝代中選取他們所喜歡的方式。只有當朱傑人認為自己重新發現了某些古代儀式如「交杯酒」如何喝時,他才會反覆強調。朱傑人希望傳播傳統而不是去重新創造。除了那些公開呈現的儀式文本,朱傑人並沒有為婚禮特別設計一套象徵系統,反而給予他的孩子按照任何他們期盼的方式,增加這些傳統中的核心部分的自由,甚至包括再辦一次西式婚禮。

在閱讀了我們的文章及觀看了張氏婚禮錄影的基礎上,朱傑人指出張氏和雷氏婚禮中「祖先」的地位不明顯。因此,他質疑是否可以將張、雷的婚禮視為古代儒家的真正恢復。再者,儘管張載的天地之愛是重要的哲學理念,然而朱傑人堅持主張,儒家婚禮的基礎是祖先和家庭,而不是自然和宇宙。就像朱熹,朱傑人連接儀式文本和改編

---

20 舉例而言,John Gillis提出,我們許多的文化設想,如女孩與粉紅色的聯繫,是維多利亞和後維多利亞時代歷史演變的結果,參見 *A World of Their Own Making: Myth, Ritual, and the Quest for Family Values* (New York: Basic books, 1996)。當論及文化涵義中的歷史偶然性時,來自人大哲學系的學生提出,我們和朱傑人沒有正確理解民間風俗的語言,而且他們提到王作新的論著。雖然王有時指出他調查的那些歷史行為中時間和地理的特徵,然而卻只是風俗詞典,作者指出那些特殊詞語的涵義,卻並沒有描述這些隨著時間的變化而改變的行為。參見王作新:《語言民俗》(武漢市:湖北教育出版社,2001年),以及氏著:《三家口方言詞匯與民俗》(北京市:社會科學文獻出版社,2009年)。

本的焦點集中於強化禮儀內核在新時代的實踐和運用。比如，他批評新娘蓋頭習俗時，提出兩個原因：首先，缺少經典文本的依據。其次，這個帝國後期的習俗反映了彼時的社會現實，即在新郎掀開新娘蓋頭之前，完全不知道新娘的樣貌，而這在現代中國是毫無意義和多餘的儀式，因為在這個時代，女性不會如此嚴格的脫離社會，夫婦可以在許多的社會語境中相識相知。事實上，當代中國的婚禮大多會安排展示雙方照片以及介紹未來夫婦的家宴。

在閱讀了朱傑人的評論之後，張祥龍教授作出回應。事實上，他的回應可以視為我們在中國宣講時的某些聽眾——尤其是人大哲學研究者的主要觀點的簡要總結。另外，張教授的回應印證了我們的觀點，即朱傑人的朱子婚禮現代版和在北京致力於復興「更加純粹的儒家禮儀」的復古版本之間，存在著重要的區別。現將張教授的回應轉述如下：

> 文章提到，朱傑人先生批評張氏和雷氏婚禮沒有突出祖先地位，並由此懷疑其儒家性質。我對雷氏婚禮突出個人感受的做法是不同意的，但朱的這個批評對於我們這個婚禮完全不成立。因為儒家古代的婚禮，包括《朱子家禮》，都是以父母親來代表家族和祖先，而且通過父親的話（「承我宗事」）明確傳達了這個意思，而且其他的幾乎所有儀式都潛藏著承先啟後、延續家族的意思，而這被儒家認為是對祖先最高的尊崇和滿足。從此文章看來，朱氏婚禮徒有一些朱熹儀式的外表，其內瓤卻是一種價值的混雜。後邊再加一個西式婚禮使這種混雜性更突出。按我的判斷，這三個婚禮中，只有張氏婚禮是儒家的。朱氏婚禮也不會有他想像的現代生命力，因為，如果能自由化、甚至基督教化到那麼混雜的程度，新人們也就可以自己

> 去設計了，如雷氏一樣，何苦必須按朱氏方式去混雜？在此禮
> 崩樂壞的時代氛圍中，有傳統色彩的婚禮都是邊緣的，但只有
> 保持「天地親君師」的儒家靈魂的才會有孤獨但堅持自身的生
> 命力。[21]

　　儘管幾乎所有西方觀察者都會認為朱氏新人的西式婚禮缺乏虔誠的基
督教內容或象徵，然而，如同我們的某些聽眾，張教授也提到年輕的
朱氏新人的西式婚禮之中國版，類似西方的基督教婚禮，甚至有教堂
以及牧師主持。這一「誤解」明顯激起一些中國傳統主義者將朱的儒
家模式描繪成「不倫不類的」或「汙染不純的」。再者，朱傑人允許
年輕的朱氏新人有一個簡化且世俗的西方儀式去表達雙方的愛，禮儀
純化論者以此為理由，否定朱傑人為了達到他的目標而安排的儀式模
式的可行性。朱傑人力圖借此彰顯朱熹儒學原則與現代社會的兼容能
力，且對於普世價值有相應貢獻。

　　這裡，我們希望將朱傑人的立場放置於更大的歷史框架中，展開
分析。我們相信朱傑人，如同他的祖先朱熹，都希望在更大的當代社
會的框架中，將蘊含著傳統價值觀的禮儀文本現代化，而不是僅僅去
復原傳統的標準和儀式。雖然我們同意裴志昂（Christian de Pee）教
授的這個重要觀點，他認為朱熹在使禮儀現代化的過程中，尊重古代
的原則與內在邏輯[22]，然而我們也認為朱熹（尤其是朱熹與陳亮的論
爭之後）逐漸把自己與張載及其他主張恢復井田制和其他古代系統的

---

21 引自張教授與他的兒子張泰蘇2012年6月的電郵。張泰蘇曾將電郵轉發給我們，以
　　便我們可以更好地理解張教授的立場。

22 參見Christian de Pee, *The Writing of Weddings in Middle-period China: Text and Ritual
　　Practice in the Eighth Through Fourteenth Centuries* (Albany: State University of New
　　York Press, 2007).

人區分開來。[23]（雷氏婚禮也只是引述張載的宇宙論，而非他的復古言論，但是，雷氏婚禮用那些更嚴格的古代傳統來為自己定位。）因此，在倡導復古的語境中，朱熹站在彼時的立場去簡化古代禮儀，以使之適應他所處時代的社會現實。同樣地，朱傑人站在今天的立場，修改了儀式中的關鍵元素——諸如把叩首改為跪而拜（此處的「拜」類似「作揖」），然而，這對於中國當代的復古者而言，那是不夠「純」的，在他們看來，朱傑人將古代與現代象徵符號相結合，事實上是在提倡一種中西道德並存的形式。此外，朱傑人好像樂於從晚清改良主義中吸取養料，以補充禮儀內核，這些改良主義者以倡導「中體西用」而聞名，而較早提倡這種「體用論」的人，多來自受外國影響較多的沿海地區。同樣的，朱氏眩目的上海婚禮令許多復古者感到不快，他們認為充滿商業意味的婚禮恰好折射出道德的衰退和西方的影響。相反，北京婚禮則憑藉不同的象徵和行為弱化了商業氣息。

相對於朱傑人，張祥龍用象徵意象去實現空間和時間語境的再造，他對這些象徵意象的涵義充滿了自信。當張祥龍親自操刀編寫儀式文本之時，他相信這些象徵符號具有永恆的意義，並能表現時空的距離。這些為了製造語境而設計的象徵行為，不管賓客是否能清楚地看出並理解，新郎和新娘還是採取這些步驟去演繹了家庭生活中感人的旅程。有趣的是，也許因為張祥龍對於道家強調色彩、空間和時間循環的奧義的精通，影響著他對婚禮空間和時間的象徵含義的理解。相比較而言，朱傑人較少深入突顯時空的語境，而是在婚禮中努力促進性別平等。在朱氏婚禮中，新娘在女儐相的陪伴下，沿著一條宏偉的大道進入大廳。無論是等待新娘出現，還是新娘出現之後，賓客們

---

23 參見田浩：《功利主義儒家：陳亮對朱熹的挑戰》（南京市：江蘇人民出版社，1997年），頁31-33；以及「陳亮論公和法」，收入田浩編：《宋代思想史論》（北京市：中國社會科學文獻出版社，2003年），頁542-545.

都給予了新娘特別的關注。此外，新娘沿著大廳中心的道路行進，是西方儀式中基督教徒結婚模式的折射，這遭致了某些中國觀眾的批評，在他們看來，現場環境是「教會」，而司儀則是「神父」或「牧師」。在朱氏婚禮的模式中，沒有演繹新郎到新娘家「親迎」的環節。此外，朱氏婚禮設置新郎向新娘母親跪而拜的儀節，而沒有要求新娘向新郎父母跪而拜，這是表達新郎尊敬之心的特別舉措。由於朱傑人對《朱子家禮》的歷史性認識，他並沒有為這種極為尊重新娘家的作法而感到困擾。

在前文中，我們曾強調朱傑人嘗試在堅持歷史先例的界限內，使古代禮儀適用於有著性別平等觀念的現代社會。對於許多復古知識分子而言，朱氏婚禮認為致力於性別平等，是特殊且次要的。舉例而言，其中某些人提到，在他們的山村，新娘為了即將遠離自己的母家及鄭重的婚姻承諾而哭泣一整天。而在朱氏婚禮中，新娘明顯非常開心，這意味著她為結婚而感到幸福和快樂。假如僅僅通過觀察新人被訓練的微笑、新娘繼續在外工作等，我們很難知道復古知識分子對性別平等究竟持有怎樣的觀點。雷博和菁慧的婚禮回答了這個問題，實際上，在強調新郎和新娘「做人」而不是他們各自的性別之時，就已經使性別實現中立。因此，年輕夫婦事實上已經轉向中國共產黨要求男女平等、性別中立的審美趣味。而且，他們通過強調模仿聖人，確立了傳統的儒家價值觀，迴避了西方個人主義的話題。

通過強調朱子文化的普世價值，朱傑人試圖提出一個新的標準。憑藉尊崇朱子學與現代性別平等觀念的結合，朱氏婚禮顛覆了許多西方學者關於現代性普世價值的預期。就像一個現代的、且獨特的中國出現，否定西方國家所提出的發展模式，現代再造且具有中國特色的禮儀，同樣消解了用以描述和分析文化的西方語言的普世性。

結論

當一名中國學生看到這些通過復興禮儀去提升道德、改良社會的舉措時，他引用《老子‧第三十八章》批評儒家的話「故失道而後德。失德而後仁。失仁而後義。失義而後禮，故失道而後德。失德而後仁。失仁而後義。失義而後禮。夫禮者，忠心之薄而亂之首也」評價說，這種改革是很難實行與繼續的事情。這些話有力地證明，恢復儒學與恢復古禮行為恰好是民族衰弱而不是強盛的反映。當一些人聲稱中國正處於盛世之時，倡導恢復儒學和恢復古禮的先驅，卻通過不同的方式，指向當代中國經濟改革中所出現的不穩定因素。比如，對於朱傑人和其他許多知識分子而言，中國目前的經濟繁榮是以社會的穩定作為代價而換取的，因為西方消費主義的病態因素伴隨著商品貿易湧入中國。張泰蘇看到改革中有轉向實用主義的需求，實際需要與道德滑坡同時出現。政府官員在張氏婚禮上致辭時，表達了保存中國文化的必要性，也許那是準確的評價，因為目前的確很難為「中國性」定義。

然而，在批評個人主義和消費主義的語境下，這些婚禮參與者們試圖和過去建立一種新的聯繫。為了抵抗朱傑人所輕視的個人主義，年輕的雷博和菁慧強調他們的個性與天地之愛。他們宣稱自己是「海德格爾化的儒者」[24]，嘗試融合歐美與中國的哲學。張祥龍也看到海德格爾和莊子都在努力追求與環境相互協調，而不是為環境所「役」。他們強調海德格爾原因之一，或許因為他們也看重本國的風

---

24 可參見Cheung Chan Fai（張燦輝），"The Chinese Reception of Heidegger's Philosophy," Paper presented in the International Conference on Translation Conceptions of the German Classical Philosophy of the Century, organized by St. Petersburg Association of Scientists & Scholars, 1998. http://dspace.lib.cuhk.edu.hk/handle/2006/26605

俗習慣。所有這些考慮周到的知識分子正在進行一場關於東西方融合的談判，因為他們努力建立一種新的理念，這種理念意味著在共產黨改革開放以後，使現代中國和傳統儒者得以較好的融合。

西方術語「Confucian」將「孔子」放置於中國傳統的中心，而中國術語「儒」則更寬泛，指的是精研古代文獻的學者。這些婚禮儀式的作者不同程度將朱子或孔子放置在傳統經典中心。孔子在他所處的時代被邊緣化，而今天在許多普通人看來，孔子則代表政權和個人的成功（尤其是學術願望）。舉例來說，在上海世博園，許多參與者提出要豎立一尊巨大的、且金光閃閃的孔子雕像，而在福建展廳中，朱熹卻只是出現於數據化的註解。朱傑人意圖將注意力轉向經典文本，如同朱熹，在政府耀眼的光環下去尋找道德的內核。對於朱傑人而言，朱熹意味著特殊與普世的聚合，他個人因為血統而與之相聯，而其道德價值則可普世應用。許多復古支持者認為朱傑人的儀式文本嚴格忠於《朱子家禮》，過於特別而沒有廣泛的意義，這種方式有損中國新的全球化價值理念。迴避朱傑人的人文關懷而選擇突顯宇宙價值，使張氏和雷氏的婚禮對天地表達了更多的敬意。雷氏婚禮最明確地表達了對孔子的崇敬，比如將孔子的尊號書寫在木椿上而向他行稽首禮。當孔子形象出現於婚禮、世博園、天安門，或者國家博物館的角落時，其重要性不僅僅是禮讚孔夫子的普世價值，同時也揭示他的獨特意義。

朱子《家禮》
對臺灣婚禮習俗之影響

鄭卜五

高雄師範大學經學研究所教授

一 婚前禮

我國古代婚禮，有六禮，即「納采、問名、納吉、納徵、請期、親迎」。朱熹作《家禮》，為簡便考量，將漢族傳統「六禮」中的「問名」、「納吉」捨去納入「納徵」之中，而改稱為「納幣」。又並「請期」、「親迎」為一禮，所以朱熹《家禮·婚禮》只存「六禮」中的「納采」、「納幣」、「親迎」三禮。

元、明代之後，參照《文公家禮》、《至元婚禮》及《明朝家禮》，普行於世。[1]臺灣現今的婚禮，大都依朱熹《家禮》[2]，精簡古代

1　元、明代之後，參照《文公家禮》及《明朝家禮》，並為四禮，即略去「問名」、「納吉」，成納采（並問名）、定聘（納吉、納徵）、請期、親迎。元《至元婚禮》中部分保存了《家禮·婚禮》的內容，其他則來自「漢人舊來體例」，可見元代婚姻禮制是有自身特色。元《至元婚禮》具體內容如下：議婚，身及主婚者、無期以上喪，乃可成婚。但一定要事先使其媒人（婆）往來通言，得到女方同意，然後才能行納采禮。其他諸類議婚者，也依此例而行。

2　《家禮》一書，朱熹的許多弟子都認為是他親撰。《朱子全書》，〔宋〕朱熹撰；朱傑人、嚴佐之、劉永翔主編，第七冊《家禮》云：如李方子在《朱子年譜》中說：「乾道五年九月，先生丁母祝令人憂，居喪盡禮，參酌古今，因成喪、葬、祭禮，又推之於冠、昏，共為一編，命曰《家禮》。」頁859-860（以下徵引本書僅於文末

婚禮為三個程序而已，將「請期」也省略了，只用「納采」即「言定」、「小定」。捨去問名、納吉，歸為「納幣」，即古所謂「納徵」，俗稱「大聘」。併請期入「親迎」，即「娶親」，這是婚禮演變的跡象。

　　臺灣婚娶的方式仍以聘娶為主。所謂聘娶結婚，是男子以聘的程序而娶妻，女子因聘的方式而嫁夫。而聘娶的主要條件有三：（一）須經媒妁之言，（二）須受父母之命，（三）須有聘約儀俗。從男方的角度稱結婚為「討娘」，也稱作「討新娘」；從女方的角度則稱為「行嫁」，女孩子風風光光明媒正娶的則稱為「大行嫁」，是指按照傳統六禮程序的結婚方式。因此，談到臺灣婚禮的淵源，可以說都是以《禮記・昏義》「納采、問名、納吉、納徵、請期、親迎」等六禮為依歸。

　　現今的《文公家禮》及《明朝家禮》俱略去「問名」、「納吉」、「請期」，只用「納采」，即「小定」，「納幣」即「大聘」，古所謂「納徵」，「親迎」即娶親，可看出其演變的跡象。

　　臺灣婚娶的方式，客家婚禮在結婚前一日，男方派人送禮物至女家，並送「燃儀、書儀、祀儀、袂儀、阿婆菜、廚子儀」等所謂六禮。這些六禮要正式寫好帖式：

> 燃儀──「謹具燃儀成封，五福俱全，奉申。姻家侍教弟○○頓首拜」。
>
> 書儀──「謹具書儀成封，五福俱全，奉申。姻家侍教弟○○頓首拜」。
>
> 祀儀──「謹具祀儀成封，五福俱全，奉申。姻家侍教弟○○頓首拜」。

標注頁碼）。現存《家禮》十卷本以元刻《文公家禮集注》本為最早。國家圖書館藏有一足本，上有查慎行親筆墨書跋文。

袂儀──「謹具袂儀成封，五福俱全，奉申。姻侍教生○○頓首拜」。

阿婆菜──「謹具熟食四味，五福俱全，奉申。姻眷，晚生○○頓首拜」。

廚子儀──「謹具廚儀成封，五福俱全，奉申。姻眷侍弟○○拜」。

這裡所述，僅舉某些傳統之客家婚儀之一端，當然各方習俗自有不同，並不能涵蓋所有的客家婚俗，這只是臺灣偶見的客家婚前禮儀而已。

（一）納采

朱熹《家禮》認為：「男子年十六至三十，女子年十四至二十。身及主昏者，無期以上喪，乃可成昏。必先使媒氏往來通信，俟女氏許之，然後納采」（頁895）。「納采」，世俗所謂「言定」，是傳統婚禮的第一個步驟，男方主婚人，看見某一家的千金，生得十分美貌賢淑，就請專門介紹婚姻的「媒人（婆）」[3]，到女方家說明娶某家女兒為「媳婦」的願意。《儀禮・士婚禮》云「昏禮下達，納采用雁」，男方就準備「雁」與其他禮物[4]，請媒人（婆）前往「提親」。而媒人（婆）前往女家提親，假若女方父母首肯，便將禮品收下，這第一步婚姻算是成功了；然而，若是女方父母認為新郎不務正業或品性不

3　《禮記・坊記》云「男女無媒不交」；鄭玄《詩經箋》：「媒者，能通二姓之言，定人家室之道。」《周禮・地官》有「媒氏」，秦有官媒、私媒之分的「媒妁之緣」。「媒人（婆）」有：媒證、冰人、保山、伐柯人、蹇修、月老、紅娘、撮合山、紅爺，乃至牽頭、皮條、馬泊六等多種別稱。

4　中古時代雁已很難射到，故將雁改為「鵝」，迄至近代，連鵝也改以其他物品替代。

良，打量女兒嫁他，必無幸福可言，乃予婉辭，將禮品退還，這一樁婚事也就二兩棉花，免彈（談）了！

在古時候，男女婚嫁多由父母親決定，當事人很少參與意見，有時甚至有強制手段，逼迫婚嫁。在選擇婚嫁對象方面，首先，夫婦必須是異姓，且不為親族，周朝以後的「同姓不婚」[5]，《白虎通》書中說「同姓不娶」，如果同姓互娶則一國血脈相同，將永無子孫。《左傳》也提到，若男女同姓而婚，則無法生育，所以漢民族嚴禁同姓結婚，臺灣漢族人也都相同。

臺灣除了「同姓不能結婚」之外，周、蘇、連，陳、胡、姚，徐、余、涂等各三姓；蕭、葉，柯、許等各二姓，因其始祖相同，也不能通婚。

此外，金錢至上的觀念濃厚，家產、聘金、嫁妝、社會地位等因素皆會影響婚嫁對象的決定，而在「命運」的觀念下，看手相「有無斷掌」、「鴨母蹄」、「雙額」也很重要。臺灣在十九世紀時，像女子纏足與否，或是血統問題，在在都影響婚姻的決定與選擇。

但是在今日，婚姻觀念自由，且為法定「一夫一妻制」，金錢問題不再那麼被重視，但仍然在面貌、品性、教育程度、家庭環境等方面，皆作為考量的依據。

（二）問名

朱熹《家禮》云：「主人具書。夙興，奉以告於祠堂。乃使子弟為使者如女氏，女氏主人出見使者。遂奉書以告於祠堂。出，以復書授使者，遂禮之。使者復命壻氏，主人復告於祠堂。」（頁896-897）

---

5 漢朝之後，歷代法律皆有明文禁止「同姓結婚」，清朝時改為禁止五服內的通婚。「同姓不婚」衍生出「宗親不婚」、「表親不婚」；雖然有「表親不婚」的習俗，但仍然有「親上加親」的現象。

這是指「問名」、「納吉」之儀，然朱熹將之併入「納幣」之中。

在女方納采後，媒人（婆）回報喜訊，男方再準備薄禮，請媒人（婆）至女方「問名」，問名也稱「生庚」、「庚帖」、「八字帖」，俗稱「八字」，又稱「字仔」、「婚仔」，「八字」即出生年月日時的時間，配合天干地支，以八字表示。

也有在議婚之初，女家託媒人（婆）請男家提出庚帖（字仔），作為「探聽」男方之依據。女方如果認為適當而吉祥，即將男女生庚合寫一譜，送與男家，否則將原件退回作罷。「問名」[6]主要的儀式，是雙方交換正式姓名、年庚、生辰八字，使彼此了解兩造家族的來歷，衡量一下這宗婚姻是否「門當戶對」。

「八字」由男方先開準新郎的生庚八字，加上其三代（曾祖父母、祖父母、父母）姓氏、籍貫、經歷，如任官或從事任何職業，然後交予媒人（婆），轉交給女方。而女方在收到男方的「庚帖」後，將女方的「庚帖」交給媒人（婆），再轉交給男方。在近代，男女雙方的「庚帖」只寫雙方「父母姓名」及「當事人姓名生庚」而已。

「庚帖」俗稱「字仔」，即是「八字」，是一張寬一寸，寫在長八寸的紅色長方形紙上。中央直書，如女方書「某姓坤造某某年某月某某日某時瑞生」；男方書「某姓乾造某某年某月某某日某時建生」。字數須雙數，如單數，男於生字上添「建」。女於生字上添「瑞」。又「字仔」與「八字」雖均稱年庚，略有不同，即「八字」之年庚必須用天干地支寫，以便作占卜用，「字仔」則寫籍貫、排行等，作為查採之用。俗稱「字仔」為小年庚，「八字」為大年庚。字仔（庚帖）「八字」上有男女當事人的出生年月日。如：

6　賈公彥《儀禮疏》：「問名者，問女之姓氏，不問三月之名。」孔穎達《禮記正義》：「問名，問其女之所生母之姓名。」孫希旦《禮記集解》：「問名者，問女之名，將以加諸卜也。」

　　　　男○○○　乾造○○年○○月○○日時建生大吉
　　　　女○○○　坤造○○年○○月○○日時瑞生大吉

依照舊習慣，「八字」上的文字數必須是偶數，如果是奇數，要設法增減成偶數。在男女雙方交換八字庚帖「合婚」之後，分別放於自宅「正廳」的神佛暨祖先神龕案頭上，是「卜吉」的儀式。放置三天，並燒香膜拜，這三天裡，家中如果發生口角、竊盜、器物毀壞、或家人生病等事故，就會被認為是一種凶兆，是不祥之徵兆，這樁婚姻就談不成了。也有人將八字拿給算命先生算，如果算出的結果是兩人八字不合，則這檔婚事也不用再談了。相同的，如果這三天的家庭生活很平安，就認為有神明保護，家中平安無事，即是好兆頭。則將男方庚帖送女家，女家接受後，再請命理先生排八字，或卜其吉凶。

　　要等二造「合婚」稱宜後，才可以進行婚事。婚姻尚未聘定時，不可將兩家並列，「納吉」議定後，方可兩家並列。

　　此外，「問名」的另一個步驟，即是男方父母到女方家中探視，由準新娘「獻茶」，準新娘不能走避，男方母親（如果沒有母親，則由妗、姆或嬸代理）便先端詳準新娘的面貌，然後挽起準新娘的手，看手相也是很重要的，視其有無「斷掌」，據說女子若手掌中有一條橫線「斷掌」，俗語說：「斷掌查哺作相公，斷掌查某守空房。」是說斷掌的男人有官運，而斷掌的女人卻是個寡婦，不會蔭夫家，這樣的女人當然是不受歡迎的。

　　女子請男方喝完茶後，會先離開客廳，隔一段時間再出來收茶杯，這時男方會將事先準備好的紅包放在杯中，即是相親時的「壓茶甌」，滿不滿意就看紅包的大小，彼此心知肚明，也不致失了禮數。

　　如果準新娘沒有此種現象，女方就設宴招待男方父母，宴畢，要以銀錢「壓席」（壓桌），臨走時，方取回女方庚帖。如果準新娘有前

此兩項破相，男方父母認為不能聯姻，就以紅包「壓茶盤」，就此告辭離去，這門婚事也吹了，男方庚帖，再由媒人（婆）向女家收回了事。

（三）納吉

朱熹《家禮》將「問名」、「納吉」之儀，併入「納幣」之中。

傳統「納吉」禮，在婚約成立的開始，是結婚前的約定，且要送禮金為聘。「聘金」[7] 是婚約條件中很重要的儀節，從前聘金大概在一百二十銀元到二百四十銀元之間，現在則以萬計。

女方通常要以偶數日、又是吉日為「送定」的日子，「送定」擇吉日，由男家備送聘禮至女家。男方必備鵝、豬肉、大餅等數十個聘物，聘禮計為：紅綢（用金字甲庚別在紅綢上或安金字於帖內）、金花（金簪）、金戒指、金耳環、羊、豬、禮燭、禮香禮炮、禮餅、連招花盆（取意連生貴子吉兆）、石榴花（取意多子）等。由媒人（婆）帶領扛工及男家雙親或其他親戚，陪同前往女家舉行納吉之儀。女方除收受聘物、聘書外，也可接受聘禮的大部分物件，女方事先也會準備十二件物品回贈。這些回聘禮物，女家在致祭廳堂神明、

---

7 東漢時皇后的聘金最多，一般為黃金2萬斤，折合貨幣2億錢；皇帝娶嬪妃的聘金約為4千萬錢，是娶皇后聘金的五分之一；諸侯王娶王后的聘金多少不等，一般為數百萬錢；公主的嫁妝費，多者可達百萬錢，甚至千萬錢，少者也不會低於二三十萬錢。就高官與富商來說，其聘金數低於皇族成員，如董卓娶妻，聘以輜車百乘，「馬二十匹，奴婢錢帛充路」，共折合貨幣一百六十萬錢以上，這是特例。一般男性成員娶妻的聘金在數十萬至百餘萬錢之間；一般女性成員的嫁妝費多數為二三十萬錢，高者可達數百萬錢。就中小地主與中小官吏來說，其聘金數又低於高官與富商。東方朔娶妻的聘金在十萬錢左右，這應是中小地主與中小官吏娶妻聘金的上限；東漢議曹史展允娶妻的聘金為二三萬錢，這應是中小地主與中小官吏娶妻聘金的下限。一般女性成員的陪嫁物大約值二三萬錢。就小農、小手工業者和平民來說，其家資在數萬錢至十餘萬錢之間。一般男性成員的聘金數不會超過其家資的總數，應在萬餘錢至數萬錢之間。一般女性成員的陪嫁物大約值二千錢。金一斤等於10000錢（國家牌價）。

祖先後，即付紅包一封給媒人（婆）、扛工，並將回聘物品、答聘書[8]，循原路扛回男家。男方也將回聘物品，放在廳堂致敬祖先、神明。女方則將禮餅分贈親戚朋友，作為訂婚通知，此叫「分餅」。受贈親朋鄰居，日後須贈送結婚賀禮給女方，稱為「添妝」。

「納吉」又稱為「小聘」、「小定」，俗稱「送定」、「聘定」，也稱「訂盟」之禮，又叫「文定」，就是現在的「訂婚禮」。也有簡化的，將「小聘、大聘」併合而行，亦即將「訂盟、納采、納幣」三禮合而為一，總稱為「送定」。

「送定」時，男家六人或十二人（雙數）親至女家送禮，女家將聘禮奉置於神龕祖先案頭前供拜。由準新娘捧甜茶上廳，男家一一介紹與之見面，男家飲茶後，各送「壓茶甌」之紅包於茶杯上。舉行「訂婚禮」，有「戴戒指」儀式，隨後女復出，坐在廳堂中央之椅上（雙腳另置一矮几上，表示高貴；出嫁女面向外，招夫女面向內），由男家母親或尊長（如果沒有母親，則由妗、姆或嬸代理）掛戴戒指。戒指有金銅二個（銅同音同，取意夫婦同心），以紅線繫結，以示夫婦姻緣。戴戒指完後，請男方家人入席，則訂婚禮成。

（四）納徵

朱熹《家禮》將「納徵」改為「納幣」，其意仍與「納徵」同。朱熹《家禮》云：「納幣，具書，遣使如女氏。女氏受書，復書，禮賓。使者復命。並同納采之儀。」（頁897）

「納徵」，又稱「大聘」、「大定」、「完聘」，即是接受聘金的儀式。男方請相命師選擇良時吉日進行。男方須以婚書、聘金、幣帛（首飾）、衣料、大餅、豬、酒、乾果等聘物，署「納幣之敬」完聘

---

8 聘書、答聘書，乃是用等長的紅紙，摺疊成迴旋式，與信封等寬，因大紅紙摺疊起來恰好成為十二折，由此整張紙，無論做大小使用，都可相等，無須裁掉。

禮物，由準新郎兄長、媒人（婆）等作陪，送往女家。富貴人家聘禮隆重，其次序是：吹班（樂隊）、禮帖（記載禮物專案、儀式次序）、婚書、聘金、大餅、冰糖冬爪、桔餅、柿粿、福丸（龍眼乾）、豬腳、麵線、糖果、閹雞兩隻、母鴨兩隻、大燭一對或數對、禮香兩束、衣服（新娘禮服）、手環、金戒指等。

　　女方於男方到達時，先鳴炮歡迎，再分別遞菸、茶、送面巾擦臉，殷勤招待。聘禮至，女家燒香鳴炮，奉告神明祖宗，宴請男方送禮人。男方送來禮物叫聘禮，「聘禮」品物均記於紅紙禮帖，其稱呼宜雙，忌僅單一，又多用喜、成、雙等吉祥文字。聘禮帖式：

> 謹具
>
> 婚書成通、啟書成封、聘金雙封、盒儀成封、訓儀成封、錦麟成楹、壽帕雙福、色仙成端、金豬成首、喜羊成隻、糖屏八拾、福丸滿百、夢糖成盒、龍燭雙輝。

女方對於男方的聘物及聘金，概按其品種只收取一部分或原封璧回，如福丸、閹雞、母鴨，均屬男家福分，應退回。豬腳僅取其肉，豬腳骨應退還。而以新郎禮服、衣帽鞋襪、鐘繡之類為回禮。女家也隨聘禮輕重而回報，並以「坤書」[9]交付媒人（婆）。亦以十二件禮物，作為還禮之用。中午，男女雙方，各設宴款待親戚，同申慶祝婚姻的成就。婚儀進行至「納徵」已算大致完成，即今日所謂的「訂婚」。

（五）請期

　　朱熹《家禮》將「請期」納入「親迎」之中，然於臺灣婚儀中，仍有「送日頭」或「提日」等儀節。

9　女方的婚書。

請期為婚姻六禮之一，俗稱「送日頭」或稱「提日」。即由男家擇定結婚佳期，用紅箋書寫男女生庚，此稱為請期禮書，由媒人（婆）攜往女家，和女家主人商量迎娶的日期。經女家復書同意，男家並以禮書、禮燭、禮炮等送女家，女家即以禮餅分贈親朋，告訴親友結婚日期。

（六）迎娶前之準備

迎娶前之準備，是迎娶的先頭工作，就是雙方裁衣、女的挽面、男的剃頭（即是理髮），在農民曆中，至今仍保存適宜施行剃頭、挽面事務的良辰吉時。

1 裁衣

傳統臺灣習俗，裁衣，須在擇日師擇定迎娶良時吉日後，也有擇定裁衣的時候。協助縫紉的婦女，必不可為寡婦或是肖虎的婦女。所裁的衣裳，主要是新郎、新娘的白布內衣褲，在迎娶之日，必須穿著這兩件新衣褲。

2 挽面

依照臺灣人的習慣，婦女在未婚前不得「挽面」，若婚事已定，就可以進行挽面，因係首次挽面，故又稱「開面」，以行「上頭戴髻」之「及笄禮」。

將要做新娘的人都要「挽面」，也就是女孩要脫離處女時期，第一次去除面部細毛。傳統臺灣習俗，新娘首次「挽面」，須由女方尊長先在神前焚香祝禱一番，然後再由新娘上香，並在廳堂中開始挽面，「挽面」要請「好命人」（即父母健在，運勢又好的婦人）來做，稱為「開面」，以示莊重。

3 剃頭

傳統臺灣習俗，舊時男人在做新郎之前，必須麻煩理髮師在廳堂理髮，在開始理髮之前，由男方尊長先在神前焚香祝禱一番，然後再由新郎上香，之後開始理髮。

4 安床

男方要選一吉日，佈置新房，並行鎮護，也就是「安床」。安床必須擇吉日而為，且有許多禁忌。首先，安床忌與楹樑交叉橫著放置，須順楹而置，安床時，要把床放置到正位，忌與桌子衣櫥或任何物件的尖角相對，安床後到新婚之夜前，要找個未成年肖龍的男童，到床上翻滾一番，所謂「翻舖生查普」，象徵龍鳳呈祥，有益新人早生貴子。

二　正婚禮

婚前一切準備工作妥當安排後，重頭戲「親迎」就要登場。「親迎」是新郎親往女家迎娶新婦，或稱「迎娶」，即今之結婚禮。[10]而親迎的儀式，隨時代進步，多有改變。婚前女方會「迎嫁妝」，是女方家長給女兒準備的行頭，即是朱熹《家禮》云：「親迎。前期一日，女氏使人張陳其壻之室。」（頁897）

（一）食姊妹桌

女方在結婚親迎出發以前，女方會舉行團圓會餐，是出嫁前的聚

---

10 有一說，於古代時，上中之家才行親迎，惟中下之家多從略，僅由媒人（婆）代往迎娶。因古禮制有：禮不下庶民，刑不上大夫。因此娶親有媒人（婆）迎娶之事。

餐,要與父母兄弟姊妹一起吃飯,表示離別,稱為食「姊妹桌」,即惜別宴,大家說些吉祥話。父告誡「勤謹小心,早晚聽舅姑、丈夫言語」;母告誡「必敬必戒,三從四德」。新娘難免依依不捨,媒人(婆)催促上轎。吃完「姊妹桌」以後,新娘開始化妝,換上禮服,向神佛行禮,表示告別。

(二)親迎

1 意義

「親迎」是給新娘及女家人一份安全感。現代的婚禮,可以自由採用各種不同的方式,但無論什麼方式,新娘都必須留在父母家中或與父母在飯店中,等待新郎來迎接回家,或再去禮堂舉行婚禮。這種由新郎親自到女方家裡迎娶新娘的儀式,謂之「親迎」。根據《禮記·昏義》:「父親醮子而命之迎,男先於女也。……蓋親受之於父母也。……以親之也。」朱熹《家禮》云:「親迎,前期一日,女氏使人張陳其婿之室。厥明,婿家設位於室中。女家設次於外。初昏,婿盛服。主人告於祠堂。遂醮其子而命之迎。婿出,乘馬。至女家,俟於次。女家主人告於祠堂。遂醮其女而命之。主人出迎,婿入奠雁。姆奉女出,登車。婿乘馬先婦車。至其家,導婦以入。婿婦交拜。就坐飲食畢,婿出。復入,脫服,燭出。主人禮賓。」(頁897-899)婚禮中的「親迎」禮節有三層重要的意義:

(1)婚禮中所有重大節目的進行,都是由男方開始發動,女方處於被動。這是符合中國古代陰陽動靜之說的基本原理。所以婚禮中所有重大儀節的進行當由男方發動,故親迎當由新郎親自迎娶新娘。

(2)新郎到女方家中迎娶,女方家長把新娘交給新郎帶走,自然有

託付其女兒終身幸福的含義。當新郎在面對女方家長時，必會深切感覺到，今後不但要善待妻子，而且也應該要對她的父母負責、對她生長養育多年的家族負責，更增添一份責任感。

（3）就新娘而言，在這一天必須離開自己生活多年的家，和最親愛的家人分別，走進一個全新生活階段，再堅強的女孩，心理上總會有惶恐不安的感覺，所以非常需要新郎能從她離家的那一刻起，跟隨在她身邊，細心地安慰她、親切地照顧她，讓她心定下來，慢慢地適應。

2 儀式

（1）吃起轎

臺灣的閩南人於「迎親」日，有些地區會於清晨拜天公，以期求平安。在男方「迎親」出發之良辰吉時之前，於廳堂中擺有肉丸、豬肝、豬心、芋頭、花生、鯉魚等十二道，各有吉祥名字的菜餚，陳列在八仙桌上，由新郎坐首席，四位儐相、小叔陪坐，由舅父或姨父湊足而開動。依照婚俗所示，每人視酒量多或少飲著，每道菜餚至少都要挾吃一下。但是，其中的「鯉魚」，任何人卻只能用筷子比劃一下，不能真的挾吃。這是因為新娘迎娶過來，要在新房中飲合巹酒，這十二道菜餚都還要派上用場，其中十一碗都還有剩餘可以補充，而鯉魚只有一條無可補充，只好裝模作樣，假作挾吃。這種迎娶前的宴席，叫作「吃起轎」。

傳統家庭於宴畢，新郎穿衣戴帽後，隨著父母到祖先牌位前，行拜跪禮和讀祝文，父母立於左右兩旁，新郎在中間並跪下，以告祖先，並告誡兒子一番；新郎接過酒杯應允後，把酒喝下，四拜之後起立。

（2）迎親儀節

A 迎親行列順序

傳統儀式的迎親行列順序：

首先由工人撐著一對寫有姓氏的「紅燈籠」，接著是「八音」，第一頂是媒人（婆）轎，再來就是叔爺轎，如女家嫁有隨嫁女者，視其人數，回程緊隨叔爺轎之後，再來就是娶嫁轎（儐相），然後是新郎騎馬（或坐轎方式）、新娘的花轎，最後則是扛著聘物，沿途放鞭炮和敲銅鑼，吹吹打打地向女家的路上而去。兩頂花轎後面，各懸一個畫有紅色「八卦的米篩」，分別寫著「兩姓合婚」、「百子千孫」字樣，有避邪和祝福之義。

現代方式的迎親行列順序：

喜車，又可稱「禮車」，車隊以「雙數」為佳，尤以「六」的倍數最好。由男方擇吉時出發（喜車數取偶數，且新郎新娘之禮車通常不在第四部）。迎親之禮車車隊在途中，應「一路燃放鞭炮」以示慶賀。南部的習俗，有整場婚禮都播放「八音」樂曲的方式。

B 到達女家

新娘在新郎抵達之前，已穿好禮服，戴上珠冠。舊時新娘的服裝為「白布短衫」和「白布裙」，取其忠貞潔白之意。這種套衫在結婚時穿過之後，要留待壽終時才穿，義取有始有終。另外還準備：「肚裙」、「掛鉛錢」、「黑砂」、「五穀子」等十二種，又有「豬心」，是讓新郎新娘在洞房花燭夜吃豬心，以求兩人「同心」之意。在結婚這一天，新娘也要隨著父母到佛祖先靈前參拜，父母告誡女兒，待新娘應答後便飲酒，再起立向神佛、祖先行禮，等候新郎的迎娶。喜車抵女方家門口，女方立即鳴炮一串表示歡迎。新郎到達女家後，由「小舅

子」或男童持茶盤，即持著盛有二顆「紅柑」的紅漆盤[11]，迎接新郎，新郎回贈他一個紅包，此時新郎下車，進入女方家，這種儀式稱為「請新郎」。女方招待請男方親友到客廳奉茶。新郎將「喜花」（即新娘奉花與胸花）放在神案前或桌上，以備給新娘捧花用。

進屋後，新郎再跪在地上，三拜岳父岳母，並說：「我受命於我的父親，到此舉行嘉禮，現在一切聽從岳父的命令。」岳父回答說：「我的女兒從此也聽命於你。」

迎娶當日，新郎偕同媒人（婆）及親朋六人或八人作迎親客，俗稱「娶嫁」，即「儐相」，陪隨同行。及至女方時，女方請食「雞蛋湯」，甜湯內置脫殼煮熟雞蛋一個。新郎及男方儐相食雞蛋湯，僅喝其甜湯，用筷將雞蛋戳開或攪動了事，不可以吃蛋。

在某些地區的嫁娶儀式中有一活動叫「討喜」，是新郎與女方家人見面問候之後，應持捧花給房中待嫁之新娘，此時，新娘之姊妹或女性好友要攔住新郎，故意阻撓，不准其見到新娘，在經過新郎苦苦哀求之後，女方可提出條件要新郎答應，通常，在經過一番討價還價之後，都以九九九元紅包禮成交，意喻「長長久久」。這大概是通俗小說中的「蘇小妹三難秦學士」一類的以文會友方式。

現代方式，則要新郎入內房，將「喜花（捧花、胸花）」雙手親自送給新娘。[12]

新娘用過「姊妹桌」後，由媒人（婆）及親屬女長輩扶出廳堂。由新娘「母舅」或女方長輩，「點燭」及「點香」，新郎新娘男右女左並立，面向仙佛祖先神案，在長輩的祝福下，向仙佛、祖先各行上香禮，俗稱「辭祖」。面向神案，兩人同時「左右轉」成「面對面」，兩人相互行三鞠躬禮。

---

11 茶盤上放二顆蘋果，亦有用橘子。
12 胸花佩帶為新郎、新娘「男左女右」。

　　新娘向父母及長輩與家人辭行，行跪拜或鞠躬禮，以感謝父母的養育之恩，並接受其祝福。此儀式為拜別。行禮結束後，父母親自為出嫁的女兒蓋上頭紗。也親手將女兒交給女婿。之後新郎就迎娶新娘出門。

　　新郎新娘在拜別岳父母以後，新娘便要上轎了。傳統新娘頭戴鳳冠，身穿紅色霞帔，下穿綠色百褶裙，由女父覆上頭蓋，擇定時刻隨新郎由西階步出，而有年高多福之「福壽婆」扶持新娘上花轎。新娘上轎時要唏哭幾聲，俗稱「哭好命」，以示好命。

　　新娘應由一位「福壽婆」年紀和福氣高的女性長輩，或媒人（婆）持「八卦米篩」或「黑傘」為新娘遮日，護其走至禮車，因為新娘子在結婚當天的地位比誰都大，但不能比天公大，所以頭不能頂天見陽光，要遮一下；出門，在室外，會用「米篩」為新娘遮天，是在迎娶途中，以免沖犯神靈；新娘若是有身孕在身，如果用米篩，以傳統的說法是說怕會「流產」，為免胎兒被米篩篩除而流產，則會改用撐「黑傘」代替。不過現在用黑傘也漸漸是為了方便起見，並不見得一定是有身孕才用黑傘。

　　禮車上方懸綁一棵「由根至葉」的「竹子」，根上掛著蘿蔔，也有綁豬肉的，以示「有頭有尾」。禮車後方則有朱墨畫的「八卦竹篩」，用以驅逐路上之不祥。

　　新郎扶新娘上禮車，男方親友立即邀請女方伴嫁之親友上喜車。喜車開動，女方應鳴炮示吉以避邪。迎親行列起程，男方將帶來的鞭炮燃放。花轎起行，輪子旋轉三五圈後，新娘由轎上丟下紙扇，扇尾繫一紅包及手帕，讓弟妹撿。有些地方習俗是由母親來撿，俗稱「放扇」、「送扇」，以此表示拋棄不好「性」癖，以求和順，俗稱「放性地」（性與扇諧音）。此習俗稱「放性地」（扇地），以示嫁出臨別紀念。又有一說：或表示「留善給娘家」。因整把「扇子」用紅紙圈封

著，又有「感情不散」之意。丟扇表示從今以後，就不再回娘家居住了！俗語說：「放扇，不相見。」意寓自此要做人家的媳婦、妻子，直至白首偕老；或謂新嫁娘自此要捨棄一切在家不好的個性和習慣。禮車離開時，新娘也「不可回頭看」，是要新娘不要有回頭的念頭，意味著不要後悔，或指不會被休妻回家。擲扇後應哭幾聲，以表懷念親恩。

新娘上禮車後，喜車一開動，女方父親或主婚人持一碗清水、稻穀及白米向新娘花轎後頭潑撒出去，代表女兒已是潑出去的水，並祝女兒事事有成、有吃有穿。潑水是有典故存在的，俗謂：「嫁出去的女兒，像潑出去的水。」表示嫁出去的女兒，如潑出去的水，不要再回來，即不要再「改嫁」，也代表離開了娘家，不可再有凡事都要依靠娘家之心，要將心放在夫家之意。女方送走新娘，才算完事。

（3）現代迎親方式

由於現在臺灣交通工具發達，用轎子迎親的儀式已不多見，如今汽車的方便實用，所以迎親的方式改變了。其車隊的行列有媒人（婆）、伴娶、叔爺、新郎等八名，只須兩臺轎車以上雙數即可，帶著禮物就可到女家迎親。女方新娘的行列人員則有媒人（婆）、隨嫁女、好命人、伴娶、叔爺、舅爺、新郎、新娘等，人員必成偶數。甚而有些地方迎親方式很簡單，只要新娘穿好結婚禮服到男家出席結婚典禮即可。

一路上，娶嫁儐相放鞭炮，作攘邪之意，喜車過程中，遇到過橋，轉角，以及其他迎娶車隊，古時候則新娘則要互換頭花，現代皆用鳴炮即可。喜車抵男方家門時，男方立即鳴長炮以示歡迎。

古代花轎至男家門前停蹕，擇吉時進入門內，新郎用扇於轎頂敲三下，又用腳踢「轎門」三次，以示新郎之威嚴，叫作「下馬威」，

使新娘順從易於駕御，此皆為陋俗的解釋方式，其實是通告新娘要掀轎門。

喜車到，媒人（婆）先進廳門，取鉛粉[13]，灑在地上，邊走邊唱道：「人未到，緣先到；進大廳，得人緣，入房內，得人疼。」此時，男方伴男禮請女方親友下車。

而後由「好命婆」牽新娘下轎，媒人（婆）撐傘遮天，新郎護送入洞房。

（4）出嫁行列順序

臺灣一般出嫁行列順序如下：

A.**竹梳**：把一塊豬肉綁在青竹的根和有枝葉的梢上，扛在行列前頭，為的是迴避「白虎神」，又以竹子來表示新娘的貞潔，永不改變。

B.**媒人轎**。C.**伴娶**。D.**舅爺**：就是新娘的弟弟，同時要準備「官燈」，俗稱「新娘燈」，又稱「舅仔燈」，用紅絹布包起來，上有刺繡，待成親後，將燈吊在寢室或正廳。

E.**叔爺**。F.**嫁妝**：一般而言，「嫁妝」是指：箱、機、櫥、椅子、櫃、鏡臺等木製品，另有布類、金器類、金錢等，但無論多貧苦的人家，在添置嫁妝中絕少不了「桌櫃」，因「櫃」與「貴」音相通，「桌櫃」就有早生貴子的意思。

G.**新娘轎**。H.**隨嫁女**。I.**隨嫁姆**：舊時大戶人家會有四、五十歲的老婦人，隨同新娘到夫家，為新娘梳頭、洗衣及整理家事。

J.**子孫桶**：又稱「腰桶」，就是洗澡用的桶，也可作為大小便用，故又名「粗桶」，「腰桶」也用於生產時，所以有「子孫桶」之稱。

---

13 與緣諧音。

3 出轎

　　臺灣傳統迎親的行列在鑼鼓鞭炮聲中回到男家，待良辰一到，便將新娘轎子抬到正廳的前庭，這時，新郎拿扇子在轎頭上輕打幾下，再用腳踢轎門下方，以提醒新娘要掀轎了，再由轎夫打開轎門，說上四句吉祥話。說完以後，可接受男家贈送的紅包，媒人（婆）就帶著新郎的弟弟或是親戚的一位男孩捧紅漆喜盤準備請新娘「出轎」，出轎之前，還要在盤中放兩個「蜜柑」或蘋果，拿到轎中讓新娘摸一摸，以示吉祥甜蜜，也表示夫婦兩人像蜜柑一樣，有著甜蜜的家庭生活，這兩個橘子要放到晚上，讓新娘親自來剝，意謂可招來「長壽」。現代儀式開車門請新娘下車與舊時同，新娘為了表示感謝，也致贈給男孩一個紅包，俗稱「拜轎」。最後再由「好命婆」牽著新娘的手走出轎來。

　　當「新娘下轎」或由「禮車」走出時，後方的米篩也要取下，由男方一位有福氣之長輩「好命婆」或媒人（婆），高舉米篩或黑傘頂在新娘頭上，請新娘從下方通過，謂之「過米篩」，地上有人趕快鋪上毛毯或布袋，輪流向新娘走去的路上，接替鋪去，直到大門為止；畫有八卦的米篩可以避邪，以毛毯或布袋傳遞，讓新娘踩過，寓有「傳袋」，亦即傳宗接代之意。並由新郎扶持新娘進入大廳。

　　出嫁前，母親會告訴女兒，初進夫家，切忌腳「踏門檻」（俗稱戶定），「戶」即臺語俗謂「門神戶尉」，代表很有尊嚴的神；門檻代表門面，所以新人絕不可踩門檻，而應橫跨過去。昔時新娘跨進廳堂，男方廳門檻前需置「火盆」，新人過火避邪及昌旺，跨火盆意謂「去邪」。有的還要跨過「馬鞍」，或跨「過火爐」，以求多子多孫，或是在瓦上置火，用來點香，也請新娘跨過，稱之「淨香束柴」。新娘入門前再踩破新瓦片，也有用「踩破瓦」破煞，或用「檀香、茉

草」（親香儀），亦屬避邪之意，踩碎瓦片則比喻「過去時光如瓦之碎」；又叫作「破瓦」，此與處女新娘新婚第一夜交媾稱「破瓜」相諧音，是有傳宗接代的意思。

在婚禮當天，有許許多多的禁忌，可謂無所不有，婚禮禁忌如果有益無害的習俗，為求安心，當然可以為之，所謂「新例有設，舊例無除」；但是如果是勾心鬥角的私慾陋俗，則可免之。

（三）迎娶入門（共創幸福的未來）

新娘入門後，就舉行正式的婚禮，包括拜堂、飲合巹酒、撒帳、結髮等。茲分述如下：

1 拜堂

男方由母舅或族長主持「拜堂」儀式。新郎、新娘男左女右並立，拜天地神祇，稟告列祖列宗行拜見禮，並向父母行拜見禮，再行夫妻交拜之禮，行三鞠躬禮之後，才進入洞房。「拜堂」儀式在唐代已經出現，其起源應該更早些。

2 合巹喝交杯酒

飲「交杯酒」一詞，最早見於宋代孟元老的《東京夢華錄》。記載北宋時汴京的婚俗中，用彩色絲繩連結兩隻酒杯，斟滿了酒，新郎和新娘互飲一杯，所以稱之為「交杯酒」。[14]「婚禮」中所謂的「合

---

14 喝「交杯酒」這種習俗並不是起源於北宋，而是源出於周代的古禮。《儀禮・士昏禮》中記載為新郎、新娘準備洞房裡的飲食用具時，提到「合巹」二字，鄭玄注說：「合巹，破瓠也。」瓠是葫蘆的一種，破瓠是說把葫蘆由當中縱切剖開。《禮記・昏義》又載：「共牢而食，合巹有酳，所以合體，同尊卑。」喝這道酒時，必須分別持用由同一葫蘆所剖分的兩只瓢來飲酒。

卺」，是說必須由同一隻葫蘆所剖分的兩隻瓢，分別盛酒給新郎和新娘飲用。這兩隻瓢合起來是一隻完整的葫蘆，所以稱之為「合卺」，含有表示夫妻原是一個整體的意義，自今而後，夫妻兩人必須不分你我，同心協力，共創幸福未來。演變到後世，就是所謂之「交杯酒」了。

新郎、新娘進洞房後，並肩而坐於「舖一件新郎長褲」的兩張椅子上，象徵夫婦穿同一條褲子，代表同心協力，榮辱與共。新郎、新娘一起坐在預先墊有新郎長褲的長椅上，所謂兩人從此一心，並求日後生男。然後，新郎掀開新娘面紗，兩人合飲交杯酒，並吃由黑棗、花生、桂圓、蓮子等物做成的甜湯，象徵「早生貴子」，臺灣習俗認為新娘要「坐正正，才會得人疼」，亦有守住財庫的義思。此時女方的伴嫁女性也紛紛入洞房，以增添喜氣。

新郎的兄弟一人將「新娘燈」（又稱「舅子燈」）兩座，提進新房，置於床上。還要講吉祥話：「舅子進燈，新人出丁。」

當新郎、新娘坐定後，就要安排「祭祖」的儀節，古代是新娘入門三日後才行「廟見」禮，現代則在結婚當天舉行「祭拜神明祖先」之禮。

拜過神明祖先，就是要將新娘介紹給男方親族，所以行「敬茶禮」：男方家中之長輩，將新娘介紹給家族認識，此儀式即是承認她成為家中的一員，俗稱「吃茶」。在「吃茶」活動中，長輩可以用「四句聯」來考驗新娘的文采及處事應對的能力，有所謂的「頭插紅花，腳穿皮鞋，請新娘拿手巾，來交陪」，如果新娘無法以對，則要請新郎援助，或請媒人（婆）解圍。

3 掀起蓋頭

漢代的新娘「用紗罩面」，六朝隋唐則流行「以扇遮面」，合卺之後，除去障蔽物，就是「卻扇」。新娘用「扇」來遮掩花容，其用以

表達隱約朦朧之美、端莊穩重之德的含意,而要讓新郎在當場設法撤除那層障蔽,揭露出新娘的盧山真面目,自然是非常有趣的事。演變至宋,就有了像今天所見的那種「蓋頭」,由新郎以「秤」將新娘頭上的紅綢布挑去。

4 撒帳

是以銅錢向帳中撒去,也有的是以糖果撒帳,無論是以錢或糖果撒帳,都是要給家中親戚的孩童爭相拾取,喻早生貴子之意。

5 結髮

是中古以前的時代,將新郎、新娘的頭髮,連結在一起,表示夫婦不可須臾分離。因此,稱第一次結婚的正室為「結髮妻」。

6 上床

在古代並無鬧洞房的活動,婚禮結束後,就入洞房合巹共食,然後就是「上床」就寢,新娘子要小心,當新郎脫鞋後,新娘不要踏到新郎的鞋,以後才不會妻子爬到丈夫的頭頂。但是同樣新郎也千萬要注意,鞋子不能讓新娘踩到,否則就會一輩子都抬不起頭來;同樣的道理,丈夫也是不要踏到新娘的鞋,不過有時長輩會偷偷的跟自己那一方說要踩呢!反而弄得雙方內心不痛快。

(四)新娘的三朝祭拜(拜天地、祭祖先、見公婆)

新娘的三朝祭拜即是「婦見舅姑」禮,朱熹《家禮》云:「婦見舅姑。明日夙興,婦見於舅姑。舅姑禮之。婦見於諸尊長。若冢婦,則饋於舅姑。舅姑饗之。」(頁900)

朱熹《家禮》認為婚禮後第二天有「婦見舅姑」禮,新娘由新郎

陪同，向直系尊親及旁系尊親逐一請安問候，並贈送見面禮品（如：男用皮包、女用手帕（巾）、鞋子、飾品等）。

古代傳統婚後第三天，由妯娌或小姑陪伴認識環境，自此新娘「成婦之禮」遂告完成。

朱熹《家禮》認為「廟見」禮：於「三日，主人以婦見於祠堂」（頁900）。臺灣以前傳統的婚俗，新娘入門之後，兩天不出房。到第三天早上，廳堂上供著祖先牌位以及香燭祭品，新娘打扮整齊，盛服出廳，先和新郎一同向外祭拜天地，然後向內跪拜祖先，接著再正式地向公婆四拜，之後，才稱呼公婆為「父母」，此之謂「三朝祭拜」。新婦亦要端茶給親屬中的尊長及弟妹，完成行儀後再離開。受茶的父母兄弟對新婦也要行「壓茶甌」之禮。拜神以後，新婦必須帶著雞到廚房作炊事，考驗她的炊事能力。才有「三日入廚下，洗手做羹湯，未按姑食性，先遣小姑嚐」新嫁娘心態的摩寫。[15]

（五）舅爺探房

臺灣以前傳統的婚俗，在婚後三日，新娘下廚作羹湯時，新郎與舅爺就要演「舅爺探房」的重頭戲了。「舅爺」探房時，新娘的兄弟要帶著果子、紅花來拜訪新婚夫婦，如果新婦不是處女，或有其他的事情發生，主婚者就會責備「舅仔」或媒人（婆）。如果都沒有什麼問題，表示夫婦倆恩恩愛愛，「舅仔」就可以得到水果和紅包，並可以坐轎子回家。

---

15 朱慶餘的〈新嫁娘〉實為「溫卷」而寫。

三　婚後禮

（一）回門

　　新婚後的第一次回娘家，始見於《左傳》及杜預的注文。《春秋・宣公五年經》：「秋七日，齊高固來逆叔姬。冬，齊高固及子叔姬來。」《左傳》曰：「反馬也。」杜預注：「禮送女，留其送馬，三月廟見，遣使反馬。」意思是說女方嫁女時，準備車馬隨著新娘送到男家，車馬當時就留在那裡，表示新娘不敢說一定能適應，萬一不能適應，可以乘用原車返回女家。如果說能夠適應，在三個月之內，經過「拜見公婆」、「祭祀宗廟」等的儀節之後，男方就遣人把車馬給送回娘家。高固是在秋天迎娶，到冬天正好是三個月，不過不是遣人送返車馬，而是夫婦兩人一起回來。在高固而言，則是親自「反馬」，在叔姬來說是「歸寧父母」。一是表女婿之義，一是盡子女之道，意義非常好，所以後來自然變成禮俗中的「歸寧會親」，這就是「回門」。到了宋代的《文公家禮》，把「三月廟見」改為「三日」，於是「回門」也就改在第三天了。臺灣的婚俗「回門」有三日、十二日、十五日、一個月的不同，或者因地有遠近，或者由於時代的需求不同而有所改變。

　　朱熹《家禮》「壻見婦之父母」云：「明日，壻往見婦之父母。次見婦黨諸親。婦家禮壻如常儀。」（頁901）新娘於婚後第三天返回娘家做客稱為「歸寧」，又稱「三朝回門」。[16]新人「歸寧」時，攜帶禮物有橘子、蘋果、香蕉、椪餅（或「椪柑」代替）、酒等禮品致贈娘家[17]，均取偶數。現代則常以一大籃水果代替。

16　也有以第二天起隨時都可回門的。

17　橘子代表吉利；蘋果表示甜蜜；香蕉有相互招呼之意；椪餅或「椪柑」代替，象徵

　　女方須準備「歸寧宴」招待這對新人。宴中岳丈向新郎逐一介紹女方直系尊親及旁系尊親等，新郎逐一拜見，此即新郎「成婿之禮」遂告完成。

　　臺灣習俗上初次「歸寧」不在女家過夜，且須在天黑之前即應返回男家。女方應準備：連根帶尾之甘蔗兩根，表示雙方甜蜜，有始有終。雞一對（是種子雞），準備新娘生產時進補用，又叫作「帶路雞」。米糕表示如膠似漆等物，供這對新人帶回男方。現在為了方便新人安排蜜月，所以「歸寧」時女方所需準備回禮物品，如：甘蔗、種子雞（帶路雞）、紅圓、米糕、麵桃等，多在結婚迎娶時，即順便放在喜車，同時帶抵男家。

　　從前交通不便，婚後「滿月」及「四個月」有再回娘家的習俗，新人均攜禮品致贈娘家，而女方亦須備禮品回贈。女方在「滿月」回娘家時，須備偶數紅圓、米糕等，在四個月回娘家時須備：偶數紅色「麵桃」及其他粿糕類等禮品，現在已經漸漸簡化為水果或餅乾伴手禮即可。女方也會給新生兒準備許多用具禮物。

　　以上為婚禮俗的概況，不過因「各地民情風俗」皆不同，其所述為大致上常見的禮俗，不是全臺灣皆通用的禮俗。

（二）廟見與歇夏

　　迎親之後，在廳堂謁拜祖先，是婚俗的一種，但婚俗所指的「廟見」，在宗族聚集的村莊，必有家廟之建立，故廟見係指向家廟中一切祖先的謁見禮，據《儀禮・士昏禮》記載：「婦入三月，然後祭行。」廟見時間需於結婚三個月內辦理。不過目前臺灣建有家廟祠堂者少之又少，故廟見已不盛行。

　　肚皮會漲，早日懷孕；酒表示婚姻長長久久。

舊時習俗所謂「歇夏」，則為結婚後的第一個夏季三伏天，女方都要邀請女兒回娘家休息幾天，叫作「歇夏」，表示對女兒的一種慰勞與體諒，顯現親情溫馨。

四 結語

臺灣的婚禮習俗深受朱熹《家禮》所影響，朱熹為了簡化婚禮，將傳統「六禮」：納采、問名、納吉、請期、親迎，刪修為「納采」、「納幣」、「親迎」三禮。然在整個婚禮的過程中，從「婚前禮」、「正婚禮」至「婚後禮」，儀式雖繁瑣而複雜，但也就是這份「謹慎」和「隆重」貫串整個婚禮，更顯婚姻的重要性，傳統中國社會也就在這婚姻的綿延相繼中，維持了婚姻長久的穩定與發展。

傳統婚禮的過程中，所展現的主要精神，在於「合兩姓之好」，而且是男女雙方「匹敵」平等的關係，絕無貶抑任何一方的意味，因為「夫婦一體」，故《中庸》云「君子之道，造端於夫婦」，又《詩》云：「妻子好合，如鼓瑟琴；兄弟既翕，和樂且耽；宜爾室家，樂爾妻帑。」因此在婚禮過程中，壓倒對方的陋俗，實為不可滋長的亂象，也非巫術禁忌的美好本義。

古代的婚禮有其應遵守的禮節，現在看起來雖然有些繁雜，然換個角度來看，這些禮俗其實都有它們的意義與典故存在，仔細探討婚禮，其實也深含著相當有趣的人情文化面。

日本崎門朱子學者三宅尚齋 「格物致知」論探析[*]

藤井倫明

臺灣師範大學東亞學系副教授

一 前言

　　三宅尚齋（1662-1741）乃江戶崎門朱子學派開山祖師山崎闇齋（1618-1682）的重要弟子之一，其在日本崎門朱子學派的學統形構過程中，扮演著非常重要的角色，而其所繼承的闇齋朱子學，甚至流傳到近代日本。[1]因此，吾人若要了解日本崎門朱子學，絕不能忽略三宅尚齋（以下簡稱尚齋）的學術思想。

　　歷來學界一般多認為崎門朱子學的特色，就在注重「居敬」的工夫這一點，但若實際翻閱尚齋之相關著作，則吾人將會發現：尚齋經常指出「格物窮理」的意義及其重要性，進而從「格物窮理」這一觀點來批判陸王心學。無庸置疑地，比起「居敬」之工夫，尚齋顯然更關注「格物致知」的工夫，其「格物窮理」論以及「知覺」論在尚齋的學術思想中，占有核心地位。雖然如此，學界歷來之先行研究，似

---

[*] 本文已刊載於《漢學研究》第31卷第3期（總號第74號），2013年9月。本文為科技部專題研究計畫「江戶崎門派朱子學者之『智藏說』研究（NSC 99-2410-H-003-091）之部分研究成果。」

[1] 例如近代日本的內田周平（1857-1944）就是繼承三宅尚齋系統的崎門朱子學的漢學家。關於內田周平的生平以及思想，詳參藤井倫明：〈被遺忘的漢學者——近代日本崎門朱子學者內田周平學思探析〉，《中正大學中文學術年刊》第17期（2011年6月），頁53-81。

乎從未關注，更遑論進一步探討尚齋的「格物窮理」論。其實，即便是歷來學者所關心的，有關尚齋的「鬼神」論以及「祭祀」論，也與他的「知覺」論、「格物窮理」論有著非常密切關係。總之，若要正確了解尚齋的學術思想，勢必得分析考察其「知覺」論以及「格物窮理」論的思想特色。

因此，本文擬針對尚齋有關「格物窮理」論或「知覺」論之觀點而加以分析，深入探討他的「格物窮理」的義理結構及其特色，並進一步闡明歷來學界尚未關注到的部分，亦即有關日本崎門朱子學與中國朱子學相異之思維面向，以及其思想特色。另外，尚齋開展的「格物」詮釋，理路清晰，內容深入，為作為一個對朱熹「格物」說之詮釋具有相當大的參考價值。筆者認為尚齋的「格物窮理」論在了解朱熹本人的「格物致知」說的理論也有助益之處。

二 三宅尚齋的王學批判

翻閱尚齋的著作，常看到針對王學批判的論述，而尚齋批判王學的焦點就在對「格物」的理解。尚齋認為「王學之徒」根本沒有正確了解程、朱提倡的「格物」這一工夫的真正意涵。尚齋如下說道：

> 1 王學之徒動說心，以格物為外馳。殊不知格物是致心之神明之方，即是心法也。故《補傳》不曰知之全體大用，而曰：「心之全體大用。」格物，《或問》最初亦曰：「心之為物云云。」[2]
>
> 2 王氏稱心學，排擯程、朱格物之訓，以為外馳散漫。專言致

2　三宅尚齋：《默識錄・為學一》（東京：岡次郎：松雲堂，1933年），22b。

良知，而動曰：「去人欲存天理。」殊不知良知即孝弟之心，不察我心之孝否弟否，則良知不可致，天理不可存。察我心孝弟否，即是格物窮理矣。況謂之天理，則吾心識所照天人事物之理而察識之吾心上。豈得謂之與記誦洽聞之徒同一散漫哉。[3]

如此，尚齋並沒有否定王學所提倡的「心學」本身。他批評的是那些將「格物」理解為與內心無關的「外馳」、「散漫」工夫的王學之徒對「格物」的理解。尚齋所理解的程、朱「格物」工夫並不是忽視自己的內心，追求外在規範的「外馳」、「散漫」的工夫，而是「致心之神明之方」。因此，對尚齋而言，「格物」無非是「心法」。尚齋認為王學之徒根本沒有正確理解這種「格物」說的真意，也沒有理解透過「格物」這一以具體外物為對象的工夫才能「下手」，達到闡明心之理這一目的。對尚齋而言，「格物」才是「學問下手領處。不如此則全無由於下手」。結果治心這一目的也無法達到。但「王氏不知於此，故其學差了」。[4]尚齋的這一王學批判的邏輯非常清楚，筆者認為也符合程、朱「格物」說的脈絡。但尚齋強調的「格物」＝「心法」這一模式與命題，可能並不是大家（不僅「王學之徒」，包括一般士人）毫無質疑地立刻接受的觀點。毋庸說的，「物」是外在的東西，「心」是內在的東西，那麼這內外兩者如何關聯起來呢？關於這一問題，尚齋根據程、朱的「理」觀，提出「理無內外」這一邏輯。

> 3 王學者謂：程、朱格物之訓，是自外面下種子。萬物備於我，豈待於外哉。此言似矣，然是不知內外無間之理而言

---

3 三宅尚齋：《默識錄・為學二》，8b。
4 三宅尚齋：《默識錄・為學二》，6b。

耳。此理無內外，在物者便是在我之理，況求之格之者我也
乎。[5]

若外物之理等於心之理，「格物」確實可以視為與「心」有關係的工
夫。但使「格物」＝「心法」這一命題順利成立，可能還需要更多邏
輯上的補充要素。其實尚齋並不是籠統地、主觀性地批判王學，他具
有斷言「格物」＝「心法」的非常細緻的理論根據，並針對「格物致
知」說加以相當深入、啟發性的分析。以下本文具體探討和確認尚齋
如何理解「格物致知」這套工夫的義理結構，以及在尚齋思想中成立
「格物」＝「心法」這一模式的理論根據為何等問題。

三　物與理：尚齋思想中的理氣關係

如上說明，尚齋認為「格物」乃是「致心之神明」的「心法」。
尚齋的這一理解其實根據「致知在格物」的《大學》原文，以及針對
朱熹對該文的詮釋：「所謂致知在格物者，言欲致吾之知，在即物而
窮理也。」[6]這一脈絡。但為了成立「格物」＝「心法」（「致知」）這
一命題，如上所述，需要使「外在之物」與「內在之心」兩者關聯貫
穿的邏輯論述。誠如眾所皆知的，朱熹思想中有「理無內外」這一觀
點，此內外一理觀就是連結「外在之物」與「內在之心」的核心原
理，因此尚齋也再三強調這一點。但僅由「內外一理」來證明「格
物」＝「心法」（「致知」）這一命題的正當性，還是籠統不足。有關
「格物致知」這一工夫，若詳細地分析，可以分成以下四層階段：

5　三宅尚齋：《默識錄・為學二》，13a。
6　朱熹：《大學章句》（北京市：中華書局，1983年），頁6。

```
        物              理              心
┌────┐  ┌──────────────────────────────┐  ┌────┐
│格物│＝│窮理（物理）＝窮理（心理）      │＝│致知│
└────┘  └──────────────────────────────┘  └────┘
              形而上
```

在形而上之「理」的層次上，沒有外（「物」）與內（「心」）之間的隔絕，因此我們可以理解：闡明「物理」（外）其實等於闡明「心理」（內）這一邏輯。但是透過「格物」為什麼可以「窮理」呢？無庸說地，「物」則是由「氣」構成。因此，「物」與「理」的關係，可以理解為「氣」與「理」的關係。「氣」就是形而下的概念，那麼為什麼從形而下的「氣」中可以抽取、掌握形而上的「理」呢？為了使「格物」＝「心法」這一命題能夠成立，除了「內外一理」之外，還需要將「物」（氣）與「理」連結的一套邏輯論述。若無法提供從「物」（氣）中抽取「理」的原理，「格物窮理」這一工夫根本無法成立，而「格物」這一行為本身將喪失實際的意義。那麼尚齋如何理解、掌握「物」—「氣」—「理」之間的關係呢？以下在分析尚齋的「格物致知」說的義理結構之前，先探討尚齋的理氣觀，確認在尚齋思想中「格物窮理」所以能夠成立的的基本原理。

尚齋在其各種著作中，再三說明「理」與「氣」的關係。關於理氣之間的關係，尚齋具有非常明確的看法。他說道：

1 理無形體，以氣為形體。氣無模範，以理為模範。故物是理之形，理是物之無形也。《易》曰：一陰一陽之謂道。又曰：形而上，謂之道，形而下，謂之氣。程子說之云：器亦道，道亦器。《論語》曰：逝者如斯歟。程子又說之云：寒往暑來。水流而不息。皆與道為體。《中庸》先曰：君子之道費而隱。而後又引《詩》「鳶飛魚躍」曰：言上下察也。

是皆可以見物各具其理，而物即理，顯微無間，就物可見無
體之理之義。[7]

2 理無形體，以氣為形體。氣無模範，以理為模範。故理則無
體之氣，氣則有體之理。無體之理，則顯於有體之器。有體
之器，則無體理之為體者也。程子所謂體用一源，顯微無
間，是之謂也。〔中略〕此皆言氣以理為模範，而有體之
氣，則無體之理之為體矣。〔中略〕就有體之器，而求無體
之條理，是格物。[8]

如此尚齋認為：「理」則是「氣」之「模範」、「無體之氣」；「氣」乃
是「理」之「形體」、「無體之理」。尚齋的邏輯論述非常清楚，但稍
微需要注意的是，尚齋這裡與「理」對照的「氣」，嚴格而言，不是
「氣」本身，應該是由「氣」構成的「器」或「物」。這一點從「物
是理之形，理是物之無形也」、「理則無體之氣，氣則有體之理。無體
之理，則顯於有體之器。有體之器，則無體理之為體者也」等，如
此尚齋自己將「理─氣」對比換成「理─物」或「理─器」對比這一
事實可以確認。尚齋將「理」視為「氣」之「模範」，筆者認為尚齋
所謂的「模範」可以解釋為在製造器物時需要的設計圖、程式、鑄型
等概念。據尚齋的理氣觀，由「氣」構成的器物、現象都是以「氣」
為素材，按照「理」這一設計圖、鑄型製造出來。換言之，這世界的
一切器物、現象是「理」本身的形體化、具象化。

總之，我們很明白尚齋將形而下之「物、器」（「氣」）理解為形

7　三宅尚齋：《狼疐錄・格物致知說》，收入於《域外漢籍珍本文庫》子部、第6冊
　　（重慶市：西南師範大學出版社、北京市：人民出版社，2008年10月），頁824下。
8　三宅尚齋：《狼疐錄・理氣說》，《域外漢籍珍本文庫》子部，第6冊，頁814。

而上之「理」的形體化、具象化，將「理」與「物、器」兩者連續性
地掌握。在尚齋的思維中，形而上與形而下的差異，並不是不同次元
上的根本性差異，而是有沒有形體、可不可見這種性質的同一次元上
的差異。尚齋所理解的「理」並不是超越形而下之「氣」而獨立存在
的不同次元上的概念。極端地說，對尚齋而言，「理」與「物、器」
兩者無非是「一物」的兩種面向而已。[9]

　　如在上面的引文中看到，尚齋的理氣觀其實是根據程子「體用一
源，顯微無間」的命題而成。尚齋將「理」與「氣」（物、器）以及
「形而上」與「形而下」之間的關係理解為「體—用」或「顯—微」
的關係。

> 3　體用只是一物。非判然兩物。就一物其靜為體，其動為用
> 　　耳。人或見其一物，排體用之謂，不知一物而有動與靜之分
> 　　也。顯微亦只是一物。理是氣之模範，而氣之無形者。氣是
> 　　理之形體，而理之可見者。人或見其一物，非上下之謂，不
> 　　知一物而有精麤上下之分也。[10]
>
> 4　形而上者，道之謂也。形而下者，物之謂也。體用則動靜之
> 　　謂也。物必有動靜。而其動也，形而上者行於形而下者。其

9　若器物是以「氣」為素材，以「理」為「模範」製造出來的，氣、理、器物之間的
　　關係，應該如此理解：作為素材的「氣」（無形）按照作為「模範」的「理」製造
　　出具體的「器物」（有形）。因此，理論上嚴格而言，有「無形」與「有形」這一差
　　異的是「氣」概念，也就是說「氣」上有無形之「氣」（作為素材的氣）與有形之
　　「氣」（作為器物的氣）的差別，「理」應該是超越「氣」的不同次元的概念。因
　　此，正確地說，所謂「一物的兩種兩面」的不是「理」與「器物」，而是作為素材
　　的「氣」與作為器物的「氣」。但尚齋完全忽略作為素材的「氣」（無形）之存在，
　　「理」與「器物」（有形）這一層次上的「氣」直接連結。我們無法否定尚齋的理
　　氣觀中有不合邏輯的地方。

10　三宅尚齋：《默識錄·道體一》，10a。

靜也，形而上者立於形而下者。〔中略〕人往往知性之為
體、情之為用，而未識得形而上者之貫體用動靜。[11]

5 顯微固同時，而體用亦有同時者，故朱子曰：胡氏指心作已
發，便是錯了。縱使已發，感之體固在。[12]

「體」則是作用的本體，「用」則是本體的作用，體用之間連續一
貫，沒有隔絕，我們確實不能將體用兩者理解為兩種不同的存在。尚
齋將「體用」關係理解為「動靜」或「顯微」關係，認為「一物」的
靜態（「微」）就是「體」，動態（「顯」）就是「用」。尚齋所理解的形
而上之「道」（理）與形而下之「物」（氣）之間的關係就是此種「體
用」、「靜動」、「微顯」的關係。因此，對尚齋而言，「物」是本體之
「理」（道）本身的作用，亦即動態顯現，換個角度來說，不是形而
下的「物」中有形而上的「理」，或者形而下的「物」之背後存在著
形而上的「理」，而是形下之「物」本身就是形上之「理」的另外不
同面貌。若徹底的理解這一邏輯，可以說「物」等於「理」。果然尚
齋自己說：「物即理，顯微無間，就物可見無體之理。」（引文3-1）若
是如此，在我們看「物」時，其實可以說我們看的是「理」本身。[13]
除了眼前的「物」這一具體形象之外，無法尋找「理」的存在。[14]因
此，對尚齋而言，「格物」這一工夫並不是「物」中或「物」的背後
尋找超越性的「理」這樣的行為，「格物」本身同時意味著「窮理」，

11 三宅尚齋：《默識錄、道體一》，22a。
12 三宅尚齋：《默識錄・道體一》，25a。
13 尚齋亦說：「聖賢之書，便是體用純全之人，垂示後世之教也。且《大學》始教在
格物。物即是理之形體。亦教之爾。故曰：糟粕煨燼莫非教。」如此對尚齋而言，
這世界的萬物、一切現象都是「理之形體」，因此都是值得學習的「教訓」。
14 尚齋說：「理則氣之理耳。已無天地陰陽，更何處尋此理。」（三宅尚齋：《默識
錄・道體一》，17b）

「格物」等於「窮理」這一命題所以能夠成立的原因就在這理。若要探究「理」，除了「即物」探究之外，絕對沒有其他辦法。[15]因此，尚齋如下強調：

> 6 蓋理無形體，而物則可見。其可見之形體，便是無體之理之體耳。故即物窮其理，此是確乎不可拔之定論。[16]

以上確認了尚齋所理解的理氣（物）關係就是體用、動靜關係，尚齋認為有形體的「氣」（物）便是無體之「理」的具體化、形象化。若是如此，將這世界的一切事物、現象都可以視為「一理」的展現。尚齋的理氣論和存在論中確實有往「理一元論」發展的傾向。尚齋曰：

> 7 蓋天地間只是一理而已，無二道矣。故合經權而皆平常之理也。分而為萬殊，則其變無窮。故有經有權。聖人隨其千變萬化之事，而行其千差萬別之理，則其跡或有不同者焉。然

---

15 尚齋「物即理」這種觀點中，我們看出日本式思維的特色。歷來學者也指出古代日本人認為不是自然現象背後有超越自然的絕對神，而是當下的自然現象本身就是神的顯現。唐木順三認為日本人比較關注具體的個體，缺少思考超越個體的抽象性、普遍性概念的意欲。即使談普遍，日本人不是作為抽象性的概念談，而是切合個體本身，在個體上看出普遍。唐木將這種日本式普遍稱為「具體性普遍」。詳參唐木順三：《日本人の心の歴史》（東京：筑摩書房，1970年），頁15-17、39-40、唐木順三：《日本の心》（《唐木順三全集》第九卷，1982年），頁251。日本曹洞宗的開山祖師道元禪師（1200-1253）說：「而今之山水則是古佛之道現成也。」（《正法眼藏・山水經》）又說：「草木叢林之無常乃佛性也。人物身心之無常是佛性也。國土山河之無常是由佛性也。」（《正法眼藏・佛性》）如此，對道元而言，佛性、佛法並不是超越自然存在的抽象性、普遍性概念，而是自然現象本身就是佛性、佛法的顯現、具體化的。在道元的思路，佛性、佛法與個別具體的自然現象之間無法割裂開。

16 三宅尚齋：《默識錄・為學一》，11b。

　　　皆根於一理而無二本，則自日用之常，以至其變無窮，固莫
　　　有二道矣。[17]

　　8　天只是理與氣而已矣。而其氣亦理之質也。要之，只是一個
　　　理而已。[18]

如此，尚齋主張說：這世界實際存在的只是「一個理」。由此，歷來
學界一般認為尚齋提倡「理一元論」。[19]但若「理」產生「氣」，「理」
就是「氣」或者世界萬物的發生來源，如此理解的話，可能不是尚齋
的真意。[20]如上說明，尚齋所理解的形而上的「理」與形而下的「氣」
（物）是「一物」的不同面貌（體或用、靜態或動態）而已，兩者本
來連續一貫的。這裡並沒有「氣」由「理」產生這種思維，若「理」
產生「氣」如此理解，作為產生的主體的「理」與作為被產生的客體
的「氣」之間產生隔絕，會脫離從「體用」、「動靜」的角度來理解
「理氣」關係的尚齋之思維脈絡。因此，筆者認為：尚齋的「理氣」
觀用「理氣二元一體論」來形容比較適合。[21]若以「一物」、「一體」

17　三宅尚齋：《默識錄・道體一》，21a。
18　三宅尚齋：《默識錄・道體一》，6a。
19　井上哲次郎：《日本朱子學派之哲學》（東京：富山房，1905年）、絲賀國次郎：《海
　　南朱子學發達の研究》（東京：成美堂書店，1935年）、衣笠安喜：《近世儒學思想
　　史の研究》（東京：法政大學出版部，1976年）等都將尚齋的理氣論認定為「理一
　　元論」。但翠川文子先生認為尚齋並沒有採取「理一元論」，他的立場止於「主理
　　說」，海老田輝巳先生也質疑「理氣一元論」說。詳參海老田輝巳：《佐藤直方・三
　　宅尚齋》（東京：明德出版社，1990年），頁184。
20　子安宣邦先生認為尚齋的思想中有將「理」作為「發生源」加以「實體化」的傾
　　向。（子安宣邦：《江戶思想史講義》，東京：ぺりかん社，頁164）但尚齋的思路並
　　不是「理」產生「氣」或萬物、鬼神等發生論。如上再三說明，尚齋所理解的「理」
　　是「氣」的「模範」（鑄型），「氣」根據「理」（模型）聚合而形成具體的器物。
21　日本近代的崎門朱子學者內田周平也將朱熹的存在論理解為「理氣二元一體論」，符
　　合筆者所理解的尚齋的理氣觀。詳參藤井倫明：〈被遺忘的漢學者──近代日本崎門
　　朱子學者內田周平學思探析〉，《中正大學中文學術年刊》第17期（2011年6月）。

的本體層次為標準而言，「氣」（物）可以視為「理」的作用、顯現，所以「理一元」這樣的解釋也會成立。但若以「一物」、「一體」的作用層次為標準而言，「理」可以視為「氣」的「無形」或「未發」的狀態，因此，實際存在的只有「氣」這種「氣一元論」的觀點也會成立。尚齋確實說：「理則氣之理耳。」[22]尚齋有時說「氣亦理之質」（理一元），有時說「理則氣之理耳」（氣一元），這並不是矛盾、混亂的結果，而是將標準與重點放在「本體」層次或放在「作用」層次的差異所產生的結果而已。總之，尚齋將「理」與「氣」（物）理解為同一存在的體用兩種面向，將兩者連續性地掌握。尚齋的這種觀點看似接近明儒羅欽順（1465-1547）的「理氣為一物」的立場，而據楊儒賓先生的研究，羅欽順的思想並不是一般所謂以「氣」為「唯一的實體」這種「氣一元論」，而是繼承程顥的「理氣一體」觀的「一本論者」。[23]楊先生說：羅欽順的「『理氣為一物』或『理是氣之理』這類的語言，它所傳達的其實就是『體用一如』或『即體即用』的意思，此時的氣之流行也就是體之用的展現，羅欽順的理氣論之結穴在此處」。[24]若是如此，則羅欽順與尚齋的理氣論之間確實有對話的空間。[25]但誠如楊先生所指出的：「羅欽順的理氣論該如何解釋，近人的

---

22 三宅尚齋：《默識錄・道體一》，17b。

23 楊儒賓：〈羅欽順與貝原益軒——貌合神離的兩種氣論〉，《異議的意義——近世東亞的反理學思潮》（臺北市：臺灣大學出版中心，2012年），頁299。另外，鄭宗義以及林月惠兩位先生認為羅欽順的「理氣為一物」這一觀點，帶有「將（超越的）理徹底內在化（內在的）於氣中」的「內在一元」的傾向。詳參林月惠：〈羅整菴與李退溪的理氣論——從《困知記》的東傳談起〉，《異曲同調——朱子學與朝鮮性理學》（臺北市：臺灣大學出版中心，2010年），頁171。

24 楊儒賓：〈羅欽順與貝原益軒——貌合神離的兩種氣論〉，頁300。

25 嚴錫仁先生分析崎門朱子學派的理氣論，指出崎門派學者雖然積極弘揚李退溪思想，相對於此，對羅欽順的評價並不是正面的，但若就理氣觀而言，崎門派朱子學者的思想卻比較接近羅欽順。雖然嚴先生分析、討論的崎門派朱子學之中並未包含

解釋極為分歧,其光譜從唯氣論、折衷論延展到朱子學,解釋的差異性很大。」[26]雖然筆者目前尚無能力深入分析羅欽順之思想,但筆者認為即使羅欽順的思想並不是單純的「氣一元論」,但其「理氣為一物」的論述則難免有以「氣」(用)為重,將「理」(體)拉到「氣」(用)之藩籬的這種傾向。相對於此,在尚齋的理氣論中,雖然沒有特別偏向形而下的「氣」或是形而上的「理」的傾向,但筆者認為尚齋的理氣觀中,則確實有以「理」(體)為主,從「理」的角度來說明「氣」之世界的這種思維。總之,對尚齋而言,「物」本身就是「理」的具體體現。因此,「格物」這一工夫直接意味著「窮理」這一行為。於是「格物」=「窮理」這一命題也就可以成立。

四 三宅尚齋「格物致知」說的義理結構

以上的論述已經證成了「格物」與「窮理」的關係。但是由「格物」達到「窮理」的結果,為什麼能夠招致「心」上的「致知」這一結果呢?「致知」到底表示何種心理狀態?「理」與「知」有何種關係?然而,這些問題仍然存在。本文將進一步探討與分析尚齋所理解的「格物致知」說的義理結構,用以解決上列的諸多問題。尚齋撰寫〈格物致知說〉如下說道:

三宅尚齋,但嚴先生的分析結果基本上符合筆者所分析的尚齋的理氣觀。詳參嚴錫仁:《山崎闇齋學派の研究:日本朱子學の位相》(日本筑波大學博士論,2001年),頁90-91、173。另外,據嚴先生的研究,明初薛敬軒(1389-1464)思想中也有「理氣相即」、「理氣一體」的觀點,崎門學者,尤其是佐藤直方(1650-1719)就相當重視、支持此一觀點。詳參嚴錫仁:《山崎闇齋學派の研究:日本朱子學の位相》,頁79-86。關於佐藤直方受薛敬軒思想的影響這一問題,吉田健舟先生也有討論。詳參吉田健舟、海老田輝巳:《佐藤直方・三宅尚齋》(東京:明德出版社,1990年),頁88-89。

26 楊儒賓:〈羅欽順與貝原益軒──貌合神離的兩種氣論〉,頁323。

1 凡萬物有所職而照。而照理知之官也。故朱先生曰：所知覺
　者是理。理不離知覺，知覺不離理。知只是理之照。而心之
　條理區別者也。[27]

2 火照乎外而昏乎內。水昏於外而明於內。水火相交而無所不
　照。故心照乎外而昏於內。知覺昏乎外而明於內。心得知覺
　明於內，知覺得心而運用於外。火照外物而物影於水。心應
　外物而理照於知。萬物影於水，物理照於知。其理一也。故
　物之影是水之官。理之照是知之官。[28]

如此，尚齋認為「知」的機能（「官」）就是「照理」。那麼「照理」
是何種事態呢？尚齋舉「火」與「水」的例子，將「心」比喻成
「火」，將「知」比喻成「水」。若將尚齋開展的思路加以整理，大概
呈現如下：

火—心：照乎外而昏乎內　　→應外物／運用於外
水—知：昏乎外而明乎內　　→明於內
　　萬物影於水　　物之影是水之官
　　物理照於知　　理之照是知之官

尚齋將「照」與「昏」兩者對照之外，在說明「水」與「物」的關係
時，「照」字用「影」字來代替。由此，筆者認為尚齋的意思大概有
如下的可能性：「火」由自己發出的光線將器物的姿態顯露於外面
（「照乎外」），但「火」本身無法向內留存器物的影像（「昏乎內」）。
相對於此，「水」不會照射外在的器物（「昏乎外」），但「水」會將器

---

27 三宅尚齋：《狼疐錄・格物致知說》，頁824下。
28 三宅尚齋：《狼疐錄・格物致知說》，頁824下。

物的姿態映在水裡（「明乎內」）。「心」與「火」同樣能將萬物認知為外部存在，向外運作。相對於此，「知」與「水」同樣能將萬物之「理」映在自己的內部，體會萬物之「理」的具體內容。在這裡，吾人需要注意的是，「知」所映在內部的不是「物」，而是「物理」這一點。如在第三節已闡明的觀點，根據尚齋的理氣觀，「物即理」，「物」與「物理」兩者並不是兩種不同的存在。但在「心」的層次，「物」作為存在於外部的一個形體被掌握，無法將它理解為「理」，不過，在「知」的層次上，「物」作為「理」而加以掌握和理解。也可以說「心」所向外認知、掌握的是「一物」的形而下「作用」這一面向[29]，「知」所向內體會、掌握的是「一物」的形而上「本體」這一面向。「一物」的本體，亦即形而上之「理」的面貌，由「知」被照射，才能浮現出來。在這個意義上，「知」可以視為照射「理」的一種光線。因此，尚齋說：

> 3 物是理之形，理是無形之物。知是理之光。[30]

如上所說明，我們的意識（「心」）將「物」掌握為外在的「形體」。我們的意識無法直接掌握「物」的本體面貌，亦即形而上層次的「理」[31]，視覺上看到的是具有「形體」的形而下的形相。但我們具備透過看「物」之「形體」（作用），掌握其「本體」的位相，亦即「物之理」的機能，這就是尚齋所理解的「知」。如上所述，由

---

29 尚齋強調「心」的功能就是「照物」。「心之為物，一而不二。能照物而不為物所照。」（三宅尚齋：《默識錄・道體二》，3a）

30 三宅尚齋：《狼疐錄・格物致知說》，頁825下。

31 尚齋認為：形而上之「理」乃是「空妙」的存有，因此無法掌握它。「形而上者，已無方所形體。但謂之渾然一理而已。雖謂渾然一理，然要之無可捉摸者，則謂之空妙可矣。」（三宅尚齋：《默識錄・道體二》，9a）

「知」這一機能，外物之「理」映在意識內部，於是「窮理」能夠成立。但外物之「理」，為何能夠映在意識內部呢？據尚齋的邏輯，那是因為我們的「心」具備萬理，而如上再三說明，「理無內外」，內在之「理」與外在之「理」完全相通相應。雖然「理」是視覺上無法掌握到的形而上之抽象概念，但我們自己先天具備與外物一模一樣的「理」，所以我們在心理上可以將外物之「理」作為自己內在的「理」之體會與掌握。「格物窮理」所以能夠成立的原因就在這裡。因此，尚齋如下說明：

> 4 或云孟子曰：萬物皆備於我矣。我之心備眾理，何就物於外而窮其理哉。曰：內外合一，更無間隔。所以為萬物備於我也。萬物備於我，故為就物於外，而窮其理。即是窮在我之理矣。遠而三代，近而今日，高而日月之運，星辰之度，卑而山川之文，草木之理，皆備於我矣。故推之其理可得，求之日至可致。非備於我，則如之何可得之哉。況物雖在於外，然所求之知在於內乎。[32]

對尚齋而言，「格物窮理」亦即探究外物之「理」的工夫，嚴格而言，不是直接掌握外物之「理」的工夫（這是不可能的），而是透過外物的形而下「形體」，體會與其相對應的內在之「理」這樣的工夫。若是如此，我們可以說「格物」是確認自己心中原來具備的「理」之內容這樣的工夫。因此，尚齋如下說道：

> 5 桑本正固曰：萬物備於我。而眾理有於我心，則格物是即物

---

32 尚齋尚齋：《狼疐錄・格物致知說》，頁825上。

以尋我心之理也。重固謂：此說尤的當。可以破王氏之見矣。乃亦為言曰：格物是猶以簿正廩中米。未知廩米所蓄若干，則不得用之。未知其性之所有，則何以得全之。[33]

如此，尚齋確實認為：「格物」是像照帳簿確認倉庫中的五穀存貨一樣，確認存在於心中的「理」，亦即「性」之具體內容這樣的行為。由此可知，尚齋所謂由「知」映在意識內部的「物理」，其實不是外物之「理」本身的影子，而是心中原來具有的「理」浮現出來的。因為「理」本質上沒有內外的區別，因此討論「知」所照射的「理」是外物之「理」，或內心之「理」，這是沒有意義的。但若理論上加以分析，由「知」照射的「理」無非是心中原來存在的「理」。

那麼為什麼不直接以「心」為對象進行「窮理」呢？對尚齋而言，其原因，除了「心」無法對象化，以及形上之「理」無法直接掌握等理由之外，還有一個原因，那就是心中的「理」以「一理渾然」、「渾然未分」的狀態存在。尚齋說道：

6 心本虛，而理固無聲臭。然理散在乎萬物，而其體則備於吾心。吾心未即物時，此理渾然只是一理。才即物便是其理已形。蓋理無形體，而物則可見。其可見之形體，便是無體之理之體耳。故即物窮其理。此是確乎不可拔之定論。[34]

7 萬物備於我，而知則運用其理，以應萬物者。我心未即物時，只是一理渾然無聲臭。品彙與理為形。諸事與道分趣。故即物時，一理始分。無聲臭者，有可見之形，以寸暴於我

---

33 三宅尚齋：《默識錄‧為學一》，3a。
34 三宅尚齋：《默識錄‧為學一》，11b。

心，而權度斯立。³⁵

8 萬物之理備於一心。是心之妙，理雖散在於萬物，然湊合於
我心。湊合者渾然未分，就湊合處，分別萬理則難矣。故即
物究其理，積累久之，則萬理湊合而貫通。一本萬殊，就萬
殊以至一本。³⁶

雖然說心中具備「萬理」，但這「萬理」不是以各個分別的形態存
在，而是以「渾然未分」的「一理」的形態存在。因此，我們向內省
察，無法了解內在之「理」（性）的各種具體內容（「湊合者渾然未
分，就湊合處，分別萬理則難矣」），也就是說，我們無法得知心性的
真實面貌。但外在之物，以具體個別的形態存在，每一「物」個別體
現各種特殊之「理」。因此，我們透過「格物」，可以確認內在之
「理」的各個內容。具體而言，若針對「物 A」進行格物，可以確認
心中的「理 a」的存在，若針對「物 B」進行格物，可以確認心中的
「理 b」的存在。如此我們透過「格物」，一步一步確認和闡明心中
的「萬理」的各種具體內容。於是，我們明白「心」潛在性地具有的
「條理區別」。尚齋說道：

9 知只是理之照，而心之條理區別者也。³⁷

尚齋如下用聲音的比喻，說明由從外面進來的刺激，亦即「格物」，
內在之「理」才開展為具體的特殊之理（「即物時，一理始分」），而
實際發揮其作用。若沒有「格物」，我們雖然內在「萬理」，但其「萬

---

35 三宅尚齋：《默識錄・為學一》，11b。

36 三宅尚齋：《默識錄・為學一》，19a。

37 三宅尚齋：《狼疐錄・格物致知說》，頁824下。

理」以「渾然未分」之「一理」的形態存在，因此無法具體發揮原來
具有的各種作用。

> 10 王氏之徒謂：萬物備於我矣。但為人欲所蔽，故不發見耳。
> 能克人欲，則天理自明。程朱格物之訓，則是求於外而散
> 漫。是不然。人之聲音生於肺而發於口。五音分別，人我通
> 其情。是人之聲音本如此矣。而啞是必聾。自外入於內，而
> 後我音亦為條理。聾外音不入，故我音無條理。達此理，則
> 王學之謬可知矣。[38]

透過「格物」，內在之「理」被照射，於是「心」的全貌（原有的
「條例區別」）浮現出來。因此，尚齋認為「格物致知」乃是發明
「心之明」、「心體之明」，亦即「明德」的工夫。

> 11 格物致知則所以盡此心之明矣。故說明德而說格物致知。[39]
> 12 其最初教使學者必即凡天下之物以窮其理，則天下之理莫不
> 明，心體之明莫不照。而修己治人之用無不周矣。然其理雖
> 明，亦與理不相會，則所明之理，不得為己之有。是以更有
> 誠正修之工夫。其實誠正修亦只是收拾格物之功而已。[40]

　　尚齋將透過「格物」一步一步發明心中之「理」的過程，是用
「推去推來」這樣的動詞來加以說明。

---

38 三宅尚齋：《默識錄・為學二》，2a-b。
39 三宅尚齋：《默識錄・經傳》，5a。
40 三宅尚齋：《默識錄・為學三》，1b-2a。

13 心本備萬理。而拘蔽之人，不能自明，與物相對，推去推來，則其理於是發見。[41]

14 理散在萬物，而其體則不外於一心。理無形體，與物為體。物之形體則理之似也。故物雖在外，然即物以推去推來，物與知相擊摩，則心體之明，銖分釐別，久之可以得全體大用之明也。猶金石本皆有火氣，而相擊則出來矣。[42]

15 天理散在於萬物而其體備於吾心。其理之用與吾心行則心理物三者豈有彼此之間哉。而知又運用眾理底物事。知未明此理，則何能運用之。學者因一線路之明，以即物推去推來，則著明於天理人欲之間，而遂可得吾心之全體大用之盡矣。[43]

以「外物」為對象的「格物」這一向外「推去」的行為，與「外物」碰撞相擊的結果產生反作用，從「外物」那裡向內「推來」，而照射心內之「理」。如此，對尚齋而言，「格物」並不是單純向外的單方面工夫，而是本來預設向內反響的效果，具有內外呼應的工夫。

如上所闡明的觀點，尚齋所理解的「知」是「照理」的功能，也就是說透過「格物」將「物理」映在心中的功能，換言之，它就是發覺、體會心中之「理」的功能。但除了這種「照理」的功能之外，尚齋另外指出「知」之將「理」向外「運用」的功能。

16 萬理統體於吾心，而只是一理渾然。渾然一理散在於萬物，而物各有條理。其一理渾然者體，而只是有養之之功而已。其散在有條理者用。而察之則明，窮之則精。知之官則內能

---

41 三宅尚齋：《默識錄・為學二》，20b。

42 三宅尚齋：《默識錄・為學三》，1b-2a。

43 三宅尚齋：《默識錄・為學三》，2b-3a。

統體萬理，以外能運用散在者。統體一理者，知向物於外則
條理始分矣。此可以見內外一而致知之功在格物也。[44]

在此，尚齋將「知」的功能分為內、外之別，認為「知」之向內的功
能便是「能統體萬理」，向外的功能便是「能運用散在」。[45]尚齋在這
裡開展的邏輯不是那麼容易理解，但筆者認為尚齋所理解的「知」，
就是一方面將散在於「萬物」的「萬理」在心中作為「一理」收斂統
一，另一方面使心中的「一理」（渾然未分）作為「萬理」（有條理的
個別之「理」）開展，向外發揮其作用。總之，對尚齋而言，心中的
「理」之存在，以及其具體內容能獲得明白，其他所有修養、工夫才
能夠成立，產生意義。因此，尚齋如下指出：

17 明天下之理，而照天下之理。學之道何以加之。存養是存養
　 所知之理也。誠正修是守所知之理也。齊治平是推所知之理
　 也。故大學之道，一言以蔽之曰格物。[46]

18 心本備萬理。而拘蔽之人，不能自明，與物相對，推去推
　 來，則其理於是發見。學者理已窮，則須要心與理一。心與
　 理一謂之德。誠意正心修身則存其理以一之之法也。理不
　 明，則守而不失，亦妄而已。理明而不一之，則非已之有
　 矣。理已窮而能存之，則心之體則天理，其用則無所不照。
　 學之道豈有他哉。[47]

---

44 三宅尚齋：《默識錄‧為學三》，3a。
45 引文15所謂：「知又運用眾理底物事。知未明此理，則何能運用之。」也是同樣的
　 意思。
46 三宅尚齋：《默識錄‧為學三》，2a。
47 三宅尚齋：《默識錄‧為學二》，20b-21a。

「存養」、「誠意、正心、修身」、「齊家、治國、平天下」等工夫都在
獲得明白的「理」上開展，因此，所有工夫都是從明白「理」這一段
開始。而明白「理」的唯一方法，對尚齋而言，就是「格物」。尚齋主
張除了「格物窮理」之外，沒有其他「學之道」的理由，就在這裡。
由以上的檢討和分析，對尚齋而言，「格物」確實無非是「心學」之
工夫。

五　結論

　　最後，將以上所探討和闡明的尚齋「格物致知」說的內容，加以
歸納和整理，作為總結。對尚齋而言，「格物」這一工夫並不是忽略內
在之理，追求外在之理（規範），用外在之理來控制、規定自我這種
「外馳」工夫，而是本來以闡明內心之理為目的的工夫，亦即「心
法」。

　　人心先天具備萬理，但我們理論上無法直接了解自己內在之理的
具體內容。其原因是：

（一）理是形而上的存有，沒有任何形象，因此感官無法認知；

（二）心內之理並不是以個別獨立分別的狀態存在，而是以「統體
　　　　一理」或「一理渾然」的狀態存在；

（三）凡人的氣質有昏濁，因此內在之「理」無法完全發揮、展現。

　　我們不知道自己內在之「理」的具體內容，這意味著：我們不知
道自己的本性是什麼？自己是何種存在？對此，尚齋認為，朱熹所提
倡的「格物」就是了解心內之「理」（性）的具體內容，亦即自己的
本來面貌的唯一方法。

　　那麼為什麼透過「格物」可以闡明心內之「理」呢？關於這一問
題，尚齋如此理解。

　　第一：「理」的層次上沒有內外、主客的區別。

　　第二：「物」本身乃是「理」之具體化、現象化。

　　關於第一點，尚齋認為「物」之「理」等於「心」之「理」，闡明物之「理 a」這一行為直接意味著闡明心之「理 a」。若將焦點放在「物理」的話，可以說「格物」，若將焦點放在「心理」的話，可以說「致知」。但其實「格物」與「致知」兩者是同一個工夫，並沒有途徑上的前後差異。《大學》原文裡的「致知在格物」，將「格物」與「致知」用「在」連結的理由也在這裡。

　　同樣，闡明「理」的行為時，尚齋針對「物理」使用「明」這一動詞，針對「心理」使用「照」這一動詞。尚齋針對「心理」特別用「照」這一動詞的理由是，因為對尚齋而言，明白「心理」這一現象並不是以「理」為外在對象而來被掌握理解這樣的現象，而是以「物理」為契機，本來內在的「理」主動浮現出來變成明白這樣的現象。

　　關於第二點，據尚齋的邏輯，「物」與「理」之間的關係，並不是形而下之「物」中內具形而上之「理」，而是形而下之「物」本身就是形上之「理」的具象化形態。在這個意義上，「物」不是內在「理」，而是體現「理」。據尚齋的思維，「物」乃是形體化的「理」或「理」之作用，「理」乃是無形的「物」或「物」之本體，總之，兩者是同一存有的不同面貌而已。

　　因此，在尚齋的思路脈絡之下，看「物」，其實等於看「理」。當然我們在看「物」時，視覺上將它對象化而視為有形象的形而下之客體，但認知上，我們會掌握形上之「理」的面貌。如此，我們能夠掌握「物理」的理由，是因為我們先天具有「萬理」的緣故。我們透過「格物」掌握的「理」，其實不是「物」之「理」，而是「心」之「理」。「格物窮理」這一工夫能夠成立的原因是：因為我們本來具有「萬理」，若自己心內沒有內具「理」，即使努力「格物」，邏輯上無

法到達「窮理」。因為我們本來具有與物之「理」一模一樣的「理」在內，所以能夠掌握物之「理」。因此，我們體會的「理」其實是自己內在的「理」。

雖然我們心內具備「萬理」，但如上所述，心內之「理」則以沒有區別的「一理渾然」的形態存在。因此，我們向內反省也不知道自己內具的「理」之具體內容。但外在之「物」都是「萬理」的具體化、形象化，在外在世界，「一理」作為「分殊之理」，亦即「萬理」開展自己。在尚齋的世界觀，這個世界就是「理」的具體展現，「一理」包含的一切內容都體現於萬物的各種面貌中。因此，向外「格物」才能了解「心」原來具有的「理」之具體內容。

具體而言，如上所述，「物」乃是作為形而上之「理」的具體化、形象化。「物A」體現「理 a」。透過格「物 A」可以反照物之「理 a」＝心之「理 a」。同樣透過「物 B」可以反照物之「理 b」＝心之「理 b」。如此，透過「格物」反照心內之「理」，闡明「渾然一理」的具體內容（萬理、分殊之理）的功能就是尚齋所理解的「知」。著眼於外在之「物」，從闡明「物理」的角度來說的工夫，就是「格物」或「明理」；著眼於心內之「理」，從闡明「心理」的角度來說的工夫，就是「致知」或「照理」。

若尚齋「格物致知」說的義理結構加以圖式化，大概如下：

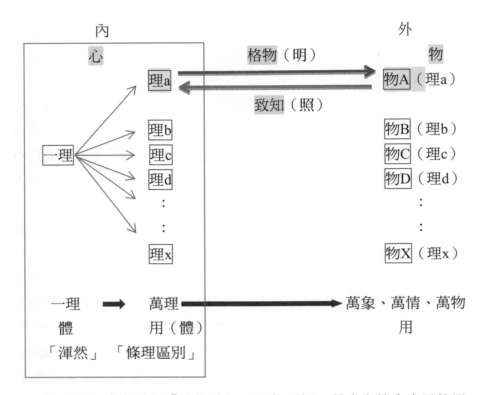

　　筆者以為尚齋此種「格物致知」說的理解，基本上符合朱子的思維、脈絡。筆者曾經分析、探討過朱子的「格物致知」理論，根據筆者的分析，朱子「格物致知」說的目的就在闡明先天具有的心內之理，進而使其圓滿展現出來這一點。朱子追求的道德實現模式，絕不是透過「格物」了解外在之理（道德規範），或由其理來控制人心，使人心符合道德規範的此種方式；而是透過「格物」來覺醒人心本來內在的理（道德本性），使其自然、主動顯現，進而推動道德行為。[48]在這個意義上，誠如尚齋所強調的，朱子的「格物致知」說，確實可

---

48 有關筆者對朱子「格物致知」說的理解，詳參藤井倫明：《朱熹思想結構探索——以「理」為考察中心》（臺北市：臺灣大學出版中心，2012年），〈第五章：朱子「格物致知」說的工夫論進路詮釋〉，頁125-150。

以將之認定為是一種「心法」。另外，筆者認為歷來研究中，有關朱子思想中的「物」（氣）與「理」之間的關係，又或者有關為何透過「格物」能夠闡明「理」等，諸如此類之問題，並沒有提供合理之說明。但若能像尚齋那樣地將「理」與「物」（氣）的關係從體用、微顯、動靜的角度來加以掌握理解，則如本文所闡明的，「格物」確實直接意味著「窮理」，「格物」→「窮理」這一脈絡也可合理且順利成立。因此，筆者認為尚齋的此番理解，作為朱子「格物致知」說的詮釋，自然有其相當之學術貢獻與參考價值。

換言之，我們可以從尚齋的「格物」理解角度，重新檢討朱子的「格物致知」理論。但若將理與物（氣）的關係從體用、微顯的角度來掌握，如上所述，理、物關係呈現連續一貫之狀態，兩者變成不是各自獨立的存在，而是同一存在的不同面貌。若是如此，則「理」將會消失其超越性。對此，筆者亦質疑朱子思想中的「理」究竟是否真如尚齋所理解的那樣，是與「物」融合成一體的存在？當然這種觀點並非尚齋所專有，就如本文第三節所說明的，在中國理學家中也有看到類似的理解。例如明儒羅欽順就從體用的角度來掌握理氣關係，提出「理氣為一物」的觀點。因此，我們可能需要進一步嚴謹地比較尚齋與羅欽順的理氣觀，除確認兩者之間的異同，同時亦可探討尚齋思想中有無受到羅欽順之理氣觀影響的這一問題。[49]筆者目前管見所

---

[49] 據林月惠先生的研究，羅欽順的《困知記》在朝鮮性理學界引起熱烈討論，給朝鮮的理學家帶來相當大的影響，詳參林月惠，〈羅整菴與李退溪的理氣論——從《困知記》的東傳談起〉，《異曲同調——朱子學與朝鮮性理學》，頁149。而據阿部吉雄先生的考據，羅欽順《困知記》經過朝鮮傳到日本，林羅山（1583-1657）、安東省庵（1622-1701）、貝原益軒（1630-1714）等學者皆受其影響，促使日本主氣哲學的成立。阿部先生認為：崎門朱子學派的立場是繼承李退溪的主理哲學，與羅欽順的理氣觀是完全對立、相反的。據阿部先生的理解，崎門派之中貫徹其主理哲學，提倡「理一元論」的就是三宅尚齋，詳參阿部吉雄：《日本朱子學と朝鮮》（東京：東京大學出版會，1965年），頁514、527。

及，尚未發現尚齋受羅欽順思想深刻影響的痕跡[50]，同時據筆者目前
研究所得，尚齋探討理氣論、格物論的論述脈絡，基本上與羅欽順並
不相同。關於這個問題，還需要進一步檢證。但關於這一問題，筆者
以為吾人在思考尚齋的理氣觀時，從日本文化之特色這一角度也可獲
得一定程度之說明。筆者認為尚齋對「理」的此番理解中，確實存在
著日本式的思維模式。亦即，排斥超越、抽象的世界，在具體的現象
世界中尋求真理的「即物性」思維，其實乃是深具日本思想之基本特
色的這一點，堪稱是學界之共識。關於這一日本思想特色，若從日本
儒學史的脈絡而言，則誠如眾所皆知的，在完全否定「理」的超越
性、抽象性的江戶古學派之學說思想中，非常之明顯。

其實，「即物性」思維這一特色，即使在日本諸多朱子學者的學
說中，也都可以看到。例如一般被歸類為朱子學派的貝原益軒，或是
懷德堂系統的朱子學者，關於理氣論，彼等亦排斥超越「氣」的形上
之「理」這一觀點。崎門學派以朱子思想為絕對真理，全心全意並傾
注其全力，試圖體會朱子思想之真義，其學統在日本儒學史上，毋庸
置疑地，堪稱是最能深入討論朱子學之理氣論、心性論等形而上抽象
性問題的學派學統。但經由本文的爬梳檢討，如今我們可以確認崎門
學派的核心人物三宅尚齋之理氣觀，其實也未能避免所謂「即物性」
思維的這一深具日本思想特色的特質。[51]當然尚齋的理氣觀，絕不是

---

50 尚齋之師山崎闇齋的讀書筆記《文會筆錄》中，有如下對羅欽順的評論：「嘉謂：
　羅氏困知記一氣之議論，踏襲朱子而架說之者也。」（《文會筆錄》卷十之一，《山
　崎闇齋全集》一，東京：ぺりかん社，1978年，頁408）由此我們可以確定闇齋確
　實翻閱或參考過羅欽順的《困知記》。若是如此，尚齋也翻閱、參考過羅欽順之著
　作的可能性就相當大。但據歷來研究，山崎闇齋以及佐藤直方、淺見絅齋等崎門派
　學者對羅欽順思想的評價並不是正面的，詳參嚴錫仁：《山崎闇齋學派の研究：日
　本朱子學位相》，頁91。

51 若從這個角度來說，尚齋的世界觀與古學派的世界觀之間的距離，也許沒有我們想
　像的那麼遠。筆者贊成嚴錫仁先生以下的評語：「雖然有肯定接受朱子思想或者否

「氣一元論」，其思想中「理」作為本體仍然保持著其獨立性、主體性，在這個意義上，尚齋思想與古學派的思想不能相提並論。但是，尚齋所理解的「理」已經不是超越式地規定「物」（氣）的存在，在尚齋思想中，「物」（氣）作為「理」（本體）的展現（作用），其獲得與「理」等同的地位。另外，誠如前文所述，崎門學派中，尤其是尚齋的學思傳統，一直被延續傳承至近代，故有關尚齋的「格物致知」詮釋究竟如何被繼承？或是其學說究竟發揮了何種影響等等，以及崎門學派其他重要學者，例如佐藤直方、淺見絅齋等人又是如何理解「格物致知」？崎門學派內部的朱子學理解又有何異同等問題，皆是未來值得進一步深入研究的課題。

定排斥朱子思想的差異，但崎門學派所追求的思想，其根本趣旨並不是與日本反朱子學者的思想徹底對立的。」（嚴錫仁：《山崎闇齋學派の研究：日本朱子學の位相》，頁173）

朱子《詩集傳》的散文繹旨

劉永翔

華東師範大學古籍研究所教授

　　朱子所著的《詩集傳》，與以前的《詩經》注釋，在內容與形式
上均有很大的不同，內容之異，論者甚多，這裡僅談其形式。我們發
現，除了字音及語詞、名物訓詁之外，絕大部分詩篇，每章之後均有
該章的散文繹旨，類似於對詩句的散文改寫，這裡姑且稱為「翻譯」
吧。這是朱子以前的《詩經》注本所無的。姑以〈國風〉的〈關雎〉
為例。

　　首章：

　　　　關關雎鳩，在河之洲。窈窕淑女，君子好逑。

章末注云：「言彼關關然之雎鳩，則相與和鳴於河洲之上矣；此窈窕
之淑女，則豈非君子之善匹乎？」

　　二章：

　　　　參差荇菜，左右流之。窈窕淑女，寤寐求之。求之不得，寤寐
　　　　思服。悠哉悠哉，輾轉反側。

章末注云：「彼參差之荇菜，則當左右無方以流之矣；此窈窕之淑
女，則當寤寐不忘以求之矣。」

> 參差荇菜，左右采之。窈窕淑女，琴瑟友之。參差荇菜，左右
> 芼之。窈窕淑女，鐘鼓樂之。

章末注云：「彼參差之荇菜，既得之，則當采擇而亨芼之矣；此窈窕
之淑女，既得之，則當親愛而娛樂之矣。」

　　朱子以章為單位，對詩句作了散文改寫，其撰寫注重的是上下文
的連貫性，不雜詮解之語。這一方式基本貫串了《詩集傳》始終。姑
再舉〈小雅〉、〈大雅〉及〈頌〉中各一詩為例。

　　〈小雅·四牡〉首章云：

> 四牡騑騑，周道倭遲。豈不懷歸，王事靡盬。

注云：「言駕此四牡而出使於外，其道路之回遠如此。當是時豈不思
歸乎？特以王事不可以不緊固，不敢徇私以廢公，是以內顧而傷悲
也。」

　　〈大雅·文王〉首章云：

> 文王在上，於昭於天。周雖舊邦，其命維新。有周不顯，帝命
> 不時。文王陟降，在帝左右。

注云：「此章言文王既沒，而其神在上，昭明於天。是以周邦雖自后
稷始封千有餘年，而其受天命則自今始也。夫文王在上而昭於天，則
其德顯矣，周雖舊邦，而命則新，則其命時矣。故又曰有周豈不顯
乎？帝命豈不時乎？蓋以文王之神在天，一升一降，無時不在上帝之
左右，是以子孫蒙其福澤而君有天下也。」

　　〈周頌·清廟〉云：

於穆清廟，肅雝顯相。濟濟多士，秉文之德。對越在天，駿奔
走在廟。不顯不承，無射於人斯。

注云：「言於穆哉此清靜之廟，其助祭之公侯，皆敬且和，而其執事
之人又無不執行文王之德，既對越其在天之神，而又駿奔走其在廟之
主。如此，則是文王之德豈不顯乎？豈不承乎？信乎其無有厭斁於人
也。」

將《詩》句以章為單位改寫成散文以釋其義，在朱子以前的《詩
經》註釋中似無成例。

以《毛傳》、鄭《箋》〈關雎〉一篇為例：

「關關雎鳩，在河之洲」兩句，《傳》云：

興也。關關，和聲也；雎鳩，王雎也，鳥摯而有別。水中可居
者曰洲，后妃說樂君子之德，無不和諧，又不淫其色，慎固幽
深，若雎鳩之有別焉，然後可以風化天下。夫婦有別，則父子
親；父子親，則君臣敬；君臣敬，則朝廷正；朝廷正，則王化
成。

《箋》則云：

摯之言至也，謂王雎之鳥，雌雄情意至，然而有別。

「窈窕淑女，君子好逑」兩句，《傳》云：

窈窕，幽閒也。淑，善；逑，匹也。言后妃有關雎之德，是幽
閒貞專之善女，宜為君子之好匹。」

《箋》則云：

> 怨耦曰仇。言后妃之德和諧，則幽閒處深宮貞專之善女，能為
> 君子和好眾妾之怨者。言皆化后妃之德不嫉妬，謂三夫人以下。

毛、鄭雖對詩義的理解有別，但註釋的方式都是一樣的，即只作語詞
之訓詁及詩之微言大義的揭示，對詩章本身並未作連貫、明晰的疏
通。《毛傳》對「窈窕淑女，君子好逑」的注解雖略似翻譯，但添加
了「后妃」兩字，終究是對詩理的闡釋而已。而且毛、鄭兩句一釋，
沒有考慮到詩章的整體性。

在孔疏中，我們也找不出像朱子那樣對詩句的散文化改寫，有的
則是根據《毛傳》和鄭《箋》所作的不同串講，其中夾雜著許多詮釋
之語。

《毛傳》之《疏》云：

> 毛以為關關然聲音和美者是雎鳩也。此雎鳩之鳥，雖雌雄情
> 至，猶能自別退在河中之洲，不乘匹而相隨也，以興情至性行
> 和諧者是后妃也。后妃雖說樂君子，猶能不淫其色，退在深宮
> 之中，不褻瀆而相慢也。后妃既有是德，又不妬忌，思得淑女
> 以配君子，故窈窕然處幽閒貞專之善女，宜為君子之好匹也。
> 以后妃不妬忌，可共以事夫，故言宜也。

鄭《箋》之《疏》云：

> 鄭唯下二句為異，言幽閒之善女謂三夫人九嬪既化，后妃亦不
> 妬忌，故為君子文王和好眾妾之怨耦者，使皆說樂也。

　　歐陽修的《詩本義》與毛、鄭立異，也對詩意作了詳細串講，但同樣夾雜著詮釋之語，不屬散文改寫。且以其〈關雎〉一篇為例：

> 詩人見雎鳩雌雄在河洲之上，聽其聲則關關然和諧，視其居則常有別，有似淑女匹其君子，不淫其色，亦常有別而不黷也。淑女謂太姒，君子謂文王也。「參差荇菜，左右流之」者，言后妃采彼荇菜，以供祭祀，以其有不妒忌之行，左右樂助其事，故曰「左右流之」也。流，求也。此淑女與左右之人常勤其職，至日夜寢起不忘其事，故曰「寤寐求之」、「輾轉反側」之類是也。后妃進不淫其色以專君，退與左右勤其職事，能如此，則宜有琴瑟鐘鼓以友樂之而不厭也。此詩人愛之之辭也。（卷一）

推《詩》而及〈騷〉，不妨再看看《楚辭》的注本。姑以王逸《楚辭章句》的〈離騷〉第一段為例：

> 帝高陽之苗裔兮。

注云：「屈原自道本與君共祖，俱出顓頊胤末之子孫，是思深而義厚也。」

> 朕皇考曰伯庸。

注云：「屈原言我父伯庸，體有美德，以忠輔楚，世有令名以及於己。」

攝提貞於孟陬兮，惟庚寅吾以降。

注云：「言己以太歲在寅正月始春之日下母之體而生，得陰陽之正中也。」

皇覽揆余初度兮，肇錫余以嘉名。

注云：「言己美父伯庸觀我始生年時，度其日月，皆合天地之正中，故賜我以美善之名也。」

名余曰正則兮，字余曰靈均。

注云：「父伯庸名我為平以法天，字我為原以法地，言己上之能安君，下之能養民也。」

紛吾既有此內美兮，又重之以修能。

注云：「言己之生，內含天地之美氣，又重有絕遠之能，與眾異也。言謀足以安社稷，智足以解國患，威能制強御，仁能懷遠人也。」

汨余若將弗及兮，恐年歲之不吾與。

注云：「言我念年命汨然流去，誠欲輔君，心中汲汲常若不及，又恐年歲忽過。不與我相待，而身老耄也。」

朝搴阰之木蘭兮，夕攬中洲之宿莽。

注云：「言己旦起陸山采木蘭，上事太陽，承天度也；夕入洲澤採取宿莽，下奉太陰，順地數也。」

王氏採取了解釋字面意義，兼揭言外之意的方法，一句一釋或兩句一釋，有許多「他人有心，予揣度之」的地方，也不屬嚴格的散文改寫。缺點也是增字解經，所增之意無法證明符合作者的原意。順便說一句，清雍正間王堯衢的《古唐詩合解箋注》就承襲了這一詮解之法。

再推《詩》及文吧。趙岐《孟子章句》第一篇〈梁惠王〉篇云：

孟子見梁惠王。

注云：「孟子適梁，魏惠王禮請，孟子見之。」

王曰：「叟不遠千里而來，亦將有以利吾國乎？」

注云：「孟子去齊，老而之魏，王尊禮之曰：『父不遠千里之路而來，此亦將有以為寡人興利除害者乎？』」

孟子對曰：「王何必曰利，亦有仁義而已矣。」

注：「孟子知王欲以富國強兵為利，故曰：『王何以利為名乎？亦有仁義之道可以為名。』以利為名，則有不利之患矣，因為王陳之。」

王曰何以利吾國，大夫曰何以利吾家，士庶人曰何以利吾身，上下交征利而國危矣。

注：「征，取也。從王至庶人，故言上下交爭，各欲利其身，必至於

篡弒，則國危矣。」

頗多「翻譯」之處，但也是以句為單位，而不是以章為單位的。

最後兩例皆是「章句」之書，朱子散文繹旨的特點雖與之有所不同，但我們也可從中看出相承之處。《詩集傳》雖名為「傳」，其註釋方法實取自章句，而作了神明變化，綜合起來，其散文繹旨具有以下三個特點：

一、以章為單位，注意到上下文語氣的連貫，形似「翻譯」。

二、不雜詮釋之語，以免截斷詩旨的散文表達。

三、多用語氣詞，如「矣」、「乎」、「也」等。

但是，朱子的這一嘗試在其後的影響在《詩經》上卻僅及於一些場屋之書，如清初趙燦英的《詩經集成》、冉觀祖的《詩經詳說》，前者有「串講」、後者有「講」，也以章為單位對詩旨作了散文「翻譯」，但多了一些詮解之語。四庫館臣甚薄其書，僅列之於《存目》。但一些詩歌的普及讀本，如明萬曆間廖文炳的《唐詩鼓吹注解大全》、明末唐汝詢的《唐詩解》、清初童蒙讀本《千家詩》王相注等，卻吸收了朱子說《詩》的這一方法。以下各舉一例：

《唐詩鼓吹注解大全》卷一柳宗元〈衡陽與夢得分路贈別〉：

> 十年顦領到秦京，誰料翻為嶺外行。伏波舊道風煙在，翁仲遺墟草樹平。直以慵疎招物議，休將文字占時名。今朝不用臨河別，垂淚千行便濯纓。

注云：「首言先貶十年在外，形容憔悴。後召還長安，將圖大用，豈料復為嶺外之行耶？經伏波之舊道而風煙在，睹翁仲之遺墟而草樹平。吾輩疏懶性成，已招物議，而文章高占時名，易取讒妬，亦不可以此自多也。昔李陵云：『臨河濯長纓，念別悵悠悠。』今余與夢得

不用臨河而別，垂淚千行便如河水之足以濯纓矣。其何以為情哉？」

《唐詩解》卷一魏徵〈述懷〉：

> 中原還逐鹿，投筆事戎軒。縱橫計不就，慷慨志猶存。杖策謁
> 天子，驅馬出關門。請纓繫南粵，憑軾下東藩。鬱紆陟高岫，
> 出沒望平原。古木鳴寒鳥，空山啼夜猿。既傷千里目，還驚九
> 折魂。豈不憚艱險，深懷國士恩。季布無二諾，侯嬴重一言。
> 人生感意氣，功名誰復論。

解云：「言宇內未寧，聊欲棄文就武以取勳庸，計雖數挫，而志不少
衰。於是謁天子以求奉使，驅馬出關以圖終酈之業。登歷山原，入無
人之境，目極千里，魂驚九折。斯時也，豈不憚此艱險乎？正為天子
以國士遇我，我當全季布之諾、守侯嬴之信，以舒生平之意氣耳，功
名非所論也。」

《千家詩》卷上程顥〈春日偶成〉：

> 雲淡風輕近午天，傍花隨柳過前川。時人不識余心樂，將謂偷
> 閒學少年。

注云：「言春日雲煙淡蕩，風日輕清，時當近午，天氣融和，傍隨於
花柳之間，憑眺於山川之際，正喜眼前風景，會心自樂，恐時人不
識，謂余偷閒學少年之遊蕩也。」

朱子的這一創格，長時期未為所重，乃是為清代以來一意求深、
鄙薄普及的學術界風氣影響之故。而這一有效的繹旨方式，卻為詩歌
的普及讀本所吸收，而近世的《詩經》今譯，也可以說是由朱子開其
先河的。

朱熹《詩集傳》在日本江戶時代（1603-1868）的流傳

張文朝

中央研究院中國文哲研究所助研究員

一 前言

　　眾所周知，朱子學在日本，特別是江戶時代，有其深遠的影響力。除了朱子學的政治性質容易為為政者所樂於接受之外，他的四書相關著作，他的理氣論、格物致知說、窮理居敬等學說都受到當時的日本學者熱烈的研究、討論。然而，同為朱子學重要一環的朱熹《詩經》觀如何？其所著《詩集傳》如何在江戶時代流傳呢？或者如何為日本學者所研究？[1]等問題卻少有學者提出專論，朱熹《詩集傳》何時傳到日本的？雖然不能考證其確切的時間，但在室町時代（1336-1573）的應永十年（1403），已有禪師岐陽方秀（1363-1424）以明朝

1　關於江戶時代日本學者對朱熹《詩集傳》的研究，筆者就讀於日本國立九州大學大學院人文科學府專攻中國哲學史時，就此問題撰寫了博士論文《江戶時代における《詩集傳》の受容に關する研究》（2011年），探討當時朱子學派藤原惺窩、山崎闇齋、中村惕齋，古學派山鹿素行、伊藤仁齋、荻生徂徠，古注學派中井履軒，考證學派大田錦城，陽明學派中江藤樹等九名指標性學者對《詩集傳》的受容與批判。其中，闇齋、惕齋、素行、履軒、藤樹等人的《詩集傳》觀點，學界前無論述，本文提出新知，而惺窩、仁齋、徂徠、錦城等人的《詩集傳》研究，雖有前人的研究成果，而本文據此更立新說，對此範疇有向深入研究推進的棉薄貢獻。

舶載書《詩集傳》等講學的記載[2]，而且博士家清原宣賢（1475-1550）也以《詩集傳》和《毛詩》對照講學[3]，可見日本室町時代的禪學界及博士家都已有所接觸。到了江戶時代（1603-1868），更透過朱子學者藤原惺窩（1561-1619）、林羅山（1583-1657）等人的推展[4]，而廣為學者研究。然而其流傳的情況如何的研究專論，至今尚無所見。所以本文的主要目的在於就朱熹《詩集傳》如何在江戶時代流傳的這個問題，試圖利用與當時《詩經》有關的書籍目錄，以統計的方式，加以歸納、分析，究明朱熹《詩集傳》在江戶時代的流傳狀況。

職是之故，本文透過江戶時代初期的歷史背景，以了解當時學術環境的大概；透過從朝鮮、中國傳入《詩經》相關書籍的分析，以知《詩集傳》傳日的情況；透過藩校的《詩經》教學分析，以知《詩集傳》在藩校的傳播；透過日本學者的《詩經》相關著作，以知《詩集傳》的比例；透過日本學者論《詩集傳》，以知《詩集傳》的影響，最後做出本文的總結，以闡明朱熹《詩集傳》在江戶時代的流傳狀況，並說明本文的成果與價值。

---

2 相關研究請參考足利衍述：《鎌倉室町時代の儒教（復刻版）》（東京：有朋書房，1970年），頁362-364。另外，久須本文雄：《日本中世禪林の儒學》（東京：山喜房佛書林，1992年），頁189；和島芳男：《中世の儒學》（東京：吉川弘文館，1965年3月），頁79；和島芳男：《日本宋學史の研究》（東京：吉川弘文館，1988年），頁110，都提及此事。

3 相關研究請參考足利衍述：《鎌倉室町時代の儒教（復刻版）》，頁495-501。

4 江戶時代儒學（朱子學）由藤原惺窩首倡，林羅山發揚光大。西元1600年，藤原惺窩身著儒服，晉謁德川家康，以示脫離禪宗，正式宣告儒學自立門戶，風靡一時，遂成為日本儒學（朱子學）之祖。藤原惺窩相關資料，參考張文朝：〈日本江戶時代（1603-1868）儒學各派創始者思想述介〉，《儒學研究論叢》第2輯（2009年12月），頁27-45，及張文朝：〈日本儒學史（六）：江戶時代之儒學（一）〉，《經學研究論叢》第6輯（1999年6月），頁267-294。林羅山的相關資料，參考張文朝：〈日本儒學史（七）：江戶時代之儒學（二）〉，《經學研究論叢》第11輯（2003年6月），頁249-264。

　　本文的研究對象主要以與《詩經》有關的書籍為限。與《詩經》有關的書籍，其主要來源為江口尚純編集「江戶期における詩經關係書目」及「江戶期における詩經關係和刻本目錄」，江戶時代的古書籍目錄，大庭脩《江戶時代における唐船持渡書の研究》中所登錄的書籍，現代日本的主要各圖書館的藏書目錄，京都大學人文科學研究所附屬漢字情報研究センター提供的「全國漢籍データベース」綜合漢籍目錄，二松學舍大學二十一世紀ＣＯＥプログラム「日本漢文文獻目錄データベース」中的目錄，國文學研究資料館「日本古典籍綜合目錄」等目錄中與《詩經》相關書籍。接著，本文藉由以下各節，論述《詩集傳》在日本江戶時代的流傳。

二　江戶時代初期的歷史背景

　　文祿元年（1592）統一日本的豊臣秀吉（1537-1598）為了征服明朝及朝鮮，分別在文祿元年（1592）及慶長二年（1597）兩次征伐朝鮮。這除了是軍事活動之外，在文化的傳播上也為日本帶來重大的影響。其中與學術有關的，以當時在朝鮮流行的活字印刷器具與朝鮮所刊行的書籍文獻最為重要。

（一）活字印刷器具的傳入

　　在朝鮮活字印刷器具傳入後，率先開版使用的是日本天皇，再加上幕府的獎勵、諸藩的支持、民間需要的增加，所以在江戶初期的慶長到寬永的五十年間，最常使用的出版器具是朝鮮活字印刷。以下，本節就朝廷、幕府、諸藩、寺院、庶民等各方面來加以探討，以見其影響之廣。

1 朝廷

　　當時在位的第一百零七代天皇後陽成天皇（1571-1617，在位期間1586-1611）於文祿二年（1593）敕命出版了《古文孝經》，據說這是日本最早的活字書籍，但已佚失。[5]在第一百零八代天皇後水尾天皇（1596-1680，在位期間1611-1629）的敕命下，於元和七年（1621）用銅活字印刷出版了《皇朝類苑》七十八卷，十五冊，此書現藏於國立國會圖書館、尊經閣、東洋文庫、內閣文庫等處。伏見宮家也出版了一冊《職原抄》，此書藏於國立國會圖書館。[6]

2 幕府

　　德川家康自從在江戶開創幕府以後，起用文人或學問僧，創立學校，獎勵學術。德川家康的書籍出版事業是其致力於文教的一環，家康在京都伏見時，命足利學校庠主元佶與相國寺承兌出版了所謂伏見版，元佶所出版的主要書籍有《孔子家語》、《六韜》、《三略》（以上三書為1599年）、《武經七書》（1606年）[7]；承兌所出版的主要書籍有《貞觀政要》（1600年）、《吾妻鏡》與《周易》（1605年）。在駿河府時，命林羅山出版了所謂駿河版，主要是《大藏一覽集》（1615年）及《群書治要》（1616年）。[8]

5　笠井助治：《近世藩校に於ける出版書の研究》（東京：吉川弘文館，1962年），頁7。但是，嚴紹璗則認為在1396年所刊行的《五百家注韓柳文集》才是日本近世活字印刷的源流。參照《漢籍在日本的流布研究》（南京市：江蘇古籍出版社，1992年），頁155。

6　伏見宮是江戶時代四大世襲親王家之一，始於北朝三代崇光天皇的皇子榮仁親王，終於1947年。其他三家是：桂宮始於正親町天皇的皇孫智仁親王，終於1881年；有栖川宮始於後陽成天皇的皇子好仁親王，終於1913年；閑院宮始於東山天皇的皇子直仁親王，終於1988年（此資料簡化自網路Wikipedia中的「世襲親王家」條目）。

7　川瀨一馬：《古活字版之研究》（東京市：安田文庫，1937年），頁210-227。

8　川瀨一馬：《古活字版之研究》，頁227-231。

3 諸藩

自寬永年間至慶應年間，全日本建立了約二百三十個藩校。[9]自慶長年間至慶應年間，各藩府、各藩校所出版的書籍，多達七百四十一部，四千四百八十六冊。其中與漢學（儒學、歷史、政法奏議等）有關的，約四百二十五部，二千九百八十五冊。而儒學類的書籍則有二百一十四部，一千三百零一冊。[10]這些書籍雖然並非全是活字印刷的，但其受活字印刷的影響，卻是不爭的事實。

4 寺院

活字印刷還沒傳入日本之前，日本的出版事業幾乎由寺院所獨占。如上所述，自活字印刷傳來之後，朝廷、將軍、諸藩等各有出版事業，而京都等各地的寺院也各自擁有出版事業。根據川瀨一馬《古活字版之研究》可知，京都的寺院有要法寺、本國寺、本能寺、北野經王堂、西本願寺、寶珠院、一條清和院、心蓮院、寶藏寺、高臺寺、妙心寺等。地方上有高野山、叡山、福興寺（奈良）、元興寺（奈良）、東大寺（奈良）、三河國平地善宗寺（今愛知縣東部）、龍澤山大巖寺（下總，今千葉縣北部，埼玉縣與東京都東，茨城縣南西部）、飯高法輪寺（下總）等。這些寺院所出版的大多為佛教書籍，但是也有像要法寺曾出版過四書，本能寺出版過《前漢書》、《周易抄》、《毛詩抄》，叡山出版過《毛詩》、《左傳》等儒書。[11]

9　此數量是依據笠井助治《近世藩校の總合的研究》（東京：吉川弘文館，1982年），頁2所附「藩校創設年代一覽表」計算出來的。

10　這些數量是根據笠井助治《近世藩校に於ける出版書の研究》，頁81-83所附「藩版、藩校版種目別年代一覽表」計算出來的。

11　川瀨一馬：《古活字版之研究》，頁253-324。

5 庶民

　　如上所述，朝鮮活字印刷帶來了出版事業興盛，書籍的需求驟增，庶民所經營的書肆也暴增起來。根據《慶長以來書賈集覽》的統計，整個江戶時代，約有一千一百四十間書肆。其中，京都有四百八十五間，江戶有三百五十六間，大阪有二百四十二間。[12]庶民的出版書籍大多以醫學、佛書、漢籍、日本書籍為主。

　　根據川瀨一馬的統計，經由活字印刷所出版的漢籍為：經部二十四部、史部十三部、子部四十一部、集部二十三部，總計一百零一部。[13]其中，與《詩經》相關的只有《毛詩》、《毛詩抄》二種而已。《毛詩》又有慶長年間刊、慶長十六年刊、無注本等三種。其中並未發現活字版的《詩集傳》，這顯示江戶初期朱熹的《詩集傳》還未被活字印刷業界所注意。

（二）朝鮮刊的書籍文獻

　　侵韓之役（韓人稱壬辰倭亂）的結果，在文化的傳播上給日本帶來重大影響的另一事情，就是從朝鮮帶回大量的古刊本。但是，根據藤本幸夫《日本現存朝鮮本研究・集部》的「前言」所說，這些書籍已經多數逸失，現在幾乎只剩下零本或殘卷等形態為圖書館或個人所藏。[14]川瀨一馬指出這些書籍的典藏單位是養安院、米澤圖書館的舊上杉家所藏、蓬左文庫、水戶家彰考館文庫、內閣文庫、圖書寮、葵文庫等。[15]此外，在江戶時代對朝鮮的事務交由對馬藩處理，對馬藩

12　井上和雄：《慶長以來書賈集覽》（京都市：彙文堂，1916年），頁106。

13　川瀨一馬：《古活字版之研究》，頁368-369。

14　藤本幸夫：《日本現存朝鮮本研究・集部》（京都市：京都大學學術出版會，2006年2月），頁8。

15　川瀨一馬：《古活字版之研究》，頁152。

在天和三年（1683）所作的《宗藩藏書目錄》中，約有三千二百筆，而現在藏在長崎縣立歷史民俗資料館的宗家文庫中，大約有八百多筆刊本。[16]但是，這只是江戶前期的記錄資料而已，至於中、後期的資料，則至今仍然不明。[17]或許等藤本幸夫把經、史、子的三部全部完成之後，日本現存朝鮮本的問題才可以得到較好的解決吧！

三 朝鮮版《詩經》的傳來

日本自古代即與朝鮮有密切的交流，更經由朝鮮半島受容中國文化，其中與《詩經》相關書籍的傳入，根據內野熊一郎《日本漢文研究》所指，早在日本古代的推古帝初年以前，即由百濟傳入毛亨所傳的《毛詩》。[18]而到了中世，周防（今山口縣東南部）守護大名大內義隆（1507-1551）於天文九年（1540）派遣僧侶前往朝鮮，翌年攜回新注的《詩經》、《書經》二書。[19]到了近世，就是前述豐臣秀吉的兩次征伐朝鮮所攜回的大量古朝鮮本，但是這些書中有多少是與《詩經》有關的，則不清楚。筆者僅就現存朝鮮版的《詩經》相關書籍，整理如下表。

---

16 藤本幸夫：《日本現存朝鮮本研究・集部》，頁9。關於對馬藩的宗家文庫科參考長崎縣立歷史民俗資料館網頁http://www.pref.nagasaki.jp/t_reki/syuufukuozonn.html。

17 筆者把江戶時代分成以下的三期，即從慶長到貞享（1596-1688）為前期，從元祿到安永（1688-1781）為中期，從天明到慶應（1781-1868）為後期。

18 內野熊一郎：《日本漢文研究》（東京：名著普及會，1991年），頁132。

19 市川本太郎：《日本儒教史》（三）中世篇（長野市：東亞學術研究會，1992年），頁410。

書名	卷數	撰著者	出版年	型態	冊數	現藏地
《詩傳大全》	二十卷、圖一卷	明胡廣等奉勅撰	朝鮮宣祖三年（1569）平安道咸從縣國安寺信仁刊朝鮮宣祖四年（1570）	初印本	九冊	宮城縣圖
《詩經諺解》	二十卷	朝鮮宣祖命撰	戊子年（1588）	朝鮮刊本	七冊	一橋大（另一本九冊）
《詩傳大全》	二十卷	明永樂中胡廣等奉勅撰	戊子年（1588）	朝鮮刊本	十冊	宮內廳書陵部、東北大、一橋大
《詩》〔五經〕	一卷		萬曆二十七年（1599）	朝鮮寫本（朝鮮姜沆手跋本）	十冊	內閣文庫
《詩傳音釋》	一卷	元鄒季友	朝鮮明崇禎三年（1630）	永寶閣刊本	二十六冊	三康
《（新刊）經書（三經四書）》		宋朱熹，元鄒季友	朝鮮明崇禎三年（1630）	永寶閣刊本	第十至十八冊《詩（集傳）》二十卷、《綱領》一卷，第十九冊	三康

書名	卷數	撰著者	出版年	型態	冊數	現藏地
					《詩序（弁說）》一卷、《詩傳音釋》一卷二十六冊	
《五經百篇》	五卷	朝鮮正祖、李滉輯	朝鮮正祖二十二年（1798）	刊本	五冊	東大總
《三經四書正文》	十卷（第三冊，《詩經》二卷）	朝鮮正祖、李滉輯	朝鮮純祖二十年（1820）	新刊，庚辰新刊，內閣藏板	八冊	國會、東北大（五冊）、東大總（五冊）
《詩集傳大全》	二十卷，（《五經大全》一百二十一卷）	明胡廣等奉勅撰	朝鮮舊刊	十行本，有尾陽文庫印記		蓬左文庫
《詩集傳大全》	二十卷、圖一卷，（《五經大全》）	明胡廣等奉勅撰	朝鮮	刊本，寧邊府朝鮮藝閣舊藏		內閣文庫
《詩傳》	二十卷、首一卷	朱熹集傳	朝鮮	銅活字印本		宮內廳書陵部
《詩傳大全》	二十卷、圖一卷	明胡廣等奉勅撰	嘉靖中朝鮮	刊本，黑口十行本，有御本印記，	九冊	蓬左文庫

書名	卷數	撰著者	出版年	型態	冊數	現藏地
				駿河御讓本		
《三經通義》（《詩傳》、《易傳》、《書傳》）		朝鮮白鳳來著			九龍齋集第三冊、四冊	大阪府立中之島
《毛詩講義》	上、中、下卷	朝鮮徐有榘著		寫本	三冊	大阪府立中之島
《詩故弁》	六卷	朝鮮徐瑩修輯		寫本	三冊	大阪府立中之島
《詩傳》	一卷	宋朱熹集傳		朝鮮刊本	七冊	九大
《詩傳大文》	卷上			朝鮮刊本	一冊	國會
《詩傳大全》	二十卷、首一卷	明胡廣等奉勅撰		朝鮮刊本	八冊	愛知大　簡齋文庫
《詩傳大全》	二十卷、首一卷	明胡廣等奉勅撰		朝鮮據丁酉銅活字印本刊	十冊	東大總
《詩傳大全圖》	一卷	宋朱熹撰		朝鮮刊本	一冊	國會
《詩經大文》	二卷		朝鮮正祖憲宗間	鈔本	二冊	東大總
《詩經》	不分卷		朝鮮純祖憲宗間	鈔本	三冊	東大總
《毛詩》（《十三經》本）		漢鄭玄箋，朝鮮姜僖喆書		寫本	三十七冊	山梨縣圖根津文庫

　　是誰？什麼時候？又如何把這些朝鮮本傳入日本的？並不十分清
楚，但是，例如，其中的蓬左文庫所藏《詩集傳大全》二十卷（《五
經大全》本），因為印有「尾陽文庫」章，所以可推知這套書是由中
國傳到朝鮮，在朝鮮刊行，再傳到日本後，成為尾張藩的藩祖德川義
直（1601-1650，德川家康九男）與二代光友（1625-1700）所藏的書
籍，最後由蓬左文庫保存。

　　由以上的二十三筆從朝鮮傳來的書目來看，可以看出以朱熹的新
注系統為多。

四　中國版《詩經》的傳來

　　關於從中國傳來書籍的相關研究，可以舉例的，如中國的嚴紹璗
《日藏漢籍善本書錄》。此書介紹了日本所藏自古代到明朝傳到日本
的中國漢籍，其中，經部詩類有一百三十三筆，群經類中與《詩經》
相關的有六十九筆，計二百零二筆，除去相同書名的之後，剩一百四
十五筆。[20]

　　筆者以此為基礎，做了以下的分析，可看出漢《毛詩鄭箋》、《韓
詩外傳》，唐《毛詩注疏》，宋《詩集傳》等重要的《詩經》相關書
籍，在江戶時代以前已傳到日本。以統計來看，漢有二筆、唐有一
筆、宋有十六筆、元有七筆、明有一百十六筆、著作時代不清楚的有
三筆，漢、唐的古注系統有二十三筆，宋朱子學的新注系統有四十八
筆。其中與朱熹《詩集傳》相關的書籍有：元的梁益《詩傳旁通》十
五卷、許謙《詩集傳音釋》十卷、劉瑾《詩集傳通釋附詩傳綱領》二
十卷附一卷、羅復《詩集傳音釋》二十卷首一卷、胡一桂《詩集傳附

---

20 嚴紹璗編：《日藏漢籍善本書錄》（北京市：中華書局，2007年），上冊，經部詩
　　類，頁56-86，經部群經總義類，頁176-196。

錄纂疏》二十卷，明的毛晉《五經集注》一百零六卷、楊壽隆《詩經
集注刪補》四卷、鄒忠胤《詩傳闡》二十三卷等。此外，也有不少與
名物、文字、音韻等相關的書籍。特別值得一提的是，明代的《詩
經》相關書籍達到一百一十六筆之多，這說明了江戶時代對《詩經》
相關書籍的需求情況。

　　江戶時代以前所通行的《詩經》相關書籍，大致上以《毛詩鄭
箋》、《毛詩正義》、《呂氏家塾讀詩記》、《詩集傳》、《毛詩抄》等為
主。進入江戶時代後，可以在屬於江戶前期的書籍目錄書《寬文書籍
目錄》中，找到以下所列，與《詩經》相關的書籍。即：

　　　　《五經》十一冊
　　　　《五經新板無點》十一冊
　　　　《詩經新板》八冊
　　　　《五經集注》五十七冊
　　　　《五經大全》一百二十六冊
　　　　《詩經集注》八冊
　　　　《詩經大全》二十二冊

但是，這七筆書的著作、出版者等資料，完全不清楚，到底是中國書
呢？還是朝鮮本，抑或有無經過日本學者的訓點校注？實在難以判
斷。僅就書名來看，似乎大多屬於朱熹新注系統的書。

　　而在漢籍和刻本的方面，如江口尚純編集的〈江戶期における詩
經關係和刻本目錄〉[21]，其中記錄了屬於江戶前期的書籍，除去出版
年不詳的之外，如依出版時代來看，大致如下表：

21　江口尚純編：〈江戶期における詩經關係和刻本目錄（暫定版）〉，《中國古典研究》
　　48號（2003年），頁1-13。

書名	卷數	撰著者	出版年	型態	刊行者	系統
《毛詩》	二十卷	漢毛亨傳，漢鄭玄箋	慶長年間	古活字版		古注系統
《詩經》			慶長年間	古活字版		不明
《詩經集注》（《五經集注》本）	十五卷	宋朱熹等撰	慶安二年（1649）、三年、四年、承應二年（1653）	刊本	京都林甚右衛門	新注系統
《詩經集注》	十五卷	宋朱熹撰	慶安二年（1649）、寬文三年（1663）、寬文四年	刊本	京都野田莊右衛門	新注系統
《詩經集傳》	八卷	宋朱熹撰	寬文三年（1663）、寬文四年	刊本	京都野田莊右衛門	新注系統
《詩經考異》（《七經考異》六卷本）	一卷	宋王應麟	承應年間	刊本	江戶刊行	新注系統
《詩經》	一卷	明翁溥校	明曆二年（1656）	刊本	山形屋刊行	新注系統
又	二卷	明翁溥校	寬文五年（1665）	刊本	大阪山內五郎兵衛印刷	新注系統
又	一卷	明翁溥校		刊本	江戶須原屋茂兵衛刊行	新注系統
又	一卷	明翁溥校	根據明嘉靖三十一年	刊本	京都村上勘兵衛	新注系統

書名	卷數	撰著者	出版年	型態	刊行者	系統
			（1552）刊本重刻《五經正文》			
《詩經說約》	二十八卷	明顧夢麟撰，明楊彝訂	寬文九年（1669）	刊本	京都芳野屋權兵衛重刊明吳門張叔籟刊本，由京都出雲寺和泉印刷	新注系統
《毛詩蒙引》	二十卷，首一卷	明唐汝諤（士雅）撰，明陳子龍重訂	寬文十二年（1672）	刊本	京都村上平樂寺刊行	折衷系統

從以上九筆書籍中可以看出，古注系統與折衷系統、系統不明的，各僅一筆而已，而其他的六筆全部都與朱熹新注系統有關。另外，筆者補充在「全國漢籍データベース」中找到屬於前期的以下八筆書籍，即下表：

書名	卷數	撰著者	出版年	型態	刊行者	系統
《毛詩》	二十卷	漢毛亨傳，漢鄭玄箋	慶長二十年（1615）、寬文二年（1662）刊行	刊本	釋禪珠跋本，足利學校藏	古注系統
《呂氏家塾讀詩記》	三十二卷	宋呂祖謙撰	寬永元年（1624）	刊本	京都山形屋喜兵衛刊行	古注系統

書名	卷數	撰著者	出版年	型態	刊行者	系統
《多識編》	七卷	明林兆珂撰	寬永四年（1627幕府買本）	刊本，明刊八行本	有尾陽文庫印記	古注系統
《詩經類考》	三十卷	明沈萬鈳撰，明沈萬銘等校	寬永五年（1628）幕府買本	刊本，明末葉刊十行本	有尾陽文庫印記	名物類
《新刻陳先生心傳弁疑訓解詩經文林妙達》	二十卷	明陳紳撰，明蔡慎徽編	寬永九年（1631）幕府買本	刊本	有尾陽文庫印記	系統不明
《新刻翰林六進士參定劉先生詩經博約說鈔》	十二卷	明劉前撰，明敖崇化評校	寬永十一年（1633）幕府買本	刊本	有尾陽文庫印記	系統不明
《聖門傳詩嫡冢》	十六卷，附申公《詩說》一卷	明凌濛初撰，漢申培撰《詩說》	寬永十一年（1633）幕府買本	刊本	有尾陽文庫印記	新注系統
《詩經》	二十卷	漢毛亨傳，漢鄭玄箋	延寶四年（1676）	刊本	江戶藤木久市刊行	古注系統

　　從以上八筆書籍中可以看出，古注系統有四筆，名物類、新注系統各一筆、系統不明的二筆，古注系統多於新注系統。

　　如上所述，在江戶前期中，不論是渡來本的中國書，抑或朝鮮本、

日本學者的訓點和刻本，在在都顯示出朱子學的新注系統比較多。

進入江戶中期以後，可以依據大庭脩《江戶時代における唐船持渡書の研究》所提供的資料，分析傳到日本的《詩經》相關書籍。以傳來的年代來看，從元祿六年（1693）到安政七年（1860），正好是從江戶中期開始到後期的終了。除去相同的書名之後，總計有一百四十二筆。其中，群經類七十九筆、《詩經》類六十三筆。這個數字說明了從江戶時代中期起，在與《詩經》相關書籍的需求上，群經類多於單行本。

筆者以這一百四十二筆書籍，在「全國漢籍データベース」等資料庫中搜尋的結果，只找到八十一筆書名。[22]以時代分，漢代五筆、唐代三筆、宋代八筆、明代二十六筆、清代三十四筆，不詳的有五筆。以系統分，則新注系統二十一筆、古注系統三十一筆、新古系統並存四筆、折衷系統四筆、自說系統七筆、名物或圖類等十四筆。從以上的結果來看，江戶時代中期以後從中國輸入與《詩經》相關的書籍，屬於古注系統的似乎稍微多一些些。特別是與十三經相關的，有十五筆之多，值得注意。另一方面，令人意外的是，在《江戶時代における唐船持渡書の研究》中竟然看不到朱熹《詩集傳》，或《詩經集傳》、《詩經集注》等書名。朱熹的《詩集傳》亦即《詩經集傳》八卷本，有少數是經由《五經讀本》或《御案五經》、《五經集注》、《崇道堂五經》、《袖珍五經》、《監本五經》等五經相關系列傳入日本。換言之，可以說從江戶時代中期到後期的這段期間，朱熹的《詩集傳》單書本不怎麼被視為中日貿易商品的對象，而是以套書式的型態傳入日本。

江戶前期以朱子學的新注系統為主，為什麼到了中期會演變成這

---

22 這是利用日本京都大學「全國漢籍データベース」與臺灣國家圖書館「中文古籍書目資料庫」、「臺灣地區善本古籍連合目錄」及中國國家圖書館「中國古籍善本書目連合導航系統」，確認這142筆書目的結果。

種情況呢？筆者以為這是因為受到古學及古文辭學等抬頭的影響，勢力因而稍退。但是，到了後期的寬政二年（1790）幕府實施「寬政異學之禁」，以朱子學為正學，政府的用人考試也以朱子學為主。在這種背景之下，可以想像得到，朱子學相關的學習、著作、研究等書籍應該已經相當的多。因此，在日本國內的需求不是問題。但是，相對於此，朱子學以外的學問大多被壓抑，很可能因而導致學習者、著作、研究等的數量也相對地減少，所謂「物以稀為貴」，自然成為貿易商進口的商品對象而多一些輸入吧！

五　藩校的《詩經》學

如上所述，江戶時代在全日本建立了很多藩校。這些藩校因應時代潮流，出版了可觀的書籍，更積極推動藩校教育。其教育方針以文武兼備為最高原則。文以四書五經為對象，所以藩校的出版物也就呈現以漢學為多的現象。本節以藩校出版的《詩經》相關書籍與藩校的《詩經》教育這兩點，分別論述《詩經》在江戶時代各地藩校的流布情況。

（一）藩校出版的《詩經》相關書籍

1　九州地區

福岡藩（福岡縣）
　　《五經正文訓點》（貝原本）十一卷，十一冊，貝原篤信校刊[23]
蓮池藩（佐賀市）

---

23 笠井助治：《近世藩校に於ける出版書の研究》，頁474。以下，頁碼同。

《詩經毛傳補義》二十卷，十二冊，岡白駒撰，延享二年序
（頁490）

平戶藩（長崎縣）

《詩經繹解》十五卷，十一冊，皆川愿撰（頁494）

熊本藩（熊本縣）

《韓詩外傳》十卷，五冊，漢韓嬰撰，秋山玉山校訂，寶曆年
間刊（頁502）

岡藩（亦稱竹田藩，大分縣）

《詩經白文》一冊，天保五年刊，由學館藏版（頁513）

佐土原藩（宮崎縣）

《五經》　後藤芝山點，佐土原學習館藏版（頁527）

鹿兒島藩（亦稱薩摩藩，鹿兒島縣）

《五經》　山崎嘉點，天保十三年刊，薩摩府學藏版（頁537）

2 四國地區

德島藩（德島縣）

《詩經集傳筆記》十六卷，附錄《讀詩要領》四卷，合九冊，
中村惕齋撰（頁454）

《五經訓點》　惕齋點，十一卷，十一冊，中村惕齋撰（頁454）

高松藩（香川縣）

《訓點五經》十一卷，十一冊，後藤芝山校，寬政四年初版
（講道館藏版）（頁464）

3 中國地區

鳥取藩（鳥取縣）

《詩經鄭注》尚德館藏版（頁401）

岡山藩（岡山縣）

《毛詩鄭箋》二十卷，五冊，岡山藩儒井上通熙校定（頁418）

萩藩（亦稱長州藩，山口縣）

《改訂音訓五經》（明倫館定點）十一冊，無刊年，長門藏版
局版（頁440）

4 近畿地區

彥根藩（滋賀縣）

《詩經本義》十五卷，四冊，宋歐陽脩撰，彥根藩木活字版
（頁339）

姬路藩（兵庫縣）

《嚴氏詩緝》三十八卷，十八冊，宋嚴粲撰，姬路藩學支校仁
壽館藏版（頁369）

和歌山藩（和歌山縣）

《九經補韻》一卷，一冊，宋楊伯嵒撰，川合囊平校（頁393）

5 東海地區

名古屋藩（愛知縣）

《毛詩塚註》二十卷，十冊，塚田虎撰（頁310）

岩村藩（岐阜縣）

《六經略說》一卷，一冊，太宰純撰，延享二年刊（頁301）

掛川藩（靜岡縣）

《開成石本十二經》松崎慊堂校訂，掛川藩藏版（頁237）

6 信越地區

新発田藩（新潟縣）

《五經》十一冊（頁250）

7 北陸地區

富山藩（富山縣）

《五經》十一冊，杏立校正，慶應二年，廣德館藏版（頁263）

金澤藩（亦稱加賀藩，石川縣）

《欽定四經》一〇〇卷，清聖祖康熙帝勅傳，大島桃年等校，
嘉永三年刊，加賀國學藏版（頁271）

福井藩（福井縣）

《五經旁訓》十一卷，十一冊，清田絢訓點，安永中刊（頁
278）

8 東北地區

弘前藩（青森縣）

《詩經》二冊，刊年不詳，稽古館藏版（頁100）

盛岡藩（岩手縣）

《五經素讀本》一齋點，藤井又藏校，天保年間（頁102）

仙臺藩（宮城縣）

《訂正五經》十卷，十冊，田邊匡勅校訂，文化五年刊，養賢
堂藏版（頁108）

莊內藩（亦稱鶴岡藩，山形縣）

《毛詩正文》二卷，一冊，無刊年，致道館藏版（頁126）

會津藩（福島縣）

《詩經正文》二卷，二冊，猪狩維岳校，日新館藏版（頁135）

《詩經世本古義》二十八卷，二十八冊，明，何楷撰，古屋鬲
（惜陽）校，寬政十一年刊，會津藩藏版，活字版（頁
135）

從以上全日本各藩所出版與《詩經》相關的書籍來看，九州地區七筆、四國地區三筆、中國地區三筆、近畿地區三筆、東海地區三筆、信越地區一筆、北陸地區三筆、東北地區六筆，計二十九筆。以新、古注系統來看，漢、唐古注系統十筆，新注系統十四筆，折衷系統三筆，三家《詩》系統一筆，不詳的一筆。以出版年來看，前期幾乎沒有出版任何與《詩經》有關的書籍，中期則有十筆，後期增加到十八筆，不詳的有一筆。根據這些統計可以看出藩校出版的《詩經》相關書籍，以九州地區較多，而且以朱子學的新注系統為最多。

（二）藩校的《詩經》教學

除了上述的各藩之外，以下所要論述的各藩，雖然沒有出版與《詩經》相關的書籍，但全都是以四書五經為教科書來教導藩士的藩校，《詩經》既然是五經之一，當然也是其主要的教材之一。從《詩經》的傳播學史上來看，藩校的《詩經》教學有其重要的貢獻。

九州地區

日出藩（大分縣）藩主木下氏在文化元年（1804）設立稽古堂，以帆足萬里為藩儒，從帆足開始，學風以朱子學為主。之後，又新設立致道館，請帆足門下的米良東嶠整備學制。[24]日出藩採用受講生、素讀生、四書生、五經生、明經生的五等級制，從這五等級的名稱來看，可以知道是從基本的聽、讀一貫到四書五經的經學究明課程。

福江藩（長崎縣）九代藩主五島盛運在安永九年（1780）設立稽古所，後改稱至善堂，以徂徠學為中心。但是在文政四年（1821）再改稱育英館，以朱子學為中心，其內容以《孝經》、《大學》、《中

---

24 大石學編：《近世藩制・藩校大事典》（東京：吉川弘文館，2006年），頁924。以下，頁碼同。

庸》、《論語》、《孟子》、《詩經》、《書經》七部書為必修課目。（頁
893）

府中藩（亦稱對馬藩，長崎縣）三代藩主宗義真在貞享二年
（1685）設立小學校，教科書有四書五經、和漢的史書等，以朱子學
為中心。到了十一代藩主義功在天明八年（1788）將小學校升級為講
學所，文政二年（1819）又改稱思文館，其講義內容以古學為中心。
（頁896）

近畿地區

膳所藩（滋賀縣）十代藩主本多康完在文化五年（1808）接受古
學（古注）儒者皆川淇園的建議，設立藩校遵義堂，教授手習、四書
五經等。（頁636）

宮津藩（京都府）本莊氏四代藩主宗發在文政元年（1818）設立
藩校禮讓館，以四書五經等科目為中心，館內聖廟置孔子像行釋奠，
以朱子學為中心。（頁656）

安志藩（兵庫縣）六代藩主小笠原長興在享保三年（1718）設立
學問所，寬政二年（1790）以稻垣隆秀為教頭，以朱子學為主。弘化
元年（1844）改名明倫堂，漢學有四書五經等教科書。（頁682）

三日月藩（兵庫縣）五代藩主森快溫在寬政九年（1797）設立藩
校廣業館，課目以四書五經、《小學》、《二十一史略》等的古注漢學
為中心。（頁703）

櫛羅藩（奈良縣）於元治元年（1864）設立學校，漢文課目以四
書五經為中心。（頁714）

東海地區

高須藩（岐阜縣）在享保年中設立藩校日新堂，於寬政、文化年

間陸續以日比野秋江、川內當當、森川謙山等為教授。採折衷學，幕末之後，教科書以四書五經為主。（頁554）

高富藩（岐阜縣）九代藩主本莊道貫於弘化年間（1844-1848）在江戶藩邸設立教倫學校，以四書五經、歷史、詩文為教學中心。（頁555）

北陸地區

鯖江藩（福井縣）七代藩主詮勝於文化十一年在鯖江藩設立進德館，學風以尊朱子學為宗。漢學的科目有四書五經、《孝經》、《小學》、《近思錄》等。（頁497）

關東地區

烏山藩（栃木縣）藩主大久保常春於享保十一年（1726）在城內設立學問所，只教授以朱子學的《小學》、《近思錄》、《孝經》、四書五經等基本的漢學。（頁358）

喜連川藩（栃木縣）十代藩主喜連川熙氏於天保十年（1839）設立學問所，弘化二年（1845）改稱翰林館，又在嘉永年間改稱廣運閣。以秋元與為教授，經傳採用古注，教科書以四書五經為主。（頁360）

伊勢崎藩（群馬縣）二代藩主酒井忠溫於安永四年（1775）設立學問所學習堂，聘村士玉水為教授，教科書有《小學》、《近思錄》、四書五經等。學風為佐藤直方的闇齋學。（頁372-373）

沼田藩（群馬縣）藩主土岐賴稔於寬保二年（1742）在城內設立藩校沼田學舍，十代藩主賴寧於弘化元年（1844）在江戶邸內設立學問所，十一代藩主賴之於文久元年（1861）改稱為沼田學舍分校敬修堂，翌年賴寧以江戶的敬修堂為根據，規定學生除了專修武道者之

外，沒有讀完四書五經不能修了。（頁384）

谷村藩（亦稱郡內藩，山梨縣）的興讓館是由地方有志之士募捐於嘉永四年（1851）設立而成的，教科書為四書五經、《小學》、《春秋左氏傳》、《史記》、《漢書》、《文選》等。每年二月十五日與八月十五日舉行釋奠，印刷白鹿洞書院揭示、《孝經》首章，頒布給聽眾（頁513）。據此，可以認定谷村藩的學風是屬於朱子學。

多古藩（千葉縣）十代藩主松平勝權於天保元年（1830）在江戶藩邸內設立藩校學問所，十一代藩主勝行以折衷朱子學與古學的漢學為重點，教授四書五經、《史記》、《左傳》、《文選》等。（頁426）

鶴牧藩（千葉縣）三代藩主水野忠順於天保年間（1830-1844）在江戶上屋敷設立藩主的學校修來館，在江戶中屋敷與鶴牧設立藩士的學校修成館，以佐藤一齋、百々尚一郎為賓師，漢學以《小學》、四書五經為專務。學風為昌平派朱子學。（頁428-429）

小田原藩（神奈川縣）七代藩主大久保忠真於文政五年（1822）在城內設立集成館，學風以朱子學為中心，教科書有《小學》、四書五經、《近思錄》等。（頁440-441）

東北地區

上山藩（山形縣）藩主松平信行於文化六年（1809）設立天輔館，以武田孫兵衛為講釋，武田以古注為主。天保十一年（1840）藩主信寶改稱明新館，學風轉為朱子學，教科書為四書五經、《史記》、《漢書》等。（頁29、262）

新莊藩（山形縣）十一代藩主戶澤正實改稱前人的講堂為明倫堂，以朱子學為中心。生徒先在私塾學習四書五經等的素讀，到十五、六歲，在明倫堂聽四書五經的講釋。（頁262-263）

天童藩（山形縣）藩主織田氏於文久三年（1863）設立藩校養正

館，督學為朱子學者安積艮齋門，以四書五經為專務。（頁267）

秋田藩（秋田縣）九代藩主佐竹義和於寬政元年（1789）設立藩校明道館，文化八年（1811）改稱明德館。館內設聖廟行釋奠。文場分東西兩學，東學為初級者的素讀、算術、習字為主；西學設立《詩經》、《書經》、《易》、《春秋》、《禮記》、《儀禮》、《周禮》等七局，令十六歲以上的學徒專攻其中一科，學風以村瀨栲亭的古注學派為主流。（頁249-250）

如上所述，藩校的《詩經》教學中，九州地區三校、近畿地區五校、東海地區二校、北陸地區一校、關東地區八校、東北地區四校，計二十三個。其學風以朱子學為主的有十三校、以古學為主的有五校、以折衷學為主的有二校、不詳的有三校。由此可知，江戶時代實施《詩經》教育的各藩，其學風以朱子學為主流。

六　日本學者的《詩經》相關著作

以上論述了與《詩經》相關的朝鮮本或中國書與和刻本、藩校的出版狀況與《詩經》相關教學，在在都顯示出朱熹《詩集傳》的受重視。接著本文利用各種書籍目錄及網路資料庫[25]，蒐集出在江戶時代

25　書籍目錄方面，主要根據：

　　岩波書店編：《國書總目錄》全九冊，補訂版（東京：岩波書店，1989年-1991年）。

　　國文學研究資料館編：《古典籍總合目錄：國書總目錄續編》全三卷（東京：岩波書店，1990年）。

　　二松學舍大學21世紀COEプログラム編：《江戶漢學書目》（東京：二松學舍大學21世紀COEプログラム，2006年）。

　　關儀一郎、關義直共編：《近世漢學者傳記著作大事典》，第4版（東京：琳琅閣書店，1981年）。

　　關儀一郎、關義直共編：《近世漢學者著述目錄大成》（東京：東洋圖書刊行會，1941年）。

著有與《詩經》相關著作的日本學者，將其分成以下九派[26]，依學者
的人數、身分、所在地[27]，與《詩經》相關書籍的數量、新古注、出
版年、出版地等資料做分析，統計的結果如下：

　　以學者的人數而言，朱子學派五十六人[28]、陽明學派一人、敬義
學派二十六人、古義學派十七人、古文辭學派四十一人、古注學派二
十九人、折衷學派十八人、考證學派三人、其他七十五人，計二百六
十六人。可知朱子學派的學者較多。

江口尚純：「江戶期における詩經解釋學史の基礎的研究：詩經關係書目及び解題
作成と解釋學史の考察」（江口尚純，文部科學省科學研究費補助金研究成果報告
書，2005年）。

江口尚純：〈詩經研究文獻目錄（邦文篇)2000(平成12年)〉，《詩經研究》26（日本
詩經學會，2001年），頁1-3。

江口尚純：〈詩經關係文獻目錄〔邦文篇〕2001（平成13年)〉，《詩經研究》27（日
本詩經學會，2002年），頁18-19。

江口尚純：〈江戶期における詩經關係書目（暫定版)〉，《詩經研究》27（日本詩經
學會，2002年），頁1-7。

江口尚純：〈江戶期における詩經關係和刻本目錄（暫定版)〉，《中國古典研究》48
（中國古典學會，2003年），頁1-13。

江口尚純：〈江戶期における詩經關係書目（第一次分類版)〉，《靜岡大學教育學部
研究報告：人文・社會科學篇》54（靜岡大學教育學部編，2004年），頁1-13。

江口尚純：〈詩經研究文獻目錄「邦文篇」2005（平成17年)〉，《詩經研究》31（日
本詩經學會，2006年），頁1-3。

網際網路方面，主要是利用日本京都大學的「全國漢籍データベース」。

26 學派的分法主要根據關儀一郎、關義直共編：《近世漢學者傳記著作大事典》，第4
版的附錄「漢學者學統譜」。

27 這裡所說的「所在地」是指限定出現在本文所使用的文獻中，此學者即使是只去過
一次（目的不論）的地方而言。如同一學者去過同一地方數次，也以一次計之。

28 根據關儀一郎、關義直共編：《近世漢學者傳記著作大事典》，第4版的附錄「漢學
者學統譜」中程朱學派分別羅列了藤原惺窩、林述齋等23支，但是都沒有獨立成一
學派。又，根據市川本太郎：《日本儒教史》（四）近世篇（長野市：東亞學術研究
會，1994年）在論及朱子學派時亦僅以藤原惺窩學派及惺窩學派以外的朱子學、山
崎闇齋學派的朱子學等兩大分法而已。所以本文也以朱子學派和山崎闇齋學派的敬
義學派分之。

　　以學者的身分來看，與藩府有關的藩儒、藩士等學者一百四十一人，占全體的一半以上。細分各學派學者的身分，則朱子學派最多，有三十七人；其次是古文辭學派的二十五人，再其次是敬義學派的二十二人。各學派與藩府的關係，以九州地區各藩的二十五人最多，其中朱子學者占十一人，近畿地區的二十人是其次，接著是中國地區的十九人。而以一個藩而言，則以金澤藩的十人為最多，其中朱子學者占了四人。從以上所分析的學者身分以藩儒、藩士占大多數的事實來看，這與前述藩校的《詩經》學有直接的關係。亦即，可以說分佈在日本全國的藩校在江戶時代的《詩經》學流傳史上，發揮了重要的功能。除了藩儒、藩士之外，與幕府有關的幕臣、幕儒為十二人，其中朱子學者有六人，剛好是其半數。學者的身分中較為特殊的是「植物園主」，這是指佐原鞠塢（1763-1832），和學者，生於仙臺，成人後移住江戶，以賣骨董為生，於文化二年（1805）在今東京向島開創了「花屋敷」花園（3000坪），後改稱「百花園」至今，園中種植了《詩經》與《萬葉集》中出現的草木，著有《詩經萬葉集草木考目安》一冊。

　　以學者所在地來看，可以看出以關東地區為最多。其次是近畿地區、九州地區等。朱子學派與敬義學派大多集中在近畿、關東、九州等地區，古義學派則在近畿地區，古文辭學派在關東、近畿地區，古注學派在近畿、關東、東海地區，折衷學派與考證學派在關東地區，陽明學派在近畿地區。以現代的都市名來說，東京（江戶）最多，其次是京都、大阪等。這如與前述江戶時代書肆多寡的都市相較，則其結果是大體一致的。可以想像當時新、古首都的江戶與京都，以及商業都市的大阪等地，正熱情地呼喚著當時的學者的到來。

　　接著就與《詩經》相關的著作來看，以總筆數而言，計有四百二

十六筆。[29]據此詳細分析如下：

就學派而言，朱子學派有九十六筆、陽明學派一筆、敬義學派四十二筆、古義學派二十七筆、古文辭學派六十筆、古注學派六十二筆、折衷學派二十四筆、考證學派二十一筆、其他九十三筆，其中以朱子學派的九十六筆為最多。以個人的著作數量而言，考證學派的大田錦城最多，有十四筆。其次是古注學派的中井履軒，有九筆。再其次是朱子學派的林羅山的八筆。這些書至今仍有所藏的筆數約有二百三十六筆，占半數以上。寫本、稿本、抄本等約有一百六十九筆，刊本、刻本、活字本約有八十一筆，不詳的有二百零六筆。[30]從寫、抄本等的比率較高一事來看，顯示出這些與《詩經》相關的著作在當時被商品化的情況尚未普及，甚至到了現代，這些著作普遍還沒被活字化，更可見江戶時代的《詩經》相關研究，猶待加強。

就出版年而言[31]，前期（到1688年止）有三十五筆，其中朱子學派三十筆、敬義學派一筆、古注學派一筆、其他一筆、學派不詳二筆。中期（到1781年止）有一百二十五筆，其中朱子學派四十三筆、陽明學派一筆、敬義學派二十一筆、古義學派十六筆、古文辭學派二十四筆、古注學派八筆、折衷學派二筆、其他二筆、學派不詳八筆。後期（到1868年止）有三百五十三筆，其中朱子學派八十五筆、敬義學派二十四筆、古義學派十六筆、古文辭學派四十一筆、古注學派六十二筆、折衷學派二十二筆、考證學派二十六筆、其他三十五筆（其中本草學者多達二十三筆）、學派不詳四十二筆。出版年不詳十九筆，計五百三十二筆。朱子學派最多，共有一百五十八筆。古注學派

---

29 此總數量以不同書名計之，所以即使是同一個學者的同一書名，不管出版幾次，都以一筆計之。

30 因為同樣的書有複數的版本，所以可能比總筆數多。

31 同樣的書如有不同的出版年，則視之為不同書，以一筆計之，所以比總筆數多。

居次，有七十一筆。以新、古注而言，朱子學派與敬義學派合為新注系統，其總筆數有二百零四筆。古義學派與古文辭學派、古注學派合為古注系統，有一百六十八筆，可以看出新注系統以壓倒性的數字位居第一。

以出版地而言，最多的是京都，其次是大阪，再者是江戶。這與江戶時代書肆最多的都市和學者所在地最多的三大都市大約是一致的。

最後，本文從《詩經》相關著作的四百二十六筆中，分析出這些著作題名與《詩集傳》有直接關聯的，發現竟然只有三十四筆而已，這個數字的比例，不足全體的十分之一。再就此三十四筆細分，以時代言，前期有三筆、中期十五筆、後期十六筆。從出版地來看，集中於大阪與京都。就學派言，朱子學派有十七筆、敬義學派十一筆、古文辭學派四筆、學派不詳二筆。不用說，也是理所當然的事，朱子學派最多，若與敬義學派合計則有二十八筆之多，可以說幾乎是新注系統的天下。[32]

七 日本學者論《詩集傳》

本節依上述學派，就江戶時代的日本學者討論朱熹《詩集傳》的情形，略述一二。[33]例如，朱子學派的藤原惺窩贊同朱熹勸懲的詩教，認為《詩》有斷行事、證立言，觀世變及安民治國的效果，且對詩旨、詩句等的解釋，或詩乃是歌詠性情的性質等《詩經》觀，幾乎都是遵從朱熹《詩集傳》的論述。

朱子學派的獨學派代表中村惕齋著有《筆記詩集傳》與《詩經示

---

32 以上第六節的統計資料，請參考本文附表。

33 詳細請參考拙撰：《江戶時代における《詩集傳》の受容に關する研究》（福岡市：九州大學博士論文，2011年）。

蒙句解》，他依據朱熹〈詩集傳序〉而注重「勸善懲惡」的教化功
能，對「淫詩」的態度採取了比《詩集傳》更加激烈的批判語言。朱
熹以為詩有善惡，所以希望讀者能以無邪之心讀詩，而惕齋認為詩本
身就是無邪。而他常用萬葉假名或日本的名物來解釋《詩集傳》等觀
點，方便當時能看得懂假名的日本民眾閱讀，對《詩集傳》在江戶時
代的傳播上有莫大的貢獻。

　　敬義學派的山崎闇齋對《詩集傳》的態度是：即使《詩集傳》有
誤，也會毫無批評地加以接受。闇齋承認《詩集傳》的廢〈序〉主張
或使用叶韻、解釋方法等特色，而視《詩集傳》為新六經中的一經，
有其作為經書的價值。又，透過闇齋點《詩經》來看，可以知道他的
訓讀，也是依據《詩集傳》而來的。

　　陽明學派的中江藤樹著有《鑑草》，這是根據《詩經》〈二南〉詩
篇，而強調女子不嫉妒之德，進而發展出齊家、內助的女子教育之
作。藤樹對詩有善惡邪正的看法、勸善懲惡的觀點、對敬的解釋、
「皇上帝」的定義、福善禍淫論等等觀點都是根據朱熹《詩集傳》而
來的。

　　古學派中的聖學派代表山鹿素行認為《詩經》是中國的歌謠，
《詩》有知人情風俗、諫用、窮經致用、引詩立論的效用，詩本身就
是無邪。他主張解詩是詩之所以失旨的主要原因，所以只用詩不註
詩。但卻又經常引用朱熹《詩集傳》的解釋來補充、立證己說，而展
開他的修齊治平的聖教學說。他認為六義的〈雅〉是朝廷德政之詩，
較具特色。他以為孔子以《詩》授徒的理由是博取古人之情，使之能
通事物之情，他這種人情主義說後來成為古學派詩論的重要論點之
一。而《詩》主人情說，其實這也是朱熹所主張的《詩》觀之一。

　　古義學派的伊藤仁齋雖然沒有《詩集傳》的相關論著，但是著有
〈詩說〉一篇，認為詩平易俗真、論人情，詩有多義性，主張存

〈序〉、一詩有六義論，不把《詩經》當經書看。筆者以為仁齋的人情說有詩人的個別性情之外，還含有讀者的普遍人情的雙重涵義。以往學者認為仁齋反對朱熹的勸善懲惡說，但是筆者認為仁齋即使到晚年都沒有反對過朱熹的勸善懲惡說，而是他的兒子東涯的眉註所然，由此認為東涯在繼承家學之後，已有了自己的思想模式，而產生與其父之間的分歧。

　　古文辭學派的荻生徂徠也主張「人情說」，反對朱熹「勸善懲惡」說，視《詩》為《書》與政治的輔助角色，然而並無法把《詩》、《書》與政治之關係說清楚。而徂徠對朱熹《詩集傳》把〈詩序〉分成大小〈序〉，頗不以為然，更批判朱熹以修己治人、治國平天下等義理來說《詩》，甚至認為朱熹的《詩集傳》是朱熹著作中最差的作品，所以其危害也就相對地少了。徂徠的弟子太宰春臺著《朱氏詩傳膏肓》，於文中羅列了二百零八條朱熹《詩集傳》的不是，一一加以批判。最後總結對朱熹《詩集傳》的評語說：「朱氏之書，唯《詩傳》為其所不甚用心，故比他所著，猶為寡過。」[34]春臺的學生渡邊蒙菴著有《詩傳惡石》，從〈召南·騶虞〉到〈小雅·巷伯〉，在《膏肓》的基礎上，再加三十處，指出《詩集傳》可議之處，其中以批評朱熹揭示詩旨的首章詩篇為問題的共有十九條，占全篇約三分之二之多。亦即蒙菴是針對朱熹《詩集傳》的解《詩》宗旨，提出他的批判，而最後認定朱熹是「十重鐵步障」，有眼而不能目賭，有腳而不能前進。春臺的另一個學生赤松太庾著有《詩經述》，此書主要是以抄錄《詩集傳》，加上自己的改寫而成。乍看之下，以為是《詩集傳》的抄本，但是仔細閱讀之後，可以發現太庾刻意不錄《詩集傳》中朱熹重要的觀點，以〈二南〉十五篇詩為例，如有關叶韻問題、勸

---

34 太宰春臺：《朱氏詩傳膏肓·後序》，收入關儀一郎編：《日本儒林叢書》第11冊（東京：鳳出版，1978年），頁1。

戒功能、修齊治平、特定人物（文王）、性理之學等論述。筆者以為
這是太庾處在正值古學派學者大力推動反朱子學的時代，在一片撻伐
聲中，採取了另一種的批判手法，是太庾用來傳達他對朱熹《詩集
傳》的無言批判。而這種處理方式的背後，雖然有著師訓的批判痕
跡，以及當時古文辭學派的批朱風氣所使然，但是其師春臺顯而批
之，而太庾卻是隱而不錄，形成師徒兩人同對朱熹《詩集傳》發出強
烈對比的批判。

　　古注學派的中井履軒著有《詩雕題》、《詩雕題略》、《古詩逢
原》、《古詩所得編》、《古詩古色》等與《詩經》有關的書，以往學者
以為履軒是朱子學者所以遵從朱熹的說法，但是筆者透過履軒對朱熹
《詩經集注》體例、風雅頌的解釋、賦比興的標示、經文解釋、二南
觀、淫詩說等六點研究結果，履軒對《詩集傳》是採取批判的態度。
例如：他把《詩經集注》十五卷本改成七卷，進行了移動目次及刪詩
的動作。又主張書名中的「經」字及「國風一」中的「國」字都要刪
除，「關雎」是篇題應該置於經文之前，「〈周南〉之國幾篇幾章幾
句」應全部刪去。對朱熹認為〈風〉有感人的效用大不以為然，他提
出〈雅〉、〈頌〉也有此效用的說法。對朱熹「比也，又以興下章之事
也」（〈卷阿〉篇第九章）的註法，大為不解。因為對興的標示基準接
近於古註的《毛傳》，所以常用「大破例」來批判朱熹賦比興的標
示。朱熹認為〈二南〉詩篇是表現文王之德化，然而筆者分析了履軒
的解釋之後，只有三篇與文王或后妃有關，所以論證履軒以此說來推
翻朱熹所立的文王德化的系統。履軒認為「鄭聲淫」的原因在於「鄭
樂淫」，所以不同意朱熹的說法，而認定踰越禮義的、或說女性情思
的大多屬於「淫詩」而加以刪除。

　　考證學派的大田錦城著有〈詩大小序〉、《大序十謬》、《六義
考》、《九經談》、《詩經聞記》等與《詩經》有關的書，主張詩人本意

「形跡」說，這與朱熹相似。而錦城取詩義「神用」說則類似仁齋
「詩之用在於讀者」，而取義變化無方的觀點則受徂徠的影響。他整
理了歷年的〈詩序〉論而有大序、小序、古序、續序、總序、關雎序
等名稱，而認為〈詩大序〉有十謬，分別就〈風〉、〈雅〉、〈頌〉、〈二
南〉、〈詩序〉作者、變風、變雅等問題提出反論。他特別得意於自己
對興所下的定義，認為如果詩句的上二句是比，而下二句是賦，而且
有上下文辭喚應關係的話，就是興。而特別批判朱熹無義之興的說
法，認定「朱《傳》行，比興燼矣」。就〈二南〉說而言，錦城考證
《戴記》、《左傳》、《呂覽》、《家語》、《樂書》等書，認為南並不是方
向性的南，而是南方地域風土之音，而其體則是風。此〈二南〉全是
文王德化的詩篇，這與朱熹的主張是相同的，但是反對說〈序〉者二
分為王者之詩與諸侯之詩。錦城評價《詩集傳》，以為「《詩傳》未定
論」是初年未定之書，且內容幾乎承襲先儒之說、少有朱熹自己的觀
點，而以「未得詩意」、「失之遠矣」、「皆非」、「皆失之」、「失解」、
「牽強附會」等用語來非難朱《傳》。筆者分析出錦城對朱熹《詩集
傳》的批判可分為以下五種方式，亦即：

（一）朱非的，如：〈巧言〉篇第五章、〈蓼莪〉篇第三章、〈假樂〉
　　　篇第三章、〈桑柔〉篇第三章、〈雲漢〉篇第三章、〈雝〉篇、
　　　〈賚〉篇序、〈豐年〉篇序、〈板〉篇第五章、〈烝民〉篇第
　　　一章。

（二）朱熹、古註皆非的，如：〈板〉篇第五章、〈蕩〉篇第四章、
　　　〈瓠葉〉篇第一章、〈桑柔〉第十一章、〈雲漢〉篇第六章、
　　　〈常武〉篇第二章、〈泮水〉篇第七章、〈長發〉篇第一章、
　　　〈臣工〉篇「保介」、〈訪落〉篇、〈小毖〉篇。

（三）古註比朱注好的，如：〈無將大車〉篇第三章、〈常武〉篇第
　　　三章。

（四）朱注好的，如：〈小雅・甫田〉篇、〈大田〉篇、〈桑扈〉篇、〈車舝〉篇、〈召旻〉篇、〈臣工〉篇、〈蓼莪〉篇、〈卷阿〉篇、〈蕩〉篇、〈韓奕〉篇、〈鼓鐘〉篇、〈大明〉篇、〈桑柔〉篇、〈雲漢〉篇、〈桓〉篇、〈頍弁〉篇第三章、〈漸漸之石〉篇第二章、〈何草不黃〉篇第四章、〈民勞〉篇第一章、〈大東〉篇第二章、〈長發〉篇第四章。

（五）朱注、古註都是的，如：〈靈臺〉篇、〈雲漢〉篇、〈泮水〉篇等五種評價。

　　相對於此，即使著作題名中沒有直接與朱熹《詩集傳》相關的，但著作內容中提及朱熹《詩集傳》的著作卻是相當的多。大致上來說，新注系統中的朱子學派學者的著作大多祖述朱子學說，其中容或有所指正，也只是「微調」而已；敬義學派的著作大抵以祖述山崎闇齋的論點為宗，家家謹傳師說是其特色所在。古注系統的著作多以批判《詩集傳》為專務，採取攻擊的態度。折衷系統的著作則以《詩集傳》試圖折衷古注之說。考證系統的著作則一邊考證與《詩經》相關的典章、制度、訓詁、名物等，一邊訂正、批判《詩集傳》。如此這般，江戶時代的所有學派的《詩經》相關著作，或同或異，或多或少，都受《詩集傳》的影響。因此可以說，《詩集傳》在江戶時代的《詩經》學史上，是最有影響力的、立於指標性地位的著作。

八　結語

　　如上所述，活字印刷器具的傳入促使江戶初期出版業的興盛，從侵韓之役帶回的古刊本雖然多數逸失，但仍有一些零本或殘卷現存於圖書館或為個人所藏。而筆者從現存朝鮮版《詩經》相關書籍中，整理、分析的結果，得到二十三筆的書目，其多數為朱熹的新注系統，

亦即多為朱熹《詩集傳》的相關著作。根據嚴紹盪《日藏漢籍善本書錄》，分析出從古代到明朝傳到日本的《詩經》相關著作有一百四十五筆。以此為基礎，詳細分析，得到漢、唐的古注系統有二十三筆，朱熹的新注系統有四十八筆。又從江戶前期的《寬文書籍目錄》中找到七筆書，僅就書名來看，大多屬於朱熹新注系統的書。又根據江口尚純〈江戶期における詩經關係和刻本目錄〉中得到九筆，其中六筆與朱熹新注系統有關。另外，筆者補充在「全國漢籍データベース」中找到屬於前期的八筆書籍，古注系統有四筆，新注系統有一筆，古注系統多於新注系統。從以上的分析結果，可知：在江戶前期中不論是渡來本的中國書，抑或朝鮮本、日本學者的訓點和刻本，在在都顯示出朱子學的新注系統比較多。

　　江戶中期以後，根據大庭脩《江戶時代における唐船持渡書の研究》得到一百四十二筆。筆者再以這一百四十二筆書籍，在「全國漢籍データベース」等資料庫中搜尋的結果，只找到八十一筆書名。新注系統二十一筆、古注系統三十一筆、新古系統並存四筆、折衷系統四筆、自說系統七筆、名物或圖類等十四筆。從以上的結果來看，江戶時代中期以後從中國輸入與《詩經》相關的書籍，屬於古注系統的似乎稍微多一些些。這很有可能是因為貿易商認為大部頭的書籍較單本的書籍容易交易，所以把朱熹的《詩集傳》包裹在五經相關商品中傳入日本，而不見朱熹《詩集傳》書名。

　　江戶時代建立了很多藩校，其教育以文武兼備為方針，文以四書五經為對象。這些藩校出版了二十九筆與《詩經》相關的書籍，以新、古注系統分析的結果，漢、唐古注系統十筆，新注系統十四筆，以朱子學的新注系統為最多。又，藩校的《詩經》教學上，經分析的結果，以四書五經為教科書的藩校計有二十三校。其學風以朱子學為主的有十三校、以古學為主的有五校，可知，其學風以朱子學為主流者為多。

從各種書籍目錄及網路資料庫中，統計出與《詩經》相關著作的學者人數，計有二百六十六人，其中以朱子學派五十六人最多。學者的身分以藩儒、藩士的一百四十一人最多，其中朱子學派有三十七人最多。學者身分以藩儒、藩士占大多數一事，反映出與藩校《詩經》學有直接的關係。

接著就與《詩經》相關的著作來看，以總筆數而言，計有四百二十六筆。就學派而言，以朱子學派的九十六筆為最多。就出版年而言，前期（到1688年止）三十五筆中朱子學派三十筆最多，中期（到1781年止）一百二十五筆中朱子學派四十三筆最多，後期（到1868年止）三百五十三筆中朱子學派八十五筆最多，三期共有一百五十八筆。由出版年的統計來看，新注系統有二百零四筆，以壓倒性的數字位居第一。

最後，從《詩經》相關著作的四百二十六筆中，分析出這些著作題名與《詩集傳》有直接關聯的，只有三十四筆，不足全體的十分之一。相對於此，著作題名中沒有直接與朱熹《詩集傳》相關的卻是不少。大抵上，新注系統的祖述《詩集傳》，古注系統的批判《詩集傳》，折衷系統的試圖折衷《詩集傳》與古注之說。考證系統則一邊考證《詩經》相關的典章制度等，一邊訂正、批判《詩集傳》。所以，江戶時代的所有學派的《詩經》相關著作，或同或異，或多或少，都受《詩集傳》的影響。因此，朱熹《詩集傳》在江戶時代的《詩經》學史上，可以說是標的性的存在，絕非過言。

如上所述，本文透過對朝鮮、中國傳入《詩經》相關書籍及藩校的《詩經》教學，日本學者的《詩經》相關著作及討論朱熹《詩集傳》等等的統計、分析、論述，闡明了朱熹《詩集傳》在江戶時代的流傳狀況，為《詩經》學在東亞的傳播史上，提供了充分的統計數據及分析結果，佐證了朱熹《詩集傳》在日本江戶時代的影響力。

附表

表一　各學派學者人數

學派	江戶前期	江戶中期	江戶後期	不詳	計
朱　子	6	16	34	0	56
陽　明	1	0	0	0	1
敬　義	1	6	18	1	26
古　義	0	9	7	1	17
古文辭	0	15	24	2	41
古　注	0	1	28	0	29
折　衷	0	2	16	0	18
考　證	0	0	3	0	3
其　他	1	8	46	20	75
計	9	57	176	24	266

表二　各學派學者身分

學派	諸藩關係	幕府關係	其他	計
朱　子	37	6	13	56
陽　明	1	0	0	1
敬　義	22	0	4	26
古　義	9	0	8	17
古文辭	25	1	15	41
古　注	19	0	10	29
折　衷	8	1	9	18

學派	諸藩關係	幕府關係	其他	計
考證	2	1	0	3
其他	18	3	54	75
計	141	12	113	266

表三　各學派學者與諸藩的關係

	九州	四國	中國	近畿	東海	北陸	信越	關東	東北	計
朱子	11	4	5	2	4	5	0	4	2	37
陽明	0	0	1	0	0	0	0	0	0	1
敬義	3	2	3	2	2	3	1	2	4	22
古義	1	0		4	2	0	0	1	1	9
古文辭	5	4	3	3	2	1	3	2	2	25
古注	2	0	2	3	6	2	1	1	2	19
折衷	2	0	1	0	0	2	0	1	2	8
考證	0	1		0	0	1	0	0	0	2
其他	1	0	4	6	1	3	0	2	1	18
計	25	11	19	20	17	17	5	13	14	141

表四　各學派學者活動地點

	九州	四國	中國	近畿	東海	北陸	信越	關東	東北	計
朱子	20	9	8	38	6	6	1	29	6	123
陽明	0	0	1	5	0	0	0	2	0	8
敬義	8	3	5	16	2	3	1	17	3	58
古義	1	0	2	21	2	1	0	3	1	31
古文辭	6	7	8	16	4	1	5	23	3	73

	九州	四國	中國	近畿	東海	北陸	信越	關東	東北	計
古 注	6	0	3	18	11	2	3	15	2	60
折 衷	2	1	0	3	2	2	0	25	0	35
考 證	0	0	0	1	2	1	0	3	0	7
其 他	2	1	5	22	7	7	2	22	3	71
計	45	21	32	140	36	23	12	139	18	466

表五　各學派與《詩經》相關著作統計

學派	數量
朱 子	96
陽 明	1
敬 義	42
古 義	27
古文辭	60
古 注	62
折 衷	24
考 證	21
其 他	93
計	426

表六　出版年

學派	江戶前期	江戶中期	江戶後期	不詳	計
朱 子	30	43	85		158
陽 明	0	1	0		1
敬 義	1	21	24		46

學派	江戶前期	江戶中期	江戶後期	不詳	計
古　義	0	16	16		32
古文辭	0	24	41		65
古　注	1	8	62		71
折　衷	0	2	22		24
考　證	0	0	26		26
其　他	1	2	35		38
不　詳	2	8	42	19	71
計	35	125	353	19	532

表七　《詩集傳》相關著作（計 34 種、書名順）

書名	作者名	學派	分類	形態	所藏地
1.　改正詩經集註十五卷	松下見林	朱子		刊本	松本市
2.　校定詩輯傳八卷	中西忠藏	？		刊本	內閣
3.　考定詩傳或問一卷	宇井默齋	敬義	注釋	寫本	內閣
4.　詩經講義（別稱詩集傳講義）一冊	西依成齋	敬義	注釋	寫本	京大
5.　詩經集注講義	佐藤直方	敬義	注釋	寫本	（備考）
6.　詩經集註紀聞	五井蘭洲	朱子	注釋	寫本	大阪府
7.　詩經集註十五卷	林羅山	朱子			山梨縣
8.　詩經集註筆記	五井蘭洲	朱子	注釋	寫本	大阪府
9.　詩經集傳講義	矢野容齋	敬義	注釋	寫本	東大
10.詩經集傳講義	稻葉默齋	敬義	注釋		清谷全話
11.詩經集傳師說（別稱詩經師說、詩傳師說）一冊	西依墨山	敬義	注釋	寫本	京大

書名	作者名	學派	分類	形態	所藏地
12. 詩集傳講義（別稱詩集傳講誼）八卷	中村習齋	敬義	注釋	寫本	蓬左
13. 詩集傳纂要（別稱詩傳纂要、詩集纂要）四卷	金子霜山	敬義	注釋	寫本	靜嘉
14. 詩集傳師說十冊	若林強齋	敬義	注釋	寫本	無窮會
15. 詩集傳資講八冊	三宅尚齋	敬義	注釋	寫本	九大
16. 詩集傳質朱一卷	增島蘭園	朱子	注釋		（備考）
17. 詩集傳續錄附別錄、餘錄六卷	安東省庵	朱子	注釋		（備考）
18. 詩集傳筆錄（別稱詩經集傳鼓吹）一冊	市野迷庵	古文辭	注釋	自筆本	慶大斯道
19. 詩集傳蒙鈔（別稱詩傳蒙鈔、詩經蒙鈔、詩傳筆記、詩集傳筆記）八冊	笠原　章	？	注釋		筑波大
20. 詩集傳翼八卷	莊田恬逸	朱子	注釋		（備考）
21. 詩書集傳朱蔡異同考六卷	安東省庵	朱子	注釋		（備考）
22. 詩序質朱一冊	增島蘭園	朱子	總論	自筆本	日比谷
23. 詩傳惡名（別稱詩傳惡石、詩經惡石）一卷	渡邊蒙庵	古文辭	注釋		濱松市
24. 詩傳叶韻十八例一卷	神林復所	朱子	語言		（備考）
25. 詩傳要略	神林復所	朱子	注釋		（備考）
26. 朱子詩傳膏肓二卷	太宰春臺	古文辭	注釋	活字本	九大
27. 朱子詩傳思問續編（別稱詩朱傳質疑、讀朱傳質疑：思問續編）三冊	古賀侗庵	朱子	注釋	寫本	內閣

書名	作者名	學派	分類	形態	所藏地
28. 朱註詩經標解（別稱詩經標解）五卷	宇野東山	古文辭	注釋	刊本	無窮會
29. 首書詩經集註十五卷	中井蕉園	朱子	注釋	刊本	懷德堂
30. 首書詩經集註八卷	松永寸雲	朱子	注釋		九大
31. 首書詩經集傳八卷	松永尺五	朱子			
32. 書正統監本詩書集傳後一卷	淺見絅齋	敬義	總論	寫本	內閣
33. 筆記詩集傳（五經筆記之中）	中村惕齋	朱子	注釋	刊本	九大
34. 辯詩傳膏肓（別稱辯朱子詩傳膏肓）一卷	中村蘭林	朱子	注釋		（備考）

物類三部曲
──《山海經》、朱熹《詩集傳》、蔡守〈博物圖畫〉

邱琳婷

東吳大學歷史系兼任助理教授

一　中國古籍中的物類系譜：象徵／隱喻／寫生

　　古籍中，關於「物類」的記載，相當普遍。舉凡自然界中的動物、植物，乃至具有神靈色彩的「物」，皆以形形色色的形象，於古籍中現身。值得注意的是，同樣的「物類」在不同古籍中被形塑與詮釋的樣貌，總是隨著文本的脈絡而改變。因此，掌握文本的脈絡，便成為理解這些「物類」何以如此被形塑的原因。本文的討論，主要針對頗具差異性的三個文本──《山海經》、《詩集傳》、〈博物圖畫〉為對象。其中以朱熹的《詩集傳》為中心點，並分別比較在其以前的《山海經》，與其後所出的〈博物圖畫〉，三者對於「物」的看法。值得提出的是，選擇朱熹與蔡守的原因，部分與科舉制度有關。科舉制度雖然開始於隋代，然而直到宋代才形成較為嚴謹的制度。元代時，更將朱熹所注的四書五經列入科舉的範疇。一九〇五年，在中國行之千餘年的科舉制度遭到廢除，此事對知識分子的衝擊可謂甚巨。一九〇七年以後，蔡守（原名蔡有守）於《國粹學報》所發表的〈博物圖畫〉，即應置於廢科舉後西學進入的脈絡下理解。

　　我認為，《山海經》、《詩集傳》、〈博物圖畫〉三者對於「物」的描述，實反映出不同階段的知識分子，對於「自然」與「人間」關係

的理解。當然,有關「物」的討論,其實可以分成許多層次,如從神話學來看,「物」表示某些神聖力量的對象;從哲學理性的角度而論,則「物」又具有存有的意味,《老子》一書的討論,可歸於此。另外,「物」亦可以從「客觀」的自然存在言之,本文主要是由此一「客觀」形象的層面出發,並兼及其他可能的意涵。《山海經》以「神聖象徵」來狀物,朱熹《詩集傳》以名物的隱喻關係,彰明道德實踐的內涵。而蔡守的〈博物圖畫〉則以「寫生」來識物,突顯了現代知識客觀性的意義。這些不同的物類走向,在中國的物類系譜發展史中,皆具有一定的代表性。

關於「物」與「類」的討論,鄭毓瑜在〈類與物〉一文中,不從作者個人「託物寄情」出發,反而去思考「物」如何進入「文本內外」,並從字詞、典故、類書的角度,探索「物在知識或記憶中的發展脈絡」,進而「呈現一個作為譬喻與感通基礎的物類關係體系」。[1]其實,除了思索「類物」的「感通關聯」之外,「物類」與「現實回應」的關係,亦是值得關注的面向。也就是同一類「物」在不同時代的文本中,所具有的特徵,實反映出知識分子對於該時代歷史記憶的重新理解。這個理解,往往隨著「現實」的處境而調整之。

基本上,充滿虛幻及想像色彩的《山海經》,可視為是古代人類對於其所處世界的探索之旅。書中記載著各式各樣形態奇特,且具有神秘力量的物類。這些物類雖與我們今日所見者不同,但當時的人們,極可能因其所具有的神通感應之能力,而以崇敬的態度待之,甚至視其為神獸的象徵。此種以神獸絪合人世與自然的思維,反映出《山海經》作為中國神話起源之書的特質。也因此,其中所記載的物

1　鄭毓瑜:〈類與物〉,《引譬連類:文學研究的關鍵詞》(臺北市:聯經出版事業公司,2012年),頁232。

類，亦分享了神話世界中的象徵色彩，故在中國物類系譜中，占有一定的位置。

然而，隨著人類理性思維的愈加發達，許多經籍對於自然萬物的解釋，也愈加傾向從人為本位的角度出發。因此，我們發現，物類以其所具有的特質，成為思想家處理人世活動或人際關係之間的類比角色。此現象，尤以朱熹所提出「格物窮理」之說，最具代表性。此中「物」格之後的「理」，不僅是存有之理，亦是倫理道德之理。朱熹所著的《詩集傳》，其中對於名物的見解，即提供了我們觀察他如何以隱喻的手法，透過「物」來探索世間之「理」的最佳範本。

最後，二十世紀初《國粹學報》的出現，則給了我們另一種有別於前兩者對於物類的思考。《國粹學報》在廢除科舉的同一年（1905）開始刊行，該社的社員，日後多投入革命工作。他們所代表的，是一群不同於昔日以科考為目標的知識分子。因此，我們可將該刊中出現的〈博物圖畫〉，視為當時的知識分子，如何在失去科舉的舞臺與受西方文化衝擊的夾縫中，藉由對中國名物傳統的闡釋，重新走出一條新知識之路。

以下，我將以《山海經》、朱熹的《詩集傳》與蔡守的〈博物圖畫〉為例，並以它們對於特定物類的描述，分別說明中國古籍物類的系譜，從「象徵」、「隱喻」到「寫生」的特徵及轉變。而這個轉變，同時也說明從「物我合一」、「以物喻人」到「物」獨立為一個知識系統的變化過程。

二　神聖力量的象徵：《山海經》中的異獸

《山海經》是中國神話傳說的起源。由於其內容對於地理位置的描述，與奇異物類及相關故事的生動刻畫，歷代以來，便將此書歸類

在地理類或小說類之中。近代的魯迅，在其所著《中國小說史略》，
提出《山海經》乃「古之巫書」。[2]袁珂則於此基礎之上，指出《山海
經》的圖，極有可能是巫圖。[3]其實，《山海經圖》雖然今日已無法見
到，但東晉郭璞卻留下了《山海經圖贊》，並因《山海經圖》中，多
描述具有辟邪禳災威力的神與獸，而稱其為「畏獸畫」。[4]饒宗頤亦
言：「古人圖畫畏獸，正所以祓除邪魅。《山海經》之為書，多臚列神
物。古代畏獸畫，賴以保存者幾希。」[5]

又袁珂認為，該書所載的神怪異人，「極有可能是古代巫師作法
時所述的內容大概」。[6]袁珂並指出，這些巫師，即是古代的知識分子
（亦即文人），他們掌握並傳播了古代的文化知識。雖然，如今回顧
《山海經》的內容，充滿著神怪奇異的色彩。然而其中所涉及「地
理、歷史、宗教、民俗、曆象、動物、植物、礦物、醫藥、人類學、
民族學、地質學、海洋學等的記載與探討，亦可視為是古代科學的萌
芽」。[7]

因此，袁珂將《山海經》的「經」，視為「經歷」而非「經典」，
即是著眼於此。因為，日後的中國畫家，經常視實地寫生與考察，乃
客觀寫實的反映。此種不以臨仿而以親身經歷為訴求，或許在今日的
眼光來看，仍然離所謂的客觀精神下的自然科學之研究甚遠，但是，
以近兩千年的時空距離而言，這些神妙的描述背後，應當存在著一絲
先民的科學精神。

陳連山在其近著《山海經學術史考論》中，視《山海經》為遠古

---

2 魯迅：《魯迅書信集》（北京市：人民出版社，1976年），頁66。

3 馬昌儀：《古本山海經圖說》（濟南市：山東畫報出版社，2001年），頁8。

4 馬昌儀：《全像山海經圖比較》壹（北京市：學苑出版社，2003年），頁3-4。

5 饒宗頤：《澄心論萃》（上海市：上海文藝出版社，1996年），頁266。

6 袁珂：《袁珂神話論集》（成都市：四川大學出版社，1996年），頁15。

7 袁珂：《中國神話通論》（成都市：巴蜀書社，1993年），頁3。

時代重要的官方文獻，他並指出其作者可能是「周王室的一批負責掌
管自然資源、人口資源、天下交通和域外國族的官員」。[8] 如此說來，
《山海經》不僅是一部與政治有關的寫實史書，它亦忠實地記載了當
時知識分子眼中的天下模樣。當然，這個「真實」，或與我們今日所
理解客觀的「真實」不同，但它仍代表著某種「真實」的樣態。因
此，我們仍可從知識分子如何「釋物」的角度，來討論《山海經》中
的「物」。

我們若將《山海經》置於中國物類的系譜來看，書中的異獸，雖
多有其所出之處的記載，但作者對於異獸的神力描述，卻令人印象更
為深刻。例如，《山海經・中次九經》云：

> 崍山，有鳥焉，狀如鴞，而赤身白首，其名曰竊脂，可以御
> 火。[9]

此種名為竊脂的鳥類，其所具有的御火能力，直到明代胡文煥在其
所著的《山海經圖說》，仍試圖為「御火」的說法，提出一個合理的
解釋：

> 崍山有鳥，狀如鴞，赤身白首，名曰竊脂。其嘴曲可御火。[10]

其實，早在郭璞的注中即已發現，《山海經》中的曲嘴青雀，與時人
所見者，「疑非同物」。清代的郝懿行也說：「（《山海經》）與《爾雅》
竊脂，同名異物。」[11] 但是這些注經者對於《山海經》中物象的解

---

8 陳連山：《山海經學術史考論》（北京市：北京大學出版社，2012年），頁20、27。
9 袁珂：《山海經校注》（臺北市：里仁書局，1982年），頁157。
10 袁珂：《山海經校注》，頁158。
11 袁珂：《山海經校注》，頁158。

釋，似乎未能改變《山海經》的圖繪者，對於某些古籍的特定印象。
例如，胡文煥對於竊脂的描述，結合了《山海經》與其他古籍中的竊
脂形象，他甚至從異獸（竊脂）的外在形象，即嘴曲來推測此乃其能
御火之因。如此的解釋，從另一角度思之，或反映出他對於《山海
經》觀物思維的「忠實」掌握。即是以特殊的特徵（嘴曲），作為合
理化《山海經》對於其神力（御火）的解釋。故明代胡文煥筆下的竊
脂（圖一），即以兩條短線，刻劃出此鳥彎曲的上喙。

其實，明代出現了頗多圖繪《山海經》的刻本。除了上述已提及
胡文煥《山海經圖》之外，尚有蔣應鎬等繪圖的《山海經圖繪全
像》、王崇慶撰《山海經釋義》十八卷《圖》二卷等。這些刻本與繪
畫的大量出現，反映出明代因商業的發達，而趨向世俗化的現象。[12]
在此種世俗化傾向的氛圍底下，胡文煥所繪的《山海經圖》除了具有
原始思維的「忠實」層面外，尚兼具明代世俗化對於易於理解與趣味
的需求。

然而，到了清代，對於《山海經》的興趣，似乎有所轉向。即重
視相關的文字注釋，而輕忽圖像的部分。此現象尤其在《四庫全書總
目》中，可清楚見到：「是書（吳任臣《山海經廣注》，刻於康熙六
年，1667）因郭璞《山海經注》而補之，故曰《廣注》。於名物訓
詁，山川道里，皆有所訂正。……其圖亦以意為之，無論不真出雅
（舒雅）與僧繇（張僧繇），即說果確實，二人亦何由見而圖之？故
今惟錄其注，圖則從刪。」[13]《四庫全書總目》僅收了郭璞和吳任臣
的注本，而未收錄明代的注本。[14]

清代的吳任臣，似乎也將《山海經》與《爾雅》的竊脂，視為同

---

12 陳連山：《山海經學術史考論》，頁118。

13 《四庫全書總目》下（北京市：中華書局，1965年），頁1204。

14 陳連山：《山海經學術史考論》，頁148。

物。而他對於竊脂的釋義，亦受到後代其他的經籍注疏訓釋之影響，故而將「竊」釋為「淺色」。吳任臣云：

> 竊脂有三種九屬：中竊、元竊、黃竊、脂竊，訓淺，言淺白色也。[15]

除了視竊脂為能御火的神鳥之外，《山海經》中某些動物，也被視為是自然界特殊現象的象徵，例如蜼即被視為雨的象徵。此種將物類與天候所進行的意義連結，今日已無法確知其具體原因，但是，其中或許也反映先民的自然生活之中，可能存在著這樣的經驗，即蜼與下雨可能同時出現。只是由於當時人們解釋世界的概念化語言，以及相應的可量化及預測的系統，仍然極為素樸。因此，可能率爾將兩個不相干的物件聯繫，反而製造出奇幻的效果。《山海經・中次九經》：

> 崛山，其獸多猨、蜼。[16]
> 郭璞注：蜼似獼猴，鼻露上向，尾四五尺，頭有岐，蒼黃色。雨則自懸樹，以尾塞鼻孔，或以兩指塞之。[17]

明代蔣應鎬《山海經（圖繪全像）》所繪的蜼（圖二），表現出以手指塞住鼻孔及「長尾」的特徵。此種表現的特徵，反映出明代重視奇趣的世俗化特徵。而清代汪紱《山海經存》中的蜼（圖三），則表現出「雨則自懸樹」的姿態。相較之下，汪紱的表現，則顯得較為端莊。不論如何，兩者的描繪，仍忠實地傳達出，物類在《山海經》文字記

---

15 袁珂：《山海經校注》，頁158。
16 袁珂：《山海經校注》，頁158。
17 馬昌儀：《古本山海經圖說》（桂林市：廣西師範大學出版，2007年），頁654。

載中的樣貌。

　　其實，《山海經》的「奇幻」思維，已成為此經的核心觀念。雖然不同時代的學者，有其對此「奇幻」思維的不同解讀。但仍不得不承認，《山海經》的「奇幻」思維，實與先民以「象徵」的角度，看待物類有關。

　　再者，《山海經》中，描述獸與人的關係則是，獸可能會將人吃掉，但人也可能因吃了獸，進而得到神力的幫助。此種認為經由血肉的食入，便可以接收到原有物類的神祕力量，或可表示古人相信「神聖性的內化」，存在於時人的生活世界的周遭。而此種「神聖性的內化」，亦是透過「象徵」來進行的。例如《山海經・南山經》云：

> 青丘之山，有獸焉，其狀如狐而九尾，其音如嬰兒，能食人，食者不蠱。[18]

此外，獸與人的關係，也可能是一種族群的標誌存在。例如，李炳海從狐在《山海經》中出現的地區推測，山東微山湖到江蘇徐州一帶可能為先秦時期九尾狐集團之所在。李炳海從部族文化的角度，將狐視為部落的圖騰，並賦予其象徵君主、權勢等圖騰文化的特徵。[19]此種對於「狐」的形象與部落圖騰的聯繫，在郭璞注《山海經》中，則進一步將其視為「盛世」的象徵。故曰：「青丘奇獸，九尾之狐。有道翔見，出則銜書。作現周文，以標靈符。」爾後，九尾狐的祥瑞色彩即與日俱增（圖四）。例如，後來的《白虎通・封禪篇》即云：「德至鳥獸則九尾狐見。」《瑞應圖》云：「王者不傾於色，則九尾狐至。王

---

18 袁珂：《山海經校注》，頁6。
19 李炳海：《部族文化與先秦文學》（北京市：高等教育出版社，1995年），頁98-103。

法修明，三才得所，九尾狐至。」這些記戴，皆視狐為象徵盛世的瑞獸。[20]直到秦漢以後的文學作品中，狐的形象才漸由祥瑞轉變為災異的負面評價。[21]

　　綜上所述，《山海經》所載記的物類世界，雖被袁珂視為是一種親身經歷的「實錄」，且可以從中發現理性的科學思維。[22]但是，回歸文本的敘述，我們可以注意到《山海經》的世界，其實是籠罩在一片「奇幻」的神聖氛圍中。尤其，此處所提及的異獸，如從今日的生物學眼光來看，本應屬客觀世界的自然成員之一，實不需擔負解釋這個世界各種未知力量的任務。然而，在客觀理性思維尚待發展的古代社會，神聖性的解釋或許正可提供時人一條安身立命之途。

三　德音教化的展開：朱熹《詩集傳》中的隱喻

　　不同於《山海經》所處的時代，朱熹所處的南宋，是一個理學盛行的時代。而理學中的「道統」與「道學」，更意味著內聖外王的分合。余英時先生指出，朱熹對於此兩個概念的分野，已有覺察，並將其視為兩個歷史階段：

---

20 郭璞曾云：「青丘奇獸，九尾之狐，有道翔見，出則銜書，作瑞周文，以標靈符。」參〔清〕蔣廷錫等編纂：《欽定古今圖書集成博物彙編・禽蟲典》（上海市：中華書局，1924年），頁692。此段話被視為九尾狐在魏晉六朝，因受朝廷注重，而具有政治靈符的意味。此外，九尾狐的象徵意義，也隨著不同朝代的更迭而有轉變。例如，漢代以來視狐為祥符瑞應的傳統，到了唐代的統治者眼中，即少見此種迷信的色彩。宋代的文人，更將狐狸的形象醜化，進而撻伐之。朱熹的《詩集傳》即可見此端倪。參李壽菊：《狐仙信仰與狐狸精故事》（臺北市：臺灣學生書局，1995年），頁39-63。

21 彭月玲：〈淺析狐原型在秦漢以後的演變及其原因〉，《當代小說》2010年第7期，頁58。

22 袁珂：《中國神話通論》，頁3。

自「上古聖神」至周公是「道統」的時代，其最顯著的特徵為
內聖與外王合而為一。在這個階段中，在位的「聖君賢相」既
已將「道」付諸實行，則自然不需要另有一群人出來，專門講
求「道學」了。周公以後，內聖與外王已分裂為二，歷史進入
另一階段，這便是孔子開創「道學」的時代。宋代周、張、二
程所直接承續的是孔子以下的「道學」，而不是上古聖王代代
相傳的「道統」。[23]

由此可知，朱熹所處的世代，是一個知識分子僅能在「道學」的範疇
內，發揮作用的時代。身為宋代的理學家，朱熹必然希望君主能以
「道學」來治理天下。因此，他「不避譏嫌，每次見孝宗必言正心、
誠意」，以期能達到「致君行道」的理想。[24]朱熹的《詩集傳》，作於
孝宗淳熙十一年（1184）至十四年（1187）間。淳熙年間，朱熹曾在
白鹿洞書院、東山書院、濂溪書院、月林書院、濂山書院等地講學。
而強調以德業為主的科舉觀，或與此經歷有關。[25]此外，重視德性的
特徵也可在朱熹的《詩集傳》中明顯看到。

由於「道統」與「道學」的分離，知識分子的影響力也必須藉由
「道學」彰顯，因此對於上述《山海經》中提及的畏獸，朱熹在《詩
集傳》雖亦提及，然已不見對其神秘色彩的著墨。其實從《山海經》
到《詩經》的轉變，意味著經典的性格，已由「天啟的神聖性格」變
成「道德倫常的規範」；意即是由不可抗拒的神秘力量變成具有道德

---

23 余英時：《朱熹的歷史世界：宋代士大夫政治文化的研究》上篇（臺北市：允晨文
　　化實業公司，2003年），頁42。
24 余英時：《朱熹的歷史世界：宋代士大夫政治文化的研究》上篇，頁54。
25 李兵：《書院與科舉關係研究》（廈門：廈門大學高等教育科學研究所博士論文，
　　2004年）。

真理的普遍性。[26]

再者，朱熹的《詩集傳》亦彰顯儒家文學的特徵。陳昭瑛曾提出儒家的「文學發生學」（genetics of literature）一詞，她認為「文學發生學」與作為世界觀（world view）的「原始主義」不同。因為「『文學發生學』是一門學科，預設著對文學之起源作各種各樣解釋的可能性」。[27]同時，她也指出，「朱熹在〈詩集傳序〉中亦表現出他所繼承的是由〈毛詩序〉所奠定的以『人類之心』為詩之本源的儒家文學發生學」。[28]

朱熹《詩集傳》中對於名物的解釋，主要繼承自《毛傳》。[29]不論是《詩集傳》或是《毛傳》，皆遵循以經為本的傳統，進行注疏與闡釋。兩者所本的《詩經》，對於草木鳥獸的描述，已與《山海經》所關注的脈絡不同。其最大的不同乃在於，相較於《山海經》的神靈思維，《詩經》強調的人治色彩更加鮮明，尤其這些人治色彩背後，更是由一個可能的道德價值世界所支撐。因此，本來草木鳥獸在《詩經》的文學脈絡中，便具有某種文學性的隱喻作用。

但在此時此種隱喻作用，卻可從文學技法（即「賦」、「比」、「興」）的層面，轉向提供注經者以不同的視角，進而闡釋「名物」與「人世」之間的聯繫。於是，讀《詩經》雖可識草木鳥獸之名，但更重要的是，藉由對於這些名物特徵的掌握，及其與人倫關係之間的褒貶喻意，我們得以窺見《詩經》對於建構一個理想人間世界的意

---

26 陳志信：〈理想世界的形塑與經典詮釋的形式——以朱熹《詩集傳》對〈二南〉的詮釋為例〉，《漢學研究》第21卷第1期（2003年6月），頁282-283。

27 陳昭瑛：〈朱熹的《詩集傳》與儒家的文學社會學〉，《儒家美學與經典詮釋》（臺北市：臺灣大學出版中心，2005年），頁142。

28 陳昭瑛：〈朱熹的《詩集傳》與儒家的文學社會學〉，《儒家美學與經典詮釋》，頁143。

29 林慶彰：〈姚際恆對朱子《詩集傳》的批評〉，《清代經學研究論集》（臺北市：中央研究院中國文哲研究所，2002年），頁143-144。

圖。而這也是歷代注疏《詩經》者的終極關懷。[30]

　　若從這個角度來看朱熹的《詩集傳》，書中的草木鳥獸，乃反映出朱熹「格物窮理」的見解。[31]雖然，朱熹的「格物窮理」涉及了他對於存有世界的理解與安頓。但是，物類的世界自是存有世界的一員，因此，在「今日格一物，明日格一物」的認知動機背後，有著理天地萬物的終極關懷。這是朱熹依著高度的價值意識的發動，安頓自然世界與人間世界的企圖。

　　因此，在此種心境下，朱熹對於《詩經》中的草木鳥獸，雖然已能剝除神秘物類色彩的解釋模式，但人倫意義下的價值世界，卻是朱熹《詩集傳》轉而關注的焦點，由是產生一種新的「隱喻」關係。所以，此時對於我們而言，朱熹雖對物類的名稱與特徵皆有注釋，但更重要的是，朱熹如何將其安頓在《詩經》的脈絡中？以下我將以若干例子說明，儘管朱熹所提到的物類，也曾出現在《山海經》中，但它們在《詩集傳》中，卻具有人倫與人際關係的隱喻。例如描繪君臣或賓主關係的物類有「桑扈」、「魚藻」、「鴛」等。其中，朱熹視《詩經‧小雅‧桑扈》為天子燕諸侯之詩。其詩如下：

　　　　交交桑扈，有鶯其羽。君子樂胥，受天之祜。交交桑扈，有鶯
　　　　其頸。君子樂胥，萬邦之屏。[32]

30　徐復觀曾提到，《詩經》時代的禮，已由原始宗教祭祀之意蘊，轉化為人文的表徵，不僅範圍了人生，而且也範圍了宇宙。參徐復觀：《中國人性論史》（上海市：三聯書店，2001年），頁41。

31　朱熹對物的基本定義是：「眼前凡所應接的都時物。」《朱子語類》卷15，頁282。鄒其昌則進一步從哲學與美學的角度闡釋：「朱熹的物，乃是包含了自然事物及社會、人生各領域。而朱熹格物窮理的學說，更可看出物在朱熹哲學美學中的特殊地位。」參鄒其昌：《朱熹詩經詮釋學美學研究》（北京市：商務印書館，2004年），頁80-81。

32　〔唐〕孔穎達疏：《十三經注疏：詩經》（臺北市：藝文印書館，1955年），頁480。

〈詩序〉云:〈桑扈〉,刺幽王也。君臣上下,動無禮文焉。[33]
朱熹《詩集傳》云:興也。交交,飛往來之貌。桑扈,竊脂
也。鶯然有文章也。君子,指諸侯。胥,語詞。祜,福也。
領,頸。屏,蔽也。言其能為小國之藩衛。[34]

此處,朱熹以桑扈光彩亮麗的鳥羽與頸領,讚美保家衛國的諸侯之英
姿。然而,同樣是以桑扈起興,另一個場景之中的桑扈,卻有了不同
的意指。《詩經・小雅・小宛》:

交交桑扈,率場啄粟。哀我填寡,宜岸宜獄。[35]
〈詩序〉云:〈小宛〉,大夫刺宣王也。[36]
朱熹《詩集傳》云:扈不食粟,而今則率場啄粟矣。病寡不宜
岸獄,今則宜岸宜獄矣。言王不卹鰥寡,喜陷之於刑辟也。[37]

此段朱熹以原本只吃肉的桑扈,因覓不到食物而改食粟子的描述,以
此帶出人們生活的困頓與刑法不公的亂世形象,並藉此作為士人的自
我警覺。由此可知,朱熹對於桑扈及其行為的詮釋,仍是回歸到人情
世理的角度解之。

此外,《詩經・周頌・振鷺》則以鷺的皎白形象,作為助祭者慎
重其事的隱喻。《詩經・周頌・振鷺》:

---

33 〔唐〕孔穎達疏:《十三經注疏:詩經》,頁480。
34 〔宋〕朱熹撰:《朱子全書》第壹冊(上海市:上海古籍出版社、合肥市:安徽教
　　育出版社,2002年),頁631。
35 〔唐〕孔穎達疏:《十三經注疏:詩經》,頁420。
36 〔唐〕孔穎達疏:《十三經注疏:詩經》,頁419。
37 〔宋〕朱熹撰:《朱子全書》(上海市:上海古籍出版社、合肥市:安徽教育出版
　　社,2002年),冊1,頁601。

振鷺于飛，于彼西雝。我客戾止，亦有斯容。[38]

〈詩序〉云：〈振鷺〉，二王之後，來助祭也。[39]

朱熹《詩集傳》云：賦也。振，群飛貌。鷺，白鳥。雝，澤也。客，謂二王之後。夏之後杞，商之後宋，於周為客。天子有事膰焉，有喪拜焉者也。

此二王之後來助祭之詩。言鷺飛于西雝之水，而我客來助祭者，其容貌脩整亦如鷺之潔白也。或曰興也。[40]

至於《詩經・小雅・魚藻》描述的是君臣之間的互動，故朱熹說：「此天子燕諸侯，而諸侯美天子之詩也。」《詩經・小雅・魚藻》：

魚在在藻，有頒其首。王在在鎬，豈樂飲酒。魚在在藻，有莘其尾。王在在鎬，飲酒樂豈。魚在在藻，依于其蒲。王在在鎬，有那其居。[41]

〈詩序〉云：〈魚藻〉，刺幽王也。言萬物失其性，王居鎬京，將不能以自樂，故君子思古之武王焉。[42]

朱熹《詩集傳》云：興也。藻，水草也。頒，大首貌。豈，亦樂也。

此天子燕諸侯，而諸侯美天子之詩也。言魚何在乎，在乎藻也，則頒其首矣。王何在乎，在乎鎬京也，則豈樂飲酒矣。[43]

---

38 〔唐〕孔穎達疏：《十三經注疏：詩經》，頁730。
39 〔唐〕孔穎達疏：《十三經注疏：詩經》，頁730。
40 〔宋〕朱熹撰：《朱子全書》，頁730。
41 〔唐〕孔穎達疏：《十三經注疏：詩經》，頁499。
42 〔唐〕孔穎達疏：《十三經注疏：詩經》，頁499。
43 〔宋〕朱熹撰：《朱子全書》，頁638。

依水草而生存,乃是魚的習性。萬物若能適性而活,亦為太平之世的
反映。朱熹從魚和水藻的相互依存關係,聯想到天子與諸侯因能各司
其職,社稷國家得以長治久安,而終有天子以宴款待諸侯,諸侯則以
此詩答謝天子之舉。

　　同樣以「魚」的形象,描寫宴客場景的詩,尚有《詩經・小雅・
魚麗》與《詩經・小雅・南有嘉魚》。不同於鄭《箋》中所言「用酒
與賢者燕飲而樂也」,將魚喻為賢者的解法[44];朱熹更強調以魚作為佳
餚宴請賢者的禮儀。此兩首詩皆以作為佳餚之物,暗示主人款待賓客
的周到與美意。《詩經・小雅・魚麗》:

> 魚麗于罶,鱨鯊。君子有酒,旨且多。[45]
>
> 〈詩序〉云:〈魚麗〉,美萬物盛多,能備禮也。文武以天保
> 以上治內,采薇以下治外,始於憂勤,終於逸樂。故美萬物盛
> 多,可以告于神明矣。[46]
>
> 朱熹《詩集傳》云:鱨,揚也,今黃頰魚是也,似燕頭,魚身
> 形厚而長大,頰骨正黃,魚之大而有力解飛者。鯊,鮀也,魚
> 狹而小,常張口吹沙,故又名吹沙。君子,指主人。旨且多,
> 旨而又多也。
>
> 此燕饗通用之樂歌。即燕饗所薦之羞,而極道其美且多,見主
> 人禮意之勤,以優賓也。或曰賦也。[47]

---

44 江雅茹:《《詩經》飲食品類研究》(臺北市:花木蘭文化事業公司,2012年),頁
　160。
45 〔唐〕孔穎達疏:《十三經注疏:詩經》,頁341。
46 〔唐〕孔穎達疏:《十三經注疏:詩經》,頁341。
47 〔宋〕朱熹撰:《朱子全書》,頁558。

朱熹此處，提到的鱨與鯊等魚類的特徵，可看到他援引自《爾雅》與陸璣《毛詩草木鳥獸蟲魚疏》之說。如鱨在陸璣《毛詩草木鳥獸蟲魚疏》中為：「鱨，一名揚，今黃頰魚。似燕頭，魚身，形厚而長，骨正黃。」[48]而鯊在郭璞《爾雅注疏》中則為：「今吹沙小魚。體員而有點文」。[49]陸璣《毛詩草木鳥獸蟲魚疏》曰：「鯊，吹沙也。似鯽魚，狹而小，體圓而有黑點。」[50]

然而，值得注意的是，在朱熹的《詩集傳》中，鯊身上的黑點卻被省略不提，而只是突顯其味道鮮美。此舉實與朱熹強調此詩為君臣燕饗之脈絡有關。因此可知，在以自然界中的生物隱喻人世間德行之考量下，生物重要的外部特徵，因其未能在隱喻的脈絡中發揮作用，故可略去不提。直到明代李時珍的《本草綱目》中，才又見到鯊的「黑斑點文」特徵。這些魚類在朱熹的《詩集傳》中可知，皆是生長在江河之中，其肉質鮮美且適合烹煮，故以之作為佳餚之喻，顯得十分貼切。[51]以下所言的嘉魚，亦是如此。

《詩經·小雅·南有嘉魚》：

南有嘉魚，烝然罩罩。君子有酒，嘉賓式燕以樂。[52]

〈詩序〉云：〈南有嘉魚〉，樂與賢也。大平之君子，至誠樂與賢者共之也。[53]

朱熹《詩集傳》云：興也，南，謂江漢之間。嘉魚，鯉質，鱒

---

48 〔吳〕陸璣：《毛詩草木鳥獸蟲魚疏》（臺北市：藝文印書館，1967年），卷下，頁8。

49 〔晉〕郭璞：《爾雅注疏》（臺北市：藝文印書館，1997年），卷9，頁165。

50 〔吳〕陸璣：《毛詩草木鳥獸蟲魚疏》，卷下，頁9。

51 又此處的鯊，並非海中的鯊魚，而是南方溪澗中的小魚。味頗美，俗稱為呵浪魚。參高明乾等：《詩經動物釋詁》（北京市：中華書局，2005年），頁209。

52 〔唐〕孔穎達疏：《十三經注疏：詩經》，頁346。

53 〔唐〕孔穎達疏：《十三經注疏：詩經》，頁346。

鯽肌，出於汅南之丙穴。烝然，發語聲也。罩，篧也，編細竹
以罩魚者也。重言罩罩，非一之詞也。此亦燕饗通用之樂，故
其辭曰：南有嘉魚，則必烝然而罩罩之矣。君子有酒，則必與
嘉賓共之而式燕以樂矣。此亦因所薦之物，而道達主人樂賓之
意也。[54]

在此我們看到了一個溫溫典雅且強調「格物致知」的古代世界，原屬
於自然世界的「物」，卻成為人類世界中「理」的隱喻。於是，桑扈
也好，魚藻也罷，不管它們同不同意，一幅幅和樂的人間世界，於焉
構成。當然，除了從名物的角度思索君臣或主客之間的理想關係外，
朱熹也對男女與親友之間的互動，有所闡釋。如《詩經・衛風・木
瓜》云：

投我以木瓜，報之以瓊琚。匪報也，永以為好也。投我以木
桃，報之以瓊瑤。匪報也，永以為好也。投我以木李，報之以
瓊玖。匪報也，永以為好也。[55]
〈詩序〉云：〈木瓜〉，美齊桓公也。衛國有狄人之敗，出處
于漕，齊桓公救而封之，遺之車馬器服焉。衛人思之，欲厚報
之，而作是詩也。[56]
朱熹《詩集傳》云：比也。木瓜，楙木也，實如小瓜，酢可
食。瓊，玉之美者。琚，佩玉名。言人有贈我以微物，我當報
之以重寶，而猶未足以為報也，但欲其長以為好而不忘耳。疑
亦男女相贈答之詞，如〈靜女〉之類。[57]

---

54 〔宋〕朱熹撰：《朱子全書》，頁559。
55 〔唐〕孔穎達疏：《十三經注疏：詩經》，頁141。
56 〔唐〕孔穎達疏：《十三經注疏：詩經》，頁141。
57 〔宋〕朱熹撰：《朱子全書》，頁460。

這首詩的解釋,朱熹的解法與〈詩序〉明顯不同。〈詩序〉認為此詩是衛國人為了答謝齊桓公相救之恩所做,但朱熹則認為以「贈木瓜」此等小惠,比喻衛人對齊桓公相救之恩的回報,並不妥當,故朱熹以為此詩應視為男女相互贈答的作品。由此可知,朱熹之解較〈詩序〉更為貼近日常生活的實況。而朱熹此種回歸先民的生活脈絡來理解「贈木瓜」的態度,日後錢鍾書更將「贈木瓜」一事,進一步地從交際、人情世故等角度釋之。[58]事實上,錢鍾書的解法並非只能從男女的交際模式角度出發,「報」的文化意義或許更是值得注意的面向。因為,相互性的饋贈,代表了行為者與其他主體間的相互性關係,此種相互性的關係的背後構成了一種社會習俗的界定,於是在「木瓜」一物的隱喻色彩中,我們看到了社會關係的交互行動之模式。另外,《詩經·小雅·常棣》則以鶺鴒為例,生動地說明在不同情況之下,親友關係的親疏遠近。朱熹的闡釋,亦對此加以強調。其詩節錄如下:

> 脊令在原,兄弟急難。每有良朋,況也永嘆。[59]
> 〈詩序〉云:〈常棣〉,燕兄弟也。閔管、蔡之失道,故作常棣焉。[60]
> 朱熹《詩集傳》云:興也。脊令,雝渠,水鳥也。脊令飛則鳴,行則搖,有急難之意。故以起興。而言當此之時,雖有良朋,不過為之長嘆息而已,力或不能相及也。
> 此章可謂委曲漸次,說盡人情(兄弟友生)矣。[61]

58 錢鍾書:《管錐篇》(蘭馨室書齋,出版年不詳),第1冊,頁99-100。

59 〔唐〕孔穎達疏:《十三經注疏:詩經》,頁321。

60 〔唐〕孔穎達疏:《十三經注疏:詩經》,頁320。

61 〔宋〕朱熹撰:《朱子全書》,頁547-549。

雄雉、鷗鴸（鵃鶹）、鶉（鵰）等鳥禽，皆為古人取其所見之物，寄
託其所感之情。這些物也因其所具有的特徵與習性，而成為朱熹用以
比況人間事的對象。如《詩經・國風・雄雉》：

雄雉于飛，泄泄其羽。我之懷矣，自詒伊阻。[62]

〈詩序〉云：〈雄雉〉，刺衛宣公也。淫亂不恤國政，軍旅數
起，大夫久役，男女怨曠，國人患之，而作是詩。[63]

朱熹《詩集傳》云：興也。雉，野雞，雄者有冠，長尾，身有
文采，善鬪。泄泄，飛之緩也。懷，思。詒，遺。阻，隔也。
婦人以其君子從役于外，故言雄雉之飛舒緩自得如此，而我之
所思者，乃從役于外，而自遺阻隔也。

雄雉于飛，上下其音，展矣君子，實勞我心。瞻彼日月，悠悠
我思，道之云遠，曷云能來。百爾君子，不知德行。不忮不
求，何用不臧。

朱子《詩集傳》云：（前四句為興，後四句為賦）言凡爾君
子，豈不知德行乎？若能不忮害又不貪求，則何所為而不善
哉！憂其遠行之犯患，冀其善處而得全也。[64]

朱熹不僅指出雄雉有冠、長尾、身有文采等生理特徵，他同時點出雄
雉善鬪、或近似舒緩自得的性格。這些特質，使人易於將雄雉與君子
的德行、出征的選擇，聯想在一起。因此，藉由雄雉姣好悅目的外
貌，「物」與「人」的形象，又再一次地被巧妙轉換。

至於鷗鴸的描述，可見於《詩經・豳風・鷗鴸》：

---

62 〔唐〕孔穎達疏：《十三經注疏：詩經》，頁86。
63 〔唐〕孔穎達疏：《十三經注疏：詩經》，頁86。
64 〔宋〕朱熹撰：《朱子全書》，頁429。

鴟鴞鴟鴞，既取我子，無毀我室。恩斯勤斯，鬻子之閔斯。[65]

〈詩序〉云：〈鴟鴞〉，周公救亂也。成王未知周公之志，公乃為詩以遺王，名之曰鴟鴞焉。[66]

朱熹《詩集傳》云：比也。為鳥言以自比也。鴟鴞，鵂鶹，惡鳥，攫鳥子而食者也。[67]

此處的鴟鴞在朱熹的眼中，被描寫成令人髮指的「惡鳥」。其因乃在於牠不僅食人子嗣，更毀人家室。故朱熹以之來比喻忠臣雖竭盡心力以輔佐君王，但卻面臨多災多難的險境。朱熹此處，以鴟鴞的惡行暗諷君臣關係的緊張，及身為忠臣孤立無援的百般無奈。此解法，亦從君臣互動的角度，思索德行的另一種呈現。

再者，值得注意的是，有些具負面形象的物類，有時反而用來襯托諷喻不知禮儀之人。如以鼠諷人即是一例，如《詩經·鄘風·相鼠》：

相鼠有皮，人而無儀。人而無儀，不死何為。相鼠有齒，人而無止。人而無止，不死何俟。相鼠有體，人而無禮。人而無禮，胡不遄死。[68]

〈詩序〉云：刺無禮也。衛文公能正其群臣，而刺在位，承先君之化，無禮儀也。[69]

朱熹《詩集傳》云：鼠，蟲之可賤惡者。言視彼鼠，而猶必有

65　〔唐〕孔穎達疏：《十三經注疏：詩經》，頁292。

66　〔唐〕孔穎達疏：《十三經注疏：詩經》，頁292。

67　〔宋〕朱熹撰：《朱子全書》，頁534。

68　〔唐〕孔穎達疏：《十三經注疏：詩經》，頁122。

69　〔唐〕孔穎達疏：《十三經注疏：詩經》，頁122。

皮，可以人而無儀乎？人而無儀，則其不死亦何為哉！[70]

朱熹強調，即使是令人厭惡的鼠，還知道以皮毛修飾自己，作為人的我們，若不重視容止與禮儀，豈不如鼠輩嗎？並由此反證，禮儀與形貌對於人的重要。朱熹此處，提出人應內外兼善的重要。他並以動物的有形物，如牙齒與身體，暗喻人應重視「知恥知禮」的德行。由以上可知，在朱熹的眼中，「物」與「人」的互喻關係，取決於文本的論述脈絡與朱熹對於所處時代的現世關懷。宋代理學的興盛，使得朱熹對於《詩經》的解釋，更多時候是向內探索自我的修養，而非只是一味地對外批評朝政。

此外，鼠、鴇、狐等，有時亦被朱熹用來形容惡政之下的世況與人心。如《詩經・鄘風・碩鼠》中的「無食我黍，無食我麥，無食我苗」，朱熹即作如此的闡釋：「比也。民困於貪殘之政，故託言大鼠害己，而去之也。」[71]又《詩經・唐風・鴇羽》云：「肅肅鴇羽，集于苞栩。王事靡盬，不能蓺稷黍。父母何怙？悠悠蒼天，曷其有所！」朱熹《詩集傳》云：「比也。肅肅，羽聲。鴇，鳥名，似雁而大，無後趾。集，止也。苞，叢生也。栩，柞櫟也，其子為皂斗，殼可以染皂者是也。盬，不攻緻也。蓺，樹。怙，恃也。民從征役而不得養其父母，故作此詩。言鴇之性不樹止，而今乃飛集于苞栩之上。如民之性本不便于勞苦，今乃久從征役，而不得耕田以供子職也。悠悠蒼天，何時使我得其所乎！」[72]

最後，有關狐的描寫，可見於如下幾段，《詩經・衛風・有狐》如下：

---

70 〔宋〕朱熹撰：《朱子全書》，頁447。
71 〔宋〕朱熹撰：《朱子全書》，頁495。
72 〔宋〕朱熹撰：《朱子全書》，頁502。

有狐綏綏，在彼淇梁。心之憂矣，之子無裳。[73]

〈詩序〉云：〈有狐〉，刺時也。衛之男女失時，喪其妃耦焉。古者國有凶荒，則殺禮而多昏，會男女之無夫家者，所以育人民也。[74]

朱熹《詩集傳》云：比也。狐者，妖媚之獸。綏綏，獨行求匹之貌。石絕水曰梁，在梁則可以裳矣。

國亂民散，喪其妃耦，有寡婦見鰥夫而欲嫁之，故託言有狐獨行而憂其無裳也。[75]

又如《詩經・邶風・旄丘》所載如下：

狐裘蒙戎，匪車不東。叔兮伯兮，靡所與同。[76]

〈詩序〉云：〈旄丘〉，責衛伯也。狄人迫逐黎侯，黎侯寓於衛，衛不能脩方伯連率之職，黎之臣子以責於衛也。[77]

朱熹《詩集傳》云：賦也。大夫狐蒼裘。蒙戎，亂貌，言弊也。或曰，「狐裘蒙戎」指衛大夫，而譏其憒亂之意。[78]

再者，《詩經・邶風・北風》所言如下：

莫赤匪狐，莫黑匪烏。惠而好我，攜手同車。[79]

73　〔唐〕孔穎達疏：《十三經注疏：詩經》，頁141。
74　〔唐〕孔穎達疏：《十三經注疏：詩經》，頁140。
75　〔宋〕朱熹撰：《朱子全書》，頁459。
76　〔唐〕孔穎達疏：《十三經注疏：詩經》，頁94。
77　〔唐〕孔穎達疏：《十三經注疏：詩經》，頁92。
78　〔宋〕朱熹撰：《朱子全書》，頁433-434。
79　〔唐〕孔穎達疏：《十三經注疏：詩經》，頁104。

〈詩序〉云:〈北風〉,刺虐也。衛國並為威虐,百姓不親,莫
不相攜持而去焉。[80]

朱熹《詩集傳》云:比也。狐,獸名。似犬,黃赤色。烏,
鴉,黑色。皆不祥之物,人所惡見者也。所見無非此物,則國
將危亂可知。[81]

其中的《詩經‧衛風‧有狐》,以狐比況衛國的國風不古;《詩經‧邶
風‧旄丘》,則以「狐裘蒙戎」譏諷衛大夫;相較之下,《詩經‧邶
風‧北風》中的狐,朱熹雖簡單地交代了狐的客觀形象,但仍不免進
一步地推測其為不祥之物,且看見狐即預告了國將危亂。朱熹對於狐
的負面見解,尚可見於其聽到毛女傳說後所寫的詩。其詩為:「人言毛
女住青冥,散髮吹簫夜夜聲,卻是郵童解端的,向儂說是野狐精。」[82]

　　從以上的討論中,我們不難發現,朱熹的《詩集傳》,雖也保留
了名物的傳統,但他更重視的則是,透過這些「物」來思索世間之
「理」。例如,上述曾提到的《詩經‧衛風‧木瓜》一詩,朱熹即從
「物」的角度,推翻〈詩序〉以為此詩乃為讚美齊桓公而作。朱熹所
持的理由主要在於「齊桓之惠,何止於木瓜,而衛人實未嘗有一物報
之也。」[83]因此,朱熹認為有關此詩較合理的闡釋,應將其視為如同

---

80 〔唐〕孔穎達疏:《十三經注疏:詩經》,頁104。

81 〔宋〕朱熹撰:《朱子全書》,頁437-438。

82 〈二十七日過毛山舖壁間題詩者皆言有毛女洞在山絕頂問之驛吏云狐魅所為耳因作
此詩〉,《御纂朱子全書》卷66,頁73。此外,宋代劉斧所輯撰的《青瑣高議》,也可
見到對於狐精的深刻描寫。參王偉:〈《青瑣高議》與狐精小說的通俗化〉,《中國文
言小說研究》,頁153-160。收錄於1994-2012China Academic Journal Electronic
Publishing House.文章編號:1002-3712(2006)03-0153-08。

83 《詩童子問》卷2,頁329。陳明義曾針對此有論及。陳明義:《朱熹《詩經》學與
《詩經》漢學傳統異同之研究(上)》(臺北市:花木蘭文化事業公司,2008年),
頁134-135。

〈靜女〉般,同屬於男女相贈答的淫詩。不過,有關此處淫詩的處理
方式,林慶彰先生認為,此乃源於朱子對孔子「惡鄭聲,鄭聲淫」的
誤解;又因朱子衛道之心所致,而不得不將這類自然流露的男女情
詩,以道德的標準而名之為淫詩。[84]

　　雖然,若從名物學的傳統而言,朱熹《詩集傳》對名物的考證,
並不十分積極。誠如林慶彰先生指出,漢人對於名物的解釋簡潔扼
要;宋人則對名物制度,不太感興趣;明代末期,名物的研究開始勃
興;直到清代,才可謂到達高峰。[85]但朱熹對於名物的某種德化式解
釋,則仍有其儒家義理思維方式之表現。[86]以下,本文將以清末《國
粹學報》的〈博物圖畫〉為例,探討近代中國名物的傳統,在與西學
相會之下的發展,藉以呈現出對於「物」之解釋的新方向。

四　因名識物、保存國粹:蔡守〈博物圖畫〉的「文本實作」與「寫生」

　　一九〇五年科舉廢除,自元代以來,以朱熹釋經傳統為圭臬的知

84　林慶彰:〈朱子對傳統經說的態度〉,鍾彩鈞主編:《國際朱子學會議論文集》(臺北
　　市:中央研究院中國文哲研究所籌備處,1993年),頁196-197。

85　林慶彰:〈陳奐《詩毛氏傳疏》的訓釋方法〉,《清代經學國際研討會論文集》(臺北
　　市:中央研究院文哲所,1994年),頁396。

86　有關朱熹對於《詩經》名物之詮釋,有其「經典詮釋」的立場。其中也與他對於聖
　　人之意與真理之間關係的建立有關。相關討論請參林啟屏:〈朱子讀書法與經典詮
　　釋:一個信念分析的進路〉,「朱子經學及其在東亞的流傳與發展」國際學術研討會
　　會議論文(亞歷桑那州立大學、臺灣中央研究院中國文哲研究所、上海華東師範大
　　學等主辦,2012年5月)。余英時:《朱熹的歷史世界:宋代士大夫政治文化的研究》
　　(臺北市:允晨文化實業股份有限公司,2003年)。林維杰:《朱熹與經典詮釋》
　　(臺北市:臺灣大學出版中心,2008年)。

識體系[87]，也受到致命的一擊。同年，一群兼具傳統國學與西學視野的知識分子，創辦了《國粹學報》。此雜誌以「學用合一」為宗旨。[88]該刊羅列了〈政篇〉、〈史篇〉、〈學篇〉、〈文篇〉、〈博物篇〉、〈美術篇〉、〈博物圖畫〉等篇章。我認為，其中尤以〈博物篇〉及〈博物圖畫〉，最能說明此刊物在新舊世紀之交與中西文化相遇之時，對於中國知識體系所造成的重要影響。[89]

〈博物篇〉「毛詩動物今釋」專欄的撰寫者，同時也親自教授博物課程的薛蟄龍，其所言「一物不知，儒者之恥」，或有助於我們一窺當時知識分子所遭遇的世變之焦慮：

> 語云：一物不知，儒者之恥，是故博物尚焉。我國大陸，地居
> 溫帶，大河貫其北，長江亘其南。蠕動木立，不可勝計，誠生
> 物之奧區，萬彙之淵藪也。炎黃首出文明，肇啟五穀辨而農學
> 興，百草嘗而藥學興。自是厥後，博物之學，幾於普及。上自
> 王公后妃，下逮勞人思婦，靡不俯察品類，觸目興懷，發為謳
> 歌，著為篇什，徵諸詩簡，何其盛歟。降及春秋之季，萺商羊
> 昧萍實，此學亦稍稍替矣。然精心研究，類有專家，自漢而
> 下，究心者愈少，而此學愈衰。即有一二博物之士，箋註古

---

87 B. A. Elman, 'The Inter-relation between Changes in Ch'ing Classical Studies & Changes in Policy Questions on Civil Examinations,' 另有中譯本，艾爾曼著，張琰譯：〈清代科舉與經學的關係〉，《清代經學國際研討會論文集》，頁47。

88 〈國粹學報發刊辭〉，《國粹學報》（臺北市：臺灣商務印書館，1974年）第1期，頁7。有關清末民初知識分子的討論，請參王汎森：〈從傳統到反傳統——兩個思想脈絡的分析〉及〈反西化的西方主義與與傳統的傳統主義——劉師培與「社會主義講習會」〉，《中國近代思想與學術的系譜》（臺北市：聯經出版事業公司，2005年），頁111-132及頁221-239。

89 邱琳婷：〈近代中國「識物」觀念的轉變——以《國粹學報》〈博物圖畫〉為討論對象〉，《藝術學》（臺北市：臺北藝術大學美術史研究所）第24期（2008年），頁115。

籍，亦遑遑言之不實，語之不詳，甚者且彼此相非，至成門戶，而博物之學，於以失傳。功令一改，俗尚競趨。學之者，又不憑諸實物，積諸經驗，徒逞臆見，以為一己之富貴利達計耳。故其釋名物也，不流於穿鑿，即流於傅會。足不出戶庭，而著書盈寸者，數數見之，亦可嗤也。已是故古所記者，今且不能識其物。

今所見者，又莫能舉其名。士大夫之見解，反不若園叟農丁。猶得習一二土語，以相別擇，博物一界，闇黑至此，可哀也哉。今者，學校開，專科設。然一切物名，悉本諸泰東西之學說以為準。而中土之所固有者，不問也。以說龍為虛誕，視策鼇為寓言。長頸之鹿，指為麒麟。美尾之雞，目為鳳凰。致使古今兩界，劃若鴻溝。豈果物類之有殊乎，抑亦立名之互異也。取我國古籍，合今古而溝通之。俾物有主名，名有實物，此亦習博物者，所應有之舉。而心乎保存國粹者，所當不棄者也。俠雖不才，志此久矣。爰於授課之餘，輒將毛詩動植物，略述古義，斷以今釋，令世之讀詩者，因名識物，即物得名。庶神州博物之學，因之不墜，是則區區之微意也。[90]

薛蟄龍這段話，十分重要，我們可以將其分為幾個層面來看。第一，他並非否認古籍中的博物知識，而是指出古籍的箋註，往往「言之不實、語之不詳」，甚至為了自成門戶而彼此相非。第二，他也點出部分的古代學者，為達富貴功名之目的，故在解釋名物時，經常是流於穿鑿附會。第三，他亦反對「足不出庭戶而著書盈寸」的作法，如此閉門造車所闡釋的博物知識，他認為甚至不如有實際接觸到「物」的

---

90 薛蟄龍：〈毛詩動植物今釋〉，《國粹學報》，頁5271-5272。

園叟農丁。第四，反省了古代對於博物的注疏情形之後，他也對近代學者，多引外國學說為準的作法，無法完全認同。總之，薛蟄龍認為最理想的方式，應是重新檢視傳統古籍輔以徵實的態度，以達溝通古今、古義今釋的境界。

　　有感於中國傳統名物學的消逝，薛蟄龍一方面參考了西方的博物學概念，一方面以徵實的態度，重新審識《毛詩》中的草木鳥獸。並撰寫了一系列《毛詩動物今釋》的文章。以下即是「釋鼠」一例：

> 鼠之無牙一語，相傳宋王荊公深信之。或捕一鼠以示荊公，而荊公乃語塞。余嘗剖鼠以示生徒，見其口內之上下顎，門齒祇有二枚深埋。顎骨銳如圓錐，臼齒位置偏於後方，與門齒相距甚遠，數不一定。有上下各三齒者，有四齒者，而犬齒獨付闕如，則謂之無牙也亦宜。說文牙牡齒也，段注以牡為牝字之誤。牝齒者，齒之大者也。左傳疏，領上大齒謂之為牙。東方朔說騶牙，謂其齒前後若一齊等，無牙，此可為齒小牙大之明證。鼠屬囓齒類中，學名Mnsrattus。恆穴居，故穿墉其本性也。晝隱夜出，性頗怯。一切形態，人所習見。[91]

其實，以古籍為本，再參證西籍，甚至實際考察的作法，可視為近代傳統名物與西方博物交會時的產物。值得注意的是，此作法也為十九世紀西方的漢學家與博物學家所採用。例如 Bretschneider 的 *BotaniconSinicum* 一書，乃是為了對中國的植物進行研究，於是羅列了一一四七本提到植物相關記載的古籍（《朱子大全》亦在其中），以供西方的博物學者參考。在其所列包括經、史、子、集各類的古籍

---

91 薛蟄龍，上引書，頁5317-5318。

中，Bretschneider又特別重視《爾雅》、《詩經》、《書經》、《禮記》、《周禮》、《本草綱目》等。[92]並認真地將其中所載的植物，分類整理。此種作法，范發迪視其為「文本實作（Textual Practice）」。而不可否認的是，Bretschneider此書提供了當時無法在中國進行實地採集的外國學者，掌握中國植物的最佳管道。[93]

范發迪所謂的「文本實作」，指的是西方博物學中，對於「文本證據、語文學和歷史資料的運用」。他甚至認為，「遲至十九世紀，文本實作與其他人文學科的學術傳統都還在博物學中占據著根本性的重要地位。」[94]

然而，受限於傳統語言思維的隔閡，西方學者只能以自己熟悉的植物學視角，檢視中國古籍中對植物的描述。舉凡植物的命名、地理分佈、日用與醫療的功能、經濟效益等，西方學者冀望能從這些古籍中找到相關的線索。[95]可想而知，在此種特定目標的閱讀之下，隱藏在古籍中，以植物的特質為隱喻的微言大義，則被排除在西方博物學者的接受名單之中。此現象，不禁使我們擔心，十九世紀末中西文化的交會，中國古籍原本具有的脈絡與傳統，在被西人斷裂地擷取與重新組合後，將產生何種影響及發展？中國經典的注疏傳統，是否將受到外來的挑戰？當時的中國知識分子，對於這個情景，又是如何對待？是捍衛傳統的知識系譜？還是臣服在強勢的西學體系之下？這個看似困難的抉擇，其實在歷史巨輪的推進中，答案已然浮現。以下將

---

92 E. Bret Schneider, *Botanicon Sinicum: notes on Chinese botany from native and western sources* (Lodon: Trubner., 1882-1895)

93 Fa-ti Fan, *British Naturalists in Qing China: Science, empire, and cultural encounter* (Harvard University Press, 2004), 111.

94 參范發迪著，袁劍譯：《清代在華的英國博物學家：科學、帝國與文化遭遇》（北京市：中國人民出版社，2011年），頁147。

95 E. Bret Schneider, Ibid, 219-222.

以蔡守為《國粹學報》所繪製的〈博物圖畫〉，說明當時中國的知識分子如何運用中國古籍與西方博物學的著作，以建構其名物觀。

首先，我們以《山海經》與朱熹《詩集傳》中皆曾出現的狐為例，說明蔡守如何在兼該傳統與西學的情況下，描述此物。《國粹學報》〈博物圖畫〉八「狐」（圖五）：

蔡守曰：狐舉國有之，不特舉國有之，遍寰宇有之。無之，僅南美洲耳。陶隱居云：「江東無狐。」謬甚。考亞細亞洲之狐，較佗處者色近赤。《詩》云：「莫赤匪狐。」是也。叢毛蓬尾，足蹯跡狃，穴地而居，或處巖洞林薄，晝伏夜出，常獨居，鮮群處。《本草》釋名曰：「狐，孤也。狐性疑，疑則不可以合類。」諒哉。狐春間孕子，時或在老樹空腹中，一胎五六頭，身之修短靡定，二尺有二寸，至三尺有八寸，不等。尾亦然，一尺至一尺有三寸，不等。走甚捷，日可百里，故《楚辭》稱其健走，誠然。唯走必曲折，從不箭鋌。尾有囊，蓄一種臭氣。故獵犬易踪而得之。至若《抱朴子》、《酉陽雜俎》、《淵覽》皆云，狐有千歲、八百歲、三百歲者，妄言也。嘗考動物最壽者，龜可生二百年，象可生一百有二十年，鯨可生一百年，未有過三百年者。

又若《孝經援神契》、《瑞應圖》、《白虎通》、《山海經》、《呂氏春秋》、《竹書》、《周書》、《東觀漢記》、《古今注》、《魏略》皆云狐有九尾，余亦未敢信也。更如《說文》曰：「狐妖獸，鬼所乘也。」故稗官野史盛言狐祟，尤不值通人一噱。[96]

　　我們發現，在《山海經》中具有神靈象徵、在《詩集傳》中具有
「國亂民散」隱喻的狐，卻在蔡守的描述之下，變成一隻除了南美洲
之外，全世界皆可看到的普通動物。[97]從蔡守所繪製的圖畫可知，此
圖乃是直接臨摹自英國博物學者 Lydekker, Richard 所著的 *The Royal
National History* 一書的彩色附圖（圖六）。而蔡守在繪製博物圖時，
也曾經多次提到此書並參考其內容對於相關物類的描述。[98]

　　然而，值得注意的是，蔡守對狐的認識，亦非僅是照抄西書。對
於中國古籍相關記載的引用及評論，更是蔡守強調之處。至於蔡守引
用的古籍，亦非僅以特定的類別或名物傳統為主，其類別兼該了經、
史、子、集。筆者也發現一件有趣的事，即蔡守所引用的古籍，同時
也出現在 BretSchneider 為西方漢學家與博物學者所編著的 *Botanicon
Sinicum* 參考書單之列。如此的現象，是否也暗示了當時中西的學
者，有意識地運用這些古籍中的相關材料進行論述？當然，儘管使用
同樣的學術資源，但兩者背後的目的並不會是相同的。因此，蔡守的
〈博物圖畫〉正好提供我們，從中國知識分子的角度，思索中國「名
物學」與西方「博物學」的交會課題。以下再以幾則例子說明。

　　在《國粹學報》〈博物圖畫〉四十一「鶺鴒」中，蔡守引《禽
經》曰：「脊令共母者，飛鳴不相離。故詩人取以喻兄弟相友之道
也。」此說與朱熹《詩集傳》對該鳥的闡釋相同。然而，朱熹將此鳥
的特徵，延伸為人情的隱喻。但蔡守卻以客觀的態度，質疑古籍中主

---

97 當然，蔡守對於古籍中狐的解釋，並非代表二十世紀初所有知識分子的態度。因
　　為，我們可以看到稍後的陳寅恪，他即提出「狐」與「胡」的關聯，並影響了日後
　　學者從華胡文化交流的角度，思考古籍中出現狐的特徵與意義。參陳寅恪：〈狐臭
　　與胡臭〉，《語言與文化》1936年第6期；王青：〈早期狐怪故事：文化偏見下的胡人
　　形象〉，《西域研究》2003年第4期；劉永連：〈「狐」與「胡」關係再探〉，《陝西師
　　範大學學報》（哲學社會科學版）第39卷第4期（2010年7月）。

98 邱琳婷：〈近代中國「識物」觀念的轉變──以《國粹學報》〈博物圖畫〉為討論對
　　象〉，頁120。

觀的比附。因此，他對《物類相感志》所云「脊令鳴，則天當大雪，極為驗。故呼其為雪姑一事」，相當地不以為然。

其實，「物類相感」的概念，一直是中國文學史中重要的課題之一。然而，蔡守卻有意以「除魅」的態度，將文學脈絡下的物類，移轉至西方自然科學的體系之中（如刻意提及該物的拉丁學名）。此層用心，不必然只能以中國知識分子重西學而輕國學的角度思之。相反地，蔡守的「除魅」作法，其背後更大的意義，乃在於指出以「相感」詮釋物類的作法，只是文學史的特徵之一；因為，物類在中國古籍中，尚有如同西學般的徵實解釋。如以下，〈博物圖畫〉中的「桑扈」即是一例。

蔡守對於「桑扈」的刻劃，亦是另一個審視古籍的重要例子。在《國粹學報》〈博物圖畫〉三十七「桑扈」中（圖七），他除了引用《爾雅》及郭璞注之外，也提及了其他記載此鳥「灰色眼下正白」的特徵，最後，為了確定古籍所載何者正確，他在正文中提到自己曾親眼看到此鳥並寫生，進而得到解答。蔡守釋「桑扈」云：

> 崔實《正論》曰：「夏扈趣耘鋤，即竊脂亦呼獲穀。」邱光庭《兼明書》曰：「〈釋鳥〉云『桑扈竊脂』，郭璞云：『俗謂之青雀，觜曲食肉，好盜脂膏食之，因以為名也。』明曰：非也。按下文云：夏鳳竊玄，秋鳳竊藍，冬鳳竊黃，棘鳳竊丹。豈諸鳳皆善為盜而偷竊玄黃丹藍者乎？蓋竊之言淺也。竊玄者淺黑色也，竊藍者淺青色也，竊黃者淺黃色也，竊丹者淺赤色也，竊脂者淺白色也。今三四月間採桑之時，見有小鳥灰色眼下正白，俗呼白鵝鳥是也。以其採桑時來，故謂之桑鳳。而郭注謂竊脂為盜肉，何謬哉。」有守曰：諒哉邱氏之說也。[99]

---

99 鄧實、黃節主編：《國粹學報》第2冊，頁381。

　　除了「桑扈」之外，蔡守的另一件提及親眼所見之作為「雉」。
有關中國古籍中對於雉的記載，《國粹學報》〈博物篇〉的作者薛蟄龍
曾提到：「雉類甚多，《說文》數其名有十四。見於《詩》者有三焉。
今動物學所謂山雞者，實則合四雉而名之。即翟雉、鷂雉、鷩雉、錦
雞是也，皆具彩毛。《詩》自翟鷂翬外，皆統謂之雉，而不別其為何
雉者，蓋借物寫情，第舉其通稱者言之可也。」[100] 薛蟄龍將中國古籍
與西方動物學的記載，相互比較的作法，亦為蔡守所採用。故蔡守即
在《國粹學報》〈博物圖畫〉十九「雉」（圖八）的描述中，比較了
《說文》與《英國動物史》的相關文字記載，最後，則以自己某次登
終南山所見，畫下了這隻長尾且形態特殊的動物。

　　以比較的方式，檢視中西方對於同一物類的描述，的確不失為中
西學術相遇時的有效作法之一。雖然此作法可能會產生「去脈絡化」
的危機，但卻也令知識分子重新透過比較，藉由鬆動傳統，而得以有
了一種全新的親視野。例如蔡守對中國古籍中常見的惡鳥「梟」的態
度，即頗耐人尋味。梟曾出現在《詩經·大雅·瞻卬》中：

> 哲夫成城，哲婦傾城。懿厥哲婦，為梟為鴟。婦有長舌，維厲
> 之階。亂匪降自天。生自婦人，匪教匪誨，時維婦寺。
> 朱熹《詩集傳》：此刺幽王嬖褒姒、任奄人以致亂之詩。賦也。
> 哲，知也。城，猶國也。哲婦，蓋指褒姒也。傾，覆。懿，美
> 也。梟、鴟，惡聲之鳥也。長舌，能多言者也。階，梯也。寺，
> 奄人也。言男子正位乎外，為國家之主，故有知則能立國。婦
> 人以無非無儀為善，無所事哲，哲則適以覆國而已。故此懿美
> 之哲婦，而反為梟鴟，蓋以其多言而能為禍亂之梯也。[101]

100　薛蟄龍：〈毛詩動植物今釋〉，頁5350-5351。
101　〔宋〕朱熹撰：《朱子全書》，頁717。

有關梟在中國古籍中的惡名，蔡守知之甚詳，故在《國粹學報》〈博物圖畫〉三十八「鴞」中（圖九），蔡守如是說：

> 《本草集解》曰：鴞即梟也，……鴞、鵬、鵂、鶹皆惡鳥也。[102]

在《山海經》、《拾遺記》、《梁冀別傳》、《水經注》、《說苑》、《載記》、《唐書》、《元史》、《清異錄》、《五雜俎》、《禽經》等古籍，皆作如是觀。儘管梟在中國的名聲不太好，但卻絲毫不影響蔡守以與之相關的章句，自封其號的雅興。因為蔡守所號的哲夫、成城子，與其妻張傾城的名字，即來自上述《詩經》中描述梟的篇章：「哲夫成城，哲婦傾城。」從蔡守〈博物圖畫〉的記載中可知，他認為對於此鳥的喜惡，乃是因地而異。故他說：「（梟）雖因其惡聲而被古人視為不祥之物，但在希臘則被視為智慧之神而祀之。」故蔡守不禁感嘆：「同一物也，易地則愛憎懸絕。」

另外，《國粹學報》〈博物圖畫〉中亦出現頗為寫實的鯊魚作品，但其文字記載仍多保留了中國古籍的記錄。如〈博物圖畫〉二十三（圖十）：

> 蔡守曰：（劍鯊丫髻鯊）《山堂肆考》曰：劍鯊長觜如箭，對排牙棘，人不敢近。《廉廣州府志》亦云有劍鯊。《寧波府志》則稱鋸鯊。《爾雅翼》曰：大而長喙如鋸者曰胡鯊，性善肉美。《山堂肆考》曰：丫髻鯊頭如丫髻。有守按：鯊之種族洵不可勝計，名亦繁，《海語》則稱魚麗。[103]

---

102 鄧實、黃節主編：《國粹學報》第2冊，頁382。
103 鄧實、黃節主編：《國粹學報》第2冊，頁369。

另蔡守又引《酉陽雜俎》的記載說:「章安縣出鰞魚,頰赤如金,腹下至白,魚子生後,朝出索食,暮入母腹。出從口,入從臍,腹中容四子。甚健,網不能制,俗呼河伯健兒。」

最後,蔡守對於植物的描繪,亦多以寫生的技法為之。如「羊桃」、「木瓜」(圖十一)等。其中,「木瓜」一作中,蔡守首先即指出其所見非中國歷來古籍所載的楙木。[104]蔡守提到他親眼所見的木瓜為嶺南木瓜,「高者丈許」、「瓜葉層布」、「花穗叢生」。至於其果實則為橢圓形,一開始顏色為深綠,成熟則轉黃。除了文字的記載之外,蔡守也十分仔細地描繪出木瓜的這些特徵,如直立的樹幹、掌狀分裂的葉片及粗大的葉痕、甚至是近似圓錐花序的木瓜花等。[105]由此可知,蔡守對於動植物的興趣與觀察,實已逐漸與客觀的自然知識接軌。

五　小結

若說《山海經》對「物」的思考,尚處於人與自然關係的渾沌階段,因而對物的解釋,充滿著許多具有神秘力量的「象徵」。那麼,朱熹《詩集傳》的「名物觀」,則對物的形態與習性有所掌握,進而以「隱喻」的方法,呈現具有道德意味的人倫色彩,此亦是朱熹「格物窮理」的實踐。朱熹的學說,也因此成為後來科舉考試的重要參

---

104 《爾雅》云:「楙,木瓜。」郭璞注云:「木實如小瓜,酢而可食。」明代李時珍《本草綱目》、清代吳其濬《植物名實圖考長編》皆延用之。這些古籍所說的木瓜,應是皺皮木瓜(薔薇科),學名為 *Chaenomeles speciosa* (Sweet) Nakai,又稱楙、木瓜花、秋木瓜、鐵腳梨、貼梗海棠等。參高明乾:《詩經植物釋詁》(西安市:三秦出版社,2002年),頁81。

105 木瓜花分為雄花、雌花與雜性花三種。雄花序為下垂圓錐花序,雌花序及雜性花序為聚傘花序,筆者猜測蔡守此處所繪,依其花梗較長、花型較小、基部為筒狀等特徵而言,其為雄性花的可能性較大。

考。然而，隨著二十世紀初，科舉考試的廢除與西學的衝擊，中國名物的傳統亦面臨了考驗。蔡守的〈博物圖畫〉正好在這個時間點出現，透過蔡守對於中國古籍的反省與西籍的引用，我們看到，寫生儼然成為此時正確識「物」的手段。當然，嚴格來說，蔡守的〈博物圖畫〉尚稱不上客觀寫實，但若將其置於中國物類的系譜中，相對言之，強調寫生的〈博物圖畫〉，仍是較接近西學的客觀表現。

　　總之，透過本文的討論，我們發現朱熹的《詩集傳》，正好位在中國物類系譜，由自然到人文的重要轉折點上，並以其理想人治的道德「隱喻」，藉由科舉，在日後的歷史舞臺上扮演著重要角色。雖然，隨著科舉的廢除，將「物」置於人間事隱喻的作法，已失去合理性。但在西方博物學的影響進入中國之後，朱熹「格物窮理」的名物觀，從某個程度而言，正突顯出中國學術思維與西學的不同及獨特之處，而應為今日學者所注意。

圖一　胡文煥《山海經圖》「竊脂」

圖二　蔣應鎬《山海經（圖繪全像）》「蜼」

圖三　汪紱《山海經存》「蜼」

圖四　胡文煥《山海經圖》「九尾狐」

圖五　蔡守〈博物圖畫〉「狐」

圖六　Lydekker, Richard「狐」

圖七 蔡守〈博物圖畫〉「桑鳶」

圖八 蔡守〈博物圖畫〉「雉」

圖九 蔡守〈博物圖畫〉「鴞」

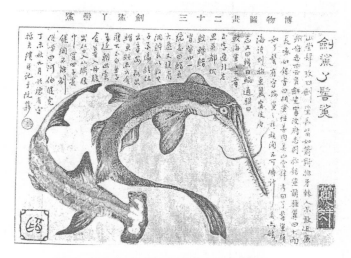

圖十　蔡守〈博物圖畫〉「劍鯊丫髻鯊」

圖十一　蔡守〈博物圖畫〉「木瓜」

圖檔來源：

（左）http://libproject.hkbu.edu.hk/was40/detail？lang＝ch&channelid＝1288&search word＝herb_id＝D01038（香港浸會大學中醫藥學院藥用植物圖像數據庫）2012年9月

（右）http://zh.wikipedia.org/wiki/File ： Carica_papaya_-_K%C3%B6hler%E2%80% 93s_Medizinal-Pflanzen-028.jpg（科勒藥用植物，1897）2012年9月

共襄盛會談朱子，學人齊聚鳳凰城
——「朱子經學及其在東亞的流傳與發展」
國際學術研討會綜述

吳思遠
美國亞利桑那州立大學國際語言文化學院中國文學系博士生

　　「朱子經學及其在東亞的流傳與發展」（Zhu Xi's Classical Studies and Its Transmission and Development in East Asia）國際學術研討會於二〇一二年五月六日至八日在美國漢學重鎮亞利桑那州立大學（Arizona State University）隆重召開，旨在促進推動朱子學，尤其是朱子經學的研究，和國際學術的交流與互動。會議主辦單位有美國亞利桑那州立大學（ACMRS, Arizona Center for Medieval and Renaissance Studies）、臺灣中央研究院和上海華東師範大學。來自美國、中國、臺灣、日本、德國等國家和地區近三十名朱子學領域的專家學者會聚一堂，共同出席了該會議。這是首次在美國大陸召開的朱子學國際學術研討盛會，與會專家學者圍繞「朱子經學」和其「在東亞流傳與發展」這一主題，共向大會提交了相關論文及報告二十二篇，內容廣泛，涉及朱子經學研究的各個方面，反映了近年來朱子經學研究和其在東亞傳播及發展的最新研究成果，是一次與會人員較多，學術水準較高的國際性學術研討會。

　　五月七日會議開幕式由亞利桑那州立大學伯夷（Stephen Bokenkamp）教授主持，大會主題報告發言人臺灣中央研究院文哲所林慶彰教授和上海華東師範大學古籍研究所所長嚴佐之教授，分別就

近年來朱子經學的研究成果做了歷史回顧,提出目前研究存在的困難和問題,並展望未來的研究發展方向。林慶彰教授在發言中介紹了當代朱子經學的研究活動和未來課題,指出朱子學不僅是對於中國,而且對於東亞諸多國家也產生了意義深遠的影響。嚴佐之教授認為,研究朱子學,就要以類似宗教信仰者抱有使命感的精神來進行,讀經要改進做人,承認其價值,就應該遵循其內容。在接下來的兩天中,各路學者專家展開了激烈和富有建設意義的學術討論。

作為影響中華文化歷史的學術偉人——朱熹,其經學思想和重大理論價值及其實際意義向來為中外學術界所關心和重視。華東師範大學古籍研究所朱傑人教授作了題為〈《朱子著述宋刻集成》與朱子著作的宋代刻本〉的報告,詳盡介紹出版社對於朱熹著作宋代刻本的稽考與收錄概況。朱熹著述內容廣博,其著作在朱子生前即已大量刊刻傳世。治版本目錄學者,向來以宋版為重,而西元二〇一〇年也恰逢朱子誕辰八百八十週年,因此為了銘記這位中國歷史上的文化偉人,華東師範大學出版社決定編修《朱子著述宋刻集成》。然而慶元易簀後,更以空前之規模和速度被複製、重新組合,甚至被仿冒而刻印問世。因此收集、鑒偽工作之艱鉅,與宋刊朱子著作之文獻與史料價值一樣,是難以估量的。出版社近期已完成並將計畫出版其整理目錄中的三種刻本:《周易本義》、《詩集傳》和《孟子或問纂要》。

國際著名經學研究專家、臺灣中央研究院文哲所林慶彰教授作了題為〈楊慎對朱子的批評〉的報告,林教授舉出楊慎《升庵外集》卷二十四至三十七中對於朱子說經之言的批評,內容詳實,證據要言不煩,分別涉及《周易》、《尚書》、《毛詩》、《春秋左傳》、《三禮》、《論語》、《孟子》和《爾雅》等等。林教授舉出生動的實例來闡釋朱子《詩》說中的一些概念上的錯誤,諸如:佩飾、車駕、刀劍、涇渭二水位置等,並指出這與當時時代以及政治經濟條件的限制有關。林教

授的演講引起與會學者廣泛熱烈地討論。其間也探討了對於經書材料真偽問題，林教授寄語年輕後學要精進努力，不斷整理辨別，為未來朱學做更大的貢獻。

華東師範大學古籍研究所所長嚴佐之教授在其〈朱子經學管窺——讀《近思錄‧致知篇》劄記三則〉的報告中，集中討論了三個概念。首先是讀經之義，即為「格物致知」。嚴教授認為，經學不等於理學，只是程朱理學思想體系中一個重要環節，另外理學「格物致知」的工夫主要途徑是讀書，聖賢之道，具載於經。其次，「自得」和「真知」的概念也是理學中重要的部分。最後，藉用程朱理學中「路徑」和「門庭」的概念指出，為學讀經，須先從大方向上尋對路徑，進而須從師講問，得立其門庭，最後要「歸而求之」，去尋求「自得於心」的「真知」。在討論環節，臺灣政治大學中文系車行健教授提出朱熹思想世界中關於「理學」和「經學」的關係問題。嚴教授認為，從著作原典來看，朱熹並未將「經學」描述為一種工具性的角色，或是一種能達到理性的步驟，因此「經學」的地位並不是可有可無的。臺灣大學中國文學系張素卿教授認為，讀經為了治人，然而現實未必盡然，因此提出如何解決「內聖擴展，外王萎縮」的問題。嚴教授認為，修身治人不是所有人都能獲得的經驗，讀經修身人人可得，然而治人則為部分人所得，不應用功利角度審視意義更大的人生工程。

中國社會科學院歷史所汪學群教授在其題為〈朱熹的易學觀〉的報告中提出：第一，從《周易》的次序來說，先有卜筮、象數，然後是義理，因此將《周易》定義為卜筮之書是強調其源頭，並非等同於卜筮之書。第二，義理或理是卜筮、象數之理。反過來，《周易》之理可以指導卜筮和象數。臺灣政治大學中國文學系林啟屏教授在討論中提出「範疇」和「語境」的關係問題。汪教授援引清華大學國學院

陳來教授的「範疇要圍繞問題」的觀點來說明，「理氣」和「心性」等概念都應該放到具體語境中去探討，若將某一個概念簡單地放置於任何語境下，那麼矛盾的產生是自然而然的。

其間，部分與會學者也著力於用不同的詮釋視角來審視朱熹的經學研究，提出了不少較有啟發的觀點。例如，臺灣政治大學中文系林啟屏教授在其〈朱子讀書法與經典詮釋：一個心理架構的進路〉報告中主張，有關朱熹讀書法的「心理架構」形成，重點不是讀書法，而在心理的軌跡。因此一切倫理學問題也就轉化成讀經問題，讀經為學問之「文眼」。林教授認為，通過詮釋學的視角可以提供一種不同的面向和方式，因此易於彰顯學術和思想的紋路。伽達默爾將「創作者」供起來的做法，易於讀者主觀動態動力的介入，因此新的意義也就產生。

朱熹對於禮儀的論述在其著作中占有重要的位置，其意義和影響也較為深遠。因此有不少中外學者對於此範疇著力研究。美國亞利桑那州立大學歷史、哲學與宗教學院田浩（Hoyt C. Tillman）教授向大會提交名為〈當下關於《朱子家禮》現代化的復古回應──以婚禮為視角的觀察〉的論文，田浩教授介紹了在北京舉行的兩場儒家婚禮，即復古知識分子張祥龍為其兒子舉辦的儒家婚禮，和北京大學宋代禮儀的研究生雷博和菁慧的復古婚禮，同時也描述了朱傑人儒家的婚禮，認為《朱子家禮》在後世的傳延，尤其是為朱傑人儒家婚禮儀式的現代化提供了靈感。通過展示當前力圖恢復儒家經典禮儀的多樣性觀點，以及面對朱傑人婚禮版本時所存在的差異，田浩教授希望藉此勘驗當代中國這些恢復古禮或使之轉化的行為，並嘗試分析其所存在的複雜性、積極性和面臨的挑戰。很多復古支持者認為朱傑人儀式文本嚴格忠於《朱子家禮》，過於特別而沒有廣泛意義，並且有損中國新的全球化價值理念。田浩教授認為，通過強調朱子文化的普世價

值，朱傑人試圖提出一個新的標準，憑藉遵崇朱子學與現代性別平等觀念的結合，朱氏婚禮顛覆了許多西方學者關於現代性普世價值的預期。在討論中，有學者認為，形式反映思想，朱傑人婚禮儀式是遵循經典的現代優秀範本，值得推廣和提倡；也有學者質疑，在全球化趨勢愈演愈烈，中國的現代社會思潮不斷影響的背景下，此種嘗試是否有利於儀式，尤其是婚儀的復古問題。

同樣關注婚禮儀式的，還有臺灣高雄師範大學經學研究所鄭卜五教授，在其〈朱子《家禮》對臺灣婚禮習俗之影響〉中，鄭教授認為，臺灣現在的婚禮形式是中西合璧、古今隨用的新形式，他主張觀察傳統婚禮儀式的演變與禁忌，重點要解析臺灣「婚禮」儀式中所蘊含的意義。另外，關於禮儀方面，杭州師範大學國學院姚永輝老師作了〈宋代官私修禮儀文本的庶民化：以庶人喪儀為中心的討論〉的報告，她提出，在世俗實踐方面的影響中，從《書儀》、《家禮》等書的刊刻來看，官修和私修的儀典不可同日而語，但是應該有較為廣泛的傳播。社會輿論所宣揚的價值觀念必定對民眾生活產生影響，明代地方志中大量出現庶民以踐行《家禮》為榮的現象，正是這些社會倡導的效應。

德國慕尼黑大學漢學系（Universitat Munchen, Institut fur Sinologie）學者蘇費翔（Christian Soffel）博士向大會提交了〈黃榦、陳淳與《四書》〉的報告，他用詳實的史料分析了朱熹弟子黃榦、陳淳對於《四書》和《近思錄》的不同看法，通過二人的信件實例闡釋出《四書》和「道統」的建立之間的關係。討論中，朱傑人教授主張，在了解朱子門派弟子對於《四書》看法的基礎上，也應該爬梳朱熹自己對於《四書》順序的認識。

此外，在東亞流傳和發展的研究領域方面，臺灣師範大學東亞學系藤井倫明教授分析了日本江戶崎門朱子學派三宅尚齋有關「格物窮

理」論或「知覺」論之論述，探討了其對於「格物窮理」理解的結構和特色，闡明有關日本崎門朱子學與中國朱子學相異之思維面向以及思想特點。臺灣師範大學國文系金培懿教授也作了關於日本皆川淇園「問學舉要」論之為學法與古學、朱子學折衷的報告。在傳播和影響方面，臺灣中央研究院文哲所張文朝博士通過對朝鮮、中國傳入《詩經》相關書籍和藩校的《詩經》教學，以及日本學者的《詩經》相關著作等的統計、分析、論述，闡發了朱熹《詩集傳》在江戶時代的流傳狀況，以證明其在日本江戶時代的影響力。

　　大會總結暨閉幕式於五月八日召開，主持人為美國亞利桑那州立大學田浩教授，發言人分別為上海華東師範大學古籍研究所朱傑人教授和臺灣中央研究院文哲所林慶彰教授。朱教授首先高度評價了此次盛會的意義，及其將在學術界產生的重要影響；此外，他通過回顧臺灣經學界，尤其是以林慶彰教授為核心的學術團體所取得的研究成果，以及對於大陸經學研究所做的推動貢獻，並援引《論語》中「古之學者為己，今之學者為人」來提出大陸經學研究面臨的問題和挑戰。他指出，「學」和「行」不應該分割開來，因此強調讀書「內聖」的工夫。他認為，中國學術無法離開中國的政治、經濟和文化，就學問而談學問是不能達到良好效果的。林教授在發言中總結，此次會議提交的論文涉及的領域廣泛，分別探討了群經總類、經學史、版本目錄學、《四書》學、《易》學、《詩經》學、《書》學、《三禮》學等領域，對於日本經學的研究也關注較多。他強調要加強大學的經學研究系統，這樣才能使得朱子經學的研究後繼有人，同時主張擴大朱熹經學研究的領域。

　　此次盛會整體上反映了國際朱子經學研究的水準和發展局面，在朱子學研究交流的平臺上，準確地把握當前朱熹研究的學界熱點，有助於推動未來朱子學研究更加深入地開展，它的成功召開必將對海內

外朱熹經學研究產生重大的學術影響，為二十一世紀朱子經學的光明未來添上濃墨重彩的一筆。

會議議程

地點：Tempe Mission Palms Hotel

時間		討論篇目	主持人
五月七日	10:30 - 12:00	朱傑人：〈《朱子著述宋刻集成》與朱子著作的宋代刻本〉 林慶彰：〈楊慎對朱子的批評〉 林啟屏：〈朱子讀書法與經典詮釋：一個心理架構的進路〉	戴揚本
	13:45 - 15:45	嚴佐之：〈朱子經學觀管窺——讀《近思錄・致知篇》劄記三則〉 汪學群：〈朱熹的易學觀〉 張素卿：〈旁通辨證，消解朱熹——從典範轉移論惠棟《周易本義辨證》〉 錢宗武：〈朱子《尚書》學與李朝丁氏《尚書》學異同考論〉	伯夷 （Stephen Bokenkamp）
	16:00 - 18:00	蔣秋華：〈朱子〈舜典象刑說〉析議〉 蘇費翔（Christian Soffel）：〈黃榦、陳淳與《四子》〉 顧宏義：〈宋代《四書》文獻著者的地域分佈初探〉 武才娃：〈朱子《大學章句》研究〉	張素卿
五月八日	8:30 - 10:30	戴揚本：〈「神若弗聞，亦何神哉」——關於朱熹鬼神觀念的一個內在矛盾〉 姚永輝：〈宋代官私修禮儀文本的庶民化：以庶人喪儀為中心的討論〉 田浩　田梅：〈當下關於《朱子家禮》現代化的復古回應——以婚禮為視角的觀察〉	朱傑人

時間		討論篇目	主持人
		鄭卜五：〈朱子《家禮》對臺灣婚禮習俗之影響〉	
10:45 - 11:45		藤井倫明：〈格物到覺知——日本崎門朱子學者三宅尚齋之「格物致知」論探析〉	汪學群
		金培懿：〈問何學？舉何要——由皆川淇園《問學舉要》論其為學法與古學、朱子學折衷〉	
13:45 - 16:15		劉永翔：〈朱子《詩集傳》對詩旨的散文化表達〉	蔣秋華
		張文朝：〈朱熹《詩集傳》在日本江戶時代的流傳〉	
		車行健：〈詩文、義理與證驗——論朱熹對〈詩序〉的考辨〉	
		馮曉庭：〈龜井昭陽《古序翼》駁朱子《詩序辨說》稽疑〉	
		邱琳婷：〈物類三部曲：《山海經》、朱熹《詩集傳》、蔡守〈博物圖畫〉〉	

注：每篇論文所用時間為半小時，其中包括個人陳述約十分鐘，討論約二十分鐘。

經學研究叢書·臺灣高等經學研討論集叢刊　　0502008

朱子經學及其在東亞的流傳與發展

主　　編	林慶彰、田浩
執行編輯	蔣秋華
責任編輯	楊芳綾
特約校稿	林秋芬

發 行 人	陳滿銘
總 經 理	梁錦興
總 編 輯	陳滿銘
副總編輯	張晏瑞
編 輯 所	萬卷樓圖書股份有限公司
排　　版	林曉敏
印　　刷	森藍印刷事業有限公司
封面設計	斐類設計工作室

發　　行　萬卷樓圖書股份有限公司

臺北市羅斯福路二段 41 號 6 樓之 3

電話　(02)23216565

傳真　(02)23218698

電郵　SERVICE@WANJUAN.COM.TW

香港經銷　香港聯合書刊物流有限公司

電話　(852)21502100

傳真　(852)23560735

ISBN　978-986-478-207-9

2019 年 1 月初版一刷

定價：新臺幣 620 元

如何購買本書：

1. 劃撥購書，請透過以下郵政劃撥帳號：

   帳號：15624015

   戶名：萬卷樓圖書股份有限公司

2. 轉帳購書，請透過以下帳戶

   合作金庫銀行　古亭分行

   戶名：萬卷樓圖書股份有限公司

   帳號：0877717092596

3. 網路購書，請透過萬卷樓網站

   網址　WWW.WANJUAN.COM.TW

大量購書，請直接聯繫我們，將有專人為您服務。客服：(02)23216565 分機 610

國家圖書館出版品預行編目資料

朱子經學及其在東亞的流傳與發展 /
林慶彰、田浩主編. 蔣秋華執行編輯
　-- 初版. -- 臺北市 ： 萬卷樓, 2019.01
面 ； 公分. － (經學研究叢書. 臺灣高等經
學研討論集叢刊 ； 0502008)
ISBN 978-986-478-207-9(平裝)
1.朱子學 2.文集 3.東亞
　　125.507　　　　　107014693